994
+A

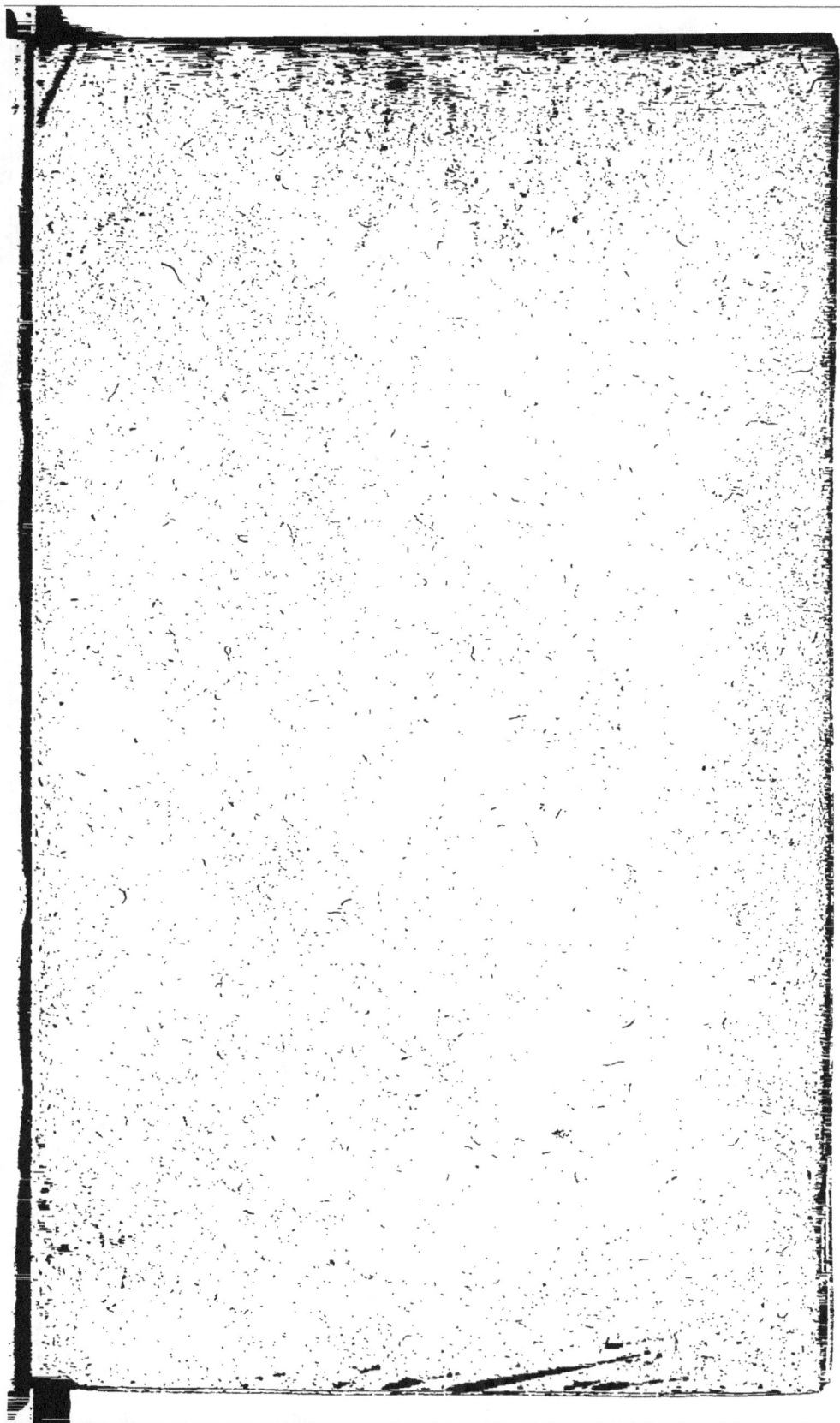

*E. 994
1

Dupré

D^e V^e

C
2929

106

DISCOVRS POLITIQVES.

De Meſſire DANIEL DE PRIEZAC, Conſeiller ordinaire du Roy en ſon Conſeil d'Eſtat.

NOVVELLE EDITION, Reueuë & corrigée.

A . PARIS,
En la Boutique de P. ROCOLET,
Chez DAMIEN FOVCAVLT, Impr. & Libr. ordin. du
Roy ; Au Palais, en la galerie des Priſonniers,
aux Armes du Roy & de la Ville.

M. DC. LXVI.
Auec Priuilege de ſa Maieſté.

A MONSEIGNEVR
SEGVIER
CHANCELIER
DE FRANCE.

M ONSEIGNEVR,

A qui pourrois-je plus iuste-
ment addreſſer ces Diſcours de
Politique, qu'à vous qui con-
noiſſez parfaitement toutes les
beautez de cette Reyne des Scien-

ces, qui en possedez tous les Tresors, & qui les sçauez si heureusement dispenser pour la grandeur de l'Estat, & pour le salut des Peuples ? Comme cette Confidente des Roys est née sur leur pourpre, & qu'elle a le priuilege de s'asseoir auec eux sur leur Trône ; Aussi dédaigne-t-elle tout ce qui est mediocre, & ne veut auoir pour Protecteurs que ceux dont l'esprit éleué surpasse, ou du moins égale la hauteur des dignitez les plus eminentes. Quel choix plus loüable pouuoit-elle donc faire que celuy d'vn Chancelier de France, qui a tousiours fait douter si la premiere des dignitez luy apportoit plus de splendeur, qu'elle n'en receuoit

EPISTRE.

de luy ? Certes, ce comble des honneurs où vous estes monté, a bien pû vous hausser, mais non pas vous faire plus grand, puis que la vraye grandeur vient de la Vertu, dont les Ouurages sont si accomplis, que les hommes ne sçauroient adiouster à leur perfection que des ornemens estrangers. Ce n'estoit pas assez, MONSEIGNEVR, que vous fussiez appellé à la succession de la gloire par tant de Nobles & Illustres Ayeulx ; mais il faloit encore pour maintenir & augménter l'éclat de leur nom, que vostre propre merite vous conduisist par tous les degrez de l'honneur, iusques à ce sommet où la Vertu trouue sa iuste ré-

compenſe, & ſa derniere Couronne. Comme la France auoit
touſiours attendu de vous quelque choſe de plus grand que ce
qu'elle vous a donné ; Auſſi, bien
loin de la fruſtrer des effets de
ſon attente, vous auez ſurmonté ſes vœux par ce glorieux combat de voſtre dignité auec voſtre
merite. Elle porte à celuy-cy le
meſme reſpect qui eſt deu à l'autre ; & ſi vous auez eſté l'objet
de ſon admiration dans l'exercice de la puiſſance publique, elle
ne vous admire pas moins dans
la conduite particuliere de vous
meſme, qui eſt vne eſpece d'Empire independant de la Fortune,
& dont la Raiſon tient le Sceptre. C'eſt là, où cette incompa-

rable tranquillité d'esprit, qui
dans voftre vie publique fe répandoit au dehors, fe recueille
toute dans voftre vie priuée, où
vous iouiffez de ce loifir occupé,
& de ce repos actif qui eft vne
image de la fouueraine felicité.
C'eft ainfi que la Vertu n'eft pas
moins agiffante dans la retraitte
que dans le public, ny moins
éclatante dans l'ombre de la fo-
litude, que dans le grand iour;
Et on ne peut pas dire qu'elle
foit fans affaires, puis que le
Ciel & la Terre font les objets
de fa contemplation. Tant s'en
faut mefme que fes éclypfes luy
faffent rien perdre de fa lumiere,
qu'au contraire, nous voyons
qu'elle fe couronne de tous les

nuages dont la fortune enuieuse
tasche de l'offusquer. Il n'y aura
donc iamais de tenebres pour
vous, car soit que vous consa-
criez vos veilles au bien vniuersel de l'Estat, soit que vous
vous ostiez au public pour vous
rendre tout entier à vous mesme, vous serez tousiours éclairé
& enuironné des rayons de vostre dignité, & de ceux de vostre Vertu. Ie ne dis rien,
MONSEIGNEVR, que les
glorieuses images de vos actions
passées ne vous ayent representé,
& toutefois vostre modestie
m'impose le silence, & m'accuse
d'auoir oublié que vous aymez
bien mieux meriter des loüanges, que de les receuoir. Ie n'en-

EPISTRE.

treprens pas aussi de les dire, puis
que celles mesme qui sont au dessus de mes forces, sont au dessous
de vos merites, & qu'il seroit
malaisé à tout autre de loüer celuy dont toute la vie est vne legitime loüange. Souffrez neantmoins que la Politique, rendant
à la Verité la Iustice qu'en cela
seulement vous luy deniez, declare icy que ses Oracles n'ont iamais esté si venerables, que lors
que vous les auez prononcez de
vostre bouche, ou seellés de cette
main qui sçait bien mieux imprimer l'Image du Prince dans
le cœur de ses sujets, que sur la
cire. C'est ce qui fait qu'elle recherche vostre protection par ma
plume, & si ie ne la fais pas par-

EPISTRE.

ler auec cette naturelle Majesté
qui l'accompagne, ce m'est assez
que ie ne trahisse point ses veritables sentimens. Quoy qu'il en
arriue, ie me suis persuadé que
mon ouurage receuroit de l'in-
scription de vostre tres-Illustre
nom, le prix qu'il ne peut auoir
de soy-mesme. Vous cherissez
tous les presens des sciences dont
vous estes l'Arbitre, l'appuy, &
l'ornement, & c'est cela mesme
qui me fait esperer que vous
agréerez celuy que vous offre,

MONSEIGNEVR,

Vostre tres-humble & tres-
obeissant seruiteur,
PRIEZAC.

PREFACE.

OMME les hommes n'ont iamais rien conceu de si grand que le dessein de fonder, & d'establir des Republiques; Aussi ne sçauroient-ils rien executer de si glorieux, que de les animer par de saintes loix, & de leur donner ces mouuemens reglez qui conseruent leur estre, & les conduisent à leur derniere perfection. Le plan qu'ils tracerent autrefois de ces superbes & magnifiques Ouurages, fut bien le plus noble effet de leur inuention & de leur industrie; Mais le iuste gouuernement par lequel ils les ont maintenus, n'a pû estre que le chef-d'œuure d'vne sagesse inspirée d'enhaut à des hommes, qui sembloient auoir appris dans le Ciel l'Art de former ces belles Images de l'Empire de Dieu. C'est, sans doute, cette sagesse qui fait dans

l'Eſtat ce que la raiſon ſouueraine fait
dans l'Vniuers, où elle conduit & gouuerne tout en la Nature, en l'Art, & aux
Sciences. C'eſt elle, qui a ramaſſé comme en vn ſeul corps les hommes diſperſez, qui leur a donné le modele des Citez, qui a eſtably le commerce de leur
vie commune, qui a fait toutes les liaiſons de leur ſocieté ciuile. C'eſt elle qui
les a premierement vnis par les habita-
tions, puis par les mariages; & enfin
par l'exquiſe communication des ſciences, de la raiſon, & du diſcours qui a
diſpoſé leurs affections, & en a fait naiſtre les iuſtes accords de leur communauté. Il eſt vray qu'au commencement
leur Philoſophie s'occupoit plus à obſeruer les grandeurs, les diſtances, les
reuolutions, & les periodes des Aſtres,
qu'à rechercher les parfaites formes, &
les droites regles du gouuernement des
Citez & des Republiques. Mais enfin
Socrate la retirant de cette haute contemplation, la fit deſcendre du Ciel ſur
la Terre, la logea dans les Villes, l'introduiſit dans les maiſons des Citoyens,
dont elle reforma les mœurs déreglées,

PREFACE.

en leur monſtrant les recompenſes du bien, & les peines du mal.

En ſuite, Platon ſon Diſciple luy ayant appris à parler de bonne grace, entreprit de la preſenter aux Magiſtrats, & meſme de la conduire comme par la main, dans les Palais des Roys qui la couurirent de leur pourpre, en recompenſe de ce qu'elle leur enſeignoit à bien gouuerner leur Royaume. Cét heureux ſuccez fit naiſtre le deſir qu'il eut de prendre les iuſtes meſures d'vne Republique, d'en deſſeigner la police, d'en preſcrire les loix, & d'en laiſler à la poſterité vne image parfaite, & accomplie de tout point. Cependant, les hommes ingrats ont bien oſé l'accuſer d'auoir donné des regles à des Citoyens imaginaires, puis qu'à moins que d'en créer de noúueaux, il ſeroit impoſſible d'obſeruer des loix ſi eſloignées des offices de la vie commune. On dit meſme qu'vn Philoſophe de ſa ſecte, ayant obtenu permiſſion de l'Empereur Galien de rebaſtir vne Ville ſur ſes anciennes ruines, & de la regler par la police de ſon Maiſtre, auoit eſté contraint de conſeſ-

Plotin. apud Porphyr.

ser qu'il estoit plus aisé de conceuoir les idées d'vne Cité, que de les faire sortir en œuure, & leur donner la consistence. Et à dire la verité, toute Philosophie n'est pas propre pour gouuerner vn Estat; La ciuile seulement puisée dans ses pures sources peut faire cét office, car on ne donne point de veritables loix ny à la Republique de Platon, ny à l'Vtopie de Thomas Morus, qui sont les deux Royaumes des Idées. Mais parce que les Philosophes ne laissent pas de discourir du parfait temperament du corps humain, encore que la Nature ne l'ait iamais connu; & que les Mathematiciens se figurent vn point indiuisible qui ne se trouue nulle part; En cette sorte Platon voulut depeindre des plus belles couleurs vne image de gouuernement sur laquelle, comme sur vn modele accomply, les Peuples de la Grece peussent former leur Republique. Certainement, les choses qui sont au de-là des forces humaines, & dont l'excellence se peut bien conceuoir non pas rencontrer, nous consolent de cét auantage, qu'elles nous excitent, & nous en-

PREFACE.

flamment à l'amour de celles qui s'esloignent le moins de cette haute perfection.
Ce fut, sans doute, la pensée de ces
deux grands hommes de l'Antiquité, *Ciceron. Xeno-phon.*
dont l'vn nous a proposé l'idée d'vn Ora-
teur qui n'a iamais eu d'exemple, & l'autre le portrait d'vn Prince que depuis
tant de siecles la Nature n'a pû conceuoir, ny donner à la Terre.

De l'Academie de Platon sortit Aristote la gloire de Lycée, & de toutes les
hautes sciences, dans le démeslement
desquelles il se rendit si admirable, qu'il
contraignit les Grecs de dire, qu'il trem-
poit sa plume dans le sens plutost que
dans l'ancre. Comme il auoit la parfaite connoissance de toutes les parties de
la Philosophie, il reconnut enfin que la
ciuile seule, qui consiste en l'action, pouuoit apprendre à bien regler les Peuples,
& à porter vne couronne auec reputation. Il examina deslors toutes les formes du gouuernement des Republiques
de son temps; il considera leurs forces,
leurs loix, leurs coustumes, leurs conseils
de paix & de guerre, & apres en auoir
marqué les defauts & les perfections, il

baſtiſt vne Cité ſur de ſi fermes fondemens, qu'ils n'ont pû eſtre eſbranlez par
aucune puiſſance, ſoit du temps, ſoit de
la fortune. Elle ne fut pas ceinte de hauts
murs comme Carthage, ny decorée de
magnifiques baſtimens comme Alexandrie, ny eſleuée ſur des montagnes comme Rome ; Mais en recompenſe, elle
fut animée de l'eſprit d'vne parfaite police, ornée de loix equitables, munie &
fortifiée de tous les beaux preceptes du
gouuernement d'vn Eſtat. La Philoſophie ciuile y ſied en ſon Thrône, la Iuſtice y rend les iugemens, l'abondance
y fournit les choſes neceſſaires, la force
la deffend, la paix en garde les portes, &
toutes les Vertus qui habitent au dedans,
en conſomment la felicité. Toutes ces
autres Villes qui ont eſté le ſiege des Empires, les Maiſtreſſes des Nations, &
qui ont fait tout l'orgueil de la Terre, ont
enfin veu leur hauteur égalée à leurs fondemens, & encore auiourd'huy on les
cherche au milieu d'elles-meſmes, ſans
y pouuoir trouuer aucune autre image
de leur premiere grandeur que les reliques de leur ruine. Mais la Cité qu'Ariſtote

riſtote a baſtie ſur du papier, ne finira qu'auec les ſiecles, raieunira par ſa vieilleſſe, & malgré les efforts du temps, des flâmes, de la guerre, & de la fortune, donnera des loix à tous les Empires, & obligera tous les Peuples ciuiliſez à la prendre pour le modelle de celles qu'ils voudront rendre ſages en leurs conſeils, reglées en leurs polices, heureuſes en leur tranquillité, & iuſtes en la diſpenſation des peines, & des recompenſes.

Or comme toute la Philoſophie Politique eſt diuiſée en trois parties, dont la premiere cultiue les mœurs, la ſeconde regle les familles, & la troiſiéme s'occupe à gouuerner les Republiques; Auſſi ce grand Genie des ſciences nous en a laiſſé les preceptes, & les maximes dans ſes Morales, dans ſon Oeconomique, & dans ſa Politique. Il ne s'eſt pas contenté de mettre en ordre ce que les autres Philoſophes n'auoient enſeigné qu'auec confuſion, mais de plus, il a inuenté pluſieurs choſes dignes de la faueur & de l'admiration de tous les ſages Politiques. C'eſt ce qui fait que nous regretons tous les iours la perte irreparable d'vne par-

ē

tie de cét excellent Ouurage, fur le plan
duquel Ciceron auoit compofé ces admirables liures de la Republique, où la Prudence & l'Eloquence difputoient le prix
de la victoire. Les precieux fragmens qui
nous en reftent encore, nous apprennent
que cét Autheur dont l'efprit eftoit auffi
grand que l'Empire où il eftoit né, auroit
traitté ce fuiet auec la pompe & la grauité digne d'vn Orateur parfait, & d'vn
Conful de Rome. En effet, luy feul pouuoit nettement expliquer les fentimens
d'Ariftote, & donner de la lumiere à tant
d'endroits de fes écrits, qui par la brie-
ueté du ftile iettent des tenebres dans
l'efprit des Interpretes les plus clair-
voyans. Il eft vray que fa Politique eft
vn miroir dans lequel on peut voir la face
de tous les iuftes Empires : On peut encore dire que c'eft vne fontaine publique,
où chacun a dfoit de puifer la prudence
d'Eftat ; mais par faute d'adreffe, les vns
ont defiguré ces belles Images ; & les autres ont fait couler les eaux de cette pure
fource, par des canaux infectez de poi-
fon.

Cependant, il faut auoüer que c'eft le

fort de ces matieres d'estre bien souuent
douteuses & incertaines, & c'est pour cela que Platon ne voulut point admettre
la Politique au nombre, & au rang des
sciences dont les principes doiuent estre
clairs, euidens, & connus par eux-mesmes. Il estimoit que la Prudence ciuile
ne pouuoit estre ny vne Science, ny vn
Art, parce que tout ce qui tombe sous les
actions, peut estre, & n'estre pas, & que
l'action & l'ouurage sont deux choses differentes, puis que l'vn depend de l'Art,
comme l'autre depend de la prudence.
Toutefois, si les lignes qui sont épan-
duës sur la base de la pyramide, s'vnissent
en sa pointe; si les rayons de la lumiere
qui se trouuent épars en l'air, se rallient
au corps du Soleil; & si entre les puissances exterieures de l'ame, le sens commun
est capable de tous les sens particuliers;
nous pouuons dire qu'en la même sorte, la
Politique n'est pas seulement vne Science, mais aussi qu'elle embrasse tout ce qui
appartient aux autres Sciences qui luy
sont soûmises.   Que s'il est ainsi, que
pour toutes les fonctions ordinaires des
hommes, il y ait des Arts & des scien-

ces pour les inftruire, & pour les éclairer ; la noble fonction de gouverner les Peuples, & de regler les mœurs par la raifon, fera-t-elle déftituée des addreffes de l'Art, & du fecours de la fcience? Mais ne fera-elle point plutoft la fcience des fciences, puis qu'elle les enferme toutes dans fa circonference, & que la Militaire, la Iudiciaire, l'Oratoire, & l'Oeconomique la reconnoiffent pour leur Souueraine ? Elle leur commande ; elle les employe quand bon luy femble, & pour marque de fa grandeur, elle les fait repofer fous fa protection par la mefme puiffance, par laquelle elle conferue les Eftats. Enfin, la connoiffance fuit la nature de la chofe, comme l'action fuit celle de fon obiet qui la determine, & de-là vient que cette connoiffance eft d'autant plus noble, que l'obiet eft plus excellent.

Que s'il eft vray qu'entre toutes les fciences actiues, celle, fans doute, eft la plus eminente qui n'eft point foûmife, & qui fert à vne autre fin qu'à celle qu'elle fe propofe ; ne faut-il pas confeffer que la Politique excelle entre toutes,

puis qu'elle se peut vanter d'estre la derniere felicité humaine, à laquelle les fins
particulieres des autres sciences se raportent ? N'est-elle pas d'autant plus
esleuée au dessus de toutes, que son nom
est plus auguste, son obiet plus estendu,
& son fruict plus diuin ? N'est-ce pas elle, qui donne les preceptes de la parfaite police, & les regles des Vertus morales qui ont par son moyen leurs operations plus vniuerselles ? N'est-ce pas elle qui est la Maistresse des Arts & des
sciences, la moderatrice des actions humaines, la Reyne de la Vie, le Genie
des Estats, & la Tutrice de leur felicité?
N'est-ce pas elle qui assure les fondemens du Throsne des Roys, qui preside
à leurs conseils, & qui imprime dans le
cœur des suiets cét amour, & ce respect
sans lequel leur couronne perdroit tout
son éclat ? En effet, cette noble Philosophie n'a son vray vsage qu'en des mains
royalles, & n'est iamais si fiere que quand
elle s'occupe non pas à former des argu-
mens de Dialectique, mais à donner des
loix aux Peuples, & à commander à toute la Terre. Aussi, quoy que les autres

TABLE.

LA

LA

POLITIQVE.

DE LA SOCIETÉ.

E n'eſt pas d'auiourd'huy qu'on
s'eſt plaint de ce que les Animaux
naiſſent tous inſtruits, tous armez, & auec vne imagination ſi
determinée à tout ce qui leur eſt
neceſſaire, qu'vn ſeul peut ſuffire à ſoy-meſme; & qu'au contraire l'Homme, le plus beau
chef-d'œuure du Createur, vient tout nud
dans le Monde qui toutesfois doit receuoir ſes
Loix, & reconnoiſtre ſon Empire. Il ſemble
donc que la Nature l'ait pouſſé au milieu d'vn
champ de combat, ſans defenſe & ſans armes;
ou que comme ſi elle l'auoit ſauué de quelque
naufrage, elle l'ait ietté ſur la terre pour y eſtre
vn ſpectacle de foibleſſe, & vn recueil de maux
& de miſeres. Mais apres tout cela, ſes plus ob-
ſtinez Accuſateurs ont eſté contraints de la iuſtifier autant de fois qu'ils ont conſideré qu'entre les biens eſcheus au partage des hommes,

elle leur auoit fait le grand prefent de la parole
pour eftre comme la peinture de leurs penfées,
le lien de leurs volontez, & l'ame de leur focieté. En effet, ce fut le difcours authorifé de la
Raifon, qui difpofant leurs affections, & les
reglant à la mefure des tons harmoniques, en
fit naiftre la confonance & les accords de leur
vie ciuile. Il n'eut pas plutoft appellé à fon fecours les forces & les charmes de l'Eloquence,
que cette Reyne des cœurs, apres les auoir re-
tirez des montagnes où ils eftoient errants &
difperfez, les rallia fous des loix de police, &
les arrefta dans les villes fans autres chaifnes
que celles de fa voix. Ce n'eft pas que ie veüil-
le renouueller icy l'ancienne querelle de l'Orateur Craffus, & du Iurifconfulte Scœuola, ny
rechercher auec eux fi c'eft l'Eloquence, ou la
Prudence qui ait ietté les premiers fondemens
de la focieté des hommes. Mais i'ofe dire, que
fi la Raifon expliquée par l'Eloquence & animée de fes mouuemens n'a peu accomplir cét
Ouurage, la Prudence muette n'en peut auffi
auoir toute la gloire qui n'eft pas moins deuë
à la perfuafion de l'vne, qu'à la preuoyance de
l'autre.

　　Quoy qu'il en foit, la Nature s'en eftoit auparauant meflée, quand affiftée de l'Intelligence qui la conduit, elle fit que l'homme ne puft
rien voir en foy, ny hors de foy, qui ne luy fuft
ou vn exemple, ou vn attrait pour conuerfer
auec fes femblables & viure en leur compagnie. S'il fe regarde foy mefme, il voit dans la
communication des efprits & des parties de fon
corps auec les puiffances de fon ame, l'image
d'vne focieté fi neceffaire, que le concert n'en
peut eftre rompu qu'au mefme temps la ruine

au composé ne s'en ensuiue. S'il considere les
Elemens qui entrent dans son admirable structure, il trouue que l'assemblage de leurs qualitez, quoy que contraires, fait l'estre, le mouuement, la vie, & la conseruation des choses naturelles. S'il examine leurs sympathies, leurs
vnions, & leurs associations, il découure ce
commerce naturel, dans lequel il n'est point de
chose si delaissée de la nature, qui n'ait vne secrete vertu pour en attirer vne autre, & qui ne
soit à luy-mesme comme vn modele du commerce ciuil qu'il doit auoir auec les autres
hommes. S'il arreste ses yeux sur les plantes &
sur les arbres, il les voit dépoüiller de leurs
feüilles & de leurs fruits, presque au mesme
temps qu'on les separe de leur racine, ou qu'on
les arrache du sein de leur commune mere. S'il
aperçoit vn exain d'abeilles qui rentre dans ses
ruches, il se ressouuient que c'est pour y viure
en vne communauté de biens & de labeurs, &
pour y obseruer les loix d'vne Police la plus ancienne de toutes les Polices. S'il contemple le
Ciel, il apprend que les plus heureuses influences ne decoulent que de la conionction des
Astres, & que les Signes que les Astronomes
appellent solitaires, ne contribuent que fort
peu, ou rien du tout au bien de l'Vniuers. S'il
eleue son esprit par dessus les Cieux, il admire
l'ordre d'vne sainte Republique dans les Hierarchies des Anges, & adore la grandeur de
ce Dieu, qui estant le principe de l'Vnité, &
l'Vnité mesme, ne laisse pas d'admettre quelque figure de societé en l'ineffable pluralité des
Diuines Personnes.

Mais quand bien le desir de la societé ne suiuroit point le mouuement de la nature, & que

Signa so-
litaria
ineffica-
cia sunt.
Iul.
Firm.

A ij

l'homme seroit né si heureusement, qu'il ne
deust sa conseruation qu'à luy-mesme, il ay-
meroit neantmoins la compagnie qui seule luy
peut acquerir l'excellence, & donner le parfait
vsage des plus nobles puissances de son ame. Sa
felicité mesme seroit imparfaite s'il ne pouuoit
faire part à ses amis de son contentement, & la
solitude luy seroit aussi odieuse que le vuide
dont elle porte l'image, est insupportable à la
nature. Que s'il se trouue quelqu'vn qui ayant
renoncé à l'humanité, se bannisse luy-mesme
de la compagnie des hommes pour demeurer
en celle des bestes, ou que pressé de la melanco-
lie qui l'agite, il fuye la lumiere publique pour
se cacher dans l'obscurité des deserts, Aristote
prononce qu'il faut qu'il soit ou vne beste, ou
vn Dieu. Il veut dire, qu'il faut que ses mœurs
sauuages & sa brutalité l'abbaissent au dessous
des hommes, ou que sa pieté & sa religion l'esleuent au dessus de leur condition. Dans le premier estat qui luy fait auoir en horreur tous les
honestes plaisirs de la conuersation ciuile, on
peut dire qu'il tient de la nature des bestes farouches; dans le deuxiéme, il se fait regarder
comme l'idée de la perfection mesme, & ces
deux extremitez le mettent également hors du
rang des Citoyens, & ne souffrent pas qu'il soit
compris dans le nombre des parties de la societé. C'est donc vn effet semblable de deux causes contraires, puis que la suprême excellence,
& la plus basse des imperfections conspirent en
ce point, & s'accordent ensemble pour exclure
ce Solitaire du nombre des Citoyens & de la
condition des hommes.

Cependant, les maximes de la Politique
Chrestienne ne sont pas si ennemies de la soli-

tude, qu'elles permettent qu'on retranche de
la Cité ces heureux solitaires qui cherchent
dans les deserts vn Asyle contre la foule impor-
tune des passions qu'on voit regner dans les
villes, ou qui ne s'éloignent de la conuersation des hommes, que pour s'approcher de
celle des Anges. Quoy que dans vne vie retirée
& toute recueillie en soy-mesme, ils se contentent de leurs propres biens ; Quoy que dans
leur cachette, ils imitent ces animaux qui effa-
cent leurs traces à la porte de leurs tanieres ; ils
ne sont pas pourtant separez de la Republique,
puis qu'ils y sont vnis non point de l'vnion ex-
térieure, mais de l'interieure, & d'vn lien qui
n'est pas moins puissant pour estre inuisible.
Et certes, la nature de l'homme le rend capable de l'vne & de l'autre vie, quoy qu'entant
qu'il est composé d'vn corps & d'vne ame, la
societé luy soit plus naturelle comme celle qui
est le remede de son imperfection, le secours de
son indigence, & le rempart de sa foiblesse.
L'homme, sans doute, est l'abregé du monde,
le miracle de la nature, la mesure de toutes choses, & le riche portrait des merueilles du Createur ; cependant auec tout cela, s'il se trouue
dans vne solitude destitué du secours des autres hommes, il ne sçauroit se maintenir en son
estre, ny eschaper aux perils qui menacent sa
vie. Il n'y a que Dieu seul qui en son estre glorieux & independant suffise à soy-mesme, qui
rallie tous les biens dans la perfection de son
essence, & qui en son adorable vnité trouue
tous ses nombres. Mais les hommes imparfaits
ne sçauroiét se passer les vns des autres, aussi ne
sont-ils pas nez pour eux-mesmes, puis que
comme parcelles du Monde, ils y sont attachez

par des liens qu'on ne sçauroit rompre sans diuiser l'vnité du genre humain, & sans dissoudre la plus belle harmonie de l'Vniuers. C'est pour la conseruer que l'Autheur de la nature a graué dans leurs ames l'inclination de viure en societé, & qu'il les a vnis ensemble par cette secrete sympathie d'où sont deriuez des biens infinis. Les deserts & les solitudes arrosées de leurs larmes & de leur sueur, n'eussent produit que des espines & des plantes sans fruits ; mais ils ne furent pas plutost entrez en communauté, qu'ils fonderent les villes, establirent les Republiques, inuenterent les arts, composerent les sciences, & que d'vn nombre innombrable de personnes contraires en humeurs & en affections, ils en firent comme vn corps animé & regi par vn seul esprit. Enfin, comme en toutes les choses il y a non seulement vne disposition de la matiere à la forme, mais encore vne liaison entr'elles qui les fait subsister ; Aussi y a-t-il vne telle vnion entre les parties de la societé des hommes, qu'aucune n'en peut estre separée que par violence, comme il se voit en celles que le glaiue des Loix & de la Iustice retranchent de la Republique.

Or parce que toute societé est simple, ou composée, le dessein de la nature a esté d'establir la premiere pour la conseruation des especes, & pour cét ordre des personnes, qui a seruy de fondement aux trois societez qui se contractent entre le mary & la femme, entre le pere & les enfans, entre le maistre & le seruiteur. Mais quant à la societé composée, elle est toute destinée aux actions & aux offices de la vie ciuile, tantost dans la famille, & tantost dans la Cité où reluit sa plus grande perfe-

étion, & où se trouuent les biens infinis qui en
naissent. Il est vray que Platon a creu que cette derniere societé n'estoit differente des premieres que du plus grand nombre au plus petit; mais Aristote l'en reprend, & nous ensei-
gne qu'elles different toutes non moins d'espece que de nombre, puis qu'il ne les faut pas
tant considerer par la matiere que par la forme
qui leur donne l'estre. La nature n'a donc pas
seulement son droit particulier, mais aussi son
droit public qu'elle fait reconnoistre dans les
communautez des hommes qui se rangent
sous vn ordre politique, & se soûmettent aux
loix d'vne mesme police. Ils estoient nez pour
cette belle & heureuse societé, mais ils ne l'auroient iamais conseruée si le droit des gens venant à leur secours, n'eust fait entr'eux la distribution des domaines, pour empescher que
la culture des terres ne fust abandonnée. En
suite les bornes furent plantées dans les heritages, les loix tant des acquisitions que des eschanges, publiées, & le concert de la societé
ciuile fut le premier obiet & la noble fin des
Legislateurs.

DE LA FAMILLE.

IL ne pouuoit eschoir à la Famille vne plus
grande gloire, ny des titres d'honneur plus
éclatans, que d'estre regardée des Legislateurs
comme le fondement de la societé ciuile, comme la mere des Citez, & le seminaire des Republiques qui sont les nobles productions de sa
fecondité. C'est de son sein qu'on a veu sortir

des peuples nombreux , & c'eſt encore ſur ſon
œconomie que les ſages Politiques ont formé
la Police , eſtably l'ordre , reglé les mouuemens , & pris les plus iuſtes meſures d'vn Empire parfait & accomply. Car comme tout ce
qui ſe paſſe dans la reuolution de ces vaſtes
globes qui roulent ſur nos teſtes , ſe paſſe dans
les petits cercles d'vne ſphere artificielle ; Auſſi

πᾶτα τὸρ
ἐικία βα-
σιλίυε-
τε.
*Omnis
enim do-
mus regio
imperio
admini-
ſtratur.
Ariſt. l.
1. Polit.
c. 1.*

tout ce qui ſe fait dans le gouuernement d'vn
Royaume , ſe fait en la meſme ſorte dans la
conduite d'vne ſeule famille. En effet , l'Eſtat
œconomique eſtoit autresfois la Monarchie
naturelle & abbregée des premiers hommes
dont la ſageſſe & l'humanité furent ſi grandes,
qu'au lieu d'en deſigner le chef par le ſuperbe
& imperieux titre de Roy, ou de Seigneur , ils
ſe contenterent de luy faire porter le nom doux
& modeſte de Pere de famille. Il y a cette difference entre les deux Principautez , que l'vſage
de la puiſſance legitime eſt moins noble & plus
reſtraint dans la direction d'vne famille que
dans l'adminiſtration d'vn Empire où le commandement eſt plus abſolu , le pouuoir plus
eſtendu , & l'authorité plus independante.
C'eſt le deſtin de tous les commencemens des
choſes, d'eſtre ſuiuis d'vne grandeur qui les of-
fuſque ; mais c'eſt auſſi l'auantage de celles qui
ont ſerui de principes,qu'il y en a de bien grandes qui ne le ſeroient pas ſi elles n'auoient eſté
petites. Ce qui enfle l'orgueil des fleuues, c'eſt
d'eſtre ſortis d'vne ſource qui a touſiours coulé
ſans gloire & ſans nom ; & Rome meſme n'auroit pas eſté appellée le miracle du monde , ſi
elle ne ſe fuſt éleuée ſur les fondemens de la
cabane d'vn Berger.

La Famille donc qui dans l'ordre de la gene-

ration deuance la cité, se trouue la derniere
dans l'ordre de la perfection, & en cela par vn
ordre incõnu à la nature, la fille precede la mere, puis que la cité est la fin où elle vise, & le
centre où se rendent toutes les lignes de sa circonference. On sçait d'ailleurs que l'œconomie
de la famille est sousmise à la prudence ciuile,
qu'elle fait vne partie de la Republique, & que
la partie doit regarder son tout. Cependant,
toutes les deux forment vne Image de l'Empire vniuersel de Dieu, & quoy qu'elle paroisse
plus grande & plus éclatante dans la Republique comme dans vn cristal vny, elle ne laisse
pourtant de reluire dans la famille comme dãs
la parcelle d'vn miroir diuisé en plusieurs quar-
rés. Il n'y en a point de si petite, qui dans sa
police domestique ne fasse voir l'image d'vne
Principauté establie par la Nature pour seruir
de modele à toutes celles que les hommes ont
formées pour viure plus heureusement dans
leur societé. La puissance paternelle est sans
doute la plus douce comme elle est la plus naturelle, & on nous dit mesme que dans l'estat
d'innocence, les Republiques n'eussent point
connu de domination qui n'eust esté semblable
à celle d'vn Pere de famille.

A dire la verité, les honneurs qui au premier
temps luy furent deferés, estoient plustost diuins que royaux, puis que la Religion les auoit
consacrés, & qu'il auoit obtenu de la pieté de
ses descendans, vn culte & des Autels sous le
nom d'vn Dieu familier. Alors la nature n'a-
uoit point de liens plus puissants que ceux dont
elle estreignoit l'amour des Enfans dãs le cœur
de leurs Peres, & la loy qui les regardoit comme des Magistrats domestiques, ne craignit

*βασιλι-
κῦ εἶδος
αρχῆς.
Regij
Imperij
Species.
Arist.
Polit.lib.
1. c. 8.*

*Secunda
à Deo Re-
ligio.
Tertul.
de Pudic.
Patres
Deos ap-
pellabãt.
Simplic.
in epictet.*

point de leur mettre entre les mains le glaiue
de Iustice. Mais voyant que quelques-vns en
auoient abusé, iusques à, le tremper dans le
sang de leurs propres enfans, elle le retira, &
depuis ils n'ont eu d'authorité dans leurs maisons qu'autant que les Legislateurs leur en ont
laissé selon les occasions des temps, & les humeurs des Peuples. C'est ainsi que la famille
décheuë de sa premiere dignité, a souffert les
mesmes changemens que souffre vn Estat qui
degenere, & qui d'vne excellente forme de
gouuernement passe en la plus imparfaite.

Toutesfois dans ce changement, le Pere de
famille n'a pas laissé de retenir vne image de
son ancienne Principauté qui à l'égard de la
femme & des enfans est douce, moderée, &
semblable à celle qui appartient à la Raison sur
l'appetit sensitif; car il leur est permis de con-
tredire en quelque sorte, & selon les conditions
naturelles qui se trouuent establies entre le
commandement de l'vn, & l'obeïssance des autres. Mais quant à l'empire du Maistre sur ses
Esclaues, il est seigneurial, absolu, & semblable à celuy que l'ame exerce sur le corps quand
il s'agit du mouuement des parties, puis qu'en
effet il ne leur reste pas vne ombre de liberté
pour deliberer, pour consulter, ou pour con-
tredire. En cette sorte le Pere, le Mary, & le
Seigneur ne representent qu'vne seule personne, & ne font qu'vn mesme homme qui prend
ces diuers noms pour les diuers offices qu'il
exerce. Que s'il arriue qu'il sorte des bornes de
sa puissance, & que ceux ausquels il commande ne demeurent pas dans l'obeïssance, alors
ils s'éloignent tous également de la fin de la famille, & la felicité qu'elle se propose se conuer-

hic sunt
Aræ, hic
Di̇̇spena-
tes. Cic.
pro domo
sua.
Patres li-
beris qua-
si dome-
sticos esse
Magi-
stratus.
Senec. de
Benef.
lib. 3. c.
11.

Arist. lib.
1. Politic.
c. 1.

rit en vne suite de malheurs. Il n'en faut point
chercher la raison qu'en la condition mesme
de la famille qui est vn assemblage de plusieurs
parties dont les vnes sont materielles, & les
autres formelles. Les premieres ne peuuent
estre que le Mary & la Femme, le Pere & le
Fils, le Maistre & le Seruiteur ; mais les autres
consistent en la liaison des Personnes, en leurs
deuoirs naturels, en l'ordre, aux loix, & aux
regles selon lesquelles toutes ces choses sont
reduites en acte. En cela donc elles peuuent
estre comparées aux vnités, qui sont la matiere du nombre, & qui prennent la forme de
leur assemblement.

Outre les parties de la famille, on y considere encore les instrumens dont elle se sert, &
la fin où elle aspire. Entre les instrumens, les
vns sont animés & actifs comme les serfs que la
nature a fait naistre pour obeïr, ou que la loy
a sousmis à l'empire de leur Seigneur. Les autres sont inanimés & sans action, comme les
meubles qui sont destinez au mesnage & aux
vsages necessaires. Aristote met en ce dernier
rang les biens acquis par industrie, ou deferés
par succession, parce, dit-il, que toute possession doit estre considerée ou sous le nom de la
matiere pour les choses qui sont possedées, ou
sous le nom de la forme pour l'administration
de ces mesmes choses. Au premier sens, les
biens tant acquis que deferés, sont parties ca-
suelles & accidentelles de la famille ; Au second
sens elles en font les parties formelles, ou du
moins elles sont tousiours comprises sous leur
nom. Quant à la fin qu'elle se propose, il faut
necessairement qu'elle soit exterieure ou interieure, prochaine ou éloignée. La fin exterieu-

re dans l'opinion du vulgaire est aux richesses,
parce qu'elles sont les instrumens de la conuoitise des hommes ; mais dans le sentiment
des Sages qui sçauent donner vn iuste prix à
toutes choses, elle consiste dans le bon & legitime vsage des mesmes richesses. La fin interieure, c'est la felicité que la prudence establit, & que la raison fait rechercher pour rendre la vie plus tranquille, & plus heureuse. La
fin prochaine regarde la conseruation ; & la fin
éloignée embrasse le bien estre de la Republique, à laquelle la famille se raporte comme la
partie à son tout, car c'est là qu'elle trouue son
repos & sa perfection.

Apres cela, il ne se faut pas estonner si Aristote qui auoit obserué que la nature vniuerselle se faisoit mieux connoistre en ses plus petites
portions, a recherché la nature particuliere
d'vne cité dans l'œconomie d'vne famille. Il y
a tant de raport entre la conduite de l'vne, &

Herod,
lib. 5.

le gouuernement de l'autre, que ce n'est pas
sans suiet que tous les Politiques ont loüé les
Milesiens de ce qu'ils commettoient la direction de leur Republique à ceux qui sçauoient
mieux l'art de regler la police de leur maison.
Comme le Pere est vn Roy dans sa famille,

Patria
maiestas.
Liu. Hoc
nomen
omni lege
maius est.
Quintil.
decal. 6.

aussi le Roy est vn Pere dans son Royaume ;
c'est vn nom de pieté & de maiesté tout ensemble ; il est plus grand que toutes les loix, &
Dieu mesme ne dedaigne pas de le porter,
apres en auoir fait la source de toutes les legitimes affections qui se contractent & se noüent
entre les hommes.

DE LA CITE'.

C'Est icy le commun ouurage de la Nature
& de la Prudence, qui par vne belle emulation ont assemblé leurs forces, & contribué
leur industrie pour faire l'Abbregé du Monde,
& acheuer le plus noble Portrait de l'Empire
que Dieu s'est reserué sur ses creatures. Si la
Nature se glorifie de l'auoir conceu dans son
sein, de l'auoir esleué, & d'auoir fait de sa pro-
-pre main les liaisons de toutes ses parties ; la
Prudence se peut vanter de luy auoir donné la
vie ciuile, le mouuement reglé, la beauté, la
splendeur & la derniere perfection ; c'est à dire
cét ordre qui l'anime, & qui consomme sa felicité. Ie n'entends pas parler de ce premier ordre qui n'est autre chose qu'vne impression de
la parole du Tout-puissant, & vn rayon de sa
clarté répandu sur tous ses ouurages ; mais ie
designe cét Ordre ciuil qui est vn decoulement
de la puissance du Prince, & comme vn esprit
vital qui s'insinuant dans les membres de la
Cité, conserue leur vigueur, & leur donne vne
forme plus excellente que la naturelle. L'ame
qui porte le sceptre dans le corps, ne trouue
rien qui luy resiste quand elle dispose du mouuement des parties où la Nature a estably vne
obeissance seruile & aueugle ; mais dans vne
Cité composée de tant de milliers d'hommes
libres en leurs volontez, & differens en leurs
humeurs, il est bien difficile de les rallier ensemble, & de leur inspirer vn mesme mouuement & vn mesme desir. C'est l'ordre neant-

moins qui lie leur societé, qui contient chaque citoyen dans les bornes de son deuoir, &
qui semble faire non pas tant l'vnion que l'v-
nité de tant de diuerses parties. Que s'il est
vray que la Nature ne soit autre chose que l'ordre ou du moins son effet, il s'ensuit que toute
Cité desordonnée n'est plus vne Cité, mais vne
assemblée d'Esclaues, qui côme autant d'instrumens animez se menuent à la volonté d'vn Tyran. Au contraire, quand l'ordre y regne, il se
forme vn concert d'affections, de desseins &
d'esprits, qui fait que la fortune des particuliers
en est plus asseurée & plus tranquille, & la publique en deuiët plus heureuse & plus glorieuse.

Or comme c'est la forme qui constituë la
chose en son espece, il se peut faire que la Cité
perde son estre ciuil, encore que les mesmes
loix & les mesmes citoyens ne souffrent aucun
changement de leur part. C'est ce qui arriue
autant de fois que l'ordre du gouuernement est
alteré & renuersé; car alors ce n'est plus la mesme cité, comme ce n'est pas la mesme harmonie quand elle chãge de ton & de mesure, quoy
que les mesmes voix demeurent pour entretenir le concert. Quand la greffe est entée sur vn
arbre different, elle produit vn fruict de differente espece, quoy qu'elle prenne sa seue & son
aliment d'vne mesme racine; en cette sorte la
Cité n'est plus ce qu'elle estoit auparauant, lors
qu'on change cét ordre qui est au corps politique ce que la forme essentielle est au corps naturel.

Mais quant à sa matiere, elle consiste en la
multitude des Citoyës, qui quelquefois se trouue si grãde & si excessiue, que les plus sages Politiques ont pris de là le sujet de cette dispute

en laquelle on demande si le nõbre en doit estre certain, ou indeterminé. Certes Platon a esté d'auis de le limiter, & Lycurgue l'ordõnoit ainsi par la loy qu'il fit publier dãs la ville de Sparte, car l'vn & l'autre estoient persuadez que de la multitude naissoit la confusion dans laquelle les Citoyens ne pouuoient oüir ny le commandement des loix, ny la voix mesme de leurs Magistrats. Il n'y a que Dieu seul qui dans le nombre innombrable de ses creatures, porte l'ordre par tout où il porte l'œil de sa prouidence, parce que voir & gouuerner est en luy vne mesme chose.

Cependant, Solon & Aristote n'ont pas estimé que la Cité dûst perdre sa forme par la grãde multitude des habitans, puis que c'est en cela mesme que consiste sa force, sa beauté, & sa reputation ; & que d'ailleurs la guerre, la fortune, & tant d'autres ennemis coniurez de la vie des hommes, ne permettent pas de prescrire le nõbre de ceux qui sont exposez à tant de perils. A confesser la verité, si les hõmes se fussent maintenus dans l'innocence de leur premier estat, l'opinion de Platon l'emporteroit, & le Lycée cederoit à l'Academie, mais dans le desordre de la Nature corrompuë où la force commande à la Raison, & les armes aux Loix, le sentiment d'Aristote est sans doute le mieux fondé. Aussi l'experiẽce en a fait vn Oracle, & l'histoire nous apprend que ces florissantes Republiques d'Athenes & de Sparte, où la multitude auoit ses bornes, se virent enfin precipitées du faiste de leur grandeur par la perte d'vn assez petit nombre de Citoyens, qu'en diuerses rencontres la guerre auoit moissonnez. Au contraire, les grandes & sanglantes défaites de Cannes, de

Arist. Polit. lib. 7. c. 4.

Trebie, du Lac de Thrasimene, & autres sêblables playes de la Republique Romaine, ne la purent iamais épuiser d'hommes, ny empescher qu'elle ne fist des bornes de la Terre celles de son Empire. Si Rome n'eust ouuert son sein pour y receuoir les Nations entieres, iamais l'Empereur Antonin n'eust pû dire auec verité qu'il ne recônoissoit que deux Cités, celle que Romulus auoit fondée, & le Monde vniuersel.

C'est icy qu'il faut adorer les decrets de la Sagesse eternelle qui a voulu qu'apres que les Cités sont paruenuës au periode de leur iuste grandeur, elles demeurassent balancées entre le declin & l'accroissement, sans pouuoir passer les fatales lignes qui leur ont esté marquées au point de leur naissance. De trois mille trois cent hommes propres à porter les armes, que Rome contoit sous son Fondateur, le nombre s'en accreut iusques à quatre cent cinquante mille; mais ce fut aussi le dernier terme qui borna sa puissance, & qu'elle n'exceda iamais. En effet, les Italiens qui se sont appliquez à faire l'horoscope de leurs plus celebres Villes, ont obserué que Milán & Venise se trouuent auiourd'huy au mesme estat qu'elles estoient il y a plus de quatre siecles, sans qu'il leur ait esté permis de s'auancer à vn plus haut degré de grandeur & de force. Quelques-vns d'entr'eux

en attribuêt la cause aux desolations de la guerre & de la Peste, deux mortelles ennemies de l'accroissement des Peuples; & les autres la raportent aux defauts de nourriture qui autresfois a contraint les Teutôs, les Huns, les Goths, & les Tartares d'abandonner leurs pays pour chercher des terres plus fertiles. Mais on peut dire auec plus de fondement, que le souuerain

Arbitre

Arbitre de l'Vniuers met des bornes à l'accroiſſement de ces ſuperbes Cités qui n'en mettoit
point à leur ambition, puis que celle qui ſe
flattoit du titre d'Eternelle a eſté la proye du
temps, & ne s'eſt éleuée iuſqu'au Ciel, que pour
eſtre enſeuelie ſous des ruines plus magnifiques. Certes, les grandes Villes ſe changent &
s'accroiſſent du debris les vnes des autres, à la
façon des ſpectacles qui prennent diuerſes fa-
ces, ſans que rien demeure ferme que le ſeul
Theatre qui a ſerui à monſtrer leur pompe.

Or ſoit que l'on conſidere la Cité en ſa matiere, ſoit qu'on regarde ſa forme, ſoit qu'on
en iuge par ſa fin, c'eſt à dire par la felicité qui
naiſt de l'affluence des plus excellens biens ;
il faut reconnoiſtre que le Politique ne pouuoit auoir vn obiet plus noble, ny plus digne
de ſon occupation. On dit pourtant que la Cité ſe trouuant expoſée aux changemens & aux
iniures de la fortune, ne peut eſtre l'obiet d'v-
ne ſcience, puis qu'il doit touſiours eſtre neceſſaire & perpetuel ; mais on peut reſpondre
à cela, qu'il y a deux choſes à remarquer, l'a-
ction des Citoyens, & la demonſtration de la
ſcience. Quant à l'action, on ne peut pas nier
que la Cité qui a ſon mouuement finy & ſa
grandeur bornée, n'eſprouue l'inconſtance
des choſes du Monde dont elle fait vne partie;
mais quant à la demöſtration de la ſcience qui
conſiſte en l'eſpece & aux preceptes, & non
pas aux nombres ny aux exemples, la Cité eſt
perpetuelle, & tellement immuable, qu'elle
deffie la puiſſance de la fortune & du Temps.
Rome, l'orgueil de la Terre & la maiſtreſſe des
armes & des Lettres, a veu ſon faiſte égalé à
ſes fondemens, & toutesfois elle donne encore

B

auiourd'huy des loix ; fa Iurifprudence regne
fur les Peuples, fes Preteurs prefident à leurs
Iugemens, fon Senat leur prononce des Oracles, fon nom eft par tout venerable, fes ruïnes glorieufes; & fous la cendre mefme elle ref-
pire la grandeur & la Maiefté. Ainfi quoy que
de la matiere de cette ancienne maiftreffe des
armes & des Lettres, il n'en refte plus que de
legers veftiges ; Toutesfois la Cité vniuerfelle
& formelle ne laiffe pas de demeurer fous la
demonftration de la fcience ciuile.

Mais parce que le gouuernement de toute
Cité eft vn effet de la prudence des loix felon
l'habitude de la vertu, ç'a efté le fuiet de la queftion en laquelle on recherche fi la vertu du
bon Cytoyen eft differente de celle de l'homme de bien. Sur cela donc Ariftote s'eft expli-
Lib. 3.
Polit.c.3.
qué par vne comparaifon qui en fait connoiftre les differences, quand il a dit que les Citoyens font dans la Cité ce que les Nauton-
niers font dans le nauire. Le Prince, ou le Magiftrat qui le reprefente, y tient la place du
Pilote, & le bien public qui naift de fon fage
gouuernement, eft au lieu des richeffes & des
auantages qu'vne heureufe nauigation apporte dans l'Eftat. Comme dans le nauire il y a
des offices diftinéts & feparez, on trouue auffi
dans la Cité des Charges, & des vertus differentes parmy les Citoyens, qui ne font pas
tellement liez enfemble par l'vnion ciuile,
qu'ils ne foient diftinguez par la diuerfité des
fonétions & des Ordres. De là s'enfuit que la
Vertu du bon Citoyen n'eft pas la Vertu de
l'homme de bien, car l'obiet de l'vne eft ex-
terieur, & l'obiet de l'autre ne peut eftre qu'interieur ; l'vne fe raporte à l'action, & l'autre

tend à l'ornement de l'ame ; l'vne est toute du Magistrat, & l'autre est toute de l'homme. En cette sorte la Vertu politique qui a son raport à l'office, se trouuera distinguée de la Vertu morale par son suiet, par son obiet, par ses moyens, & par sa fin. La matiere donc de la Cité consiste en la multitude des Citoyens, sa forme en leur vnion, & sa fin en l'abondance des choses necessaires ; mais tout cela n'acheueroit pas l'ouurage de la felicité politique, si la Vertu n'y mettoit la main, & ne le couronnoit.

DE LA REPVBLIQVE.

CEt ordre que nous admirons dans les propositions, & dans les mouuemens d'vne Republique bien policée, n'est pas l'effet de la fortune, mais l'ouurage de ce Dieu qui dans l'Vniuers a fait toutes choses auec nombre, poids, & mesure. Cette fausse & aueugle Deité n'y prend aucune part comme Platon s'estoit imaginé, & il n'y a que la seule Sagesse eternelle qui ait pû apprendre aux hommes à imiter cét Art diuin dont elle se sert pour arranger la multitude des Estoilles, & composer les Hierarchies des Esprits immortels. Que s'il est vray que la fin soit la regle & la mesure de toutes les choses, & que celles-là emportent le prix de la perfection qui ont vne fin plus parfaite ; Il faut croire que le chef-d'œuure le plus accomply qu'on voye sur la terre, c'est la Republique qui a pour sa fin le supresme de tous les biens, & le couronnement de toutes

les actions, c'est à dire la felicité où elle aspire. Tous les hommes l'ont regardée comme
l'Astre qui regloit le cours de leur vie actiue,
mais ceux qui ne l'ont pas bien connuë, & qui
ont ignoré qu'elle estoit le prix de toutes les
Vertus ensemble, ont estimé qu'elle consistoit
à commander souuerainement à vn grand
nombre de suiets. Et à dire le vray, c'est vne
belle chose que de donner des loix aux Peuples,
de faire leurs destins, & presider à leur fortune; mais ce n'est pas vne felicité puis que ceux
qui sont esleuez au comble de cette grandeur,
ayant peu de choses à desirer en ont beaucoup
à craindre. Qui sçauroit combien vne Couronne enferme de soins, & combien cette gloire est exposée aux mouuemens de la fortune,
il se persuaderoit facilement qu'vne condition
si eminente n'est qu'vne seruitude que l'Arbitre souuerain des Empires a voulu rendre glorieuse, pour la rendre plus supportable. Vn
Monarque n'est pas heureux par sa domination, mais par sa Vertu; & ce n'est pas le Sceptre ny le Diadesme, mais ses heroïques actions,
qui marquent & designent le bon-heur de sa
condition. La Principauté ne peut pas estre
ordonnée pour luy puis qu'il n'en est pas la
fin, & que le salut des Peuples est l'obiet de ses
desirs, le prix de ses trauaux, & le souuerain
bien qu'il se propose sur la Terre.

Cependant, le Legislateur de Sparte rapor-
toit cette fin aux genereux soins d'estendre
par les Armes les bornes de la domination,
mais aussi toute la gloire de son orgueilleuse
Cité passa comme vn esclair, & sa cheute sou-
daine descouurit son erreur, & fit blasmer son
iugement. Il s'estoit persuadé que l'Empire le

*Plutar.
in Lycur.*

plus vafte eftoit le plus heureux , & que la mefure de fa felicité ne pouuoit eftre que celle de
fon eftenduë. Augufte auoit vn autre fenti-
ment , quand il confeilloit au Peuple Romain
de r'enfermer & refferrer l'Empire dans de certaines bornes, depeur qu'en afpirant à de nouuelles conqueftes on vint à perdre les anciennes. C'eft ce fameux Confeil qui aux fiecles
paffez a diuifé tous les Politiques en deux parties , dont l'immortelle contention fe renouuelle autant de fois qu'ils recherchent fi ce fuft
par vn mouuement d'enuie , ou de crainte
qu'Augufte donna ce Confeil.

On fçait d'vne part qu'entre les defauts dont
les Vertus de ce Prince furent entre-meflées ,
il eft accufé d'auoir nourry de fecrettes ialou-
fies contre les excellens Capitaines , & les
grands Conquerans, comme s'il euft appre-
hendé que quelques-vns apres luy n'interuinf-
fent fur fa gloire, & n'éleuaffent les monumens
de leurs victoire par deffus les Trophées qu'il
s'eftoit erigez. Il fçauoit bien pourtant qu'il ne
perfuaderoit pas facilement ce Peuple ambitieux qui mettoit la beauté d'vn Empire en fa
grandeur , & qui ne deferoit le fouuerain honneur d'accroiftre l'enceinte de Rome , qu'à celuy feulement qui par la force des armes auoit
reculé les bornes de fa domination. Que s'il fe
trouue qu'il ait donné à Traian la gloire d'a-
uoir remis cet Eftat chancelant fous le poids
de fes années , en la premiere fleur de fa ieuneffe, ce ne fut qu'apres qu'il euft adioufté l'A-
rabie heureufe au nombre de tant d'autres Prouinces fubiuguées. Il l'auoit tellement accreu
par fes conqueftes , qu'il luy laiffa pour frontieres l'Euphrate & le Tigre à l'Orient, les Ca-

Addide-
rat con-
filium
coërcendi
intra ter-
minos
Imperij ,
incertum
metu , an
per inui-
diam.
Tacit.
1. An-
nal.

taractes du Nil & les deserts d'Afrique au Midy, le Mont Atlas à l'Occident, & du costé du Septentrion le Rhein & le Danube. C'est dans ces bornes que l'Italie, la France, la basse Allemagne, l'Angleterre, l'Espagne, les deux Mauritanies, l'Afrique, l'Egypte, la Macedoine, la Grece, plusieurs Isles, & toute l'Asie mineure se trouuoient renfermées.

Mais auec tout cela, & quelque éclat que les conquestes de Traian ayent ietté dans le Monde, elles n'auront iamais le pouuoir de faire condamner le Conseil d'Auguste dont l'admirable prudence luy faisoit preuoir beaucoup de choses, qui ne furent iamais assez connuës de ses successeurs. On ne peut pas douter qu'il ne soit des Empires comme de toutes les autres choses de la Nature & de l'Art qui ne sçauroient conseruer leur vertu, ny la liberté de leurs operations que dans vne mesure reglée & determinée. L'habitude requise à la parfaite santé se trouue rarement en vn corps de stature démesurée, & la grandeur d'vn Nauire n'empesche point qu'il ne sente la fureur des tempestes, & qu'à l'égal des plus petits il n'aille s'ouurir & se briser aux pieds d'vn rocher. On voit d'autre part que la Nature dont les œuures sont accompagnées de quelque rayon d'intelligence, a planté des montagnes & interposé des fleuues pour seruir de barrieres aux Estats, & pour estre comme les Arbitres muets des differens & des entreprises des Peuples. La Religion mesme venant au secours de la Nature a consacré ces bornes, & a fait croire qu'elles estoient sous la protection des Genies Tutelaires des Estats, qui d'ordinaire ne laissoient point impunie la temerité de ceux qui

Plat. de Legib. lib. 1.

fans aucun titre de Iuftice entreprenoient de
les violer, comme cét Empereur, qui en paf-
fant l'Euphrate, fut frappé d'vn coup de Ton-
nere. Quand donc les Romains defendoient
de foüiller les Autels du Dieu Terme, du fang
des Victimes, ils vouloient apprendre que les
limites de la Republique deuoient encore
moins rougir du fang des hommes refpandu
dans le champ des batailles.

Outre ces reflexions vniuerfelles qu'Auguste
pouuoit faire, l'eftude de la Philofophie ciuile
& la grande experience qu'il s'eftoit acquife
dans les chofes du monde, luy auoient fait
connoiftre que toute puiffance exceffiue, entant qu'elle eft ennemie du repos, agite l'efprit de celuy qui commande, & trouble la
tranquillité de ceux qui obeiffent à fes loix. Elles luy auoient encore appris que la grandeur
a cela de propre de fe donner elle-mefme de
l'obftacle, & que dans les vaftes efpaces d'vn
Empire, l'authorité foouueraine fe diffipe, ou
du moins s'affoiblit parmy des fuiets qui ne
connoiffent leur Prince que par fes images
inanimées. En effet, cette authorité eft au
corps Politique ce que la chaleur eft au corps
naturel dans les extremitez duquel elle ne peut
auoir le mefme mouuement, ny la mefme vigueur qu'elle monftre dans les parties qui font
proches du cœur. Mais encore ne fçauoit-il
pas que les mains ne retiennent point ce qu'elles eftreignent de trop; & qu'il y a bien plus
de gloire à conferuer vne Prouince par la douceur des loix, qu'à la conquerir par la force
des armes? Ne iugeoit-il pas que comme il
y auoit de l'iniuftice à ne rechercher les Trió-
phes pour autre fin que pour triompher, c'é-

toit auſſi vn acte de iuſtice de meſurer la grandeur d'vn Eſtat par ſa vraye fin, c'eſt à dire
par la felicité des Peuples? Ne ſe repreſentoit-
il pas que les grands Eſtats qui apres la défaite
de leurs Ennemis n'auoient plus rien à craindre, deuoient neantmoins redouter leurs propres Conqueſtes, puis que d'ordinaire elles
attirent l'enuie de la fortune qui prend plaiſir
à s'en ioüer? De ſes Legions taillées en pieces
dans l'Allemagne, de ſes Statuës abbatuës
dans l'Egypte, de la reuolte des Pannoniens
& des Daces, des Villes priſes, & de la fleur de
ſes Soldats moiſſonnez dans les batailles, n'a-
uoit-il pas appris qu'vn Empire n'eſt iamais
proche de ſa cheute, que lors qu'il s'eſt eſleué
au plus haut comble de grandeur? Enfin na-
uoit-il pas connu que toutes les guerres ciuiles des Romains eſtoient ſorties du ſein fatal
de la proſperité, & qu'au meſme temps qu'ils
eurent ſubiugué la Syrie par leurs armes, élle
les auoit vaincus par ſes delices & par ſes richeſſes?

Ce n'eſtoit donc pas l'Enuie, mais la Prudence qui eſtoit entrée dans le Conſeil d'Auguſte, qui n'ayãt rien à deſirer ny du bon-heur,
ny des perfections d'vn grand Empereur, pouuoit ſans doute eſtendre ſes conqueſtes, & adiouſter à ſon Empire de nouuelles Prouinces.
Il auoit dompté les Thraces, & ſouſmis les
Scites à ſes loix; les Parthes ſe repentans de
leurs victoires, luy auoient rendus en pleine
paix les Aigles, & les autres Enſeignes qu'ils
auoient conquiſes au milieu de la guerre; &
les Peuples qui habitent ſous le Soleil chargez
des Threſors dont la Nature leur eſt ſi liberale,
auoient paſſé les Mers pour les luy venir offrir

en hommage. En vn mot, il estoit si plein de
la gloire des triomphes, qu'il auoit pû sans ar-
rogance mépriser ceux que le Senat luy auoit
decernez ; & comme il s'estoit esleué au dessus
de l'enuie, aussi n'estoit-il point poussé d'aucun
mouuement d'enuie quand il conseilloit de
donner des bornes à l'Empire, lors mesme
qu'il n'en laissoit point à sa Reputation. Tibere ne fut pas le seul qui voulut suiure ce salu-
taire conseil, mais Adrian encore se representant combien les conquestes de Traian estoiét
mal asseurées, se resolut de borner l'Empire
par l'Euphrate, & d'abandonner la Syrie, la
Mesopotamie, l'Armenie, auec tout ce que
son Predecesseur auoit conquis au delà du Ty-
gre. Que si iamais Conquerant a monstré que
l'ambition estoit insatiable, ç'a esté Alexandre
qui apres auoir passé de la Macedoine iusques
au riuage de la Mer rouge, enuoyoit encore
ses Lieutenans pour découurir de nouueaux
Mondes sous l'aspect d'vn autre Soleil, & sous
d'autres Estoilles. Cependant, il se vit contraint
de rendre la liberté à plusieurs Peuples, & les
Estats aux Princes qu'il auoit despoüillez, &
qu'il ne pouuoit contenir dans l'obeïssance ;
sans autre succez de ses entreprises que d'auoir
appris qu'il estoit petit dans le Monde, lors que
le Monde méme luy donnoit le titre de Grand.
Enfin ce fut par le mesme conseil que les Romains declarerent libres ces genereuses Nations qui ne connoissoient point la seruitude,
comme ils mépriserent long-temps la conqueste de l'Angleterre, se persuadant qu'il valloit
mieux accroistre le bon heur de l'Empire par
la paix que ses limites par la guerre.

De ce raisonnement depend la decision d'v-

Vt obli-
uionem
illius
etiam in
pace, con-
silium
Augustus
vocarit.
Tacit.
Annal. 1.

C

ne autre controuerfe, en laquelle les Politiques demandent quel des trois Eftats eft le
plus durable, le grand, le petit, ou le mediocre. La grandeur du premier donne toufiours
de la ialoufie aux Princes voifins qui ralliant
leurs forces enfemble, s'vniffent encore d'efprit pour chercher leur commune feureté dans
la ruine & le renuerfement d'vne puiffance qui
ne leur eft pas feulement fufpecte, mais auffi
formidable. On voit d'ailleurs qu'vn grand
Eftat comme vn grand corps, a tous fes mouuemens plus lents & plus pefans; qu'on n'y
peut que difficilement tenir en deuoir toutes
les parties, & qu'il eft impoffible que dans
vne vafte eftenduë il ne monftre quelqu'vn de
fes coftez ouuert & defarmé. Mais d'autre
part, vn petit eftat fe trouue tellement expofé
aux iniures du premier affaillant, que parmy
les diuers orages qui l'agitent, foit au dehors,
foit au dedans, il ne fçauroit s'affermir, ny
ietter de profondes racines. Sa foibleffe eft fi
grande, qu'il ne peut, ny fouffrir la Paix, ny
fouftenir la guerre; & s'il arriue que fes Gouuerneurs pouffez d'vn genereux defir de gloire, s'appliquent à quelque difficile entreprife,
ils tombent dans les inconueniens de ces Ar-
chitectes qui efleuent vn baftiment plus haut
que fes fondemens ne peuuent porter. Il n'y
a donc que l'Eftat mediocre qui entant qu'il
s'éloigne des deux extremitez, n'eft ny expofé à l'enuie, ny aux iniures de fes voifins,
outre que fes mouuemens font plus libres,
fes forces plus ramaffées & fa puiffance plus
actiue. La feule Macedoine du temps de Per-
feus, fouftint pendant quatre ans toutes les
grandes armées des Romains, & les Hifto-

riens demeurent d'accord que si ce Prince eust
en la vertu de ses Ancestres, il pouuoit estre
Victorieux, & triompher du Peuple vainqueur
de toutes les Nations.

Mais entre tous les Estats du Monde, il
faut que l'enuie mesme reconnoisse que la
France, la gloire de l'Europe & l'ornement
de l'Vniuers, a toutes les conditions qu'Aristote desire pour rendre vne Monarchie puissante, florissante & ornée de toutes les especes
de felicité. La prouidence qui a pris le soin de
sa grandeur, luy a voulu assigner la plus belle
partie de la Terre, auec vn espace si vaste qu'il
pût suffire à la magnificence d'vn grand Empire, & tel toutesfois que les Ordres & les loix
du Prince le peuuent aisément regler & gouuerner. Il semble donc que la Nature l'ayant
assise au milieu de l'Europe, ait eu dessein de
luy faire seruir les autres membres de cette
troisiéme partie du Monde ; comme Aristote *politit. l.*
remarquoit autrefois que l'Isle de Crete auoit *2. c. 8.*
vne situation propre pour commander à tou-
te la Grece. La France a trois diuerses Mers
qui la bornent, & qui reposant doucement
dans ses Ports, l'enferment & luy donnent
le moyen de faire par le commerce, vn Royaume de tout le Monde ; les grands fleuues y sont
répandus comme les veines en vn corps naturel, & c'est par ces canaux que coulent les
commoditez qui entretiennent la vie commune & ciuile.

Quoy qu'il en soit, la felicité des Estats ne
consiste pas en leur grande estenduë, mais
aux actions des Vertus actiues & contemplatiues qui sont conioinctement la fin des suiets, &
de la Republique. Car comme la felicité des

C ij

chofes, & leur fin ne font point differentes;
Auffi les Vertus de la Republique & des fuiets
ne different que comme le tout de la partie &
l'vniuerfel du particulier; puis que la Vertu de
la Republique n'eft autre chofe que le recüeil
& l'affemblage de toutes les vertus qui font ef-
parfes entre les Citoyens. C'eft en leur vie
heureufe que confifte fa felicité, & les conditions de cette vie heureufe font, que la Republique foit affeurée par les richeffes, fortifiée
par les armes, venerable par les Vertus, & magnifique par la gloire. Il faut donc dire qu'alors
elle portera le titre de grande, quand elle fera
viure heureufement fes Peuples felon les preceptes de la Vertu qui eft la iufte mefure de
leur bon-heur, & fans laquelle il n'y peut auoir
de felicité. Certainement plus les Tyrans ont
efté puiffans, plus ont-ils efté malheureux
dans la forme irreguliere de leur gouuernement; car ce que le monftre eft en la genera-
tion, le vice l'eft en la Republique; l'vn fe fait
nommer le Peché & le déreglement de la Nature, & l'autre eft reconnu pour eftre le defordre & la confufion de tous les Eftats.

Or comme toute Republique a fa caufe ma-
terielle, fa caufe formelle, & fa caufe efficiente;
la premiere fe fait remarquer en l'affemblée
des hommes de differentes conditions; Mais
la formelle c'eft la raifon du droit auquel le
Peuple a confenty, c'eft à dire l'ordre de ceux
qui commandent, & qui obeïffent fous la direction des Magiftrats, fans lefquels vn Eftat
populaire ne fçauroit fubfifter, ny maintenir
fa liberté. De là s'enfuit que l'Empire des Ottomans, où ce confentement ne fe trouue
point, n'eft pas proprement vne Republique,

mais vn gouuernement Seigneurial où les
grandes Villes sont comme de grandes prisons, & les Citoyens comme des Esclaues.
Certainement le Prince n'est pas la fin de la
Principauté, c'est plustost le salut des Peuples,
entant que le Prince legitime les vnit à soy par
l'ordre du commandement souuerain, comme ils s'vnissent à luy par l'estroit lien de l'o-
beissance. Quant à la cause efficiente, elle n'est
autre que cet instinct, & ce desir de viure en
societé que la Nature a mis & empreint dans
le cœur des hommes. Mais parce que tout ce
qui procede de la Nature se raporte à son Autheur, il s'ensuit que Dieu est comme le principe formel des Republiques qui en leur police
portent les traits de la sagesse eternelle, en la
mesme sorte que les ouurages de l'Art portent
sur leur front l'Image de l'industrie de l'Ouurier. Platon l'a ainsi enseigné, & nous a laissé dans ses excellents écrits dequoy combattre
l'impieté de ceux qui ont osé dire que les Principautez estoient bien des ouurages d'vn Dieu,
mais d'vn Dieu irrité contre les hommes ausquels il auoit imposé la peine de cette seruitude.

Que si nous voulons maintenant sçauoir
quelles sont les fins de la Republique, Aristote
nous apprendra que l'office de la Societé, c'est
de pouruoir par vn mutuel secours aux necessitez de la vie. Mais il ne suffit pas de viure si on
ne vit agreablement, car la possession des choses ne contenteroit pas, si on n'en pouuoit partager l'honneste plaisir auec des amis dont
mesme le conseil est vtile & necessaire. La Republique tend encore à deux autres fins dont
l'vne est de viure en seureté contre tous les as-

Plat. de
Rep.

C iij

fauts des Ennemis , & l'autre de viure auec
fruit & vtilité , d'où deriuent comme de leur
source les contracts , les eschanges , & les autres actes où president la Iustice , qu'on appelle commutatiue. Tout cela ne suffiroit pas
si on ne viuoit en vnité de consentement , &
c'est de là d'où viennent les mariages , & les
alliances des familles qui sont comme les liens
de la Republique que la concorde & l'amitié
ont serrez de leurs propres mains. Cependant
il faut reconnoistre qu'il y a vne fin qui comprend toutes celles dont nous venons de parler , & qui consiste à viure honnestement ,
c'est à dire selon les preceptes de la Vertu , la
seule base sur laquelle la Republique est appuyée. Mais toutesfois ce n'est pas sa derniere
fin , puis qu'elle en recherche vne autre plus
heureuse que les naturelles , & cette fin ne peut
estre que Dieu mesme , entant qu'il est le souuerain bien & le centre de toutes les felicitez.
C'est pour cela que la Republique a vne si
estroitte alliance auec la Religion ; car comme
les hommes ont deux sortes d'Estre , l'vn ter-
miné par les bornes de cette vie , & l'autre qui
n'est mesuré que par toute l'estenduë de l'E-
ternité ; aussi estoit-il conuenable qu'ils pus-
sent se proposer deux sortes de félicité , la finie & l'infinie. Dieu n'est pas seulement leur
derniere fin , mais par la mesme puissance
qu'il a donné des bornes à l'Ocean , il en a
donné aux Empires , tant pour les reduire à
la iuste grandeur qu'ils doiuent auoir , que
pour arrester le cours impetueux de l'ambition des Princes de la Terre. Il n'y a iamais eu
de si grand conquerant , que la mort n'ait
surpris sur de nouueaux desseins & sur de

Arist.
Polit. l.
7. c. 15.

houueaux proiets de Conqueſtes, on a bien
pû donner des bornes à leur Empire, mais non
pas à leur auidité.

DE L'AMITIE.

APres que Dieu euſt fait éclore l'Vniuers
de la fecondité de ſa parole, voyant qu'il
eſtoit compoſé de pieces auſſi differentes de
forme que de proportion, il meſla dans tout
ce grand corps vn eſprit d'amitié pour en faire
les liaiſons, & empeſcher que le deſordre comme vn ton diſcordant ne vint à rompre l'harmonie d'vn ſi iuſte concert. Cét eſprit vniſ-
ſant ne fut pas pluſtoſt infus dans la maſſe,
qu'à la façon des anneaux que l'Aymant aſſemble, on vid former cette douce & admirable chaiſne qui eſtreignant les Elemens, les
Plantes, & les animaux, va faire dans le cœur
des hommes ſes plus eſtroits attachemens, &
ſes dernieres vnions. Et certes, dés le moment
que l'Autheur de la Nature y eut allumé la ſa-
crée flâme de l'Amitié, elle monſtra ſes premieres ardeurs entre le Mary & la Femme, entre le Pére & les enfans, & puis entre les freres
qui faiſant les parties d'vne meſme ſubſtance
ne firent plus qu'vn tout de meſmes affections.
De là cette flâme s'éprit au dehors, & ſe com-
muniqua aux Eſtrangers par les alliances, &
enfin s'eſpandit dans les Communautez ſous
le nom de Concorde qui n'eſt autre choſe
qu'vne amitié ciuile, par laquelle les Citoyens
demeurent vnis dans la Republique, & ſont
fermes dans le commun deſir des choſes iuſtes

& vtiles. C'est ainſi qu'apres que l'Amitié a
merité d'eſtre nommée le nœud de la Nature
& l'Ame de l'Vniuers, elle ſe fait encore regarder comme la mere de la ſocieté, le Rempart des Citez, & le Genie des Eſtats. Qui
l'en banniroit, les rempliroit à l'inſtant de querelles, de confuſion, d'horreur, & rompant
les accords de cette Vnion qui donne l'eſtre &
la perfection à la Republique, diuiſeroit les
Citoyens, les armeroit les vns contre les autres,
& d'vne ville en feroit pluſieurs. Alors la haine, le poiſon de la paix & comme la guerre ciuile de la Nature, entreroit en la place, &
d'vne ſource ſi fatale découleroit cette longue
ſuite de malheurs qui tant de fois ont appris
aux Souuerains que plus le nombre des ſuiets
eſt grand, plus y a-t-il de hazard & de peril
pour eux.

φιλίαι
διόματα
μάχεσι
εἶναι ἀ-
γαθοι
τοῖς πά
λιςι
amicitiā
cwitati-
bus ma-
ximum
bonum
eſſe arbi-
tramur.
Ariſt. P-
lit. lib. 2.
c. 2.

Pour preuenir ces deſordres, la Nature qui
tend à faire conſpirer les hommes à la félicité
politique, a mis en l'Amitié vn certain aiguillon qui les excite à rechercher vne douceur ſi
agreable & ſi propre à conſeruer les Eſtats,
puis que celuy meſme des Dieux, s'il en faut
croire Platon, ne peuſt ſe maintenir en paix

Plat. in
Lyſid.

que depuis que l'Amour y euſt pris le Sceptre.
On en peut dire autant de toutes les Republiques que les hommes ont policées, puis qu'il
n'y en a point où l'Amitié n'ait retenu le caractere de ſa premiere origine, & fait ſentir les
doux effets de ſa puiſſance. En l'Ariſtocratie,
c'eſt à dire dans le gouuernement des gens de
bien, elle eſt ſemblable à celle qui ſe lie & ſe
contracte entre le mary & la femme, où toutes choſes ſont meſurées par la Vertu, & où
l'homme commande ſans toutesfois rauir à la

femme fa liberté naturelle, ny le droit facré de la focieté. En la Timocratie, l'amitié ciuile eft comparée auec celle des freres, dautant qu'en cette forme de police où l'authorité, les richeffes & la puiffance tombent fous le partage, tous les Citoyens participent également aux honneurs & aux biens de la Republique. En la Monarchie, l'amitié legitime du Prince eft vne image de l'amitié naturelle du Pere enuers fes Enfans, mais fes effets font plus eftendus fi on regarde le bien vniuerfel qu'il fait à fes fujets, comme celle du Pere eft plus grande puis qu'il donne trois plus grands biens à fes enfans, l'eftre, l'aliment & la difcipline. Et dautant que la Iuftice & l'Amitié ont vn mefme fuiet & vne mefme eftenduë, de là vient qu'en la Democratie, c'eft à dire en l'Eftat populaire où elles font fi neceffaires, l'vne ne peut eftre feparée de l'autre qu'on ne voye en mefme temps diffoudre le concert de la focieté ciuile.

Arift.
lib. 8.
Moral.
c. 9.

Quant aux Polices indirectes & corrompuës, comme il y a peu de droit, il s'y rencontre auffi fort peu d'Amitié, & point du tour en la Tyrannie qui ne porte en foy aucun image de Iuftice ny de Vertu, & qui en defendant les conuerfations des Citoyens, rompt les liens des honneftes conuerfations, & ferme la plus feconde fource des douceurs de la Vie. En effet, l'Amitié qui eft vne chofe facrée & vne Vertu tout enfemble, n'entre point dans le commerce de ceux qui font regner le vice, & fi les Tyrans s'affocient auec les miniftres de leurs paffions, c'eft vn complot & non pas vne compagnie; ils font complices & non pas amis, & il en eft comme des Brigands entre lefquels il y a bien vn partage de defpoüilles, mais fans aucune communication de legitimes affections. Ce font des focietez de larcins & de crimes que l'Amitié ne peut fouffrir ; puis qu'elle fait dans la Republique l'office de la Iuftice, & des loix qui n'ont efté données aux hommes que comme vn fecond remede, & pour contraindre par leur authorité, ceux qui deuroient agir par l'affection qu'ils doiuent au public. C'eft pour cela que les fages Legiflateurs qui ont toufiours regardé l'Amitié comme la douce mere des Cités, en ont eu plus de foin que de la Iuftice qui fouuuent perd fa force dans les rencontres où l'autre la conferue. La loy mefme, quelque fouueraine & imperieufe qu'elle foit, n'eftend fa prouidence que fur les chofes du dehors, & en cela elle demeure beaucoup au deffous de l'amitié qui regle le cœur & la main, la langue & la volonté, & qui enfin n'eft gueres differente de l'vnion que fur toutes chofes les Politiques ont cherchée dans la Republique.

Cóme leur plus noble deffein tendoit à bannir la fedition qui la diuife, auffi fe font-ils eftudiez à eftablir cette amitié ciuile qui r'allie les Citoyens, & les vnit fous vn lien de mefmes voló- tez. Mais auec cela, ils n'ont pas laiffé d'honorer de leur faueur celle qui fe noue entre deux amis, comme la plus parfaite de toutes les amitiez en ce qu'elle eft toute ramaffée en foy, & qu'elle ne peut fouffrir le partage qui eft ennemy de la perfection. Les Philofophes difent qu'elle eft vne efpece d'excez dont la force ne fe peut eftédre à plufieurs; la diuifion l'affoiblit, & l'vnion la rend fi puiffante, qu'elle fait que deux amis qui s'entre-dónent cœur pour cœur, font deux parties qui compofent vn tout. Elle

Arift.
Eth. lib.
9. c. 10.

n'eſt pas ſeulement plus forte, mais auſſi plus libre, plus volontaire, & moins intereſſée, puis
que deux amis ne ſe touchent que de la ſeule
amitié, & qu'ils trouuent tous leurs contentemens dans la ſatisfactió qu'ils ont d'aimer. L'vn
veut viure auec l'autre par la meſme raiſó qu'il
veut viure auec ſoy-meſme; & comme tous les
deux ne cheriſſent rien tant que le ſentiment
qu'ils ont de l'eſtre de leur vie, auſſi le trouuét-
ils dans la communication de leurs penſées, de
leurs plaiſirs, & des ſuccez de leur fortune.

 C'eſt en cette occaſion qu'Ariſtote a recherché s'il y pouuoit auoir vne veritable amitié
entre le Maiſtre & l'Eſclaue, entre le Prince ſouuerain & ſon ſuiet. Sur ces deux queſtions, il *Polit.lib. I. c. 5.*
propoſe d'abord la difference qui ſe trouue en-
tre celuy qui eſt nay ſerf par l'intention de la
Nature, & celuy qui eſt tombé dans la ſeruitude par l'authorité de la Loy. Le premier ſelon le principe de ſa Politique peut auoir amitié auec ſon Maiſtre, & non pas le deuxiéme,
ce qu'il prouue par vn argument conceu en
cette forme : Ce que la partie eſt à ſon Tout,
le ſerf par nature l'eſt à ſon Maiſtre ; Or il eſt
vtile à la partie d'eſtre regie par ſon Tout, il
eſt donc vtile au ſerf d'eſtre gouuerné par ſon
Maiſtre. Et dautant que tous les deux reçoiuent les commoditez de la vie qu'ils ne pourroient pas auoir l'vn ſans l'autre, il s'enſuit
qu'il interuient entre eux vn commerce d'a-
mitié qui les aſſemble, & vnit leurs eſprits
par vn mutuel conſentement. Mais ces deux
choſes ne ſe rencontrent point en celuy qui eſt
deuenu ſerf par l'authorité de la loy, c'eſt à
dire par la ſeruitude qui ſuit la peine qu'elle a
ordonnée. Si on cherche la raiſon de la diffe-

rence, c'est qu'il n'y a ny vtilité commune, ny
liaison de volontez entre le Seigneur & l'Esclaue captif, qui d'ailleurs ne peut estre contraint à seruir, que cette force ne rompe les
nœuds de l'amitié. Certainement, il y a cette
difference entre la seruitude naturelle & la ciuile qui descend de la loy, qu'en la premiere
celuy qui n'est pas bien éclairé des lumieres
de l'entendement, doit par vne iustice de la
Nature obeïr au plus sage, au lieu que la seconde seruitude qui s'establit par violence, n'est
pas absolument iuste, mais en quelque sorte,
c'est à dire entant que la loy l'a introduite
comme vne chose également vtile & au vainqueur & au vaincu. Quoy qu'il en soit, le serf
de peine ou de nature n'est point incapable de
contracter amitié auec son Seigneur, s'il se
trouue qu'il luy soit conioint par la Vertu, en
laquelle se rencontrent tous les liens qui font
l'attachement des cœurs des hommes. Mais
quoy qu'elle soit demeurée sans partage entre
les hommes, & que les Esclaues y puissent aussi bien pretendre que les autres, si faut-il
auoüer qu'elle n'a pas en eux cette pleine vigueur, ny ces vifs mouuemens que la liberté
inspire, & qu'elle donne à ceux qui sçauent
reconnoistre sa Noblesse & son independance.
Vn Esclaue n'est d'ordinaire qu'vn instrument
animé, qu'vne partie viuante & separée de celuy qu'il sert, il ne dispose pas de sa volonté, il
n'est pas à soy-mesme, il ne se meut que par
autruy, & vn clein d'œil de son Maistre est la
loy souueraine qui regle ses actions & sa vie.
    Quant à l'autre question qui regarde le Prin-
ce & son sujet, il semble d'abord que la difference de deux conditions si esloignées

l'vne de l'autre, soit vn eternel obstacle à l'amitié qui ne consiste que dans l'égalité , & qui n'est elle mesme qu'vne certaine égalité, ou comme parloit vn ancien , vne sacrée Geometrie en ses mesures & en ses proportions. A dire le vray, il seroit mal-aisé de trouuer dans vne si grande distance, iusques à quel point le Prince se peut abaisser , & le sujet se hausser pour communiquer ensemble , & pour representer en toutes leurs actions l'idée d'vne parfaite amitié. C'est par cette raison que dans l'Escole des Philosophes, on a douté si vn Amy pouuoit souhaiter à son Amy le don incomparable & sur-eminent de la Diuinité, puis que dans vne si grande inégalité de fortune ils cesseroient d'estre amis , & ne seroient plus vn bien l'vn à l'autre. Ainsi quelque vnissante que soit la vertu de l'Amitié, elle ne sçauroit allier deux personnes si inégales & si éloignées, ny s'asseoir sur vn mesme Throsne auec la Majesté. Il faudroit donc ou que le Prince en descendist pour se mesurer auec son sujet , ou que le sujet montast iusques au plus haut degré de la Principauté, ce que la hauteur de l'vn & la bassesse de l'autre ne peuuent pas permettre. Ceux qui voyent tout le reste du Monde soumis à leur puissance , s'offensent mesme quand on veut faire aller de pair leurs Enfans auec eux ; Et Tibere ne voulut point souffrir que dans les vœux publics les Pontifes meslassent auec son nom les noms de ses heritiers presumptifs. C'est vne des tendresses de la Royauté, de s'offenser autant de l'égalité que de l'abbaissement de leur souueraine grandeur. Enfin la diuersité des respects, des fonctions & des obligations qui se rencontrent entre des person-

Synes.

Arist.
Polic. lib.
8. c. 7.

Æquari
adolescētes senecta sua
vehementer indeluit. Tacit.

nes si esloignées , fait qu'il y a beaucoup moins
de choix , de liberté & d'affection ; d'où il arriue que par vn changement de noms , ce
qu'on appelle protection & bien-veillance en
la personne du Prince, est nommé respect &
obeïssance en la personne du suiet. A quoy
donc faire des Amys à celuy qui a tous ses sujets pour seruiteurs ? qui n'a rien à desirer? que
la fortune porte dans son sein , & qu'elle fauo-
rise de toute l'abondance de ses biens ?

    Cependant auec tout cela, & quoy qu'on ait
voulu dire que l'Amitié estoit la vertu des particuliers , il y a long-temps que les Roys ne
pouuant souffrir d'estre priuez du plus doux
fruict de la vie, l'ont appellée dans leurs Palais,
l'ont reuestuë de leur Pourpre, & l'ont fait regner auec eux. Au milieu mesme de leurs gardes il n'y auroit point de seureté pour eux si l'A-
mitié ne les gardoit ; toutes leurs prosperitez
seroient malheureuses , toutes les choses de-
uiendroiët importunes à leur pensée, & dans la
plus grande foule de leurs Courtisans, ils se trouueroient dans la solitude. Le Sage mesme des
Stoïques , quelque content qu'il soit de luy-
mesme, & à quelque degré de hauteur qu'il se
puisse éleuer au dessus des biens de la fortune,
n'est point insensible aux douceurs & aux offices de l'Amitié, mais il desire d'auoir vn Amy
qu'il regarde comme vn bien animé, au lieu
que tous les autres sont inanimez & dépoüillez
de sentiment. Il le desire quand ce ne seroit que
pour exercer cette belle Vertu qu'il croit ne deuoir demeurer oysiue , puis que la Nature l'a
donnée comme vn assaisonnement des ennuys
de l'esprit, & comme vne feconde source de
tous biens en la vie des hommes. Il seroit donc

iniufte d'exclure de la felicité du Prince, les
Amis qui font les plus grands biens entre les
biens exterieurs. Et quant à ce qu'on oppofe
que la premiere loy de l'amitié, c'eft l'égalité
des amis, & que la feule reffemblance à le pouuoir d'vnir les affections, on l'auouë facilemét,
mais il n'importe pas que cette égalité foit naturelle, ou faite par art. La premiere ne fe peut
rencontrer entre le Prince & fon fuiet, puis
que la naiffance les a mis dans vn fi grand ef-
loignement; mais comme l'Amitié eft ingenieufe & pleine d'inuentions, fi dans l'objèt où
elle s'attache la reffemblance ne fe trouue pas,
elle la fait & luy donne fes iuftes proportions.
Au lieu de l'égalité arithmetique qui regarde
celle de toute la dignité, elle introduit l'égalité geometrique, qui ne confiderant que la
quantité, fait vn contre-poids entre le merite
& la recompenfe, quand l'amitié du fujet enuers le fouuerain eft plus grande & plus forte
pour fuppléer au defaut de la dignité. En cette
forte, quoy qu'il n'y ait point d'égalité en la
condition, il y en a neantmoins en la matiere,
c'eft à dire en la perfonne aymable, & en la
proportion de raifon; ce qui fuffit à l'Amitié,
qui ne defire pas toufiours l'égalité de la recompenfe, puis que les enfans ne la fçauroient
rendre à ceux qui les ont mis au monde. Ainfi
quand le Prince s'abbaiffe dans les offices mutuels de la familiarité qui doit eftre entre deux
Amis, c'eft auec cette inégalité, que fon amitié eft plus grande & plus parfaite, tant parce
qu'il eft né pour donner, que parce que l'effet n'ayme pas tant fa caufe que la caufe ayme
fon effet, encore qu'elle ne reçoiue rien de fa
part. C'eft le priuilege de l'Amitié, qu'au lieu

que les autres affections & operations defirent
le plus fouuent vn loyer autre-qu'elles, cette
belle Vertu eft contente d'elle mefme pour
toute recompenfe, comme celle qui ne peut attendre vn plus grand prix de fes actions, que
la gloire de les auoir faites.

Or parce que fon effet eft vniffant, & qu'elle a cela de propre de faire de deux cœurs vn
feul mouuement, de deux amis vne volonté,
de deux volontez vne vie, & d'vne vie vne
iouïffance de mefme contentement ; il s'enfuit
de là qu'en raportant toutes chofes à l'vnité,
vne feule Ame femble donner la forme à deux
corps, & faire qu'Alexandre foit vn autre
Epheftion, & que l'efprit de Dauid foit vny
auec celuy de Ionathas. L'Amitié fans doute
confifte dans la communauté de la vie, & c'eft
de là que ces illuftres Amis partageoient ega-
lement le bien & le mal, les ioyes & les douleurs, les triomphes & les difgraces. Mais ce
qui eft plus à confiderer, c'eft que comme la
Vertu eft l'ornement des amitiez, auffi eft-ce
fon effet d'efleuer le fujet non pas iufques à la
dignité, mais iufques à l'efprit du Prince, en
telle forte que fi l'vn excelle autant en merite
que l'autre en grandeur, ils peuuent deuenir
amis à caufe de l'égalité de proportion qui
compofe cette chaifne de nombres égaux dont
In Lyfid. Platon difoit que l'Amour prenoit fa naiffance.
Quand donc Trajan faifoit affeoir Dion fur
fon char de triomphe, s'il ne defcendoit pas
pour fe mefurer auec luy, au moins le faifoit-il
monter pour luy faire part de fa gloire, dans la
connoiffance qu'il auoit que les amitiez de differente efpece fe maintiennent par la proportion qui fe regle par la dignité des merites. A

vn

vn Prince qui eſt monté au comble des grandeurs humaines, il ne reſte qu'vn ſeul moyen pour s'éleuer plus haut, qui eſt de s'abbaiſſer vers ſes inferieurs en communiquant auec eux, & meſlant ſes deſirs à leurs reſpectueuſes affections. C'eſt dans cét agreable mélange qu'il peut adoucir ſes trauaux, charmer ſes ſoins, detremper ſes ennuis, ouurir ſes penſées ſans apprehender la conſcience d'vn témoing, & en vn mot, cueillir le plus exquis & le plus doux fruict qu'on puiſſe trouuer en la vie des hommes.

Que ſi quelqu'vn oppoſe qu'il n'eſt pas permis à vn particulier de dérober ou deſtourner les affections du Prince qui doiuent aller au public, & qu'autrefois à Rome on vit accuſer vne Citoyenne, que l'amitié de l'Imperatrice auoit eſleuée au deſſus des Loix; Ie reſpondray que par cette meſme raiſon il faudroit interdire le commerce des Vertus & l'emulation des belles actions qui s'inſinuent dans les cœurs. Ne ſçait-on pas que les Roys diſpoſent ſouuerainement de leurs affections, comme de toutes les autres choſes qui ſont enfermées dans les bornes de leur puiſſance? Mais ne faudroit-il pas plaindre leur condition, ſi parmy ce grand nombre d'honorables ſeruiteurs qui les enuironnent, ils n'en pouuoient aymer quelqu'vn ſelon le degré du merite, ou le bon-heur de l'election? Peut-on trouuer eſtrange qu'ils ayment leurs ouurages, puis qu'on nous dit que Dieu meſme s'eſt transformé en Amour pour donner à ſes creatures l'eſtre, la forme, & la derniere perfection? Ne ſont-ils pas les Peres de leurs ſujets? & les Peres dans les familles partagent-ils également leurs biens & leurs

Vocatâ in ius Vrgulania, quam ſupra leges amicitia Auguſtæ extulerat Tacit. lib. 2. Annal.

D

affections entre les enfans?

Ce n'est pas qu'il ne soit permis à des sujets de souhaiter que l'amitié de leur Prince se trouve tousiours si moderée, & si bien reglée, qu'il ne soufmette iamais la fortune de l'Empire à la discretion d'vn homme seul, ny ses volontez à celle d'vn fauory qui le charge d'enuie. C'est bien sa gloire de fauoriser les merites & recompenser les seruices, mais ce n'est pas vne bonne marque de sa grandeu. que d'auoir vn seruiteur trop grand, & qui ignore que la modestie est la guide asseurée de la prosperité. Il ne luy sçauroit communiquer vne puissance extraordinaire qu'il ne diminuë la sienne, & que sa faueur qui d'vn bien public deuient le bien d'vn particulier, ne donne de la ialousie aux grands, de l'enuie aux égaux, & de la haine aux petits. Sejan, ce fatal ornement de l'histoire, ce fameux spectacle de la vanité des grandeurs de la Cour, s'enyura tellement des presens de la fortune, qu'il donna suiet aux Romains de croire que sa haute fortune estoit vn effet de la colere de leurs Dieux. Son bonheur l'esleua de l'infamie à la gloire, son orgueil le precipita de la gloire à l'infamie, & sa fin a fait voir à tous les siecles qu'on tombe & qu'on ne descend point du faiste de la faueur d'vn Prince. Quant à ceux qui demandent s'il vaut mieux qu'il ait plusieurs Fauoris ou vn seul, l'experience a fait connoistre d'vne part, que c'est le propre de la pluralité de former des partis dans la Cour, pendant que chacun tranaille à se rendre maistre des volontez du Souuerain, ce que Rome vit arriuer sous l'Empire de Claudius. Mais d'autre part quand vn seul Fauory n'est éclairé de l'œil d'vn Concurrent,

Ira. Deorum in rem Romanam. Tacit.

ny arresté dans sa course par aucun contre-
poids, il vsurpe facilement toute l'authorité,
& ne pardonne qu'au seul nom de Roy. Vn
Agrippa entre tous sceut si bien vser de l'amitié d'Auguste, qu'il ne l'employa iamais que
pour l'vtilité publique, & sa vie est vn Tableau
qui peut apprendre à tous les fauoris, qu'il faut
baisser les voiles s'ils ne veulent donner plus de
prise à la tempeste. Il semble donc que plusieurs
Fauoris qui conspirent au bien de l'Estat, sont
preferables à vn seul qui ne sçachant se contenir dans les bornes de la modestie, establit le
fondement de sa grandeur sur les ruines de la
puissance de son Maistre. Les cinq premieres
années du regne de Neron sont encore l'idée,
& l'exemplaire d'vn iuste & accompli gouuernement, parce que Burrhus & Seneque
auoient combattu à l'enuy pour former sa
ieunesse; mais la mort ne luy eut pas plutost
osté le premier, que l'autre se trouua trop foible pour arrester le torrent des actions prodi-
gieuses de cét opprobre des Cesars.

Mors Burrhi infrego Senecae potentiã, quia nec bonis artibus idē vitium erat, alte-ro velut duce amoto. Tacit.

DE LA SERVITVDE.

L A Iustice que la Nature garde dans le partage de ses biens & de ses faueurs, n'est
pas tousiours si bien connuë ny si apparente,
qu'elle ne donne souuent sujet à ses Enfans de
disputer de sa disposition, & douter de sa volonté. On demande donc si parmy les soins
maternels qu'elle prend pour eux, la seruitude
mesme est vn effet de sa Prouidence; & si par
vn prudent conseil elle a fait naistre les vns

pour feruir, & les autres pour commander. Il
femble d'vne part, que lors qu'elle a donné à
tous vne mefme voix, & qu'elle les a iettez
comme en mefne moule, fon deffein ait efté
de leur laiffer ces communes marques afin
qu'ils fe reconnuffent pour freres, & qu'aucun
d'eux n'entreprift d'exercer fur fes femblables
vne puiffance tyrannique. Que fi de tout
temps il luy a pleu de fe monftrer plus liberale
enuers les vns, foit pour les ornemens de l'efprit, foit pour les biens du corps; ce n'eft pas
pourtant qu'elle ait voulu pouffer les autres
comme dans vn camp clos, pour y eftre expo-
fez à tous les outrages de la violence, ou de la
feruitude. Son defir a efté plus iufte, & quand
elle a fait entre fes Enfans les parts inégales,
elle n'a pretendu que donner lieu aux offices
de l'Amitié fraternelle, & faire que les vns
peuffent exercer leur liberalité, & les autres
donner des preuues de leur reconnoiffance.
Pour cet effet, cette fage Mere les a logez dans
des Cités comme dans de grandes familles, &
leur a departy en commun le pouuoir de faire
par l'expreffion de leurs penfées, vne viue
peinture de leur Ame, & vne parfaite liaifon
de leurs volontez. N'eft-ce pas donc luy faire
iniure & bleffer fa Iuftice, que de dire qu'elle
ait deftiné les vns aux honneurs, aux dignitez,
aux Diadémes, & qu'elle ait condamné les autres à fouffrir le mépris, les opprobres, & les
chaifnes de la feruitude ? Ne fçait-on pas qu'il
n'y a point de peine qui ne combatte fon defir,
& qu'entre toute la plus rigoureufe c'eft celle
qui ofte la liberté, c'eft à dire la vie ciuile qui
ne confifte pas à refpirer, mais à ioüir des priuileges d'vne franchife naturelle ? Ne voit-on

pas tous les iours que la Nature & la Fortune
font en si mauuaise intelligence, que ceux que
l'vne a ioints & vnis dans la naissance, l'autre
les sépare & les des-vnit dans la condition ?
Que la premiere se répand également sur tous,
& que l'autre n'a rien d'égal que d'estre toûjours inégale ? Certes, les auantages de l'esprit ne peuuent estre la cause de cette inégalité, puis que souuent on découure dans le corps
d'vn Esclaue vn esprit digne de regner, & vne
ame seruile dans vn corps libre & reuestu de
tous les ornemens exterieurs. C'est ce qui nous
apprend que la Vertu peut naistre par tout, &
que tant s'en faut qu'elle soit attachée aux
honneurs, que c'est plutost dans vn suiet de
peu de monstre qu'elle fait mieux voir & plus
éclater toute son excellence.

Cependant on peut dire d'autre part, que toutes ces reflexions n'empeschent pas qu'on ne
reconnoisse le sage conseil, & l'admirable prudence de la Nature qui a mesme prescrit vn
ordre de dignité & de suiection entre les elemens, dont l'vn sert & l'autre domine. Par
cét ordre, elle lie les choses inferieures auec
les superieures, car les vnes sont sousmises aux
autres, & dans leurs mutuels rapports de dependance & de domination, toutes attendent
du Ciel les influences, le mouuement & la lumiere. Mais comme l'homme porte en soy l'i-
mage d'vne Republique naturelle & abbregée,
c'est aussi en luy que l'esprit commande au
corps, & que dans le commerce des puissances
intellectuelles auec les sensitiues, les moins
nobles obeissent & seruent aux plus nobles. La
Nature donc presidant à la naissance des hommes garde toûsiours cét ordre, & quand elle

donne à tous la mefme effence, lés mefmes puiffances de l'amé, & la mefme liberté, ellé ne les donne pas dans le mefme degré d'excellence; mais plutoft preuoyant qu'il y auroit de la confufion fi tous commandoient, elle difpenfe fes prefens auec tant de iuftice, que ceux qui n'ont pas receu les dons de Sageffe, ne fçauroient viure plus heureufement qu'en feruant aux plus fages. Que fi les ornemens de l'Ame eftoient auffi vifibles & reconnoiffables que ceux du corps, il eft fans doute que par le vœu de la Nature, ceux qui font nés auec vn efprit plus genereux, plus noble & plus excellent, commanderoient aux autres, car l'Empire appartient naturellement à l'efprit, & le feruice eft écheu au partage du corps. Mais parce que les perfections & les beautez de l'Ame ne fe peuuent pas voir, il eft arriué de là, que la fortune a fouuent mis vne befche en la main de ceux à qui vn bafton de cômandement euft efté plus feant. Toutesfois, quoy qu'en la difpenfation des biens de l'efprit il fe trouue des Princes que la Nature a partagez en Efclaues, fi eft-ce qu'vn Monarque ne doit pas eftre confideré comme vn feul homme, mais comme celuy qui reprefente toute la République. Entant qu'il eft homme, il peut auoir des defauts & des imperfections; mais entant qu'il fouftient vne perfonne publique, & qu'il en porte tous les caracteres, la Raifon, la Prudence, & les autres Vertus entrent dans fes confeils, & prefident à fes actions. C'eft le priuilege des Souuerains, qui neantmoins n'empefche pas que tous ceux qu'on dit communement eftre nés pour commander, & qui ont autant d'auantage fur les autres que l'Ame en a sur le corps, ne doiuent naturellement commander à ceux qui ont besoin de leur conduite. En effet, la Nature ne pouuoit mieux marquer son intention, qu'en ce qu'elle donne aux vns des corps robustes & propres au trauail, & qu'elle forme pour les autres des corps plus delicats, & mieux disposez aux actions de l'entendement. Puis donc qu'elle fait naistre les vns plus parfaits que les autres quant à l'vsage de la raison, il s'ensuit que la societé du Maistre & du serf est introduite pour leur vtilité commune, puis que sans le conseil du plus sage l'autre ne sçauroit trouuer ce qui luy est bon, & sans la force corporelle du foible d'esprit, le sage ne pourroit mettre en œuure sa prudence.

Arist.
Polit.
lib. 1. c. 3.

Que s'il est vtile à ceux qui seruent de seruir, il faut donc croire que la seruitude est vn effet de la Nature, puis qu'il n'y a rien d'vtile en la vie des hommes qu'elle n'ait inuenté & introduit en leur faueur. Ses iniures mesmes tiennent lieu de bienfaits, quand par contrainte elles font heureux ceux qui auoient contracté vne habitude auec la misere, & à qui la fortune ne conseruoit la liberté que pour les punir. Dans la condition malheureuse qui les rendoit maistres de leurs actions, ils n'eussent iamais rencontré les auantages de la felicité humaine, & ils la trouuent sous la direction d'vne puissance qui les contraint à embrasser le bien, & à fuïr le mal. On nous dit mesme qu'en l'estat d'innocence, où les dons de la iustice & de la science n'eussent pas esté également dispensez aux hommes, ceux qui auroient eu moins de part en ces beaux ornemens de l'Ame, se seroient volontairement soufmis au doux & na-

D. Tho.
1 p. q.
96. art.
3. & 4.

turel empire des plus parfaits & des plus excellens. Il est vray que cette espece de seruitude qu'Aristote defend , & qui fait le suiet de ce
discours , eust esté bannie d'vn Estat si parfait
& si florissant, parce qu'elle enferme en soy vne
certaine imperfection que l'heureuse liberté de
l'innocence ne ponuoit pas souffrir. Mais la
difference des esprits , & les diuers degrez de
perfection qui se fussent trouuez entre les hommes, nous apprennent assez que l'vne & l'autre Philosophie, c'est à dire la sainte & la ciuile
conspirent à ce que le sage soit naturellement
maistre de celuy qui ne l'est pas assez pour se
sçauoir conduire. Outre cela , le droit d'humanité exige des plus parfaits le secours qui est
deu aux imparfaits, & qui de plus , seroient
barbares si on ne leur ostoit cette dereglée liberté dont au grand des-honneur de la Nature humaine , ils se seruent pour entretenir leurs
brutales inclinations. Si on oppose que la seruitude est vne peine, & que toute peine combat le dessein & le desir de la Nature , il se faut
souuenir que les Legislateurs ne la considerent
pas dans son estat d'innocence, mais dans cette fatale corruption qui l'a fait decheoir de ses
honneurs & de ses priuileges. Certainement
la seruitude dont les Philosophes politiques
discourent, n'est pas vne peine , mais vne ayde & vn subside pour les vsages de la vie ; & si
le droict naturel ne l'auoit point authorisée, la
puissance seigneuriale qui l'establit & l'entretient n'auroit pas tant duré parmy les hommes.

Toutesfois, quoy que cette puissance appar-
tienne naturellement à ceux qui sont nez pour
gouuerner les autres ; elle ne doit pas pourtant
estre

eftre fi abfoluë qu'elle degenere en tyrannie,
car ce feroit violer la loy de nature qui n'a eftably cét ordre de dependance, que pour la commune vtilité de ceux qui feruent & de ceux qui
commandent. La tutele fans doute & non pas
la feruitude des fuiets, a efté commife au Prince ; il eft leur Protecteur comme il eft leur Seigneur, fa principauté veut eftre alliée auec leur
liberté, & il n'eft monté fur le Trofne que
pour découurir de plus loin leurs neceffitez, &
prefider aux hommes à caufe des hommes.
Que s'il n'eft point de plus glorieux Empire
que celuy qui s'eftend fur les plus excellentes
chofes, & fi c'eft le propre de l'action de tirer fa
nobleffe de fon fujet, il ne faut pas douter que
le commandement fur des hommes libres ne
foit plus noble que celuy qu'on exerce fur des
Efclaues. C'eft le naturel des Peuples de ne
pouuoir fouffrir ny toute la feruitude, ny toute la liberté, mais ils obeïffent toufiours plus
volontiers en fuiets qu'en Efclaues qui n'ont
pas mefme la voix libre pour fe plaindre de
leurs miferes. Qu'on ne s'imagine donc pas
que toute fuietion foit vne feruitude, puis que
la liberté ne confifte point en la puiffance de
faire ce qu'on veut, mais en la conduite des
actions par les regles de la raifon. A dire le
vray, ce n'eft pas bien iuger de la liberté, fi on
eftime qu'elle ne fe puiffe trouuer fous l'Empire d'vn Souuerain, puis que c'eft eftre libre que
d'obeïr à fes iuftes loix; & qu'au contraire, exécuter indefiniment tout ce qu'on defire, c'eft
vne extrême licence qui ne peut eftre que le
commencement d'vne extrême feruitude.
Cela nous fait bien voir que la liberté conferue beaucoup mieux fes droits naturels dans

Incerti,
folutique
& magis
fine do-
mino
quàm in
libertate.
Tac.

E

vne Monarchie que dans vn Eſtat populaire,
quoy qu'en l'vne & en l'autre quiconque obeït
volontairement, euite tout ce qu'il y a de plus
inſupportable en la ſeruitude, qui eſt d'eſtre
contraint de faire ce qu'on ne veut pas. Cependant il y a des Peuples qui ſe perſuadent
qu'il n'y peut auoir de belles chaiſnes, que
ceux-là meurent à eux-meſmes qui viuent à la
diſcretion d'autruy, & que c'eſt vne entrepriſe ſur la Nature que d'attacher les volontez des
hommes par quelque lien que ce ſoit. Tout
au contraire, il ſe trouue des Politiques qui
conſeillent aux Souuerains de reſtablir & de
renouueler l'vſage des Eſclaues, comme vn
moyen tres-propre pour retrancher ce grand
nombre de faineants & de vagabonds, comme autant de parties inutiles qui chargent les
Eſtats, & qui ſont l'opprobre de la ſocieté.
Mais puis que Dieu a laiſſé les pierres dans
leur inclination & les animaux dans leur in-
ſtinct, ne ſeroit-ce pas reſiſter à l'ordre de ſa
Prouidence, que de rauir aux hommes ce
droit de liberté qui eſt le plus riche preſent
que la Nature leur ait fait? Quelques-vns
meſme n'ont pas craint de le mettre au rang
des choſes ſacrées, & d'attacher le crime de
ſacrilege à ces Legiſlateurs qui diſpoſant de
la condition & de la fortune des Eſclaues,
n'ont pas rendu à l'excellence de l'homme
tout l'honneur qui luy appartient. Mais toure-
fois, quand ils ont fait entrer les ſerfs dans le
commerce des achapts & des ventes, quand
ſouuent ils les ont mis à vn prix plus bas que
celuy des beſtes, ils ne les ont eſtimez que
par la partie animale, & iamais par l'immortelle qu'ils ſçauoient eſtre exempte des chaiſnes

de la seruitude. Quoy qu'il en soit, on ne
sçauroit ternir la gloire de ces Illustres Romains dont la Iurisprudéce est si pleine d'humanité, qu'elle n'a presque point de regle qu'ils
n'ayent ou fleschie, ou adoucie en faueur de
la liberté. Mais pourtant il faut auoüer, qu'entre tous les Estats du Monde c'est l'honneur
immortel de la France, d'estre regardée de
tous les Peuples comme le Royaume de franchise & le Temple de la liberté, où ceux qui
l'ont perduë la recouurent au mesme moment qu'ils y mettent le pied. Les autres Nations qui entretiennent l'inhumain commerce
des Esclaues, peuuent bien endurer la seruitude, mais la liberté appartient proprement aux
François.

Or comme la seruitude bien reglée & telle
qu'Aristote la décrit, est l'ouurage de la Nature,
aussi la loy à son imitation en a introduit vne
autre, qui est le prix de la victoire, & la peine
des vaincus que le droit de la guerre fait passer
en la puissance des vainqueurs. Il semble
neantmoins d'abord que cette espece de seruitude est iniuste, parce que la captiuité ne
change point la nature de l'homme, mais seulement sa fortune, & que d'ailleurs le iuste
Empire consiste plutost en la richesse de la
Vertu & en la constance de l'Ame, qu'en la
force des armes, ny qu'au sort de la guerre
qui se monstre tousiours incertain. Que s'il en
estoit autrement, les vertueux que la fortune
enuieuse abandonne dans les combats, deuien-
droient les Esclaues des vicieux, contre l'intention de la Nature dont la loy ne se doit pas
éloigner, puis qu'elle se vante d'estre sa raison,
comme elle est aussi la raison de la Iustice mes-

me. A cela donc on peut respondre que la victoire ne s'acquiert point sans l'ayde de la Vertu laborieuse qui se mesle dans les perils, & qui toute couuerte de sueur & de poussiere, ne cherche d'autre recompense de ses trauaux, que de voir suiure son Triomphe par ceux dont elle a épargné le sang & la vie. Outre cette raison, les Legislateurs ont esté persuadez qu'il estoit iuste de donner cette recompense aux Victorieux, afin que la monstre de cét attrait leur inspirast le desir de combattre genereusement pour la Patrie, & de choisir plutost vne mort glorieuse, qu'vne captiuité pleine de honte & d'opprobres. Ils consideroient encore que les hauts faits d'armes ne pouuoient estre reconnus que par des marques d'honneur exterieures, & que mesme il y auoit quelque consolation aux vaincus dans leur infortune, de voir que la captiuité les exemptoit de la mort, qu'on leur pouuoit iustement faire souffrir par ce droit de la guerre qui de la violence fait vne vertu, & vn crime de la douceur. Quant à ce qu'on obiecte, que c'est offenser la Nature, que d'assuiettir le sage vaincu au barbare victorieux; il faut considerer que les Legislateurs se se sont proposez le bien autant qu'vne preuoyance bornée l'a pû permettre, & que s'il en arriue quelque inconuenient, il doit estre raporté à l'iniustice de la fortune, & non pas à la loy qui est tousiours iuste, quoy que son effet soit quelquefois inique. Ce desordre ne se voit point en la Religion des Chrestiens où ces dures & cruelles seruitudes sont abolies; leurs guerres mesmes ne répandent le sang qu'en la chaleur du combat, & lors que l'espée nuë & la visiere abbaissée ne distingue personne, Ils po-

lissent encore les mœurs des barbares domptez,
ils adoucissent leur ferocité, ils leur enseignent
la Vertu, & leur donnent des loix pour la Iustice desquelles ils eussent voulu vaincre.

Enfin, outre les deux seruitudes que la Nature & la loy ont authorisées, il y en a vne autre d'autant plus honteuse qu'elle est volontaire, & qu'elle passe iusques à l'esprit. C'est à
parler franchement la seruitude de ceux qui sa-
crifient à la fortune de la Cour, qui sçachant
viure ne sçauent pas mourir libres, & qui dans
la resolution qu'ils ont prise de ne partager leur
patrimoine auec personne, prodiguent neantmoins les precieux thresors du temps & de la
liberté dont l'auarice est si recommandable.
Cette heureuse liberté accompagnoit autrefois
les hommes dans les cabanes, mais ils perdi-
rent l'amour qu'ils auoient pour elle, dessors
qu'ils apperceurent que la seruitude habitoit
sous les planchers dorez, & dans les superbes
Palais des Monarques. Cependant quoy
qu'on ait veu des Escriuains qui par vn ieu
d'esprit ont pris à tasche de loüer les plus
grands maux de la vie, il ne s'en est point encore trouué qui ayent entrepris la loüange de
la seruitude, tant elle paroist difforme à ceux
qui la regardent de plus prés. Les honnestes
seruices qu'on rend aux Grands, sont sans
doute loüables, mais la seruitude est deshonne-
ste, parce que celuy qui renonce a sa franchise,
arrache de son cœur la fidelité qui en fait la
plus noble partie. Tibere voyant les Senateurs
& les Cheualiers Romains seruilement pro-
sternez à ses pieds pour adorer sa Pourpre, *O capita*
auoit raison de leur reprocher qu'ils estoient *ad serui-*
nés à la seruitude, ne considerant pas que *tutem*
nata.

E iij

fa Cour pouuoit bien rendre leurs chaifnes plus luifantes , mais non pas plus legeres. Ce Prince defiroit d'eftre fidelement ferui, mais il ne vouloit point d'Efclaues.

DE LA NOBLESSE.

LA Nobleffe eft vn ouurage fi parfait, fon 'uftre iette tant d'éclat , & fes ornemens font de fi grand prix , qu'il ne faut pas s'eftonner fi la Nature & la Vertu difputant enfemble , s'attribuent chacune la gloire de luy auoir donné l'eftre ciuil & la naiffance. La Nature fe vante d'auoir fait entrer dans fon party ces fages Politiques qui fçauent difpenfer & interpreter les myfteres de la Maiftreffe des fciences ; & la Vertu prend fon droit & fes auantages du confentement vniuerfel de ces graues Philofophes qui portent la lumiere dans les chofes les plus obfcures. Les premiers eftabliffent leur opinion fur ce que la Nature affiftée de l'intelligence qui conduit fes œuures , n'employe pas vne mefne matiere quand elle entreprend de former les hommes, mais que par vn fecret confeil elle fait entrer de l'or dans la compofition de quelques-vns, & mefle des metaux plus groffiers & moins precieux dans la maffe des autres. C'eft en *Plat. de* cela qu'il femble que preuoyant qu'on luy *Rep. lib.* pourroit reprocher d'auoir fauorifé la feruitu-*3.* de, c'eft à dire la plus vile & la plus méprifable de toutes les conditions , elle ait voulu preuenir ou diminuer l'accufation , en mettant au plus beau iour cette Nobleffe de fang que

tous les Peuples de la terre ne regardent qu'a-
uec admiration. Comme nous voyons qu'elle met dans les racines des arbres certaines
puissances & dispositions, par lesquelles la seue passe aux branches pour les reuestir de
fleurs, & les charger de fruits; Aussi se plaist-
elle à répandre dans le sang illustre des Ance- *Vera glo-*
stres, des semences de gloire qui produisent *ria radi-*
les belles actions, & forment vne suite de *ces agit*
mœurs genereuses dans l'estenduë de leur *& propa-*
posterité. En cette sorte, la Noblesse qui par *gatur.*
diuers degrez de succession, & par vne lon- *Cice.*
gue descente estend ses branches dans vne
famille, se fait voir semblable à vn arbre qui
s'esleue d'autanr plus haut, qu'il iette de plus
profondes racines dans la terre. Quoy qu'il
en soit, il faut reconnoistre & respecter la
puissance de la Nature qui en nous mettant au
Monde, dispose de nostre sort, & départ à
qui bon luy semble les ornemens de la Noblesse & les auantages du Sang.

Cependant les Philosophes soustiennent au *Si quid*
contraire, que ce n'est ny de la matiere, ny *est in Phi-*
de la forme que cette belle & éclatante qua- *losophia*
lité tire son origine, puis que la premiere *boni, hoc*
estant toute terrestre ne la sçauroit commu- *est quod*
niquer, & que l'autre donne l'estre simple, *stemma*
& iamais l'estre noble. Vn beau sang dans *non inspi-*
les veines peut bien passer pour vne marque *cit.*
de santé, mais non pas pour vn titre de Noblesse qui n'est qu'vne qualité accidentelle, &
vn ouurage de la fortune qui preside à la naif-
sance des hommes, & se plaist quand elle se
ioüe, à tirer vn Potier de sa boutique pour
luy mettre vn Sceptre en la main. C'est elle
qui fauorisant les entreprises de l'ambition, &

Nunquã ne fando audistis Patritios primo esse factos, ac de cœlo dimissos. Liu.

fait toute la difference des Nobles & des Roturiers, des petits & des grands ; car c'est se tromper volontairement que de croire que les vns soient descendus du Ciel, & que les autres soient nés de la Terre. Mais à parler selon les regles de la Philosophie, c'est la Vertu qui fait l'homme noble, qui le releue sur la bassesse de son extraction, qui éclaire par sa lumiere les tenebres qui le cachoient, & qui d'vne Cabane aussi bien que d'vn Palais, l'esleue au dessus de l'Empire de la fortune. En effet la Noblesse ne peut auoir de meilleur titre que la Vertu qui luy sert de flambeau pour la monstrer à tous les siecles, & dont la puissance s'occupe à faire la race des Ames, comme le long ordre des Ancestres fait la race des hommes, & la splendeur de l'extraction. Ce n'est donc pas le découlement du sang des Ayeuls, ny le droit de porter leur nom & leurs Armes, mais la suite hereditaire des actions vertueuses, qui peut donner cette vraye Noblesse qui n'emprunte rien d'autruy, & ne se pare que de ses propres ornemens. Ceux qui dépoüillent les monuments de leurs Ancestres, & qui foüillent dans leurs cendres pour y trouuer quelques estincelles d'honneur, se monstrent semblables à ces criminels qui autresfois recouroient aux sepulchres des morts, & embrassoient leurs statuës pour s'exempter de la peine qu'ils auoient meritée. Certainement, nous n'auons point de part aux Vertus de nos Peres, si nous n'y adioustons les nostres, ils ont trauaillé pour eux, & leur merite a esté le seul instrument de leur gloire & non pas de la nostre. Chercher les veritables actions de la Noblesse dans leur

propre ſang , c'eſt chercher en la racine les
fruits qui ſe doiuent cueillir ſur les branches,
c'eſt à dire en leurs ſucceſſeurs. La Vertu
donc fait naiſtre la Nobleſſe , & le Vice l'enſeuelit ; ſon image vaine & ſans couleur peut
bien paſſer aux Enfans auec le ſang de leurs
Ayeuls , mais l'honneur qui la ſuit ne paſſe
qu'auec le merite ; & quoy que la naiſſance
communique l'vne , il n'y a pourtant que l'i-
mitation des beaux exemples qui puiſſe donner l'autre. C'eſt pour cela qu'anciennement
celuy qui degenerant de la vertu de ſes Predeceſſeurs , attaquoit ſon Ennemy ſans luy auoir
enuoyé le cartel de deffy , qui auoit chargé ſes
vaſſaux d'impoſts , ou qui s'eſtoit ſoüillé de
quelque autre crime mal-ſeant à vn homme
noble , n'eſtoit point admis aux Tournois ny
aux exercices de la Nobleſſe. Quiconque a receu cette haute qualité de la main de ſes Anceſtres , ſe doit luy meſme faire vne race glorieuſe : & Tibere auoit raiſon quand parlant d'vn
Romain vertueux , mais de baſſe extraction , il
diſoit que cét homme luy ſembloit eſtre né de
ſoy-meſme. Et à dire la verité , les hommes ne
ſont iamais ſi nobles que quand ils le ſont par
eux-meſmes ; & il y a bien plus d'honneur à ſe
faire admirer par les belles actions , qu'à ſe re-
commander par les ſeules images des Anceſtres. Ainſi les Egyptiens ne permettoient pas
qu'aucun fuſt loüé d'vne Nobleſſe empruntée
d'autruy , parce qu'à conſiderer l'extraction
dans les hautes ſources de la Nature , ils trouuoient que tous les hommes eſtoient iſſus du
ſang des Dieux.

Voila les raiſons des deux partis qu'on ne
ſçauroit concilier qu'en diſant que ce n'eſt ny

Curtius
Ruffus
videtur
mihi ex
ſe Natus.
Tacit.

Diodor.
Sicul.

Omnes &
ad primã
originem
reuocen-
tur , à
Dijs ſũto.
Sen.

Deorum immortalium quaſi gentiles ſunt. Cic.

la matiere, ny la forme qui donnent par leurs propres forces l'eſtre parfait à la nobleſſe, mais que c'eſt la Nature qui prepare l'vne & l'autre auec tant de ſoin, que ceux qu'elle fauoriſe ſoit pour les exercices du corps, ſoit pour les fonctions de l'eſprit, ſe trouuent plus enclins à ſuiure & à cultiuer la Vertu. En effet, la bonne naiſſance n'a pas peu de pouuoir pour eſleuer le courage à l'honneur des belles actions, & il n'y a point de plus puiſſantes perſuaſions pour exciter les enfans à ſuiure la Vertu, que les exemples des Peres qui leur en donnent l'amour auec le ſang. La Nature commence donc la Nobleſſe, la Vertu l'acheue, & toutes les deux, comme par concert, mettent la main à cét ouurage, & accompliſſent ce riche ornement de la vie ciuile. Il eſt vray que la Nature bleſſée & décheuë de ſa premiere innocence, ſe laiſſe facilement emporter aux déreglemens, & que ſouuent elle tourne les inclinations des hommes au vice ; Mais c'eſt auſſi pour cela qu'elle recherche la Vertu comme vne ayde à ſa foibleſſe, & vn puiſſant remede contre toutes ſes imperfections. Quand donc il ariue que la nobleſſe des Ayeuls ne ſert que de flambeau pour mieux découurir les vices de leurs ſucceſſeurs, c'eſt à regret qu'elle voit ſur la terre ces illuſtres ſpectacles d'opprobre & d'infamie. Mais d'autre part elle ſe conſole, quand ceux qu'elle fait naiſtre riches de la gloire & pleins de l'honneur des Triomphes de leurs Anceſtres, y adiouſtent encore de nouueaux rayons, afin qu'ils ne ſemblent pas ſe parer des Trophées qui ont eſté acquis & remportez ſans eux. Ils ſçauent que la reputation de ceux qui les mis au Monde, n'a esté deposée entre leurs mains que pour la rendre toute entiere à leurs heritiers legitimes, & de plus ils desirent en augmenter le Thresor, dans la creance qu'ils ont que ce n'est pas tant d'estre né Grand, que de le deuenir par de glorieuses actions. Enfin, ce que l'enchasseure dorée est au Tableau, l'or au diamant, la beauté du corps à l'Ame, & l'habillement à la grace du corps, la Noblesse l'est à la Vertu qui n'est iamais si éclatante, ny si pompeuse qu'auec cét ornement.

Ne disons donc pas que la Noblesse n'est qu'vn bien d'autruy qui n'adiouste rien à l'homme, car les Enfans des Nobles n'ont pas seulement leur partage dans l'heredité de leurs Peres, mais aussi dans leur gloire, & ce leur est vne honte quand ils l'abandonnent, ou qu'ils ne l'augmentent point par de nouueaux acquests d'honneur & de vertu. C'est vne verité qui se presente à tous ceux qui se souuiennent que les Politiques ne regardent pas l'homme dans vne abstraction de Metaphysique, mais que plutost ils le considerent dans les offices de la vie ciuile où la Noblesse du Sang luy acquiert la creance, l'authorité, la reputation & l'applaudissement des Peuples qui se laissent volontiers éblouïr à l'éclat des titres, & à la splendeur des familles. Tels sont les effets de cette haute qualité qui se communique par la naissance, & dont Aristote nous apprend la deffinition, quand il dit que la Noblesse n'est autre chose qu'vne antiquité de race & de richesses, mais accompagnée de l'habitude de la Vertu qui n'en doit iamais estre separée. L'antiquité, sans doute, en est

ἡ γὰρ εὐγένεια ἐστὶν ἀρχαιότης πλούτου, καὶ ἀρετῆς.

Arist.
lib. 4.
Polit. c.
8.
Nobilitas
mundi
nihil a-
liud est
quàm in-
ueterata
diuitiæ.
D. Hier.
ad Hel-
uid.

l'excellence, la perfection & la marque venerable; car si elle nous peut donner de la veneration pour les bastimens mesmes, combien
plus nous doit elle faire reuerer ces illustres
familles à qui la puissance du temps & de la
fortune n'a pû apporter qu'vn accroissement
de dignité, de grandeur & de gloire? Si
on prise les Tableaux qui malgré l'iniure des
années ont conserué les lineaments & les
traits des grands hommes, quelle estime ne
faut il pas faire de leurs Enfans qui sont
leurs images viuantes, & comme les medail-
les de leur vie? Si on regarde couler auec admiration ses nobles fleuues dont la source
est si esloignée, ou mesmes inconnuë; & si on
reuere la Renommée quand elle cache sa teste
dans les nuës, peut-on n'auoir point de respect pour cette haute Noblesse qui perçant les
siecles, & s'enflant tousiours en sa course, descend auec tant d'orgueil & de gloire vers la
posterité? Que si iadis les Anneaux d'or en
estoient l'honorable marque, c'estoit parce
que ce precieux metal est l'ouurage de plusieurs siecles, & que pour en hausser le prix &
en consommer la beauté, il faut que la Nature
& le Soleil y trauaillent long-temps.

Nobilitas
longin-
quitate
temporis
facta.
Plin. in
Pancg.

Cependant, cette antiquité de race demeure-
roit obscure, & comme enseuelie dans les mesmes tenebres dont elle tire sa lumiere, si les
Richesses ne la mettoient en la plus belle
veuë, & ne luy donnoient cét éclat qui reial-
lit aux yeux des Peuples, & qui fait leur admiration. Elles seules ne font pas la Noblesse,
mais elles la monstrent, luy seruent d'appuy,
d'ornement, &on les peut considerer côme vne
base de matiere precieuse; qui bien qu'elle ne

contribuë rien à la hauteur de la statuë, ne laiſſe pas pourtant de la hauſſer, & de la faire voir
& reconnoiſtre des plus eſloignez. De là ſont
venuës les loix ciuiles qui ont defendu l'alie-
nation des biens hors des familles illuſtres,
afin d'empeſcher qu'ils ne ſortent de leur ligne, pour paſſer en la main de ceux qui n'en
ſortent ny le nom, ny les Armes, & qui ſont
plus connus par leur fortune, qu'ils ne ſont
nobles par leur extraction. Quand les ſages Legiſlateurs publierent ces loix, ils auoient appris par l'experience que les outrages d'vne
dure & rigoureuſe neceſſité, contraignent ſouuent les plus nobles de recourir aux Arts mechaniques, & de changer leur anneau d'or en *Ignobile*
vn anneau de fer. Car quoy que la fortune *ferrum*
n'ait point de pouuoir ſur l'honneur qu'ils *Stat.*
tiennent de la main de leurs Ayeuls, & qu'elle
ne puiſſe leur oſter ce qu'elle ne leur a pas donné, ſi eſt-ce que ſans les richeſſes, ils ne ſçauroient ſe promettre le ſuccez d'aucun grand
deſſein, ny eſleuer qu'à peine leur courage à
l'entrepriſe des belles & genereuſes actions.
Pour oſter ces obſtacles, autant de fois que les *Sueto. in*
Empereurs dónoient à quelqu'vn le titre & les *Iul. Caeſ.*
marques d'vn Cheualier Romain, ils luy aſſi- *& in*
gnoient en meſme temps reuenu neceſſaire *Aug.*
pour ſouſtenir auec honneur, vne qualité qui
s'eſleuoit au deſſus du commun. Ils auoient re- *Nero no-*
tenu que la pauureté comme vn corps opa- *bilium*
que ne ſeruoit pas ſeulement d'obſtacle aux *familia-*
rayons qui ſe reſpandent d'vne haute Nobleſ- *rium po-*
ſe, mais qu'elle auoit auſſi contraint pluſieurs *ſteros ege-*
de monter ſur le Theatre, & de quitter par vn *ſtate ve-*
change trop inégal, vn nom illuſtre pour *nales in*
rendre celuy d'vn Eſclaue. *ſcenam*
deduxit.
Tacit.

De cette liberalité des Empereurs Romains, nous apprenons qu'il y a donc de deux ſortes de Nobleſſe, l'vne naturelle qui ſe communique auec le ſang, & l'autre ciuile qui eſt vn ouurage de la puiſſance du Prince ; car il luy appartient de faire des Nobles, ſoit par des lettres, ſoit par les dignitez dont il orne ſes ſujets comme d'autant de rayons de ſa Majeſté. Il n'eſt pas ſeulement le Souuerain diſpenſateur de tous les honneurs, il en eſt auſſi la ſource feconde, & ſon pouuoir s'eſtend juſques à effacer les taches de la naiſſance, & à donner vne belle lumiere à ceux qui auparauant eſtoient cachez & enfoncez ſous l'obſcurité de leur race. Cette nouuelle Nobleſſe eſt differente de l'ancienne en ce qu'elle eſt vn honneur ciuil decoulé de la Royauté, & que l'autre ne peut eſtre que la production du temps ſelon le deſſein que la Nature en a donné. Sous la premiere race de nos Roys, la bonne extraction jointe à la profeſſion des armes, faiſoit le Noble ; & par les loix de police que les François laiſſerent au Royaume de Naples comme vn glorieux monument de leur conqueſte, il ſe voit que les Nobles eſtoient diſtinguez des autres tant par la naiſſance, que par la fonction militaire. Comme la Vertu guerriere eſt actiue, laborieuſe, & expoſée à mille perils, l'honneur qu'on y remporte eſt d'autant plus precieux qu'il s'achepte ſouuent par la vie, & que ce n'eſt pas l'or mais le fer trempé dans le ſang des ennemis de l'Eſtat, qui en eſt le veritable prix.

Cela nous fait voir qu'il y a bien moins d'honneur à eſleuer des Armoiries d'vn jour, qu'à les monſtrer ſur des portaux antiques, enuironnées de Trophées à demy-briſez par les

Cæſaris eſt vt nobiles conſeruet, & efficiat. Plin. in Paneg.

Greg. Turo. l. 4. c. 29.

Conſtit. Neapol. L. 3. c. 59.

forts du Temps. Elles eſtoient ſi reſpectées parmy les Romains, qu'ils ne permettoient point
que les nouueaux acquereurs les changeaſſent,
afin qu'elles leur peuſſent reprocher ou leur
peu de merite, ou la baſſeſſe de leur origine.
Toutesfois comme la puiſſance du Prince n'eſt
point en cela limitée, il fait entrer ceux qu'il
annoblit dans les priuileges des Nobles, & par
vne belle diſpenſation des honneurs, il eſleue
les vns & rend les autres plus illuſtres auec vne
égale Iuſtice. Car s'il eſt iuſte que la gloire
des Anceſtres ſoit conſiderée dans la diſtribution des recompenſes, comme vn gage de la
valeur & de la fidelité de leurs enfans, la raiſon
veut auſſi que la Vertu, en quelque ſuiet qu'elle ſe rencontre, ne demeure point ſans honneur & ſans reconnoiſſance. Mais cette con-
ſideration venant à ceſſer, le Prince ne ſçauroit eſtre trop auare des honnorables marques
de Nobleſſe, qu'il ne doit point communiquer à ces hommes nouueaux & venus en vn
iour, qui s'efforcent de noyer dans le luxe leur
premiere fortune, & font ce que les Romains
faiſoient autresfois quand ils couuroient d'or
& d'argent la petite Cabane de leur pere.
Auſſi a-t-on touſiours oppoſé l'ancienne Nobleſſe à la nouuelle, qu'on peut comparer à
cette Cheualerie imaginaire qui fut l'inuention d'vn Empereur, & qui n'ayant que le ſeul
nom n'auoit auſſi d'autre fondement que la
feinte. Auſſi ceux qui iadis à Rome en prenoient le titre & les lettres, paſſoient d'ordinaire pour des Cheualiers chimeriques qui
n'auoient ny l'origine naturelle, ny l'action
des vrays Nobles, pour entrer également auec
eux dans l'opinion des Peuples. C'eſt par cet-

Marcus
nouitatis
ſua conſ-
cius.
Valer.
Claudius
inſtituit
imagina-
ria mili-
tia genus.
Suet.

te raiſon que les anciennes loix des fiefs les diſtinguoient des autres Nobles, & que par les Ordonnances de France ils ne peuuent eſtre ny Gentils-hommes de la Chambre du Roy, ny Eſcuyers de ſon eſcurie.

Au contraire, c'eſt le propre de la grande Nobleſſe des ſuiets, d'adiouſter de l'éclat à la Maieſté de leur Prince ; ils ſont ſon eſpée & ſon bouclier, l'appuy du Sceptre qu'il porte en ſa main, l'honneur & le rempart de ſon Eſtat, & par ces glorieux titres ils ioüiſſent des fiefs, & des Iuſtices comme du partage de leur valeur. A parler librement, vne Monarchie qui n'a point de Nobles, ne peut eſtre qu'vne pure & affreuſe Tyrannie comme celle des Ottomans ; car la Nobleſſe a cela de particulier qu'elle tempere la trop abſoluë puiſſance, & attire les yeux des Peuples qui ſont perſuadez qu'elle fait vne grande partie de la dignité & de la gloire d'vn Empire. Quãd donc le Tyran opprime les Nobles, & qu'il les extermine, c'eſt qu'il les regarde comme des hommes genereux qui eſtans nés à la liberté, ne peuuent ſouffrir les opprobres ny les oppreſſions d'vne hóteuſe ſeruitude. Que s'il arriue que le Prince légitime les laiſſe dans la foule pour ramper auec le vulgaire, il en peut bien deuenir plus abſolu, mais il en ſera moins capable d'exécuter les hautes & difficiles entrepriſes. Il eſt vray que les Eſtats populaires s'en peuuent mieux paſſer, parce qu'ils en ſont plus paiſibles & moins ſuiets aux mouuemens, à cauſe que les hommes s'y attachent aux affaires, & non pas aux perſonnes, & que l'intereſt les lie pluſtoſt que le reſpect. Iamais les Suiſſes n'euſſent changé le gouuernement en vn Eſtat populaire,

re, s'il n'euffent trouué la Nobleffe peu exercée aux armes, & combattuë par la neceffité
auant qu'elle le fuft par la violence du petit
Peuple. Mais quand elle eft nombreufe, ag-
guerrie & reueftuë de tous fes ornemens, la
Monarchie en eft fans doute plus puiffante,
fes frontieres plus affeurées, & fon nom plus
redouté des Ennemis de fa grandeur. De là eft
arriué que les excellens Princes n'ont point eu
de plus grand defir, que de conferuer l'ancienne Nobleffe en fon luftre, de releuer celle
qui eftoit abbatuë, & de fauuer de l'oubly les
noms des illuftres familles. C'eft le deftin de
cette belle & luifante qualité qu'elle porte,
d'eftre fuiette à la fatale inconftance des chofes
humaines, & de ne fouffrir pas moins de changemens que la Lune, que les Praticiens de Rome auoient accouftumé de porter pour vne
marque de leur haute naiffance. Par ce fymbole on vouloit fignifier que la Nobleffe naift &
renaift comme la Lune, qu'elle fe monftre
& fe cache comme la Lune, & qu'elle a fes
commencemens, fon plein & fon declin
comme la Lune, quand la fortune la couure de
fes ombres & de fes nuages. Augufte ne pouuoit permettre que les Nobles fouffriffent les
iniures & les outrages de la neceffité, il refpan-
doit fur les vns fes largeffes, il efleuoit les autres aux plus grandes dignitez, & donnoit à
tous comme vn nouueau iour & vne feconde
naiffance. Certes, l'honneur que les enfans
tiennent de leurs Anceftres, ne peut eftre toûjours enfeueli dans les tenebres; les lauriers
ont autrefois percé les Tombeaux des Heros,
& on vit fortir de celuy de Clearque vn bocage de Palmiers, pour en faire des couronnes à
tous ceux de fa pofterité.

Suet. i
Aug.

Plutar.
in Artax.

E

DE LA VIE ACTIVE
ET CONTEMPLATIVE.

IL y a long-temps que la Sageſſe & la Prudence, deux nobles & illuſtres ſœurs, diſ-
putent de la preſeance & des auantages qu'elles apportent à la Republique, ſans que les
Arbitres honoraires ayent encore nettement
prononcé ſur vn ſi noble different. Comme
l'vne & l'autre ont leur ſiege en vne meſme
puiſſance de l'Ame, & que le commun ſuiet
où elles reſident eſt le lien de leur ſocieté, c'eſt
auſſi de là que naiſſent leur honneſte ambition
& leur loüable ialouſie. La Sageſſe eſtablit ſon
droit ſur la nobleſſe de ſon obiet qui embraſſe
les Elemens, les Cieux, les hommes, les Anges, & Dieu meſme, qui ſont des choſes incomparablement plus excellentes que les actiós
& les paſſions humaines, ny que la police & les
richeſſes de la Republique, en quoy conſiſte
l'obiet de la Prudence. Que ſi nous les voulons
comparer par les actions, nous trouuerons que
celles de la Sageſſe ſont comme autant d'images de la felicité diuine, puis que c'eſt elle
qui eſleue l'homme à vn degré de perfection
plus haut que le degré de ſon eſtre; & qu'en
effet elle le rend participant de l'heureuſe condition des intelligences. Et certes, la vie
contemplatiue qui n'agit que par l'entendement, ne luy conuient pas entant qu'il eſt
compoſé d'vne Ame & d'vn corps, mais ſeulement entant qu'il eſt éclairé en ſa plus haute
partie, d'vne lumiere écoulée & reſpanduë du
propre ſein de la Diuinité. On voit d'ailleurs

que la felicité contemplatiue est beaucoup
plus en sa puissance, puis qu'elle dépend du
mouuement de son esprit, au lieu que la plus
grande partie de la felicité actiue depend de
plusieurs choses externes, sans lesquelles il
ne sçauroit auoir d'empire sur ceux dont il entreprend de moderer & de regler les passions.
Celle-cy ne se peut passer des biens de la fortune, & l'autre les regarde auec mépris au
dessous d'elle, parce que son action est interieure, qu'il n'en sort rien au dehors, & qu'elle est son seul bien suffisant, parfait & accompli. Les actions de la Prudence ne sont pas de-
sirables par elles-mesmes, puis qu'elles ont
vne fin estrangere à laquelle elles aspirent; Là
Sagesse au contraire ne cherche point de fin
hors d'elle-mesme, parce qu'elle y rencontre
cette heureuse, delectable & actiue oysiueté
qui borne ses desirs, & qui couronne tous ses
contentemens. Ie l'appelle actiue, parce qu'on
ne sçauroit bien faire qu'en agissant, & que
les actions de l'esprit sont de veritables actiós,
quoy qu'elles n'ayent autre but qu'elles mesmes. En cette sorte le Contemplatif ne laisse
pas de se trouuer dans la vie actiue, puis que
l'Architecte qui n'opere que par l'entendement, ne cesse pas d'estre le principal Agent
& le maistre des ouurages; parce que ses pensées sont actiues & entierement dressées à l'a-
ction. Il n'y a que l'impieté qui se puisse figu-
rer que Dieu est oysif, & toutefois il n'agit iamais hors de soy, & ses actions n'ont pour but
que luy mesme. Pour sa felicité contemplatiue, il a la veuë de sa diuine essence; & pour
l'actiue le domaine des creatures, & le gouuernement de l'Vniuers. On ne peut donc pas dir

Arist.
Eth. lib.
6. c. 12.

ἢ γὰρ ἐυ-
δαιμονία
ἐνάξις
ἐστίν.
Vita
namque
beata est
actio.
Arist.
lib. 1.
Polit.c.3

re que l'homme cesse d'agir quand il cherche sa
felicité en luy-mesme , & qu'il n'emprunte
point des obiets estrangers ce que la contemplation a mis & logé dans son sein. Enfin , si la
Prudence est l'ame & le genie de la vie actiue,
la Sagesse est la perfection & la fleur des sciences contemplatiues qui luy seruent d'ornemēt,
& quoy que le prudent Politique les determine , & qu'il iuge de celles qui doiuent estre re-
iettées ou admises en la Republique, c'est en
cela mesme que la Prudence doit ceder à la Sagesse, parce qu'elle ne fait que la seruir & commander pour elle. La Medecine qui prescrit les
remedes, n'est pas plus noble que la saté; & qui
voudroit soufmettre la Sagesse à la Prudence ciuile parce qu'elle regle les sciences contemplatiues, il faudroit par la mesme raison qu'il mist
la Politique au dessus de la Religiō, parce qu'elle fait des ordonnances sur les choses diuines.

Quant aux effets de la Sagesse dans la vie
contemplatiue , outre que toutes les bonnes &
vertueuses actions sont ses ouurages, nous
sçauons, qu'elle separe l'homme de l'homme ,
& qu'auec vn esprit épuré, elle l'esleue iusqu'au
Ciel où il puise à son aise dans la science des
choses diuines, & dans les thesors de l'Eternité. Cette premiere & adorable Verité qu'il
contemple, n'a pas plustost penetré dans son
ame, qu'elle le remplit d'vne si douce lumiere, qu'en deuenant insensible à tous autres
plaisirs , elle se laisse transporter & rauir à ce
diuin contentement que les Philosophes Aca-
demiques , & les sages Hebreux ont appellé du
nom de mort agreable & precieuse. Ils ont
encore soustenir que la connoissance du souuerain bien estoit la vraye Philosophie

& la felicité consommée, ce qu'Aristote à depuis confirmé quand il a prononcé que si les Dieux estoient capables d'enuier les choses humaines, ils enuieroient l'heureuse condition des hommes qui vaquent à la contemplation, & qui iouïssent de ce silence de l'Ame qui est vne image du repos eternel. Tels sont les priuileges, tels les auantages de cette Maistresse de la vie contemplatiue, qui n'a besoin de rien, qui se contente de ses propres biens, & qui suffit à elle-mesme.

Arist.
Eth. lib.
10. c. 7.

Mais d'autre part, la Prudence soustient qu'ayant le droit d'ainesse sur sa sœur, on ne luy peut contester les prerogatiues, puis qu'on ne doute point que les sciences actiues qui appartiennent au repos & à la dignité de la vie ciuile, n'ayent deuancé les contemplatiues dans la societé des hommes qui ne doit sa conseruation qu'aux secours des loix Politiques. Il est vray que la Prudence cede à la Sagesse quant à la noblesse des objets, mais non pas de tous, car c'est vne chose bien plus noble de sçauoir donner des loix à tout vn Empire, que de sçauoir faire la demonstration d'vne figure de Mathematique. D'ailleurs la perfection de la vie contemplatiue passe plus auant, & iusques à vne seconde action, puis qu'il ne suffit pas de connoistre comme il faut gouuerner vn Estat, si on n'en acquiert l'habitude. La Sagesse renferme toutes ses richesses dans l'ame de celuy qui s'en est acquis la glorieuse possession, mais le Politique qui possede la science actiue, se communique aux autres hommes, & leur fait part des biens & des aduantages de sa felicité. Il rend heureux tout vn Royaume par ses beaux reglemens; la domination sur les

Peuples , la gloire , la puiſſance , & les victoires ſont les fruits de ſa vie actiue , & on neſe
trompera point , quand on dira qu'il imite la
ſouueraine Prouidence qui ne ceſſe de verſer
ſur la terre ſes graces , ſes faueurs , & ſes bene-
dictions.

Tels ſont les offices de cette Prudence legiſlatrice & regnante qui reſide en l'eſprit du
Prince , qui eſt la ſource de ſes actions vertueuſes , l'oracle de ſes conſeils , l'œil ouuert &
veillant ſur ſon Sceptre , & ſans laquelle l'Eſtat
nous repreſenteroit l'image d'vn Cyclope aueu-
glé qui diſſiperoit ſes forces en l'air , & les briſeroit contre des eſcueils. C'eſt elle qui preſide à
la Paix & à la guerre , aux Loix & aux Empires ,
c'eſt elle qui comme vne Vertu vniuerſelle regit toutes ces grandes choſes & les attire à ſa
fin ; C'eſt elle en vn mot , qui eſt l'Art de la
vie , & comme l'Architecte des actions ciuiles ,
parce qu'elle poſſede la raiſon & la ſcience de
bien agir. La loy meſme qui porte auec ſoy la
Vertu & la force du commandement , eſt deriuée de la Prudence , car elle n'eſt autre choſe que le precepte qui ſort de l'entendement du
Legiſlateur , & comme la lumiere du conſeil
qu'il prend ſur les affaires. D'alleguer au contraire qu'vne vie douce , tranquille & franche
de tout ſoin , eſt meilleure & plus honneſte
qu'vne vie empreſſée , & toute pleine de ſou-
cis , de trauail & d'agitation , c'eſt ignorer que
les Vertus ſont actiues , que les Cieux roulent
inceſſamment ſur nos teſtes , que le repos des
Anges conſiſte en l'action , & que Dieu meſme
eſt l'acte des puiſſances comme il eſt la puiſſance des actes , il ne forma pas l'homme par vne
ſimple parole , ainſi que le reſte des creatures ,

Ariſt.
Eth. lib.
_2. c. 8._

Archite-
ctonicen
veant.

mais il y mit la main pour luy marquer qu'il deuoit trauailler, & tenir de l'action qui luy a donné la naiſſance. Le partage donc de la vie ſe fait entre le repos, & le trauail qui eſt la matiere de la gloire, & qu'on ne peut mé-priſer qu'on ne mépriſe la Vertu qui eſt la-borieuſe, occupée, agiſſante & touſiours cou-uerte de la pouſſiere des combats. Tout hom-me ſans action eſt comme vn corps ſans mou-uement ; & s'il doit chercher le repos, c'eſt ce-luy qui eſt la noble fin des actions vertueuſes, comme l'oiſiueté eſt la honteuſe fin des vices.

Que s'il faut comparer les douceurs & les contentemens de l'vne & de l'autre vie, ceux que l'homme contemplatif reſſent, ſont ſans doute tres-grands en la partie raiſonnable de l'Ame ; mais ceux que le Politique recueille de ſes actions ciuiles s'eſtendent encore iuſques à la partie ſenſitiue, quand il ſe repreſente que ſa gloire ſera l'obiet & l'admiration des ſiecles à venir. Quel plaiſir plus doux & plus inno-cent peut-il éprouuer, que de voir dans l'Eſtat dont il regle les mouuemens vn Abbregé de cette grande & immenſe Republique du mon-de, que Dieu gouuerne ſans peine par les loix de ſa Prouidence ? Comme tout cét ordre des choſes celeſtes & terreſtres ſe rapporte à ſa gloire, auſſi peut-on dire que l'honneur des belles & reglées actions des Citoyens, ſe réflé-chit ſur celuy qui preſide au gouuernement, & qui dans les ouurages de police ſe conforme à l'Art diuin. Certainement, les Peuples decer-nent de plus grands honneurs à ceux qui em-braſſent le ſoin des affaires publiques, qu'à ceux qui ne donnent leur temps qu'à la con-templation, parce qu'ayant depoſé entre leurs

Ariſt. Eth. lib. 10. c. 7.

mains leur vie & leur fortune, les biens qu'ils en reçoiuent leur sont plus precieux, & beaucoup plus sensibles. C'est vn effet de la prouidence de la Nature qui a voulu que les prudents Gouuerneurs fussent honorez, afin que le plaisir interieur de la vie politique, qui sans doute est moindre que celuy de la vie contemplatiue, fust accreu de ces biens exterieurs comme d'autant de lenitifs capables d'adoucir l'amertume de leurs trauaux.

Toutesfois quelque contention d'honneur & de préeminence qu'il y ait entre ces deux Directrices de la vie des hommes, elles se cherchent, s'entre-suiuent, s'entr'ayment, & chacune trouue sa perfection dans la societé de sa compagne. A dire le vray, comment est-ce que l'homme contemplatif pourroit ioüir de la felicité selon les preceptes de la Sagesse, s'il n'auoit acquis les habitudes des Vertus morales pour regler les mouuemens, & calmer les passions qui s'esleuent à la façon des flots, au milieu de son Ame? Comment sçauroit-il se conduire dans les épaisses tenebres de cette vie, s'il n'estoit éclairé de la Prudence qui est la lumiere des Vertus, & la souueraine moderatrice de toutes les actions humaines? Mais d'autre part, comment se pourroit-il faire que le Politique possedast & conseruast la felicité actiue, s'il n'auoit point donné la plus precieuse partie de son temps & de son loisir à la contemplation? comment auroit-il l'industrie de prescrire par des loix iusques à quel point & en quelle façon les sciences contemplatiues doiuent estre enseignées, s'il n'en auoit auparauant acquis la connoissance? C'est ce qu'Aristote nous a voulu apprendre, quand il a dit que

que la fin où le Politique visoit, c'estoit de donner le loisir aux Citoyens de vaquer à la contemplation, qui est le but où tendent les vertus morales, car il n'est pas possible de bien
connoistre les choses humaines, si on ignore
les diuines. La contemplation est le principe
& la fin de l'action ; ce qui faisoit dire à Platon que la Prudence sans la Sagesse ressembloit aux Statuës de Dedale, qui s'enfuyoient
lors qu'elles se trouuoient affranchies de la
contrainte des liens ; mais qu'elle ne s'estoit
pas plustost alliée de cette fidelle compagne,
qu'on la pouuoit comparer aux mesmes statuës, lors qu'elles estoient arrestées & attachées à leur base. Comme donc il y a deux
vies & deux felicitez de la Republique, il s'en
fait vn meslange, quand le Legislateur forme la Cité en telle sorte que le corps est pour
l'Ame, l'appetit pour la raison, & l'entendement pratique pour le contemplatif, car les
choses les moins nobles doiuent seruir aux
plus parfaites. Il semble neantmoins que Dieu
dispense auec retenuë la Sagesse & la Prudence ; qu'il ne les assemble pas en vn mesme
suiet dans le souuerain degré d'excellence,
afin d'obliger les hommes à s'entre-secou-
rir selon que l'vn sera plus excellent & plus
parfait que l'autre. Que si par vne singuliere
faueur du Ciel, il se trouue quelqu'vn qui
soit monté à la perfection de ces deux émi-
nentes Vertus, il se fait regarder comme vn
Dieu terrestre & mortel entre les hommes,
soit pour la felicité qu'il y trouue, soit pour
l'abondance des biens dont il comble la Republique. C'est le sentiment d'Aristote mesme, qui toutesfois semble auoir laissé en

De Rep.

*Arist. l.
3. Politi.
c. 3.*

G

doute s'il a voulu faire fa; Cité Philosophí-
que & côtemplatiue, ou pluftoft actiue & feparée des actions morales. La raifon de douter
Eth. l. 10. vient de ce qu'en traitant de la felicité, il en-
feigne qu'elle n'eft autre chofe qu'vne certai-
ne operation contemplatiue, & que l'action
mefme de Dieu confifte en la contemplation.
Mais c'eft en effet qu'aux morales il confidere
Dieu en foy-mefme, & fans aucun raport au
monde qu'il gouuerne; au lieu que dans fa Po-
Polit. lib. litique il le regarde comme Prince & Arbitre
7. c. 3. Souuerain de cette immenfe Republique de
l'Vniuers, pour le gouuernement de laquelle
il luy donne l'action & la fcience pratique.

Enfin, s'il eft vray que philofopher, & fçauoir bien regner eft vne mefme chofe, il s'enfuit que la contemplation auffi bien que l'a-
ction, eft neceffaire à vn grand Prince. En effet, la contemplation deftituée de l'action n'eft
qu'vne oyfiueté d'efprit qui demeure toufiours
fterile; & l'action feparée de la contemplation
eft vne Aueugle qui fe precipite, & qui en-
traifne les autres auec foy dans vn abyfme de
malheurs. Mais quand elles s'entre-aydent en
telle forte que la contemplation eft fouftenuë
de l'action comme de fon bras, & que l'action
eft éclairée de la contemplation comme de fon
œil, alors elles acheuent ces grands & admirables ouurages qui confomment la felicité
des Eftats.

❧❧❧❧❧❧❧❧❧❧❧❧

DE LA SOVVERAINETE.

LA Souueraineté qui preside au gouuernement des Empires, est vne qualité si haute, si éclatante & si auguste, que plusieurs politiques trompez par la ressembláce des traicts,
des couleurs & du lustre, l'ont confonduë auec
la Maiesté, & n'en ont fait qu'vn mesme portrait. A dire le vray, toutes les deux decoulent d'vne mesme source, toutes les deux
sont des crayons de ce haut Empire que Dieu
s'est reserué sur ses creatures, & l'vne & l'autre
se trouuent heureusement occupées à composer en faueur des Roys, vne puissance & vne
grandeur la plus proche de l'infinie. Elles sont
encore coniointes par leurs propres effets, &
dans l'estroite societé qui les lie, il semble
qu'elles trauaillent à l'enuy pour donner des
maistres à l'vniuers, & pour les rendre venerables à toutes les Nations. Il n'est pas mesme
iusques aux titres d'honneur qui ne soient
communs à la Maiesté & à la Souueraineté;
& celuy-là ne se trompera point, qui attri-
buera à chacunes d'elles la gloire d'estre l'appuy, la protection & le salut des Republiques,
la forme qui leur donne l'estre auec la dignité,
& l'esprit qui se mesle dans toutes les parties
pour en animer les offices, & en regler les
mouuemens. Comme la vie de l'homme n'est
autre chose que l'vnion de l'ame auec le corps;
Aussi la vie d'vn Estat ne se maintient & ne
subsiste que par l'alliance de ces deux grands
ornemens des Arbitres du Monde. Mais par-

*In aMa-
iestas...
Cic. Re-
gia maie-
statis im-
perium.
Li. Sa-
cra Re-
gni.
Tacit.*

G ij

ce que la Souueraineté a cela de particulier, qu'elle met dans la main de ceux qui la poſſedent, le glaiue & les balances, les peines & les recompenſes; de là vient auſſi qu'elle ſe fait reconnoiſtre par des proprietez & par des marques eſſentielles qui la ſeparent, & la diſtinguent de la Maieſté.

Premierement, il luy eſt propre de ne ſe rencontrer iamais qu'auec vne puiſſance abſoluë perpetuelle, & qui ne connoiſt point de bornes ny en la circonference de ſes effets, ny en la durée du temps. La Dictature n'a pas eſté nommée ſans raiſon, le comble, le ſommet, le port, le ſolſtice des honneurs, & en vn mot le dernier effort de l'ambition Romaine, car elle ſuſpendoit & tenoit en ſouffrance l'authorité de tous les Magiſtrats qui n'oſoient ny leuer les yeux, ny ouurir la bouche pour ſe plaindre de ſes imperieux decrets. Mais comme on ne creoit le Dictateur que dans les perils extreſmes, auſſi ſa puiſſance ſuprême finiſſoit auec le danger, & le cours de peu d'années eſtoit la meſure d'vne dignité qui n'en auoit point en ſon eſtenduë. La Regence du Royaume de France eſtoit encore dans les premiers temps vne ſi viue & ſi parfaite image de la Royauté, qu'elle n'en differoit que par le titre ſeulement, puis que les Regents ſe faiſoient couronner, & que tous les Edicts & les Declarations eſtoient marquées de leur nom & ſeellées de leurs propres Armes. Mais parce qu'il ne leur eſtoit pas permis non plus qu'au Dictateur, de paſſer au delà du terme que la loy de la majorité des Roys leur preſcriuoit, il s'enſuiuoit qu'ils n'eſtoient pas abſolument, ny vrayement ſouuerains.

Ipſa plebs
ne attolle-
re quidē
oculos,
aut hiſ-
cere au-
debat.
Liu. l. 6.

Ce n'est pas assez que la Puissance soit perpetuelle, & comme vne grande lumiere sans couchant, si de plus elle n'est absoluë & affranchie de l'obligation & de tous les liens des Loix ciuiles. Elles n'estoient pas encore nées lors que les premiers Souuerains commencerent à regner, puis que leur nuë volonté faisoit le droit des Peuples, & que leur Sagesse montant auec eux sur le Throsne, y prononçoit de viue voix les Oracles de Iustice & d'équité. Que s'il a semblé à quelques-vns que la puissance des Roys de Rome n'estoit point tout à fait exempte de l'Empire des loix, c'est pour n'auoir pas bien consideré que ces Princes s'y sousmettoient eux-mesmes, car autrement la subiection forcée ne s'accorderoit point auec cette licentieuse liberté qui regnoit dans leurs actions, & qui se faisoit sentir dans tous les mouuemens de leur domination. Certes, la loy Royale qui long-temps apres transporta & fit passer toute la Maiesté du Peuple Romain en la personne des Cesars, iugea que leur grandeur estoit trop esleuée pour estre assuiettie au commandement des Loix escrites, puis qu'elle declara qu'ils auoient receu auec le Diadesme, le priuilege d'exemption sans lequel ils n'eussent peu se vanter d'étre Souuerains.

Mais on demande si cét auguste titre qui à proprement parler est independant de tout autre, peut conuenir à vn Prince qui en quelque sorte que ce soit releue d'vn autre Prince, & selon l'ancienne coustume est obligé de baiser le bout du Sceptre qu'il porte en sa main? A iuger des choses dans la rigueur, le vray Souuerain ne doit tenir que de Dieu, & de

son Espée , & l'homage qu'il rend à vn autre ,
& la fidelité qu'il luy promet est la marque de
sa dependance , ou comme quelques-vns estiment , le caractere d'vne espece de seruitude.
Mais toutesfois nous sçauons que le Prince
qui à cause de quelque terre qu'il possede , est
obligé par la loy des fiefs de rendre les deuoirs
d'honneur à vn autre Prince, n'en est pas pour
cela moins souuerain dãs ses autres Estats. Car
s'il est vray que ces deuoirs & ces charges honoraires ne regardent que la seigneurie priuée,
& non pas la publique, il s'ensuit que le Prince qui ne doit simplement que la bouche & les
mains , ne diminuë rien de sa grandeur, ny
de la puissance souueraine qu'il exerce sur ses
suiets. C'est par cette raison que la Protection
d'vn grand Monarque n'oste pas le titre souuerain à celuy qu'il couure de ses armes , &
dont il defend la couronne & conserue la liberté ; Cependant personne ne doute que
cette protection qui n'a que l'honneur pour
obiet , ne soit plus personnelle que l'hommage qui fait vne partie de l'essence du fief. Il
est vray qu'au iugement du Peuple Romain ,
l'Arbitre de la gloire & du point d'honneur,
le tribut, & la pension mesme ont tousiours
passé pour vne marque & pour vne image de
la suietion des Princes, ou des Peuples qui s'y
estoient soumis. En effet la sanglante guerre
que Traian fit au Roy des Daces , ne fut entreprise que pour effacer cette honteuse tache
dont Domitian , l'opprobre des Cesars, auoit
flaistri & deshonnoré la face de l'Empire.
Quoy qu'il en soit , celuy qui donne le tribut ,
& celuy qui le reçoit sont independans l'vn de
l'autre , & si le premier semble se monstrer

inferieur quand il s'assujettit à cette condition, le deuxiéme fait aussi voir qu'il n'est
pas assez grand, ny assez puissant pour se pouuoir passer de ce secours. Ainsi le Prince tributaire ne cesse pas d'estre souuerain, puis qu'il
ne reconnoist point de superieur en la iurisdiction, ny aux autres fonctions d'vne pleine
puissance, en quoy consiste proprement la
vraye & parfaite souueraineté. Mais à prendre
les choses dans ce haut orgueil où les Romains
auoient mis l'honneur du Diadême, il faut
auoüer que le tribut, la pension & la protection
ostent quelque chose du lustre & de la Maiesté
d'vn Estat qui n'est ny si pur, ny si souuerain
que s'il estoit exempt de ces conditions qui
sont comme autant d'ombres, & d'images legeres de la dependance & de la suietion.

Cela nous fait bien voir que les Roys de
France qui ne connoissent les loix de l'hommage & du tribut que pour les imposer aux
autres, n'ont pas esté sans raison honorez du
Titre de Souuerains de la Chrestienté, à qui
seuls appartient la Couronne de gloire, de liberté & de puissance. En effet, les Roys d'Angleterre ne sont admis ny à l'onction sacrée,
ny à l'inuestiture du Royaume, qu'ils ne se
soient obligez par serment d'obseruer de bonne foy, non seulement les loix fondamentales
de l'Estat, mais encore les loix particulieres
& les Coustumes du Païs. En Dannemarc & en
Suede, la Noblesse pretend & soustient que
c'est en elle & en son Ordre que reside la souueraineté; comme en Allemagne plusieurs
sont persuadez que l'Empereur n'est pas absolument Souuerain dans l'Empire, quoy qu'il
soit le Chef de l'Empire. Ils disent pour fonde-

ment de leur opinion, qu'il iure solennelle-
ment d'accomplir toutes les conditions de la
Bulle de Charles IV. & que de plus, il est suiet
aux resolutions des Dietes qui dans l'authorité
suprême qu'elles s'attribuent, ont autres-fois
deposé Vinceslas & Adolphe. Mais les autres
respondent à cela, que les Dietes n'ont de
pouuoir que celuy qu'elles empruntent de
l'Empereur qui dans ces Assemblées commande à tous les Princes, donne des loix à tous les
Ordres, & les assuiettit aux peines des Con-
stitutions de l'Empire. Il est vray qu'il delibere auec eux des affaires de la Paix & de la
guerre, d'où dependent le salut commun &
la tranquillité publique ; Mais les Roys de
Rome deliberoient aussi des mesmes choses
auec le Peuple, & toutesfois ils ne laissoient
pas d'estre souuerains & absolus en leur gouuernement. On adiouste à cela que dés le
temps que Charlemagne eust rendu à l'Occident les Aigles que l'Orient luy auoit rauies, les Princes d'Allemagne se sont obligez par serment de rendre à leur Chef le tribut de leur foy ; & qu'encore qu'ils prennent
le titre de Vassaux de l'Empire, ils n'en sont
pas moins assuiettis à l'Empereur, puis que
releuer d'vn Monarque ou de sa Couronne
est vne mesme chose. Il a semblé pourtant
à quelques-vns, que le College des Electeurs
Ecclesiastiques & Laïques formoit encore
vne image de l'Estat Aristocratique, & que le
Populaire n'est pas mal representé par les
Villes franches où la liberté se conserue. Mais
on respond que dans ce temperament ciuil de
puissances, & dans ce meslange d'Ordres, la
forme de la Royauté domine sur toutes les autres formes, & comme victorieuse leur donne

des loix & des regles, & se fait reconnoistre
sous le nom d'vne Monarchie Imperiale, absoluë & legitime, Quoy qu'il en soit, il n'y a point
d'inconuenient que dans les Monarchies les
plus parfaites, il y ait quelques marques & quelques vestiges de Republique, puis que les Souuerains y commandent comme vn Pere dans
sa famille où se trouuent les images racourcies
des formes de tous le Estats. Mais comme en
l'assemblage des parties du corps naturel, le
cœur qui tient la souueraineté ne communique
point tant de forces aux esprits qu'il ne s'en reserue dauantage pour la dispensation des thresors de la vie; En cette sorte les Monarques vsét
plutost de leur puissance qu'ils ne s'en dépoüillent, & la liberté qu'ils donnent à leurs suiets
dans les Assemblées generales, bien loing de
partager leur souueraineté, ne font que la
rendre plus conforme à la Nature.

Cependant, il faut auoüer que les Roys de
France sont les plus Souuerains & les plus independans que le Monde connoisse, & que c'est
proprement à eux qu'il appartient de se dire
Roys par la grace de Dieu, puis qu'ils ne releuent que de son eternelle souueraineté, &
qu'ils n'ont en la terre aucun Arbitre ny Censeur de leur domination. Ils prennent leur
Couronne sur l'Autel, & la mettent eux-mesmes sur la teste, pour faire entendre à tout
l'Vniuers qu'elle n'est pas vn ouurage de la
main des hommes, mais vn chef-d'œuure
de ce Dieu qui les fait regner, qui les consacre
par son onction celeste, & qui parmy ses plus
cheres delices se plaist à reposer entre les Lys.
Que si cette Couronne est fermée, & si parmy
tant de glorieux titres qu'ils portent, celuy

Qui pas-
citur in-
ter lilia
Cant.

d'Augufte tient vn des premiers rangs, c'eſt
pour faire voir qu'ils ſont Empereurs dans
leurs Eſtats, & que de tous les ornemens de la
Majeſté, il n'en eſt point qui ne contribuent à
leur ſouueraine grandeur. Dés la naiſſance de
la Monarchie ils ſe ſont monſtrez ſi ialoux de
cét honneur ſuprême que le genereux Roy
Theodebert, n'eut pas pluſtoſt appris que
l'Empereur de Rome enſloit ſes Titres de la
gloire du nom François, qu'il ſe mit aux
champs auec vne puiſſante Armée, pour effacer par le ſang des Romains vne tache ſi honteuſe aux Roys du Monde les plus independans. Ils commandent à des Peuples ſi libres
& ſi impatiens de ſubjection, que quand Charles le Chauue voulut faire paſſer ſes loix ſous le
nom d'Empereur d'Occident dont il auoit le
titre, ils s'y oppoſerent, & auec vne reſpectueu-
ſe liberté luy remonſtrerent que la France ſe
portoit elle-meſme cette enuie, de ne vouloir
eſtre reconnuë que par le nom glorieux ſous
lequel elle auoit impoſé des loix à toutes les
Nations.

    Cette pure ſouueraineté de nos Roys n'eſt
point moderée, ny diminuée par le pouuoir
des Eſtats generaux de leur Royaume, car
c'eſt là principalement que leur grandeur ſe
fait voir en ſon luſtre, & qu'elle iette plus d'é-
clat, & plus d'admiration dans les yeux & dans
l'eſprit de leurs ſujets. C'eſt là que du haut
de leur Throſne, paré des ornemens illuſtres
de la Royauté, ils voyent à leurs coſtez les
Princes & les Grands comme leurs deux bras,
& plus bas les gens du Tiers Ordre, qui
comme membres neceſſaires compoſent le
corps de l'Eſtat. Mais toutesfois ce Corps quoy

qu'animé de tant de differens esprits n'a qu'v-
ne seule voix, ne resout rien, & demeure dans
les bornes des Remonstrances & des simples
propositions, sans autre auantage que de sçauoir reuerer la Maiesté Royale en se soufmet-
tant à ses loix. Il est vray que comme nos Roys
se sont tousiours pleus à temperer leur puissance absoluë par vne douceur de commandement, qui conserue plûtost qu'elle ne blesse la
liberté de leurs sujets; c'est aussi dans ces Af-
semblées generales que leur souueraine authorité se monstre semblable à celle d'vn Pere de
famille qui delibere auec ses enfans des affaires
de la maison. Quelques-vns ont voulu dire
que les Peuples s'estant soufmis au gouuernement d'vn Prince qu'ils auoient esleu pour
regner sur eux, voulurent dans l'excez de cette liberalité, retenir en la conuocation des
Estats, comme vne marque & vne image de
l'Empire dont ils venoient de se dépoüiller.
Mais quoy que la passion soit tousiours iniuste,
si faut-il qu'elle reconnoisse que toute l'authorité de ces Assemblées reside & reluit en la personne du Roy, à qui seul il appartient de con-
uoquer les trois Ordres, d'ordonner, de defendre, de reformer & de commander. On obiecte
que sous le regne de Clotaire les Estats prirent
cōnoissance des pretensions que Sigebert auoit
sur le Royaume d'Austrasie, mais c'est qu'il s'a-
gissoit là du partage d'vn fils de France qui ne
pouuoit être reglé par vn Roy interessé, & qui
vouloit bien que les Grāds de son Royaume en
fussét les Arbitres. Que s'il se trouue que le méme Clotaire leur ait renuoyé l'accusation in-
tentée contre la Reyne Brunehaut, ce ne fut
nullemēt par vn defaut de puissāce, mais par le

defir qu'il auoit de se décharger de l'enuie qui
pouuoit reiallir sur luy de la condemnation de
cette Illustre criminelle. Outre cela & pour en
parler ingenuëment, ce premier âge de la
Monarchie Françoise, rude, grossier, & non encore déuelopé de tous ses nuages, affoiblissoit
la lumiere de la Royauté, tenoit les Roys
sous la Tutele des Maires du Palais, & ne les
laissoit voir qu'vne fois l'année, en l'Assemblée
des Estats conuoquez dans le Champ de Mars.
Cependant, ils s'y faisoient porter non point
sur vn chariot d'Armes marqué de leurs Trophées, mais sur vn chariot couuert de fleurs,
& tiré par des bœufs, comme des Princes
qui bien loing de donner des loix, les alloient
receuoir de la main de leurs propres suiets.
Enfin, les Roys de la seconde Race nés à la
gloire des Triomphes, eurent honte d'vne si
molle Pompe, & fuyant la grandeur cachée
de leurs Predecesseurs, assemblerent souuent
les Estats, sans toutesfois que la decision des
affaires qui s'y traitoient, dependist d'autre
mouuement que de celuy de leur puissance &
de leur libre volonté.

Iusques icy nous auons traitté des characteres
essentiels qui constituent la Souueraineté, & il
ne reste plus qu'à designer les marques d'honneur, & les droits qui luy appartiennent, & que
les Souuerains ne peuuent partager auec per-
sone sans les perdre. On dit qu'apres l'election
de Saül, vn Prophete les auoit ramassez & re-
digez en ordre, pour instruire le Peuple de tous
les droits naturels de ses Souuerains; mais que
celuy des Roys de Iuda, qui le premier conuertit la Puissance legitime en vne iniuste domination, en auoit soustrait le recueil, & supprimé les

1h Cam-
pu Mar-
tio Ay-
mu.

Titres qui condamnoient sa Tyrannie. D'autre
part, Aristote, ny les anciens Politiques ne nous
ont laissé aucun éclaircissement de ces droits
eminens de la Royauté, parce que de leur temps
les Monarchies de la Grece n'estant pas encore
bien solidement establies, n'auoient point aussi
receu tous les accroissemens de leur grandeur.
Les seuls Iurisconsultes qui par leurs sages conseils ont donné des loix à l'Empire, s'en pouuoient expliquer plus nettement que les autres;
mais ils ne peurent en demeurer d'accord, &
parmy les factions des trois sectes qui les ont
diuisez, il est si mal-aisé de suiure le meilleur
party, que plusieurs ont meslé & confondu les
droits Royaux auec les droits de souueraineté.
Tous neantmoins reconnoissent que le pouuoir de faire des loix qui obligent les suiets en
general & en particulier, est vn droict éclatant de la souueraineté du Prince, qui mesme
est né auec luy, & s'est vni à sa Couronne. Les
loix, sans doute, font vn autre Empire dans
l'Empire du Souuerain ; elles president à la
fortune de ses suiets, & partagent auec luy sa
puissance & son authorité ; mais elles luy doiuent leur naissance, leur vie, leur establissement, & n'ont d'autre vigueur que celle qu'il
leur communique. C'est son ouurage, c'est sa
production, c'est l'instrument de sa Principauté par lequel il donne, & communique à
son Estat ces mouuemens secrets & animez qui
le conduisent à sa perfection. De là vient que
les loix des Monarques sont bien plus augustes
& plus venerables que celles qui sont nées au
milieu d'vne Republique, parce qu'elles tiennent plus du commandement Souuerain, &
qu'elles portent sur leur front le caractere d'vne

plus haute origine. Les loix des Eſtats populaires ne ſont que des pactes dont les Citoyens
ſont conuenus, & ceux qui les font, n'en ſont
que les ſimples ouuriers ; Mais dans les Monarchies toutes les loix procedent des Princes
comme les rayons decoulent du Soleil, & les
ruiſſeaux d'vne feconde ſource. A Rome meſme, c'eſt à dire dans la plus glorieuſe Republique du Monde, la puiſſance de les faire, &
de les eſtablir ne fut iamais bien reglée, puisque les Dictateurs, les Preteurs, les Tribuns,
& les autres Magiſtrats les faiſoient & les abro-
geoient ſelon leur paſſion, & les diuers mouuemens de leur volonté. Mais dans vn Eſtat
Monarchique les Peuples ne connoiſſent
qu'vn ſeul Autheur de la police vniuerſelle, &
qu'vn ſeul Legiſlateur, par la bouche duquel
la diuine Sageſſe prononce les decrets qu'elle a
reſolus ſur la conduite des Empires.

Il ne faut pas moins de puiſſance pour créer
des Officiers, que pour faire des loix qui ſont
des Magiſtrats muets, comme les vrais Magiſtrats ſont des loix parlantes & animées de l'eſprit qui regle la police des Republiques. Les
vns & les autres ſont des effets d'vne pure &
abſoluë Souueraineté ; & comme on dit que
l'eſſence des Vertus ne ſe trouue qu'en Dieu
ſeul, & que les hommes n'en reçoiuent que les
rayons par vne ſimple participation ; ainſi la
puiſſance publique ne reſide parfaitement
qu'en la ſeule perſonne du Souuerain, qui en
depart autant qu'il luy plaiſt à ceux dont il veut
honorer les merites & recompenſer les ſeruices.
En l'ordre de la Nature, il n'appartient qu'à
Dieu de créer les Roys pour les faire aſſeoir ſur
les Throſnes ; & en l'ordre de la police, il n'eſt

donné qu'aux Roys de créer des Officiers pour
les esleuer de l'estre commun, à l'estre noble
des honneurs & des dignitez. Que si Tibere se
contentoit de nommer les Consuls de Rome,
c'estoit ou parce qu'ayant à commander à vn
Peuple qui estoit encore tout plein des images
de sa premiere liberté, il craignoit de luy oster
tout d'vn coup le droit de l'Election de tous les
Magistrats; ou parce qu'il vouloit imiter le
Roy des immortels, qui selon Platon, laissoit aux Deitez du second rang, le soin des
moindres charges dans le gouuernement du
Monde.

Cette suprême & glorieuse puissance qui regne sur la guerre, qui arme les Peuples, qui les
pousse dans vn champ de bataille, qui les desar-
me, & les reünit auec leurs Voisins par vn lien
eternel de concorde, est encore vn des droits
qui font & accomplissent la Souueraineté. *Merum*
C'est ce qu'on appelloit à Rome le haut Empi- *Imperiū,*
re, ou le pur commandement, c'est à dire cét *ius ferri,*
honneur souuerain qui n'estoit point attaché *ius pacis*
aux grandes charges de la Republique, mais *& bellis*
qui comme vne chose plus importante & plus
esleuée, meritoit d'estre communiquée par
vne loy toute particuliere. Cesar n'auoit point
encore receu cette puissance legitime par les
suffrages du Peuple, ny par le Decret du Senat, lors que rompant la Tréve, il declara la
guerre aux Allemans; & ce fut aussi pour cela
que Caton s'obstinoit à le liurer à leur discretion, afin qu'il seruist à la Republique comme
de Victime expiatoire. De tous les crimes dont
Pison fut accusé à Rome, il n'y en eut point
qui fist plus d'impression sur l'esprit de Tibere,
que celuy qu'il commit quand il entra dans

Armis repetita Prouincia. Tac. lib. 3. Annal.

la Syrie, & qu'il y déploya les enseignes des legions sans pouuoir & sans commission. La puissance donc de faire la guerre est inseparable de la Souueraineté; mais dans l'ordre des Monarchies, il y a cette difference, que ce droit eminent n'est pas vn effet de la loy Politique, mais comme vn partage de la puissance du Dieu des armées, qui a mis le glaiue entre les mains des Roys pour venger les iniures faites à leurs Estats, pour defendre les interests de leurs Couronnes, & la liberté de leurs Peuples. C'est ce que Platon vouloit enseigner, quand apres auoir consideré que les Loix, les Magistrats, & les Suiets reposoient sous la protection des armes, il prononça que les Dieux en auoient monstré l'vsage legitime aux Princes, afin qu'ils s'en seruissent comme d'autant d'instrumens de leur Iustice vengeresse.

Or parce que la fin de la guerre est la victoire, & que le prix de la victoire, c'est la Paix; de là s'ensuit qu'il n'appartient qu'au Prince Souuerain de la faire par vn droit singulier, & attaché à la Couronne. Entre les secrets de la domination, il n'y en auoit point dont les Empereurs fussent si ialoux que de celuy qui ne permettoit pas que la Paix fust traittée ailleurs qu'à Rome, d'où comme du Chef du Monde, elle répandoit ses benignes influences dans tous les membres de l'Empire. Les Generaux d'armée, dont au reste la puissance estoit si vaste & si estenduë, ne pouuoient ny la donner ny la receuoir; & le Senat mesme ne retenoit plus qu'vne ombre de ce droit, depuis qu'Auguste par vne specieuse mais fausse modestie, eust ordonné que cette Illustre Compagnie

Nulli prorsus nobis inscijs quorumlibet armorum mouendorum copia tribuatur. l. Vn. C. vt armor. vsus, &c.

Tacit. lib. 15. Annal.

pagnie feroit feulement confultée tant fur le fait de la guerre & de la Paix, que fur les honneurs du Triomphe. C'eft ainfi que d'vn cofté il adouciffoit les amertumes de la feruitude, pendant que d'autre part il infinuoit cette creance dans l'efprit du Peuple, que la Paix eftant vn prefent du Ciel, il n'appartenoit qu'au Prince feul d'en eftre le difpenfateur.

Mais parce que ce ne feroit pas affez qu'il euft affeuré fon Eftat par la force des armes, & qu'il l'euft rendu floriffant par les biens de la Paix, s'il n'affermiffoit fa felicité par le bien de la Iuftice, c'eft pour cela que cette fupréme puiffance qui ferme tous les iugemens, & qu'on appelle communément du nom de dernier reffort, a efté mife au nombre de ces nobles droits qui accompliffent la fouueraineté. Les Roys de Rome l'auoient vni à leur Couronne, & le Peuple qui les chaffa voulant cacher fa premiere condition fous de riches dépoüilles, fit publier vne loy par laquelle il fe conftituoit Iuge fouuerain des appellations de tous les Magiftrats. Mais enfin dans les diuers changemens de la Republique, vne autre loy plus puiffante luy arracha des mains ce precieux ornement de la fouueraineté, & en para le Throfne des Cefars en qui elle fit paffer toute la puiffance des Tribuns de ce Peuple. C'eft ainfi que nos Roys de la troifiéme Race, confiderant que la Maiefté de leurs Predeceffeurs n'auoit pas efté legerement bleffée par les partages des enfans de la Maifon Royale où l'on faifoit entrer le droit de reffort, en abolirent l'vfage, & depuis dans toutes les conceffions des fiefs, ils ont toufiours excepté l'honneur fouuerain du dernier appel.

Extrem̄ prouocatio. Tac. 4. Annal. Claudere iura manu cunctafque refcindere lites. Gü-ther. Ligur. lib. 2.

H

Pardonner aux criminels, leur accorder des graces, les restablir dans leurs premiers honneurs, & leur ouurir les prisons, afin qu'ils aillent publier par tout la clemence de leur Liberateur; c'est encore vn des droits de la parfaite souueraineté. C'est le propre des loix d'estre seueres & inexorables, mais il sied bien au Prince de les flechir & d'amollir ce qu'elles ont de plus dur, car les Magistrats qui ne sont que depositaires de sa souueraine Iustice, ne sçauroient rappeller à eux le sort qui suit inseparablement les iugemens qu'ils ont vne fois prononcés, & quelque libre que soit la fonction de leurs Charges, il ne leur est pas permis de se repentir. Au contraire la puissance du Prince est si grande, qu'il luy est aisé de changer le destin des hommes, de reuoquer les decrets de leur mort, de leur donner vne seconde vie, & de faire que ceux qui ne peuuent esperer leur salut de l'innocence de leurs mœurs, le tiennent de son Indulgence. Pour cét effet, la Iurisprudence Romaine auoit laissé vn interualle de dix iours entre le iugement & l'execution, afin que dans cét espace de temps d'où dependoient les momens de la vie, ou de la mort du criminel, la clemence de l'Empereur ingenieuse en la recherche des causes du pardon, eust le loisir de temperer la Iustice, ou de la desarmer. Ce droit de souueraineté est tellement attaché à la Couronne du Prince, qu'il est incommunicable, & ne peut estre partagé auec personne; Il est vray que François I. l'auoit cedé à Louyse de Sauoye sa mere dans l'estenduë de la Duché d'Aniou, mais elle y renonça, preuoyant bien qu'vn priuilege de cette nature qui en partageant la souueraineté du

Cùm in regali solio sedebis, vitæ necisque omnium ciuium dominus. Q. Curt. l. 4.

Imperatori soli licet reuocare sententiam. l. 1. c. de Sentent. pass. & rest. Sed non Senatui libertas ad pœnitendü erat. Tac. lib. 4.

Roy, diuisoit l'vnité de son Estat, ne seroit iamais verifié.

Le droict d'enuoyer des Ambassadeurs aux Princes Estrangers, & d'en receuoir de leur part, est vn honneur si grand, & qui imprime tant de Majesté, qu'il a esté iustement mis au nombre de ces autres prerogatiues qui ne se trouuent que parmy les ornemens du Sceptre & du Throsne des Roys. Nous lisons mesme que le Peuple Romain en deuint si ialoux, qu'il refusoit presque tousiours d'en permettre l'vsage aux Roys qui releuoient de son Empire, quoy qu'au reste, il les laissast paisiblement iouïr des priuileges de leur dignité, & de tous les autres honneurs du Diadéme. Cependant, il ne souffroit que raremët leurs Ambassadeurs, parce que leur Office est de porter l'image de la grandeur de leurs Maistres deuant les Estrangers, de faire éclater à leurs yeux les rayons de leur Couronne, & d'estre le lien de la societé des deux Estats. Ce Peuple orgueilleux ne pouuoit voir cette égalité, quand il se souuenoit que les plus grands Roys deuenus ses tributaires n'estoient plus que les nobles instrumens de la seruitude, à laquelle il auoit reduit toutes les Nations de la Terre.

Le pouuoir absolu de faire battre de la Monnoye, d'en hausser ou diminuer le Titre, & de luy donner le prix & le cours, est vn droict de mesme nature, & pour l'exercice duquel il ne faut pas auoir vne puissance qui soit au dessous de la souueraine. En effet, ce ne sont pas les seules richesses naturelles que la Terre & la Mer enferment dans leur sein, qui meritent ces soins, mais encore les richesses artificielles sont entre les premiers suiets qu'on remarque dans

Regia species.
Q. Curt. lib. 10.

Rege figuratam Regis patet esse monstâ. Gunther. lib. 3. Herod. in Com. Lâprid. in Seuer.

l'eftenduë de fa prouidence. A Rome, il n'eſtoit point permis de battre & de marquer la Monnoye ailleurs que dans les Temples, afin que le Peuple qui fe laiſſoit ébloüir à toutes les images de grandeur, fuſt perfuadé que les Dieux mefmes en prenoient l'Intendance pour l'ornement, & pour la force de l'Empire. Que ſi l'image du Prince eſt venerable fur quelque matiere qu'elle fe trouue empreinte ou grauée, on ne doit pas douter qu'elle ne foit facrée fur la Monnoye, puis que les Loix ont prononcé qu'on ne la pouuoit fondre ny alterer auec cette Auguſte marque, fans commettre vn facrilege. Et dautant que l'Or eſt le Roy des metaux, le chef d'œuure de la Nature, & comme le Soleil des abyſmes, c'eſt pour cela qu'on auoit creu qu'vne partie de la grandeur des Empereurs, confiſtoit à faire imprimer leur nom, & leur image fur vne ſi folide & ſi pretieuse matiere. Cette marque d'honneur & de ſouueraineté leur fut ſi chere, qu'ils ne peurent iamais fouffrir que les Roys de Perſe la partageaſſent auec eux; mais ce priuilege leur fut diſputé les armes à la main par les Roys de France, qui leur firent connoiſtre qu'ils eſtoient en eſtat de donner la loy aux autres Princes, & de ne la receuoir que de Dieu feulement. Ainſi quand les Ducs de Bretagne entreprirent de faire battre de la monnoye d'or, ils leur firent entendre qu'ils s'éleuoient trop audacieuſement au deſſus de la condition des Vaſſaux, & enfin les contraignirent de rentrer dans les bornes du deuoir & de l'obeïſſance. Que s'il s'eſt trouué qu'ils ayent accordé vn priuilege fur le fait des monnoyes à quelques Grands de leur Royaume, il a touſiours eſté

Procop. lib. 3. de Bell. Gothic.

reſtraint aux eſpeces d'argent, & encore ſe
font-ils reſeruez l'authorité d'en preſcrire la
loy, le titre & le poids.

Enfin à tous ces droits de ſouueraineté on
adiouſte celuy de faire des leuées de deniers ſur
les Peuples, quoy qu'entre les Politiques, il
s'en ſoit trouué d'aſſez hardis pour oſer ſouſtenir que ce n'eſt pas vn droit, mais vne entrepriſe. Ils appuyent leur factieuſe propoſition
ſur ce fondement, que la puiſſance publique
qui reſide en la perſonne du Prince, ne peut
eſtre eſtenduë ſur la ſeigneurie particuliere des
biens des ſujets, parce que ce ſeroit oſter la
difference eſſentielle qui eſt entre la domination tyrannique qui pouſſe la puiſſance iuſques
à l'excez, & la domination Royale qui laiſſe la
liberté naturelle de la proprieté des biens à vn
chacun. Cependant, il eſt veritable que la puiſſance publique ne porte & n'eſtend pas moins
ſes effets ſur les biens que ſur les perſonnes,
d'où s'enſuit que le Prince ſouuerain en peut
vſer auec cette loüable retenuë qui ne bleſſe, ny
n'altere point la franchiſe de ſes ſuiets. Certes,
comme le commandement legitime ſur les
perſonnes ne les reduit, & ne les range point
à la condition des Eſclaues, auſſi l'vſage moderé de leurs biens, qui a pour fin le ſalut & la
conſeruation de l'Eſtat, ne fait pas que ces
meſmes biens entrent dans le domaine particuliere d'vn Prince ſouuerain.

DE LA ROYAVTE'.

APres que Dieu mettant la derniere main à l'œuure de la Creation, eut graué son image sur la face de ce grand Vniuers, il trouua bon de la tirer en petit, & de luy assigner vn centre où tous les traits & les lineamens reünis en vn point, vinssent à faire vne plus forte impression dans les yeux & dans l'esprit des hommes. Pour cét effet, il choisit les Roys comme vne matiere precieuse, & à l'instant leur departit tant de rayons de gloire & de maiesté, qu'on iugea bien qu'il s'y estoit peint luy-mesme, & qu'il auoit imprimé sa plus viue ressemblance sur le front du plus noble de ses ouurages. Il ne falloit ny moins de splendeur, ny moins de dignité à ceux qui deuoient commander à toute la Terre ; & pour faire receuoir leurs ordres & reuerer leurs loix, il estoit necessaire qu'on reconnust que ce n'estoit point la force des armes, ny l'éclat des richesses, mais la seule Prouidence diuine qui les esleuoit sur le Throsne, qui affermissoit le Sceptre dans leurs mains, & presidoit à leur conduite. Certes, l'esprit humain ne sçauroit comprendre que tant de Villes fortifiées, tant de Prouinces armées, & tant de millions d'hommes dont la nature est ambitieuse, les mœurs inégales, & les affections differentes, s'assuietissent à vn homme & souuent à vn enfant, pour le salut duquel tous les perils leur sont precieux, & la vie moins chere que l'honneur qu'ils trouuent en leur suietion. Cela ne peut pas proceder d'vn mouuement qui soit né auec eux, car celuy qui le voudroit suiure ou consulter, se trouueroit si amy de soy-mesme, qu'il prefereroit volontiers sa liberté à toutes les choses qui portent en elles quelque image, ou quelque caractere de seruitude. L'homme sans doute est né si libre, & la Nature qui à l'entrée de la vie ne l'a point distingué des Roys, a graué dans son cœur vn si grand desir d'exceller, & de dominer sur ses semblables, que le commandement luy estant vne action non moins naturelle que glorieuse, il s'ensuit de là qu'à moins d'vne puissance infinie, il ne se peut volontairement sousmettre à l'empire d'vn autre.

Habet mens nostra sublime quiddam & erectum, & superioris impatiens. Quintil.

Qui subdit populum meü sub me. Psal.

Il faut donc dire que le souuerain Dispensateur des Couronnes des Roys, n'a pas seulement comme partagé auec eux sa puissance, mais aussi le Titre de Seigneur que luy-mesme ne voulut prendre qu'apres la creation de l'homme, qui estoit sur la Terre l'objet le plus digne de son Empire. Quand en suite il ordonna que tous les autres hommes deuroient leur origine à celuy qu'il venoit de former de ses propres mains, ne fust-ce pas pour les obliger dans vn ordre de dependâce, à recónoistre pour leur souuerain ce Roy de l'Vniuers, ce second Autheur de leur vie? Il ne se contenta pas de leur auoir monstré le modele de la Principauté dans les choses exterieures, mais encore il en voulut tracer vne image dans eux-mesmes, c'est à dire dans cét empire naturel que l'Ame exerce sur le corps, & que la Raison possede entre les puissances de l'Ame. La Royauté n'est donc pas de la simple institu-

Tertul.

tion des hommes, & il n'y a point d'apparence
qu'elle ſoit née de l'ambition & de l'orgueil,
comme quelques-vns ſe ſont imaginez ; ſon
origine eſt plus haute, ſa ſplendeur ne peut pas
ſortir des tenebres de la Terre, & ſa grandeur
fait voir en elle trop de traits d'vne main diuine, pour eſtre miſe au rang des inuentions humaines. Ainſi nul ne peut ne connoiſtre pas la
ſource de la Royauté, s'il a quelque connoiſſance de l'ordre diuin auquel elle conſiſte, &
non point aux Sceptres, aux Couronnes, aux
Throſnes, en la pourpre, ny aux richeſſes, car
toutes ces choſes n'en ſont que les marques, les
appuis & les ornemens. Mais en effet c'eſt l'ouurage de Dieu & la reflexion de ſa lumière,
comme le Roy eſt ſon image qu'il a poſée en
vn tel endroit, & auec vne telle liaiſon, qu'elle ne ſçauroit ſortir de ſa place, que tout l'E-
ſtat ne ſe renuerſe ſur les fondemens qui le
portent. Il faut donc croire que quand les hommes ſe ſont attachez à leurs Princes par les liens
du reſpect & de l'obeïſſance, ils ont eſté animez du deſir de s'acquerir la perfection, en ſe
ſoûmettant à ceux que Dieu faiſoit regner ſur
eux, & auſquels il communiquoit les ſecrets
conſeils de ſa diuine Prouidence. Comme il
embraſſe de ſon ſoin toutes ſes creatures pour
les conduire & pour les conſeruer ; il veut auſſi
que les volontez du Prince compoſent le droit
de ſes Peuples, que ſes actions leur ſoient autant d'exemples, & que la fortune meſme prononce ſes decrets par leur bouche.

De là s'enſuit qu'entre toutes les eſpeces de
gouuernement, la Royauté n'eſt pas ſeulement
la plus noble & la plus diuine, mais auſſi la
plus ancienne & la plus naturelle. Certainement,

ment , les premiers hommes qui fuiuoient l'innocente Nature, fe regloient par fes loix, &
la regardant comme l'Eftoile qui les condui-
foit dans le cours de leur vie ciuile, ne recon-
noiffoient d'autres Roys que les Sages. Ils les
efleuerent fur des Throfnes, comme fur des
lieux propres à répandre les graces, & à découurir de loin les neceffitez de ceux qui s'eftoient
foufmis & abandonnez à leur gouuernement.
En fuite, on leur donna des Sceptres reprefen-
tant la forme des Colomnes qu'ils adoroient, *Iuflin.*
auant que l'vfage des Statuës leur fuft connu, *Varro.*
voulant par ce fymbole faire entendre que
leurs Princes deuoient eftre reuerez comme
des Dieux humains dont le refpect des fujets *Æthio-*
eftoit le culte, leurs volontez le Temple, & *pes Reges*
leurs cœurs les offrandes. La Verge, ou pluftoft *fuos Deos*
le Sceptre que Moyfe portoit à la main, luy *effe puta-*
fut donné pour vne marque qu'il auoit efté *bant.*
conftitué Dieu de Pharaon; ce qui nous fait *Tertul.in*
voir qu'il n'y a rien entre les chofes humaines *Apolog.*
de plus diuin que la Royauté, puis que la moin- *Clem.*
dre diftance qu'on connoiffe du Ciel à la Ter- *Alexe*
re, c'eft fans doute celle qui fe trouua entre *lib. 1.*
Dieu & les Roys. *Strom.*

Tels ont efté les fondemens de ce fuperbe &
admirable ouurage, que Dieu mefme a deffei-
gné, que la Nature a efleué, & que la Raifon a
confommé pour le falut des Peuples, pour
ornement des Empires, & pour la gloire de
leur fondateur immortel. Que s'il eft vray
que l'authorité partagée foit vn principe de
diffipation, il ne faut pas s'eftonner fi dans
les Eftats où la pluralité des Gouuerneurs eft
eftablie, la licence y regne fous vne fauffe
image de liberté, & fi de la licence comme d'vn

I

pas gliffant, ont vient à tomber dans la feruitude. C'eſt le propre de l'vnité d'aymer & de produire l'vnité ; au lieu que la multitude ne produit que par hazard, comme quand pluſieurs Ouuriers vnis d'eſprit & d'intention trauaillent à vn meſme ouurage. Mais il n'en eſt pas ainſi de la conduite d'vn Eſtat, qui n'eſt iamais ſi parfait que lors qu'il eſt animé de l'eſprit d'vn ſeul Gouuerneur, c'eſt à dire d'vne forme plus naturelle & plus ſemblable à la forme de l'Empire de Dieu. En effet, tous les Politiques qui ont obſerué qu'il y a touſiours en plus de Royaumes deferez par l'ordre de la ſucceſſion que par celuy de l'élection, ont eſté contraints d'en raporter la cauſe à la Nature, qui a donné cette inclination aux hommes, & a fait que les Nations les plus ialouſes de leur liberté, n'ont pû ſe dépoüiller de ce haut ſentiment que la Majeſté d'vn Roy imprime dans les cœurs. Ce nom, quoy que de ſoy venerable & conſacré, eſtoit en horreur au Peuple Romain, & toutesfois apres auoir chaſſé de la Ville ceux qui le portoient, il retint l'image de la Royauté dans la puiſſance ſouueraine des Conſuls, que chacun d'eux à ſon tour poſſedoit toute entiere ſans partage & ſans diuiſion. Ce premier peuple du Monde auoit ſi bien reconnu les auantages qu'il y a qu'vn ſeul corps politique ſoit regi par vn ſeul eſprit, que dans le dernier deſeſpoir des affaires il reduiſoit ſa police à l'vnité en créant vn Dictateur, c'eſt à dire vn Monarque ſi abſolu & independant, qu'il offuſquoit la lumiere de tous les grands Magiſtrats, & faiſoit ceſſer leur authorité. Ainſi, quand les Hebreux apres auoir veu finir la ligne de leurs Roys legitimes

Primi mortaliũ, quique ex bis geniti . naturam incorrupti ſequebatur, commiſſi melioris arbitrio. Sen. Epiſt. 91.

mettoient le Sceptre & leur Couronne au lieu le plus eminent de leurs Assemblées, c'estoit vne marque de la grande opinion qu'ils en auoient conceuë, puis que l'ombre mesme de la Royauté, conseruoit dans leur esprit la mesme impression de respect que la verité y auoit laissée.

Ce n'est pas qu'il n'y ait tousiours eu des Censeurs d'Estat, dont les yeux malades n'ont pû supporter l'éclat des Couronnes, ny la splendeur qui sort & qui s'élance d'vne pourpre Royale. Ils voyent bien les éclairs de la Maiesté de Dieu qui enuironnent les Roys au dehors, mais ils ne veulent arrester leur esprit qu'à la foiblesse de l'homme qui est au dedans, & ne considerent pas que ce mesme Dieu qui a imprimé sur leur front des caracteres si luisans, éclaire encore leur entendement, met ses iugemens sur leurs lévres, & se saisit de leurs cœurs pour les tourner à tout ce qu'il luy plaist.

Diuinatio in labiis Regis. Prou.

Ils loüent l'Aristocratie, c'est à dire le gouuernement des plus notables de la Republique, parce qu'il leur semble que la prudence ciuile se trouue plus facilement en la multitude qu'en vn seul Gouuerneur, puis qu'elle fait comme vn homme orné de plusieurs entendemens, & animé de diuerses voix pour former l'harmonie de la societé ciuile. C'est là, qu'ils ne cessent de redire qu'Aristote mesme a reconnu, que toute la multitude ne se laisse pas facilement emporter au mouuement des passions, & qu'on peut bien connoistre qu'elle est semblable à l'eau qui se conserue mieux dans la grande quantité, que dans la petite. C'est là, qu'ils mettent en auant que le gouuernemét de l'ame sur le corps est Aristocratique par le mu-

Arist. lib. 3. Polit. c. 7. & 11.

I ij

tuel concours de la vertu vitale , de l'animale, & de la sensitiue , qui forment d'vn mesme concert la société naturelle. C'est là , qu'ils alleguent que ce grand & sage Senat de Rome alloit faire vne faute en refusant la protection aux Mamertins, si le Peuple ne s'y fust opposé, dans la preuoyance qu'il eut qu'ils l'obtiendroient facilement des Carthaginois qui par ce moyen s'ouuriroient le passage pour entrer, quand ils voudroient , dans l'Italie. Enfin, c'est là qu'ils pensent auoir triomphé de la Royauté, quand ils ont dit que l'vnité du Prince ne peut passer que pour vnité de personne & de nombre , qui est plutost vne marque de defaut que de perfection ; au lieu que l'vnité de plusieurs est reconnuë pour vnité de fin, qui tend au salut de la Republique, & fait que la multitude diuisée par la pluralité des personnes, ne compose qu'vn seul corps par l'vnion des esprits. Mais certes, tout ce discours sorti des Escholes d'Athenes , a esté contredit par l'experience de tous les siecles, qui a fait voir que les Estats ont tousiours esté d'autant plus puissans, qu'ils se sont plus approchez de l'vnité de nombre, dans laquelle ils ont rencontré le centre de leur felicité. Le Prince est vnique ie l'auoüe, mais il a ses Ministres & ses Conseillers qui sont comme les instrumens animez de sa domination, ou comme des Thresors publics, dans lesquels il peut puiser à toute heure les preceptes & les maximes de la prudence politique.

Il y en a d'autres qui se laissent charmer le sens & l'esprit à cette liberté qui regne dans vne Democratie , & dont le nom leur semble si doux, & l'image si attrayante qu'ils embrasser

son ombre mesme par tout où ils croyent la
rencontrer. Cét Estat populaire leur plaist
d'autant plus, qu'ils sont persuadez que la Nature n'a point affecté l'inégalité en la dispensation des Gouuernemens, & que le sage Legislateur de Sparte ne fit que suiure son conseil, quand il voulut que dans sa Republique la
loy seule fust la Maistresse des biens, & la Reyne des personnes. Cependant ils ne voyent pas
que la liberté n'est iamais si douce, ny si innocente que sous vn bon Prince qui la sçait
agreablement mesler à la souueraine puissance, & regler la puissance par de si saintes loix,
qu'elle ne marche & ne paroist point dans le
public sans la iustice. Or comme il n'est pas
possible de donner des bornes à l'opinion des
hommes, on en voit d'autres qui apres auoir
declamé contre la puissance d'vn seul, dete-
stent en suite l'ambition, les ialousies, & les
desseins interessez de plusieurs Gouuerneurs;
& mesmes il s'en trouue qui ont entrepris de
iustifier les desordres de l'Oligarchie, qui se
mesure par les richesses, comme la Democratie par la liberté. Dans cette diuersité d'opinions, ce qui cause plus d'estonnement, c'est
que tous sont écoutez auec d'autant plus d'applaudissemens, que les Annales des siecles passez fournissent des exemples, soit pour loüer,
soit pour blasmer toutes les differentes especes
de gouuernement. Mais enfin, la verité victorieuse de l'erreur nous apprend, que comme les
formes naturelles ont cela de propre, que la
plus noble contient en soy toute la perfectió &
l'excellence des moins nobles; qu'ainsi la Monarchie comprend & enferme dans son estenduë, tout ce que les autres polices ont de plus

accomply , fans toutesfois auoir leurs defauts, ny leurs imperfections. On y peut voir vne image de la Democratie, quand le Prince communique à fes fuiets quelques rayons de fa puiſſance , & qu'il leur diſpenſe les honneurs, les Magiſtratures, & les autres recompenſes de la vertu , & du merite : Mais quand il prefere les Nobles , qu'il les appelle dans fes Conſeils, & les eſleue aux plus hautes Charges du Royaume , alors il introduit au milieu meſme de la Monarchie , comme vne forme & vne eſpece de gouuernement Ariſtocratique.

Or dautất que tous les Empires s'acquierent par la ſucceſſion , par l'eſlection , ou par les armes, c'eſt de ces trois titres diuers qu'on prend la difference qui ſe trouue entre les trois eſpeces de Monarchie, les ſucceſſiues, les electiues, & les acquiſes. Quant aux deux premieres, il y a long-temps qu'on diſpute de leurs prerogatiues, de leur excellence, & des auantages qu'elles apportent aux Eſtats où elles ſont receuës. Il ſemble d'abord que la Royauté electiue ſoit preferable à la ſucceſſiue, çar il y a bien plus de gloire à eſlire & à nommer vn bon Roy, qu'à le faire naiſtre , puis que le premier eſt l'effet d'vn prudent conſeil , & que l'autre n'eſt rien qu'vn ouurage de la fortune. Outre cela , il eſt bien plus facile de trouuer dans tout vn Royaume vn homme digne de regner, que dans vne ſeule famille ; & ſi on veut écouter la Raiſon , ne dit-elle pas que celuy qui eſt appellé pour commander à tous, doit eſtre choiſi entre tous? Ne ſçauons nous pas qu'aux ſiecles heroïques où la Nature eſtoit franche d'ambition, on eſtimoit que l'honneur eſtoit moindre de naiſtre grand , que de le deuenir ? Ne voit-on

Fato Principatum dari. Suet. in Tit.

pas que le Prince qui n'a point l'esprit partagé entre les soins de sa posterité & le gouvernement de son Estat, s'oste plus facilement à luy mesme, pour se donner tout entier à la Republique ? L'experience n'a-t-elle pas appris, que ceux qui ne laissent apres eux aucuns successeurs de leur sang, sont d'ordinaire plus puissamment touchez du desir de faire reuiure leur nom dans les images de leurs hautes actions ? Au contraire, l'orgueil & l'insolence n'ont-ils pas souuent accompagné les longs commandemens d'vne famille qui a disposé de l'Estat comme de son propre Domaine ? Mais qui ne iuge point que ceux qui aspirent à la puissance souueraine, seront tousiours plus soigneux de regler leurs mœurs & les mouuemens de leurs passions, quand ils se representeront qu'ils ne peuuent estre heritiers de la dignité de leurs Peres, si auparauant ils ne l'ont esté de leur vertu ? Enfin, ne faut-il pas estre estranger dans l'histoire, pour ne sçauoir pas que l'Empire Romain a esté plus florissant sous les Empereurs adoptez, que sous ces prodiges de la nature, qui ont souïllé & deshonoré le Throsne des Cesars ?

Toutesfois à bien iuger des choses, la Royauté successiue est sans doute la plus excellente, soit que l'on considere les auantages du Prince regnant, soit qu'on examine les interests de l'heritier de sa Couronne, soit qu'on regarde le bien vniuersel de son Estat. Premierement la Nature n'est point sans Conseil, & ses œuures témoignent assez que sa main est conduite par son diuin Autheur, qui daigne bien prendre le soin de luy prescrire l'ordre qu'elle doit suiure en la production de ceux, qu'il

destine pour estre les plus nobles instrumens
de sa prouidence dans le gouuernement du
Monde. Il est vray que Rome a veu sortir vn
Domitian de la maison de Vespasien, & d'vn
Marc-Aurele l'image viuante de la Vertu, vn
Cómode qui fut la honte & l'infamie de son siecle, Mais les Monstres n'alterent point le cours
ordinaire de cette sage Mere, & pour reparer
ce defaut, elle fit naistre d'vn impie Abias vn
Religieux Asa, & d'vn Achaz, vn Ezechias
comme vn doux fruit d'vne racine tres-amere.
Il ne faut donc pas s'estonner si les hommes du
premier âge remirent au conseil de la Nature
le soin de leur donner des Roys ; & si apres
auoir choisi des familles pour leur commander,
ils ne permirent point que le Sceptre en sortist, afin d'obliger ces Princes à veiller sur vn
Estat que leurs heritiers deuoient posseder par
la loy de la succession. Dans cette pensée, ils
forment les mœurs de leurs suiets à la Vertu,
ils ornent leurs Royaumes par les richesses, ils
les asseurent par les armes, ils les policent par
les loix, ils les rendent heureux par la Paix, &
font couler les sources de l'abondance dans
toutes leurs parties. Ces nobles soins n'entrent
point dans l'esprit de celuy qui par la faueur
d'vn Peuple comme par vn coup de vent, a esté
porté sur le Throsne ; car il n'a pas tellement
oublié sa premiere condition, qu'il ne craigne
que ses enfans n'y retombent, & cette crainte
fait qu'il imite le mauuais Tuteur qui violant
le sacré depost de la Tutele, dissipe les biens
commis à sa garde, & qu'il ne peut faire passer en la main de ses heritiers. A dire la verité
il n'y a rien tant à redouter qu'vne puissance
qui ne doit pas durer long-temps, qui ne

subsiste qu'en la volonté des Electeurs, & qui comme vn grand Colosse auquel on dérobe la base, sond à bas par son propre poids, & couure de ses ruines les appuis mesmes qui le sou-stenoient.

Le successeur legitime du Prince, & son Estat, ne trouuent pas moins d'auantages dans la Royauté successiue; car outre l'heritage glorieux d'vn Empire, il y rencontre le bon-heur d'estre nourri & esleué aux actions dignes de sa naissance, & de ses esperances. L'image de la grandeur de ses Ancestres luy est tousiours presente, les exemples domestiques ne cessent de luy inspirer le desir de ioindre à la splendeur de leur sang, la noblesse de sa Vertu; Et quand il vient à se ressouuenir que leur Throsne leur a serui comme de berçeau, & leur pourpre comme de langes, il est mal-aisé qu'en recueil-lant la succession de leur Couronne, il aban-donne celle de leur merite. On sçait d'autre part, que l'Art de gouuerner estant long, il a esté necessaire d'en tenir Eschole dans de certains Palais, pour y apprendre les preceptes & les maximes de cette science Royale, à laquel-le il appartient de regir & de commander, de prescrire des regles aux mœurs, & de donner des loix aux Monarchies. Outre cela, l'Empire est bien plus doux & beaucoup plus aisé à sup-porter, quand il est comme naturalisé dans la maison d'vn Prince, & les Peuples obeïssent bien mieux à celuy qui en sort tout brillant des rayons de ses Ancestres, qu'à vn autre qui de leur égal qu'il estoit peu auparauant, est deue-nu en vn moment leur Souuerain. La coustu-me d'obeïr, & la memoire des choses passées, rendent faciles les choses les plus difficiles, &

comme elles apportent la necessité du commandement, elles imposent aussi par vn mesme
effet la necessité de l'obeïssance. On voit d'ailleurs que la posterité d'vn Roy porte auec soy
vne certaine splendeur naturelle qui se fait regarder, & reuerer des sujets sans enuie; elle
fait de si puissantes impressions dans leur cœur,
que quand on leur veut donner vn Maistre qui
n'en est pas éclairé, ils secoüent facilement le
joug auquel ils ne sont pas accoustumez. Au
contraire, la Nature ne sçauroit monstrer, ny
designer le successeur de l'Empire, qu'en mesme temps elle ne soustraye l'amorce à l'ambition, qu'elle ne dissipe ses trop hauts desseins,
& ne retranche ses esperances criminelles. Enfin, les Peuples trouuent leur repos & leur felicité en cela mesme, que le Prince qui tient le
Sceptre de ses Ayeuls, fait cesser toutes les ialousies & toutes les factions de ceux qui sans le
frein d'vne puissance durable, croiroient rencontrer dans les ruïnes d'vn Royaume vsurpé,
vn Tombeau glorieux.

Lib. 3.
Polit. c.
10.

Que s'il se trouue qu'Aristote ait donné le
nom de Barbares à ces Peuples qui de só temps
preferoient l'ordre de la succession legitime à
la voye de l'election, ce n'est pas qu'il ait en-
tendu qu'ils fussent barbares en leurs mœurs,
ou en leurs coustumes, mais seulement en la
langue qu'ils parloient, & en leurs accents;
car autrement il se fust monstré ennemy de la
puissance hereditaire d'Alexandre son Roy, des
loix de son païs, & de l'honneur de tous les
Princes de la Grece. Ce n'est pas qu'il n'arriue
quelquefois, que celuy qui est monté au Throsne par les degrez de la succession, ne dissipe la
gloire de son Estat, & ne le regarde comme vn

heritage dans lequel la licence du Maistre peut
tout entreprendre, & tout executer. Mais nean-
moins il faut reconnoistre que l'Empire acquis
par la faueur d'vn Peuple, ne se conserue que
par la mesme faueur, qui sans doute n'est pas
moins inconstante & variable que le Peuple
mesme. Entre plusieurs inconueniens qui accompagnent & suiuent l'Election, elle a ce desauantage, que les Electeurs interessez & agi-
tez de diuerses passions, ne peuuent bien iuger
ny du merite, ny de la Vertu de celuy qu'ils
mettent sur le Throsne. Il y a mesme des vices
cachez, & qui n'éclatant iamais au dehors que
quand ils sont éclairez des lumieres qui sortent
d'vne pourpre Royale, parce que la matiere leur
manquoit dans vne condition plus basse &
plus obscure. Les autres moindres dignitez ne
les produisent pas, mais elles les découurent
en ceux qui pour estre plus esleuez, sont aussi
plus exposez à la veuë des hommes; & c'est
pour cela, que ce qui ne seroit qu'auarice, &
que colere en vn particulier, deuient exaction
& cruauté en vn Roy par le seul sort de sa grandeur. Mais qui ne sçait point les changemens qui se font aux mœurs par la promotion
à vne nouuelle dignité? & à qui n'est-il point
connu qu'entre tant de Princes Romains que
la faueur de l'esslection a couronnez, vn seul
Vespasien s'est rendu meilleur dans la licence
d'vne fortune souueraine?

Quant à la Royauté qui s'acquiert & qui s'e-
stablit par les armes, comme elle s'achete auec
le sang des hommes, elle ne se peut aussi retenir, ny conseruer que par les mesmes moyens
par lesquels elle s'est éleuée. D'ailleurs les Peuples à qui la liberté a esté rauie, & dont la

Rarò Im-
peria
meliorem
dederūt.

fujetion n'eſt qu'vn effet de la force, ne ſeruent pas volontairement , & quiconque leur
oſte la crainte & la neceſſité d'obeïr, leur oſte
en meſme temps le reſpect & l'obeïſſance. Mais
outre cette diuiſion generale de Royautés, Ariſtote en fait vne autre plus exacte, quand il les
partage en cinq eſpeces, dont la premiere eſt
des Princes de qui la puiſſance ne s'eſtendoit
anciennement que ſur les ſacrifices , ſur les ceremonies du culte des Dieux , & ſur les choſes
qui appartenoient à la guerre, car c'eſtoit dans
ces bornes que toute l'authorité d'Agamen-
non & des Roys de Lacedemone ſe trouuoit
enfermée. Les exemples de la ſeconde eſpece
de Royauté, ſe font remarquer en la conduite
de quelques Princes barbares dont la domination eſt tyrannique, quoy qu'elle ſoit legitime
pour l'auoir acquiſe ſelon l'vſage & la couſtume du païs. Car comme les Peuples auſquels
ils commandent ſont nés & formés à la ſeruitude; ils ſupportent auſſi auec plus de patience les
dures & rigoureuſes loix qui leur ſont impoſées
ſous vne puiſſance purement ſeigneuriale. C'eſt
de tous les gouuernemens le moins loüable &
le plus imparfait, puis que la Nobleſſe , la dignité & la ſplendeur d'vn Eſtat conſiſtent à cō-
mander à des hommes libres , & non pas à des
eſclaues tels que ſont auiourd'huy les Moſcouites , les Turcs & les Tartares. A cette eſpece
de Royauté ſuccede celle de ces Princes qui
ſous le nom d'Æſymnetes regnerent iadis en
la Grece ; ils portoient le titre de Roys, mais le
temps limité bornoit leur puiſſance, & leur authorité ne duroit pas plus que la guerre qu'ils
auoient declarée aux Ennemis de leur Eſtat.
A toutes ces formes de gouuernement on

*Polit. lib.
3. c. 8. 9.
& 10.*

*αἰσίται
τυραννίς*

*Barbari
quib. pro
legibus
ſemper
dominorū
Imperia
fuere.
Liu.*

adiouste la Royauté heroïque, qu'Aristote considere, en ce comble d'honneur & de gloire, où elle s'estoit esleuée au temps de ces anciens heros, à qui leur propre Vertu faisoit plus de suiets, que le droit de leur domination ne leur en acqueroit. Mais enfin, si nous voulons confesser la verité, entre tous les gouuernemens il n'en est point de plus parfait que le Royal, sous lequel les sujets obeïssent aux loix du Prince, & le Prince de sa part s'assuiettit aux loix de la Iustice naturelle, qui tempere le commandement absolu, & mesle agreablement la liberté à la sujetion. C'est en quoy cette puissance legitime est distinguée de la puissance seigneuriale, qui dans cét excez de licence où les Roys de Perse l'auoient portée, exige des suiets l'eau & le feu, c'est à dire le domaine & la proprieté de toutes les choses dont la Nature leur a concedé l'vsage libre, & le droit tout entier.

Il semble neantmoins qu'Aristote ne se soit pas nettement expliqué sur les prerogatiues de la Monarchie, & qu'apres s'estre contenté d'en auoir reconnu les excellences, il se soit laissé charmer aux belles apparences de la vraye Aristocratie, qu'il regarde d'abord comme la plus accomplie de toutes les polices. Que si on en recherche la raison, c'est qu'il est persuadé que la vertu du bon Citoyen & celle de l'homme de bien ne sont qu'vne mesme Vertu, & que la Republique doit tousiours estre reglée par les mesmes principes, & sur les mesmes perfections qui font l'homme de bien. Il sçauoit que la Prudence n'est iamais si necessaire qu'à celuy qui delibere sur la direction d'vn Estat, ny la iustice qu'à celuy qui est plus

Βασιλεῖς ἑκόντων.
Reges volentium.
Arist.

Lib. 3.
Polit.
c. 9.

Lib. 3.
Polit.
c. 2. &
lib. 4.
c. 6.

grand que les loix ; ny la moderation qu'à celuy à qui tout est permis ; ny la Vertu qu'à
celuy qui a tous les hommes pour spectateurs
de ses actions , & il ne trouuoit pas facilement
toutes ces perfections en vn seul gouuerneur.
C'est ce qui a suspendu pour quelque temps
son iugement , & qui l'a fait balancer entre la
Monarchie , & l'Aristocratie, c'est à dire le
gouuernement de peu de vertueux , qu'il compare à la communauté des freres dans vne famille , & qui fait viure les Citoyens de cette
vie heureuse qui a la Vertu pour sa regle. Mais
enfin , quand par la necessité du suiet qu'il
traitte , il se voit pressé de declarer ses sentimens sans voile & sans ambiguité , il confes-
se que la plus belle chose que le Soleil puisse
éclairer sur la Terre , & que les hommes sçauroient obtenir des Dieux , c'est d'estre gou-
uernez par vn iuste & sage Monarque , qui
pour regner n'ait pas mesme besoin du secours , ny de l'entremise des loix escrites. Il
adjouste que de toutes les especes de police,
la Royauté n'est pas seulement la plus ancienne , mais aussi la plus diuine ; en quoy il ne se
trompe point , puis qu'autant de fois que les
Roys en exercent les hautes fonctions , ils ont
l'honneur de prester leurs mains à Dieu, & d'e-
stre comme ses associez dans le gouuernement
du Monde. Pourquoy les auroit-il enuironnez
de tant de rayons de gloire & de grandeur ?
pourquoy auroit-il commandé à la Nature de
faire seruir toutes ses richesses à l'ornement de
leurs Sceptres & de leurs Couronnes, si ce n'est
pour monstrer qu'ils sont ses ouurages , mais
les plus nobles & les plus precieux ? Il a mis sa
Maiesté sur leur front , sa force en leurs bras,

Polit. lib.
1. c. 2.

ses pensées en leur cœur, ses lumieres en leur
esprit, ils ne voyent que luy seul au dessus de
leurs testes couronnées, & entre son Throsne,
& celuy sur lequel ils sont assis, on ne trouue
point de milieu.

DE LA MAIESTE'.

LA source de la Majesté des Roys est si haute, son essence si cachée, & sa force si diuine, qu'il ne faut pas trouuer estrange, qu'à
la façon des choses celestes elle se fasse reuerer
des hommes sans qu'il leur soit permis de la
connoistre. Sa grandeur les estonne, son éclat
les éblouït, sa pompe qui represente l'image
d'vn triomphe continuel suspend toutes les
puissances de leur ame, & il semble que du
mesme bandeau dont elle ceint si glorieusement la teste des Monarques, elle nous lie
aussi la langue pour nous empescher d'en parler. C'est la blesser que d'en discourir basse-
ment ; on sent bien mieux ses mouuemens secrets qu'on ne les exprime ; & ce n'est pas par
des paroles imparfaites, mais par vn religieux
silence, qu'on doit respecter les traits que la
main diuine imprime sur le front de ceux auec
lesquels il daigne bien partager sa puissance.
Toutesfois puis que la moindre connoissance
que l'on puisse auoir d'vne chose si haute & si
grande, est plus desirable que tout ce que nous
connoissons des choses basses & petites ; & que
d'ailleurs il n'êt point defendu de s'enquerir des

proprietez de la Majesté des Roys, ne seroit-elle point cette noble fille de l'honneur & de la reuerence, que le Genie tutelaire des Estats a voulu allier pour accomplir la grandeur de ces Maistres de l'Vniuers ? Ne seroit-elle point cette douce & venerable grauité qui marche entre l'Amour & l'Admiration, & qui meslant la veneration à la crainte, en fait naistre vne espece de Religion & de culte ciuil ? Ne seroit-elle point cette gloire éclattante des lumieres de toutes les Vertus, qui par reflexion se répandent sur vne face auguste, & dans cét air qui donne la grace au geste, à la contenance, au port, aux mouuemens & aux actions du Prince ? Ne seroit-elle point cette supréme puissance qui sans armes est tousiours armée, qui regne bien mieux dans les cœurs que dans les Prouinces, qui est l'appuy des Estats le plus ferme, & qui s'esleuant par dessus les loix, les donne à tous, & ne les reçoit de personne ? Enfin, ne seroit-elle point vn rayon écoulé de l'adorable Majesté de Dieu, vn rejaillissement de sa splendeur, & vn éclat de cette gloire qu'il fit autresfois luire sur la face du Prince des Hebreux ? Quoy qu'il en soit, ce que fait le Caducée en la personne des Ambassadeurs des Roys, quand il les rend saints & inuiolables, la Maiesté le fait en la personne des Roys mesmes, puis qu'elle les consacre; & qu'elle abbat à leurs pieds tout ce que la Terre a de plus esleué Que s'il ne nous a pas esté donné de pouuoir éclaircir vne chose que sa trop grande lumiere rend obscure, nous auons au moins cette consolation dans nostre ignorance, que le plus respectueux hommage qu'on puisse faire aux

Roys,

Donec honos placidoque decens reuerentïa vultu, corpora legitimis imposuere thoris : hinc sata Maiestas. Ouid.

Vultus quo maximè populos demeretur. Sen. Maiestas Imperantïs fulcrum regnorum, & salutïs tutela. Q. Curt.

Roys, c'est de les reuerer en fermant les yeux
aux éclairs qui s'élancent de leurs Couronnes.

Cependant, nous remarquerons icy qu'il y
a deux sortes de Maiesté dont l'vne est reelle,
& conuient proprement à l'Empire independant ; l'autre est personnelle, & n'appartient
qu'au Monarque regnant. La Maiesté de l'Empire est née auec l'Empire, s'accroist & se perd
auec luy ; celle du Prince emporte auec soy
l'honneur supréme, & la puissance souueraine;
mais la mesme différence qui se trouue entre
le fondement & l'edifice, se trouue aussi entre
ces deux sortes de Maiestés, puis que celle de
la Monarchie est la base de l'autre, & la premiere en l'ordre du temps. Quand le Monarque s'y sousmet, il ne s'abaisse point puis que
c'est vn deuoir qu'il rend aux loix fondamentales de l'Estat ; mais il voit obscurcir & quelquefois ancantir sa Maiesté dans le mesme
moment qu'il s'est laissé tomber dans le mépris de ses suiets. On la peut comparer à cette
Verge, ou plustost à ce Sceptre qui fut autrefois l'instrument des merueilles de Dieu, tandis que le grand Legislateur des Hebreux le
tenoit haut & ferme dans la main, mais qui
n'estoit pas plustost ietté à terre, qu'il rampoit comme vn hideux serpent sous la poussiere & perdoit auec sa première forme, toute la
veneration qu'on auoit euë pour luy. La haine
retenuë par la crainte, n'ose rien entreprendre
si le mépris qui naist du gouuernement mol,
lasche & languissant, ne luy donne des armes ;
& si c'est vn mal d'auoir vn Prince sous qui
rien n'est permis, c'est vn plus grand mal d'en
auoir vn sous qui tout est permis. Il n'en est
pas ainsi de la Maiesté d'vne Monarchie ; elle

Maiestas est magnitudo Imperij. Cicer.

K

eft toufiours égale, fa force ne s'affoiblit point,
& tant que la forme du gouuernement demeure en fon entier, fa lumiere ne fouffre point
d'éclypfe, & ne s'efteint iamais. Tibere fit bien
voir la conftante grandeur de la Maiefté de
l'Empire Romain, quand au milieu des orages ciuils il fe contenta d'enuoyer vn fimple
Centenier, pour faire entendre fes volontez
à deux Princes de Thrace qui difputoient les
armes à la main la Couronne des Arfacides.
Certes, le Prince ne fçauroit eftre trop ialoux, foit de fa propre Maiefté, foit de celle
de fon Eftat ; & il doit pluftoft fouhaiter
d'eftre toufiours dans les dangers, que de viure en affeurance dans le mépris de fes fuiets. D'autre part il ne fçauroit trop detefter
l'impieté de ceux qui aymant mieux eftre
adorez que reuerez ont entrepris fur la Maiefté de Dieu, ont vfurpé fes Titres, ont partagé les Autels auec luy, & pour auoir recherché
des honneurs iniuftes, fe font fait declarer indignes des plus legitimes. Cette fuprême Maiefté veut bič que les Roys fe fouuiēnent qu'ils
font des Dieux fur la terre, puis qu'elle l'a dit,
& que fes paroles font autant d'œuures ; Mais
elle ne veut pas qu'ils oublient qu'ils font hommes, & que toute leur fplendeur n'eft qu'vne
ombre de celle dont elle fe reueft.

Puis donc que les Roys n'ont point de plus
puiffant inftrument de leur domination que la
Maiefté, & que c'eft elle qui par vne fecrette
veneration foufmet à foy les volótez des Peuples, voyós quelles font les chofes qui l'accroiffent, qui la conferuent, ou qui la diminuent.
Elle s'accroift par l'antiquité de la Race, comme par vn ornement naturel ; car quand vn

Tac. An-
ual. l. 6.

Prince regnant peut auoir au deſſus de luy vn
long ordre de Roys, & qu'il en deſcend comme vn noble reïetton de leur ſang, il en eſt ſans
doute plus maieſtueux & plus propre à imprimer dans le cœur des ſuiets le reſpect & la reuerence. Les preſens de la Nature & de la fortune font encore le meſme effet, puis que ce
n'eſt iamais qu'auec des yeux d'admiration
que les Peuples regardent en leur Roy, vne apparence venerable & digne de l'Empire, vne
taille auantageuſe, vn port graue, & vn re-
gard qui iette de toutes parts des rayons de
grandeur. Le geſte, l'air & la parole n'y contribuent pas peu de choſe, & la pompe conuenable à la dignité, dont les grands Officiers de
la Couronne font la plus belle partie, rehauſſe
la Maieſté du Prince, & nous la monſtre auec
tout ſon éclat. L'appareil magnifique auec lequel Cyrus ſortoit de ſon Palais, fit que les
Perſes l'adorerent en luy deferant des honneurs diuins, auec des Titres qu'ils auoient
touſiours refuſez à ſes Predeceſſeurs. Le feu
porté deuant les Empereurs Romains mar-
quoit vne grandeur plus qu'humaine, & les
rendoit venerables par le ſymbole de cét element qui domine dans toute la Nature, & que
des Peuples renommez ont adoré comme leur
Deité. Le faſte donc eſt quelquefois vtile aux
Princes, & la feinte meſme leur a ſouuent con-
cilié cette auguſte & venerable Maieſté, que la
verité ne leur pouuoit donner. Combien de
fois les Peuples abuſez & faſcinez par des artifices inconnus, ont-ils eſté perſuadez que les
Dieux ſortoient du centre de leur felicité pour
conuerſer auec leur Prince, & pour leur ouurir les ſecrets de la domination ? Combien de

fois dans les apparences de cette fauſſe familiarité, ſe ſont-ils imaginez qu'ils les voyoient
reuenir d'vn diuin colloque auec vne nouuelle
gloire, & de nouueaux rayons de maieſté ?
Combien de fois ont-ils creu que leurs yeux,
leur voix, leur démarche ne reſpirant rien de
mortel, auoient vn air de grandeur qui les
mettoit au nombre des Dieux, pendant qu'ils
eſtoient encore ſur la terre ?

On a veu d'autres Princes qui ne ſe ſont que
rarement expoſez à la veuë de leurs ſuiets,
dans la creance qu'ils auoient qu'il eſtoit de la
Maieſté comme de ces Tableaux, dont l'artifice exquis ne ſe fait iamais admirer que dans
l'éloignement. A dire la verité, la reuerence
qui naiſt de la reputation ne ſe peut bien former ſi elle ne paſſe par l'eſprit de pluſieurs ; car
alors ceux qui racontent aux plus eſloignez les
merueilles de leurs Roys, ont accouſtumé d'y
adiouſter du leur, & de ioindre l'amour qu'ils
ont pour luy, aux actions qu'ils expriment.
C'eſt ainſi que les choſes materielles & ſenſibles nous paroiſſent plus grandes, quand elles
ſont abſtraites par la force de la contemplation, que lors que nous les auons ſous les yeux,
l'idée meſme d'vn ouurage eſt plus parfaite
dans l'entendement de l'Architecte que dans
la forme qu'il luy a donnée. C'eſt l'ordinaire
des hommes d'auoir de la veneration pour les
choſes qui leur ſont cachées, & du meſpris
pour celles qu'ils connoiſſent. Telle eſtoit la
penſée des Roys de Perſe quand ils ſe renfer-
moient dans des fortereſſes, & de Tibere quand
il refuſa de paſſer en Allemagne pour appaiſer
la ſedition qui s'eſtoit allumée parmy ſes principales Legions. **Comme il eſtoit bien inſtruit**

Omne
ignotum
pro ma-
gnifico eſt.
Tacit.

en l'art de regner, il n'ignoroit pas qu'outre que c'est vne chose pleine de peril, que d'op-poser à des soldats armez la maiesté du Prince desarmée ; c'est d'ailleurs la coustume des su-iets de conceuoir de son esloignement vne plus haute opinion de sa grandeur, & de sa puissan-ce. C'est pour cela mesme que les Roys d'E-gypte se déroboient à la veuë de leurs Peuples, ou si d'auenture ils sortoient en public, c'estoit tousiours auec quelque nouuelle pompe, soit en faisant lüire des flâmes sur leur teste, soit en prenant quelque autre figure extraordinai-re, & propre à ietter l'admiration dans les esprits.

Quid aliud subsidium si Imperatorem spreuissent. Tac. Maiora credi de absentibus. Id.

Cependant, quoy qu'il soit vray que la con-tinuelle presence diminuë quelque chose du respect qui est deu aux Roys, parce qu'elle donne vn certain degoust des choses qu'on a comme adorées en leur nouueauté ; si est-ce toutefois que quand les Assyriens commence-rent à ne voir plus leurs Roys, ils commence-rent aussi deslors à perdre ce respect qui est le nœud de l'obeïssance & le secret de la domina-tion. Mais entre tous les Peuples, les François ne veulent pas seulement voir leur Prince ; ils le veulent encore presser aussi bien dans les exercices de la Paix, que dans les hazards de la guerre. Ils ne peuuent seruir auec courage vn Maistre inuisible, & ils ont creu n'en auoir point quand au commencement ; c'est à dire en la naissance de la Monarchie, ils ne le voyoient qu'vne fois l'année. L'experience neantmoins nous apprend que les Peuples qui sont esloignez du centre de l'Empire, & qui dans la haute tranquillité dont ils iouïssent, n'ont pas besoin de l'œil du Prince,

Maior ex
longinquo
reuerentia.
Lib.

font le plus souuent retenus en leur deuoir
par le vif sentiment qu'ils ont de sa grandeur
& de sa Majesté. Mais qui croiroit que la
crainte peust seruir à l'augmentation de cette
Majesté ? Et toutesfois n'est-ce pas elle qui a
fait passer dans les Temples & sur les Autels
les statuës des Empereurs parmy les images
des Dieux ? N'est-ce pas elle qui leur a fait de-
cerner vn culte, qui leur a donné des encen-
semens ? C'est en cela que la dissimulation a
esté plus ingenieuse que la verité, la peur que
l'amour, & la flatterie que la pieté.

Or entre toutes les causes qui peuuent re-
hausser la splendeur de la Majesté d'vn Roy, il
n'y en a point de plus puissante que la Vertu,
puis que l'admiration est vne espece d'hommage que les hommes luy rendent gratuitement
& sans aucune image de contrainte. Comme
la beauté est composée de l'assemblage de plusieurs bienseances ; ainsi la Majesté d'vn Prince
se forme du concert des vertus, dont les vnes
composent ses actions, les autres donnent la
grace aux paroles & aux mouuemens qu'il doit
auoir dans les fonctions de sa suprême dignité.
Certainement, la Majesté qui naist d'vne cause si noble & si excellente, ne se perd iamais
dans les changemens qui se font sur le Theatre du Monde ; elle se conserue en tout lieu, en
tout temps; elle luit mesme dans les plus espais-
ses tenebres, & tous les nuages de la fortune,
bien loin de l'obscurcir, ne font que rendre sa
lumiere plus esclatante. En cette sorte, vn Roy
est sans doute plus maiestueux par sa Vertu
que par sa Couronne, car les sujets ne luy rendent pas seulement leur obeïssance comme
vne chose deuë, mais ils luy donnent encore

leurs cœurs comme autant d'offrandes volontaires. Que s'il en faloit demeurer au iugement des Philofophes, la Vertu quoy que
feparée d'vne fortune eminente, leur a part
d'elle-mefme fi magnifique & fi imperieufe,
qu'ils n'ont pas craint de prononcer qu'elle
donnoit de la Majefté non feulement aux
Roys, mais auffi aux particuliers. Si on leur
en demande la raifon, ils refpondent que la
Vertu porte en foy la reuerence & l'honneur,
qui par leur beau meflange font & compofent
l'effence de la Majefté, fans que la puiffance
fouueraine puiffe pretendre d'y entrer comme partie neceffaire. Le commandement
fouuerain que l'homme vertueux exerce
fur fes paffions, eft en effet vn glorieux Empire, & on peut dire qu'il fe fait de fes propres mains vne Couronne de toutes les vertus; mais auec tout cela, cette Philofophie
née dans les portiques des Stoïciens, eft vn
peu trop ambitieufe, & les Politiques l'ac-
cufent de prendre l'ombre pour le corps, &
la peinture pour la verité. A proprement parler, ce que l'on nomme Majefté en la perfonne d'vn Roy, ne porte que le nom d'Authorité en la perfonne de l'homme vertueux,
à qui la fortune a refufé les plus hautes
recompenfes de la Vertu. Ce n'a donc efté
que par metaphore qu'on luy a quelquefois
donné de la maiefté, car fouuent en nom-
mant les chofes, nous donnons à l'effet le
nom de la caufe, & à la caufe le nom de l'effet. Quoy qu'il en foit, il n'y a point de
veritable majefté en l'homme vertueux, mais
c'eft la Vertu mefme qui fe fait reuerer en
luy, & qui luy communique cette venerable

grauité par laquelle il regne dans les cœurs
ſans armes & ſans ſceptre.

On ne ſe demeſle pas ſi facilement de la queſtion en laquelle on demande ſi la majeſté eſt
tellement attachée à la perſonne du Prince & à
la Monarchie, qu'elle ne puiſſe eſtre deferée à
l'eſtat populaire, ny à vn ordre compoſé de
pluſieurs, qui tous enſemble ioüiſſent des droits
de la puiſſance ſouueraine. En effet, on ne doute point qu'en la Republique Romaine, le Peuple, le Senat, & les Conſuls, n'ayent eſté traittez de Majeſté, parce que la puiſſance principale reſidoit aux deux premiers, & que les autres auoient le commandement ſur les armes,
& ſur les choſes de la guerre. En cette ſorte
quoy qu'vn Citoyen conſideré ſeparément, ne
puiſſe point impoſer des loix à vn autre Citoyen ſon égal, ce particulier neantmoins ſe
trouuant vni auec le Corps de la Republique,
les peut mutuellement donner & receuoir. Mais
auec tout cela, il eſt certain qu'encore que les
Republiques ſe reueſtent des rayons de la Majeſté, elles n'en reçoiuent pas pourtant toute la
clarté, qui ne peut eſtre partagée, ny ramaſſée
en pluſieurs ſujets, qu'elle n'en ſoit affoiblie &
diminuée. Au contraire, le Prince la recueille
& la reünit toute entiere en ſa ſeule perſonne,
d'où il arriue que d'autant plus que l'vnion de
ces rayons d'honneur eſt grande, d'autant plus
grande eſt auſſi la dignité en laquelle ils s'aſ-
ſemblent, pour ne faire plus qu'vn ſeul corps
de lumiere. C'eſt pour cela qu'on ne parle
point auiourd'huy de maieſté dans la Republique de Veniſe, quoy qu'elle ſoit indépendante.
Et ſi on en vſoit autrement à Rome, c'eſtoit
par vn ſingulier priuilege du premier Peuple

Maieſtas
Senatus
populi-
que Rom.
l. 2. ff.
de Orig.
Iur. Con-
ſulum
maieſtas.
Liu.

du

du Monde, du vainqueur de tous les autres, &
dont les plus grands Roys n'estoient que les
instrumens de sa domination. Ils ont baissé
leurs Sceptres deuant ses Aigles, & iamais general de ses armées ne permit qu'ils entrassent
à cheual dans le quartier du Camp où il auoit *Tit. Liu.*
son logement. Mais enfin, toutes ces superbes
façons de traitter auec les Monarques les plus
puissans, ont esté enseuelies sous les ruines de
ce grand Empire, & ceux qui depuis ont regné
recueillans son debris, ont fait renaistre la lumiere de la maiesté que l'ombre d'vne Republique si orgueilleuse, auoit fait éclypser. Elle
fut deslors tellement propre & affectée aux
Roys, qu'il n'est point d'autres Souuerains
qui la partagent auec eux, & il semblé qu'elle
dedaigne de se renfermer ailleurs que dans
la circonference d'vne Couronne Royale.
Comme elle ne comprend pas l'authorité suprême seulement, mais encore la plus esleuée
& la plus auguste grandeur qui se trouue entre
les choses humaines, c'est aussi pour cela qu'elle ne se rencontre qu'en l'alliance, & en l'vnion
de ces deux grands ornemens de la Royauté.
Les Souuerains qui n'ont pas receu cette onction sacrée qui distingue les Roys des autres
hommes, & qui consacre leur nom & leur personne, ont bien de la dignité en eux-mesmes,
mais ils n'ont pas ce luisant caractere de la
Maiesté, qui ne peut estre graué que sur vn
Sceptre. Les Roys mesmes qui possedent des
seigneuries en hommage, ne le retiennent pas
ny en tout lieu ny en tout temps, puis qu'il
efface autant de fois qu'ils sont accusez, & at-
teints de ce crime de felonnie, que les loix des
fiefs vangent auec tant de seuerité. Et qu'est-ce

L

qu'il y peut auoir de plus contraire à la Maiesté d'vn Roy, que de se voir cité deuant le Tribunal de la Iustice d'vn autre Roy, son Seigneur feodal? que d'estre contraint de subir son
iugement, ou d'implorer à genoux sa clemence? Les Annales ont esté chargées du depost
de semblables exemples, pour en rendre compte à la posterité, & la France a veu cét illustre
spectacle de la Iustice de son Monarque, sur
la personne d'vn Roy de Nauarre.

C'est de tels iugemens comme d'autant d'in-
structions, que les grands Princes peuuent
apprendre combien il leur importe de conseruer la maiesté, c'est à dire cette viue & vigou-
reuse partie de leur dignité, en laquelle consiste non seulement la gloire & la splendeur de
leur Sceptre, mais encore la force & la protection de l'Empire. L'authorité, sans doute,
suit la maiesté, c'est son propre caractere, &
nous voyons qu'elle luy est si estroitement
conioincte, que plusieurs ont estimé que ce
n'estoit qu'vne mesme chose exprimée par
deux diuers noms. Quoy qu'il en soit, lors
qu'elles sont assemblées & reünies en la personne du Prince, on ne doute point qu'elles
ne soient les liens de l'obeïssance des suiets, &
les sources fecondes de toutes les felicitez publiques. Mais dés le moment qu'il laisse affoiblir ce puissant appuy de sa Principauté, il
perd la force qui le conseruoit, le Sceptre tremble dans sa main, & au lieu que sa dignité sacrée le mettoit en quelque sorte hors du rang
des hommes, il se trouue meslé dans la foule,
où il est indifferemment poussé & heurté auec
tous les autres. Ce n'est pas qu'aux premiers
mouuemens d'vne rebellion, la seule Maiesté

du Prince ne flechisse le courage des factieux,
& ne fasse de grands effets ; mais quand vne
fois ils ont reconnu qu'elle se relasche, ils s'i-
maginent qu'elle ne consiste qu'en l'opinion, &
qu'il en est comme de la statuë d'vn Heros, qui
se trouuant creuse par le dedans, n'a que la simple monstre d'vn Demy-Dieu. Ce fut pour cette raison que Tibere se contenta d'enuoyer ses
Lieutenans en Allemagne, pour traitter auec
les reuoltez sous des conditions qu'il n'eust pû
en personne leur accorder, sans blesser la grandeur & la majesté de l'Empire. Si Galba eut
esté aussi bien versé que Tibere en la science
de regner, il eut suiui le conseil qu'on luy donnoit, de sonder le courage des soldats Preto-
riens, arbitres de la vie & de la mort de leurs
Maistres, & de n'exposer point à leur mépris
cette maiestueuse authorité, qui doit estre
comme l'Anchre sacrée dans le naufrage emin-
nent de l'Estat.

Tacit. hist. l. 1.

Le Prince donc ne doit rien obmettre pour
la conseruer toute entiere, en se remettant souuent deuant les yeux le lasche abbaissement de
cét Empereur qui deuenu suppliant, tendoit
les mains & adoroit le Peuple auquel il deuoit commander. Outre cela, on luy donne pour precepte de prendre garde qu'en ses
actions, en ses paroles, en son geste, & en ses
mouuemens, il ne luy eschappe rien qui soit
separé de la Majesté ; ou s'il luy plaist d'en
rabattre quelque chose, & d'en oster pour
quelque temps la pompe, que ce soit en secret, & aux yeux seulement de ceux qu'il admet à sa confidence. Il est vray que les sentimens des Princes sur ce point, n'ont pas
esté moins differents que ceux des Politiques,

*Nec dee-
rat Otho
protendê
manus
adorare
vulgum,
iacere os-
cula, &
omnia
seruiliter
pro domi-
natione.
Tacit.*

L ij

car Adrian ne pouuoit souffrir de se voir priué
du doux contentement qu'il auoit à descendre
de son Throsne, pour conuerser familierement
auec les Citoyens ; & il se mocquoit de la vanité de ceux qui blasmoient cette façon populaire, comme peu digne d'vn Empereur Romain.
Si on luy disoit qu'en se reculant ainsi de sa
grandeur, il rendoit sa puissance plus molle,
& son Empire méprisable, il repartoit qu'au
contraire, c'estoit le vray moyen d'affermir
l'vn & l'autre, & de les rendre plus durables.
On nous dit aussi que Cesar sçauoit si bien
l'art de mesler agreablement la familiarité
auec la maiesté, qu'il ne croyoit point deroger
à sa grandeur, quand par vne alliance contractée au milieu des armées, il appelloit tous
les soldats, ses compagnons. Cependant, Auguste estoit persuadé que la Maiesté d'vn Empereur s'affoiblissoit par cette basse complaisance ; & si on recherche la cause des diuers
sentimens de ces deux Princes, on pourroit
dire que le premier tendoit à gagner le cœur,
& à s'acquerir la faueur de ceux, dont les armes luy seruirent comme de degrez pour
monter au Throsne ; Et que l'autre parloit aux
soldats comme vn Empereur desia tout estably, & plein de la gloire des Triomphes remportez sur ses ennemis. Mais enfin, quand Auguste vint à considerer que la fortune, & tous
ses Dieux auoient eu de la complaisance pour
luy, il creut qu'il estoit permis d'en auoir pour
ses inferieurs, & qu'il n'obscurciroit point l'é-
clat de la maiesté Romaine, quand il se mesle-
roit dans les ieux & dans les ordinaires exercices des Citoyens. A confesser le vray, la
Maiesté du Prince ne consiste pas à ne se

Commili-
tones.
Rheni
mihi Cæ-
sar iuun-
dis duxe-
rat, hic
socius.
Lucu.

communiquer à personne, & à ne descendre
iamais du faiste de sa dignité, mais à traitter
modestement auec les suiets, & à s'accommoder ciuilement à la condition & au rang de
chacun. Toute bien-seance est maiesté en sa
personne, quand selon les occasions, il sçait
se baisser vers les petits, & se releuer aussi au
plus haut point de sa grandeur & de sa suprême puissance.

Ie ne parle point icy de ces prodiges de la
Principauté qui ont flestri le nom des Cesars, *Tac.*
& souïllé tous les ornemens de la Maiesté, *Annal.*
quand ils en ont paré les Theatres, & qu'ils *lib. 14.*
ont mieux aymé meriter le titre de bons Co-
mediens que la gloire des iustes Empereurs.
Certes, ils se sont trompez, quand ils ont
mesuré la grandeur de leur condition par la
grandeur de leurs vices; Et dés le moment
qu'ils ont pris le masque dans vne scene, ou
qu'ils se sont reuestus des habits d'vn Gladia-
teur, ils se sont despouillez de la dignité qui
les rendoit si venerables. Si donc le Prince
veut conseruer sa Maiesté, il se doit imposer
cette loy de ne rien dire, & ne rien faire contre la bien-seance, car la grauité la soustient,
la reputation l'augmente, & toutes les deux
font qu'elle est reuerée des suiets, redoutée
des Estrangers, & glorieuse à luy-mesme. Cesar, quoy que tombé entre les mains des Pyrates Cilyciens, ne relasche rien de sa dignité,
& leur donnant des loix, fait voir qu'il estoit
bien digne de regner lors qu'il estoit libre,
puis qu'estant prisonnier, il commandoit à
des hommes libres. Il est encore de la Maiesté d'vn Prince, de n'accepter iamais au-
cunes conditions ny dans la paix, ny dans la

guerre, qui soient peu conuenables à la dignité de son Estat, ou qui puissent laisser & imprimer quelque honteuse tache sur son front. Au
milieu des perils, & des plus grands outrages
que la fortune luy puisse faire, il ne doit iamais
oublier qu'il est Roy, & il faut que dans les
ruines mesmes de sa grandeur destruite, il en
conserue l'image, & qu'il s'estonne de la lascheté d'vn Vitellius, qui ne se souuenoit plus de
sa dignité, si ceux qui le suiuoient n'en eussent
gardé la memoire. L'extrême malheur du Prince des Marcomans n'empescha point qu'il ne
parlast, & n'escriuist en Roy à Tibere; & Mi-
thridate parut maiestueux aux yeux mesme de
ceux qui ne luy auoient rien laissé que l'honneur qu'il auoit d'estre fils du grand Acheme-
nes. Enfin, si vn grand Roy ne veut point voir
sa Maiesté diminuée, & s'il en desire conseruer
tout l'éclat, il ne doit iamais souffrir que ceux
qui releuent de sa puissance souueraine, en retiennent, ou en vsurpent les marques & les
droits honorables. C'est ce qui excuse la passion de cét Empereur qui se sentit griefuement
offensé de ce que sa Mere consacrant l'effigie
d'Auguste, y auoit fait grauer son nom; car la
ialousie qui naist des entreprises faites sur la
souueraineté d'vn Prince, ne reconnoist point
l'authorité de la Nature, & ne sçait escouter sa
voix. Que si Louis XI. permit autrefois au
Prince d'Orenge son Vassal, de se dire Prince
par la grace de Dieu; s'il voulut partager auec
le Comte d'Angoulesme, la puissance de donner la liberté aux prisonniers; & s'il commu-
qua au Roy de Sicile, le priuilege de seeller en
cire iaune, c'est ce aussi dont la posterité s'est
estonnée, & qui luy a fait prononcer que ce

[marginal notes:]

Tanta torpedo inuaserat animum Tacit. lib. 3.

Non vt profugus, aut supplex, sed ex memoria veteris fortunæ. Tacit.

ᵈ Tiberius, vt ʳ ferius in maiestate principis ᵖ dissimulatum, ex la graui offensione abdidit. Tacit.

Prince eſtoit peu ialoux des belles marques de
la Maieſté. S'il n'eut point rendu communs
ces riches ornemens de ſa Couronne, il en eut
eſté plus maieſtueux, & la veneration meſlée
à la crainte, luy eut acquis la gloire des choſes
que la crainte ſeule ne peut pas accôplir. Toutefois ſi vn Roy, dont les armes ſont diuerties
& occupées à demeſler d'autres affaires, ne ſe
trouue pas aſſez puiſſant pour vanger ces iniures faites non pas tant à luy, qu'à ſon Eſtat,
on ne peut pas dire qu'il en ait laiſſé fleſtrir la
gloire, & auilir la dignité. Mais ſi l'offenſe ne
regarde que ſa perſonne ſeulement, & qu'elle
ſoit de ſimple parole, alors il y a plus de Maieſté à la meſpriſer, qu'à teſmoigner que l'on
en eſt touché. Le premier ſecret de l'art de regner, c'eſt de ſçauoir ſouffrir l'enuie, car c'eſt
la ſurmonter, & comme les grands Roys ſe
tiennent aſſez vengez quand ils ont fait connoiſtre à tous qu'ils ſe peuuent venger, auſſi
leur appartient-il proprement de bien faire, &
d'oüir mal parler. Ils ont ſouuent dedaigné
d'empeſcher le flux & la gliſſante inconſtance
des langues, dans la creance qu'ils ont euë que
celuy qui punit vne médiſance, fait voir qu'elle luy tient au cœur, que celuy qui la meſpriſe
monſtre qu'il n'en eſt pas bleſſé, & que celuy
qui la pardonne témoigne qu'il ne le peut eſtre.
Il y a meſme plus de Majeſté & de grandeur de
courage à ne reſſentir point les iniures de cette
qualité, qu'à les pardonner, & c'eſt pour cela
qu'Alexandre s'en mocquoit, que Tibere les
diſſimuloit, que Titus les meſpriſoit, & qu'Auguſte les recompenſoit.

✿❀✿ ✿ ✿❀✿ ✿ ✿❀✿ ✿ ✿❀✿ ✿ ✿❀✿

DE LA REPVTATION.

QVI voudra rechercher quelle est l'origine de cette grande opinion que les Peuples conçoiuent de leur Prince, & qui sans
doute fait la plus belle partie de sa Majesté, il
trouuera que l'amour, la confiance & l'admiration ont presidé à sa naissance, l'ont esleuée,
l'ont conduite à sa derniere perfection, & enfin luy ont assigné pour son partage les cœurs
des sujets, les Victoires, les Triomphes & les
conquestes des Estats. Que s'il est vray que
l'Amour naisse de l'objet aimable, & qu'il
n'y ait rien qui merite mieux, ny qui soit plus
digne d'estre aimé que la Vertu, il s'ensuit de
là que le Prince ne regne iamais si souuerainement sur les affections des hommes, que quand
il se couronne de l'honneur des actions vertueuses, qui sont autant de semences de la
gloire qu'il épand dans le champ de l'éternité.

Prius
Antiqui-
tas Io-
nem opti-
mum vo-
cauit
quàm
maximũ.
Var.

Arist.
Polit.lib.
3. c. 21.

Et parce qu'entre les Vertus, celles qui ont
les mains pleines de presens, & de graces sont
les plus aymables, & les plus propres à s'in-
sinuer dans l'esprit des sujets, il arriue de là
qu'en aymant vn Maistre bien-faisant, ils se
plaisent à celebrer son nom, à composer ses
Eloges, & à transmettre à la posterité vne fi-
dele Image de tout ce qu'il a fait de plus grand
& de plus heroïque. C'est ainsi qu'au siecle des
Heros les Peuples esleuerent sur des Throsnes,
ceux qu'ils connoissoient mieux par le prix
de leurs bien-faits, que par la noblesse de leur
sang, & puis à force de les loüer ils porterent

feur reputation iufqu'au Ciel, & s'il fe peut dire, ils contraignirent le deftin à leur donner des places honorables parmy les Demy-Dieux. C'eft ainfi qu'entre tous les arbres, les Egyptiens confacrerent à leur bien-facteur, le Pefcher dont la feüille reprefente la figure d'vne langue & le fruict la forme d'vn cœur; comme fi par ce Hierogliphique ils euffent voulu dire que fes vertus feroient les plus precieux objets de leur cœur & que leurs langues ne s'occuperoient qu'à inftruire la Renommée, de fes belles actions.

Ce n'eft pas l'Amour feul, mais auffi la Confiance qui aide à former la Reputation d'vn Prince, en ce qu'elle fuppofe fa valeur & fes hauts faits, qui font comme autant de prefages de ceux que les Peuples attendent encore de luy pour accomplir la felicité de l'Eftat. Quand les Grecs virent qu'Alexandre auoit ietté les fermes fondemens de leur repos fur les ruïnes de la Monarchie des Perfes, ils conceurent de fi grandes efperances de leur fortune, qu'ils ne cefferent d'employer toute la force de leur eloquence à luy dreffer ces eternels monumens de gloire, qui ont porté fa reputation au delà des bornes de fon Empire, & fe font rendus victorieux de fes propres victoires. En effet, c'eft la Confiance qui a confacré à l'immortalité les illuftres noms des Trajans, des Conftantins, des Pepins, des Charlemagnes, des Louys; & qui apres auoir remply les Annales de leurs Triomphes, a donné aux marbres mefmes cette muette eloquence, qui difpute auec tous les fiecles la conferuation de leur precieufe memoire. C'eft encore la confiance qui a efté vne efpece d'hommage que l'on a rendu gratuitement à leur Vertu, & qui a fait que les autres Princes, & les Peuples les plus esloignez ont recouru ou à leurs armes pour les proteger, ou à leurs conseils pour les accorder.

Enfin, ce qui consomme la beauté de ce grand ouurage de la Reputation du Prince, c'est l'admiration, c'est à dire cette esleuation de l'esprit vers celuy qu'on admire, & cette suspension de l'entendement qui se fait à l'entour des choses extraordinaires. Elle a pour objet tous les obstacles qui se presentent & s'opposent à l'execution des hautes entreprises, & qui semblent ne pouuoir estre surmontez que par vn courage plus grand que le peril, & par cette vertu heroïque, qui regarde la Reputation comme vne fleur qu'on ne peut cueillir qu'au milieu des espines. Les lauriers de Scipion ont esté des plus illustres, parce qu'il les auoit arrosez du sang des hardis Africains, & arrachez des mains du formidable Hannibal. La conqueste des Gaules, & les Trophées que Cesar y planta, iettent encore auiourd'huy l'estonnement dans l'esprit des hommes, & autant de fois que la Renommée en veut parler, la loüange commence, & l'admiration finit cét eternel hommage qu'elle luy a rendu dans la suitte de tous les siecles. Ce fut en effet dans la Gaule comme dans le champ de Mars, qu'il cueillit ces Palmes immortelles, qui portent pour fruits des loüanges qui ne se flestrissent iamais, & qu'on verra fleurir encore dans la bouche des derniers hommes. Apres ce grand chef-d'œuure de vaillance, il ne faut pas s'estonner si la reputation de ce Conquerant ne laissoit point dormir les Parthes, & si toute

des-armée qu'elle estoit, elle auoit le pouuoir *Plutarc.*
de faire tomber les armes des mains de ses en- *in Cæsar.*
nemis, & de luy acquerir des Triomphes d'autant plus glorieux qu'ils n'estoient ny teints de
sang, ny moüillez de larmes. Certes, si iamais
il y a rien eu d'égal au courage de ce Vainqueur de la plus belliqueuse Nation du Monde, c'est sa reputation, qui n'ayant rien trouué d'inuincible, ny d'impenetrable, a si bien
sceu partager les Trophées & les couronnes
auec sa valeur.

Mais ce n'est pas tousiours parmy les victoires, & au milieu des combats sanglants que se
forme ce glorieux bruit, & ce témoignage public qui porte aux contrées les plus esloignées,
l'honneur des belles actions; on l'acquiert aussi
dans le repos de la Paix, & on le conserue par
l'assemblage de toutes les Vertus. Si le courage
paroist dans les perils, la prudence se fait connoistre dans les conseils, & la constance aux
aduersitez, où reluit cette force d'esprit qui
s'occupe à soustenir les assauts de la fortune,
quand elle veut éprouuer sa puissance contre
celle des grands Empires. C'est en ces occasions, que le Peuple Romain s'est autant esleué
par dessus les autres Peuples, qu'il les a tous
surpassez en grandeur, en dignité, & en puissance. Apres cette generale défaite de Cannes,
& sur le point que Rome alloit estre le butin
d'Hannibal, il méprisa le secours de huict mille
prisonniers qu'il pouuoit racheter, & armant
les Esclaues se persuada que ceux qui n'auoient
iamais esté libres, defendroient mieux la liberté que les autres qui l'auoient perduë tenant les armes à la main. C'estoit ainsi que ce
Peuple dominateur trauailloit à former sa re-

putation, en triomphant de la fortune au mefme temps qu'il eftoit vaincu par fon ennemy,
& faifant voir que les ames genereufes ne perdent iamais l'efperance dans les derniers dangers, au lieu que les lafches fuiuent les premieres impreffions de la crainte, & bien fouuent
fe perdent pour n'ofer pas entreprendre de fe
fauuer. C'eftoit ainfi qu'à l'excez de fon malheur, il oppofoit la grandeur de fon courage,
que de fes propres playes il faifoit fortir la victoire, & qu'il s'erigeoit des Trophées de fon
propre débris. Dans fes plus grãdes pertes, il ne
traittoit iamais des conditions de la Paix auec
vn ennemy armé, & il euft creu bleffer fa reputation, fi en fes retraites les plus precipitées,
il euft fait paffer les legions fur des ponts
flotans, & dont les fondemens n'euffent efté
iettez dans vne terre ferme. Comme il y auoit
de la honte pour les ennemis à n'empefcher
point ce trauail, il y auoit auffi de la gloire à le
conduire à fa perfection; & ce fut pour cela
que Cefar fit planter vn pont fur le Rhin, fans
s'eftonner de la largeur ny de la rapidité du
fleuue, ny des forces des Allemans qui fem-
bloient n'eftre venus que pour eftre fpectateurs non pas tant de fon ouurage, que de fa
vertu. Ces exemples auec tant d'autres qui feruent d'ornemens à l'hiftoire, nous font bien
voir que la iufte reputation ne peut proceder
que des hautes entreprifes, & des eminentes
Vertus, entre lefquelles il y en a qui font propres à concilier l'amour des Peuples, le vray
fruict de l'humanité, de la liberalité, de la clemence, & autres femblables qui ont plus d'effet que de pompe. Mais comme la force, la
vaillance, la conftance, & toutes les Vertus

Non effe confuetu-dinem po-puli Ro-ullam ac-cipere ab armato hofte con-ditionem. Caf. Cefar ni-fi põtibus prafidiif-que impo-fitis, dare in difcri-mẽ legio-nes haud Impera-torium ratus. Tacit.

qu'on nomme heroïques, nous rauiffent d'admiration ; auffi donnent-elles vn plus vif fen-
timent de leur beauté, & vne reputation plus
éclatante, plus fuperbe, & plus eftenduë. Cependant plufieurs l'ont acquife dans les durs
trauaux de la guerre, qui depuis l'ont perduë
dans les delices de la Paix, & vn Aurelian que
l'Antiquité a mis au rang des Dieux immortels, n'a point efté mis au nombre des bons &
iuftes Empereurs.

Effayons maintenant de definir la Reputation, & voyons quelles font fes proprietez,
quels fes effets, & combien il importe aux Princes de l'acquerir, de l'augmenter, & de la conferuer. Quelques-vns ont penfé qu'elle n'eftoit
point differente de l'authorité, c'eft à dire de
cette haute eftime que les fujets conçoiuent de
leur Roy, quand ils font reflexion fur fa grandeur, fur fa puiffance, & fur la Majefté qui le
releue, & qui éclate fur fon front. A dire le
vray, la Reputation & l'authorité ont cela de
commun, qu'elles fe font connoiftre dans les
fermes & conftantes refolutions de celuy qui
commande, & qui preffe l'obferuation des
loix, auec ce que toutes les deux donnent la
force pour furmonter les obftacles, qui s'oppofent à l'execution des confeils de la prudence
politique. Mais il ne s'enfuit pas de là qu'elles
foient vne mefme chofe, puis que bien fouuent l'vne fe trouue fans l'autre, & que d'ailleurs l'authorité fe conferue par la crainte, &
depend de la vigoureufe forme du gouuernement, au lieu que la Reputation fleurit & s'entretient de l'amour des Peuples. C'eft ce qui
a donné fujet à d'autres Politiques de la prendre pour l'admiration, à caufe des traicts de

reſſemblance qu'ils ont reconnu en ces deux
compagnes ; mais ils n'ont pas conſideré que
l'admiration naiſt de ce que dans les choſes naturelles & ſpeculatiues, on ne ſçait pas la raiſon
de l'effet, & que la Reputation ſe forme quand
dans les choſes ciuiles & pratiques, on voit l'effet ſans en pouuoir facilement comprendre
la grandeur. On peut donc dire auec plus de
fondement, que la Reputation eſt le fruict d'v-
ne excellente & parfaite Vertu, quand le Prince qui la poſſede, a paſſé les bornes ordinaires
du merite d'vn homme, & que dans les Arts
de la guerre & de la Paix, il a fait connoiſtre
qu'il eſt animé d'vne force plus diuine qu'humaine. Vne vertu mediocre peut bien faire naiſtre l'amour dans le cœur des ſujets, mais
quand elle eſt extraordinaire & vrayement
heroïque, c'eſt alors qu'elle occupe l'entendement, & qu'elle le remplit de la grandeur
de ſon image. On ayme les égaux & les inferieurs, on reſpecte les grands, mais on deſ-
cerne des honneurs diuins aux Heros qui ne
ſont nés que pour la gloire. Les actions communes ſont trop foibles pour eſtablir cette
haute reputation qui s'épand des grandes vertus comme le rayon s'épand du Soleil, la
fleur de la plante, & l'odeur de la fleur. Vne
Couronne releuée de terre, & remiſe ſur la
teſte d'vn Monarque, les Peuples rendus ou
acquis à l'Eſtat, la Paix donnée aux Eſtrangers, & toutes les ſources de la felicité publique ouuertes aux ſujets, ſont comme les
Theatres qui la font éclatter, & où elle reçoit
les applaudiſſemens de toutes les Nations.

Cela fait bien voir qu'en ce qui regarde
l'eſſence de la Reputation, il eſt auſſi diffi-

elle aux Politiques de l'expliquer , qu'il est
difficile aux Philosophes de definir vne chose
dont ils n'ont qu'vne connoissance confuse
& imparfaite. Puis donc qu'en ces rencontres,
ils se contentent de nous en tracer quelques
descriptions ; nous dirons à leur exemple que
la Reputation est vn consentement vniuersel
de tous les Peuples, & vn bien public dont
chacun peut vser à sa volonté , & mesme le
dispenser à qui bon luy semble. C'est encore
le precieux depost de la memoire , le riche
thresor de la Renommée , l'objet aymable
des loüanges des hommes , la recompense
des trauaux du Prince, la Couronne de ses
victoires , & enfin son Triomphe qui n'est ny
mesuré par la pompe d'vn iour , ny renfermé
dans les murs d'vne ville. Elle le fait triompher dans toutes le parties du Monde , elle
le monstre à tous les siecles, & il n'est point
de posterité si éloignée, ou si sourde, à qui
elle ne fasse entendre le bruit de ses belles
actions. Quoy qu'il en soit , celuy-là ne se
trompera point qui prendra la Reputation
pour l'éclat qui rejaillit de la consommation
des hautes entreprises , & pour la splendeur
de la gloire à laquelle les Princes magnanimes
se deuoüent , qu'ils cherchent parmy les dangers , & dont ils achetent souuent la faueur
au prix de leur sang , car elle ne la donne iamais gratuitement.

Ce n'est pas assez d'auoir recherché la naissance & la nature de la Reputation ; il en faut
encore considerer les proprietez , dont la
premiere & la plus essentielle est d'estre inseparable de la Vertu, qu'elle suit en la mesme
sorte que l'ombre suit le corps. Tantost elle

Gloria
vmbra
virtutis
eft. Sen.

marche deuant, tantost derriere ceux qu'elle
accompagne, & quelque empeschement que
leur modestie y puisse apporter, ils la voyent
former sans que l'enuie mesme, ait le pouuoir de la trauerser, ny de l'interrompre.
Elle ne s'oppose point aussi à la gloire de ceux
qui n'estant plus au monde, sont hors de
la portée de ses traits, la memoire de leurs
vertus luy est sacrée, & c'est pour cela qu'anciennement on couronnoit les morts, qui
auoient passé par les combats de cette vie.
Que si on demande pourquoy les loix ne permettoient point que l'on sacrifiast aux Heros
qu'apres le Soleil couché, c'estoit sans doute
pour faire entendre aux Peuples, qu'apres la
mort, l'enuie qui pardonne aux Tombeaux,
se transformoit en reuerence. Certainement
la Posterité preste tousiours quelque chose aux
merueilles des siecles passez, & il est de la reputation des grands hommes comme de l'ombre qui s'allonge quand les corps sont plus
esloignez du Soleil. C'est en cela qu'on peut
dire que l'opinion fait tous les iours ce qu'Alexandre fit vne fois, quand il laissa dans les Indes des armes, des harnois, & des Autels d'excessiue grandeur, afin de ietter l'estonnement
dans l'esprit de tous ceux qui verroient ces pro-
digieuses reliques de ses victoires & de ses conquestes. L'histoire mesme, quelque retenuë
qu'elle soit, ne contribuë pas peu pour accroî-
tre la reputation d'vn grand Prince, elle re-
hausse son stile, prend tous ses ornemens, &
ne se contentant pas de l'auoir couronné de
toutes ses plus belles fleurs, elle imite cét Inge-
nieur qui ne creut pas auoir assez de matiere
d'vne haute montagne pour faire la statuë d'vn

Roy qui eſtoit plus grand que ſon nom.

La ſeconde proprieté de la Reputation, eſt de ne ſouffrir d'autre fondement que celuy de la Vertu meſme, d'où il arriue qu'elle ne peut eſtre long-temps ſouſtenuë par ceux qui ont la fortune pour maiſtreſſe de leurs ſuccez, & dont le foible eſprit n'eſt pas capable de conduire les hautes entrepriſes iuſqu'à leur perfection. En effet, la Reputation ne peut eſtre bien appuyée ſur des actions qui ne trouuent aucun obſtacle à ſurmonter, & c'eſt en cela qu'on la peut comparer à vn grand Coloſſe qui pour ſa peſanteur ne peut eſtre qu'à grand peine eſleué ſur ſa baſe ; mais quand vne fois il y eſt aſſis, il demeure ferme par ſon propre poids, & deffie toutes les iniures de l'air, & toute la force du temps. Cependant quoy que la Reputation ne ſerue pas moins à la Vertu que le iour au Tableau, ſi eſt-ce qu'il ne faut pas s'imaginer qu'elle la rende plus grande, ou plus parfaite qu'elle n'eſt en ſoy-meſme ; elle luy preſte ſeulement vn certain éclat qui perçant l'obſcurité des ſiecles, en diſſipe tous les nuages. On ne doute point que la Vertu ne ſoit à elle-meſme vn tres-ample Theatre, mais on ſçait auſſi que la Reputation eſt vn obiet digne de ſon deſir, puis que c'eſt le plus puiſſant, & le plus familier inſtrument de ſes actions & de ſa gloire.

Enfin, outre l'alliance qui l'vnit à la Vertu, elle a cela de commun auec la grandeur des Roys, qu'elle les expoſe à la connoiſſance, aux iugemens, & aux diſcours de tous les hommes. Leurs Throſnes ſont trop hauts & trop éclairez pour s'y pouuoir cacher ; ils n'y peuuent demeurer dans les tenebres, & comme

M

s'ils estoient de la nature des corps transparens, la lumiere qui les enuironne de toutes parts, découure les taches qu'ils ont au dedans, & met en plein iour leurs imperfectiós. Comme donc ils ont toutes choses à souhait horsmis la gloire & la reputation, ils doiuent bien prendre garde à se contenir dans les bornes de la iustice & de l'innocence, puis que leur propre splendeur les trahit, & que toute leur puissance ne les sçauroit exempter de la censure des Peuples, qui d'ordinaire sont plus enclins à publier leurs vices qu'à celebrer leurs vertus. A confesser le vray, leurs actions ne se terminent pas en eux mesmes ; elles passent à la posterité qui s'en constituë le iuge souuerain, & ils se trompēt s'ils croyent que la memoire des siecles à venir se puisse abolir par la force d'vn Sceptre, qui est luy mesme suiet aux loix du temps. Quoy que leur grandeur les dispense du droict écrit, & les affranchisse de tous les liens des loix ciuiles, elle ne peut pourtant les empescher d'estre citez deuant le Tribunal de la Renommée, qui exerce sur leurs actions ce que la iustice n'auoit pû executer sur leur personne. C'est le destin des Roys, que leur reputation bonne ou mauuaise, glorieuse ou infame, soit tousiours presente aux yeux de ceux qui contemplent dans l'histoire, les eloges de la Vertu, & les flaistrissures du vice. Depuis le temps que la gloire des belles actions est deméurée commune entre les hommes, les Roys n'y ont pas plus de part que les autres ; sa lice est ouuerte à tous, & son Temple comme celuy de l'honneur à Rome, ne se trouue iamais fermé. Vn Capitaine qui dans les perils s'estoit acquis vne haute reputation, a pû autre-

Vitrea fama. Horat.

Atrociore semper fama erga dominantium exitus. Tacit.

Nemo est principū quem non grauis fama perstringat. Capitol. in Anton. Scelera taxantur modo maiore nostra. Sen. in Traged.

fois changer vne Republique en Monarchie,
& fans employer la force, a obligé tout vn Peuple à luy faire vn facrifice de fa liberté. Ce ne
font donc pas les magnifiques Palais , ny les
ftatuës couronnées, ny les marbres marquez de
trophées, qui peuuent donner aux Princes vne
reputation durable ; le temps les confume , les
flâmes les reduifent en cendre , & la haine
d'vn fucceffeur ne pardonne pas à leurs ruïnes
mefmes. Mais la Vertu qu'ils cultiuent, leur
communiquant fon eternité, les peut faire de
tous les fiecles , puis qu'elle feule eft capable de
conferuer les images de leurs hauts faits , & de
les repréfeter toutes entieres, & auec tous leurs
ornemens à la pofterité. Au contraire ceux qui
ont creu fe pouuoir fauuer de l'oubly , & comme parloit vn Romain, s'affranchir de la tyrannie de la Renommée , ont trouué dans l'infamie , la reputation qu'ils cherchoient dans
les vices.

Quant aux effets de cette eftime publique,
fans laquelle les confeils de la prudence n'ont
point de fuccez , ils égalent , & fouuent fur-
montent ceux que la puiffance du Prince produit dans le gouuernement ; car quelque vafte
que foit vn Empire, il eft moindre que celuy
que la reputation luy acquiert fur l'efprit des
hommes. C'eft elle , & non pas l'armée d'Antonin, qui chaffe Abgare de l'Orient, & les Parthes de l'Armenie ; c'eft elle qui ouure aux
grands Princes les cœurs des fuiets , & les portes des villes des Eftrangers , qui donne de la
terreur à leurs ennemis, qui remplit d'efperance leurs Alliez , qui acheue leurs guerres fans
foldats , & les fait triompher fans qu'ils ayent
veu la pouffiere d'aucun combat. C'eft elle,

*Famam
quă plu-
ra quam
armis
euerterat
Q. Curt.
Famâ
bella Cō-
ftant. Id.*

M ij

qui preſide au repos vniuerſel de leurs Eſtats, qui en eſtend les frontieres par tout, & qui leur donne plus de ſuiets volontaires, que le droict de leur Couronne ne leur en peut don-ner de neceſſaires. C'eſt elle enfin, qui iamais ne ceſſe de redire les merueilles de leur vie, qui en forme de glorieux exēples, & qui apres leur mort fait parler leurs Tōbeaux chargez de Tro-phées & d'inſcriptions. Auguſte n'eut pas ho-noré le corps d'Alexandre d'vne riche couron-ne, & de mille belles fleurs qu'il eſpandit ſur le cercueil qui l'ēfermoir, s'il n'euſt eſté perſuadé que la Reputatiō eſt vn charme ſi puiſſant, qu'il euoque les Manes des Roys, & malgré la mort, les fait regner ſur les Peuples par la ſeule voix de la Renommée qui demeure apres eux.

Toutes ces choſes nous font bien connoi-ſtre que pour gagner les cœurs des hommes, pour conquerir, pour conſeruer, & pour ac-croiſtre les Empires, il n'eſt rien de ſi puiſſant que cette glorieuſe Reputation qui en appuye la grandeur, & en conſomme la felicité. Il ne s'en faut pas eſtonner, puis que les meſmes choſes qui ſouſtiennent tout le poids d'vn Eſtat, c'eſt à dire l'amour & la crainte, ſont les parties eſſentielles qui forment la Reputation, & qui entrent auſſi auec elle en la compoſition d'vn grand & triomphant Monarque. Que ſi on veut rechercher laquelle des trois agit auec plus de force & de ſuccez dans le gouuerne-ment, il ſemble d'abord que l'Amour l'em-porte ſur les autres, comme eſtant le plus pro-pre pour faire regner agreablement le Prince, & pour adoucir tout ce qui ſe trouue de plus aigre & de plus rude dans la ſuietion. Certes, vn Eſtat qui eſt eſleué ſur vn ſi noble & ſi ferme

fondement, n'a befoin d'autres loix que de celles qui fe trouuent grauées, non pas fur des Tables d'airain, mais dans le cœur des hommes.
Toutesfois parce que les affections du Peuple
font changeantes, courtes, & fouuent malheu-
reufes, & qu'on l'a veu charger de chaifnes celuy que peu auant il auoit chargé de couronnes, c'eft pour cela que plufieurs Princes ont
eftably leur domination fur la crainte, puis que
l'amour dependoit de la volonté des fuiets, qui
d'ordinaire fuiuent les premiers mouuemens
de la paffion qui les agite. Mais dautant que la
crainte eft vne dure maiftreffe, & qu'enfin elle cede au dépit & à la douleur d'vn Peuple,
qui ne fçait rien craindre quand il ne peut rien
efperer, c'eft iuger equitablement que de donner le prix à la Reputation, qui tient le milieu
entre l'amour & la crainte, & qui eft compofée
de ce que l'vne & l'autre a de meilleur & de
plus propre pour le gouuernement. Elle prend
de l'amour cette eftroite vnion, qui par des
liens inuifibles attache les fuiets auec leur Prince, & cependant, elle ne laiffe pas d'emprunter de la crainte, la fuietion qui les retient
dans les bornes d'vne legitime obeïffance.
De là eft arriué, qu'autant de fois qu'il a efté
queftion d'eflire quelqu'vn pour commander
à tous les autres, la Reputation y a toûjours plus ferui & plus contribué que l'a-
mour. L'vne & l'autre n'ont qu'vn mefme
fondement, puis que la Vertu eft leur commune bafe, mais il y a cette difference, que
l'amour fe contente d'vne mediocre vertu,
& que la Reputation ne peut s'apuyer que fur
vne vertu eminente, & vrayement heroïque.
D'autre part, l'amour doit ceder à la Reputa-

Breues &
infaufti
populi
amores.
Tacit.

M iij

tion, & à l'excellence de l'obiet qu'elle fe propofe, puis que felon Ariftote, on eftime toûjours plus qu'on n'ayme les hommes extraordinaires, tels que parurent autrefois ces illuftres bannis que Rome ne peuft rappeller de
leur exil, fans confeffer au mefme temps
qu'elle n'auoit fceu affez aymer leurs eminentes qualitez.

C'eft de là, que les Princes peuuent apprendre que leurs actions ne doiuent pas eftre me-
furées par la durée de leur vie, mais plutoft par
toute l'eftenduë de la Pofterité qui en doit faire des exemples, & des Threfors de gloire,
fur lefquels ny la fortune, ny le temps n'exer-
ceront plus leur puiffance. Quant à celuy
qui commence d'entrer en poffeffion d'vne
couronne, il fe doit fouuenir que par les premiers iugemens que les Peuples feront de fon
gouuernement, fa reputation en fera ou plus
foible, ou plus puiffante. Que fi pour les pre-
mices de fon regne, il fe fignale dans les grandes actions, il laiffera cette impreffion dans
l'efprit des fuiets & des eftrangers, qu'il n'eft
pas feulement digne de la fortune qu'il poffe-
de, mais encore qu'il la portera à vn fi haut
comble de grandeur, qu'elle ne pourra eftre
renfermée dans les bornes de fon Royaume.
Le Prince qui eft defia tout accouftumé à tenir le Sceptre, ne doit pas auoir moins de
foin de fa reputation, puis qu'il ne peut ignorer que les fautes du gouuernement ne luy
foient imputées, & que la Renommée n'en
faffe vne fidelle peinture, pour l'expofer aux
yeux & à la cenfure de la Pofterité. Mais comment pourroit-il méprifer fa reputation, fans
en mefme temps méprifer la Vertu ? Et quand

il trauaille à ruiner l'vne, & à esteindre dans son ame les lumieres de l'autre, ne sappe-t-il pas d'vne mesme main les fondemens de l'obeïssance de ses suiets? Il y a cette difference, que les iniures faites à sa reputation sont plus difficiles à reparer; celuy qui l'a perduë n'a rien plus à perdre, & cependant elle n'est pas moins fragile qu'vn ouurage de cristal, qui se brise lors mesme qu'il brille, & qu'il iette plus d'éclat dans les yeux. Il n'y a qu'vn moment entre le faiste, & le precipice, entre la gloire & l'infamie; Vn siecle tout entier ne suffit pas à la perfection d'vn grand chesne, & on l'abbat en moins d'vne heure. En cette sorte vne seule action de lascheté peut flaistrir l'honneur de la vie d'vn Prince; mais en recompense vne seule action qui partira d'vn cœur vrayement magnanime, luy peut acquerir vn nom immortel, & luy ouurir le pas aux plus glorieuses conquestes. Ce fut vn dessein bien hardy, quand le ieune Scipion entreprit de percer tout vn espais bataillon, pour aller arracher son pere des mains des Ennemis; mais aussi la Reputation qui le couronna d'vne gloire qui conserue encore sa fleur, luy fut comme vn degré pour monter aux triomphes de l'Espagne & de l'Afrique.

Ce n'est pas assez d'auoir acquis vne belle reputation, il la faut conseruer, & pour cét effet le Prince s'employera serieusement à réueiller & à rafraischir ses actions passées, par de nouuelles preuues de son courage, & de sa Vertu en l'art de bien regner. Qu'il se souuienne que la gloire est vne flâme qui ne sçauroit se conseruer si on ne luy donne des alimens, & que pour en iouïr tousiours, il doit imiter ceux

qui entretenoient le nauire de Delos , en fu-
brogeant continuellement de nouuelles pieces
au lieu de celles que le temps auoit confumées.
C'eſt ainſi que par vne loüable obſtination
de ſe vouloir touſiours vaincre ſoy-meſme,
il fera combattre en luy l'eſperance de l'auenir
auec la gloire du paſſé , & l'ambition de ce
qu'il deſire executer auec ce qu'il a deſia fait.
Mais ce ne ſeroit pas accomplir ſon ouurage,
s'il ne prenoit le ſoin de cacher ſes foibleſſes &
ſes imperfections ; c'eſt ce ſecret de la domination , par lequel Tibere maintint , & conſerua
ſa reputation toute entiere iuſques au dernier
ſouſpir de ſa vie. Il n'eut pas plutoſt reconnu

Reputan-
te Tiberio
publicum
ſibi odiũ,
extremã
ætatem.
&c. Ta-
cit.

que ſa vieilleſſe attiroit le mépris , & que la Nature luy auoit refuſé ce don d'affabilité qui
couronnoit les victoires d'Auguſte , que pour
ne laiſſer tomber ſon authorité , il ſe communiquoit rarement , & ne paroiſſoit plus qu'aux
actions neceſſaires , auſquelles meſme il ſe preparoit par la meditation.

Or comme d'vne part on aduertit le Prince
de cacher ſes foibleſſes , on luy conſeille d'autre part de monſtrer ſa puiſſance : mais ſans
oſtentation , puis qu'elle ne ſied iamais bien à
celuy qui doit touſiours preferer les veritables
effets à vne vaine pompe. On veut donc qu'il
n'entreprenne rien par deſſus ſes forces , &
dont l'iſſuë ne puiſſe ſeconder le deſſein , ſans
qu'il ſe mette en peine des bruits d'vne com-

Fama in-
firmiſſi-
mum ad-
nerſus
fortes ve-
ros telũ.
Q. Curt.

mune qui ne ſçauroit oſter , ny donner la reputation. C'eſt ce qui accompliſt celle de
Pompée , & qui la rendit ſi éclatante , qu'aprés
luy auoir donné le ſurnom de Grand , elle ſeruit encore comme de flambeau à ſes enfans,
puis que la ſeule reflexion qui s'en fit ſur eux,

                                                        eut

[...]ent assez de pouuoir pour releuer leur fortune [...]ur les ruines de la puissance de leur Pere.

Ce sont les preceptes que la Politique presente au Prince, comme autant de puissans moyens pour acquerir, & pour conseruer le plus grand ornement de sa Couronne, c'est à dire cette haute reputation par laquelle il se fera bien mieux connoistre, que par la grandeur de sa condition. Il n'est point de tenebres pour celuy qui la possede à iuste titre; il porte par tout les rayons de cette belle lumiere; son image remplit agreablement la memoire des hommes, & ses vertus sont les plus ordinaires obiets de leur loüange. On parloit de Germanicus en secret comme en public, & soit qu'il se montrast aux Assemblées, soit qu'il s'arrestast *Fruitur* auprés des Tentes des soldats, il iouïssoit éga- *fama sui.* lement de la connoissance de sa reputation. *Tacit.* Celle d'Auguste estoit si triomphante, qu'elle seule luy assuietissoit les Peuples, & faisoit qu'ils ne trouuoient point d'hommage qui leur fust difficile. Elle les attiroit des parties du Monde les plus essoignées, & leur mettoit dans les mains les plus precieuses richesses de la Nature, pour luy en faire des presens, & pour honorer en sa personne la Maiesté de l'Empire qu'il possedoit. Les Roys descendoient de leurs Throsnes, & alloient mettre à ses pieds leurs Couronnes & leurs Diademes, dans la creance qu'ils auoient qu'en les representant d'vne main toute pleine de palmes, elle leur pourroit communiquer comme par vne heureuse contagion, des rayons de la gloire d'vn si puissant & si grand Empereur. Apres cela, comment eust il esté possible que Rome eût pû regretter d'auoir perdu sa liberté sous la do-

mination d'vn Prince, dont la superbe reputation assuiettissoit les Peuples les plus libres, &
les Roys les plus ialoux de leur grandeur & de
leur dignité? Qui marchera sur ces belles traces, & qui sera persuadé qu'vn grand Empire
n'est qu'vn eminent Theatre, où il doit faire
éclater ses Vertus, ne peut qu'il ne soit touché
du genereux desir de se voir aymé de ses suiets
par sa Iustice, redouté des Estrangers par sa
puissance, & honoré de ses voisins par sa reputation. Les entreprises du commun des
hommes s'arrestent volontiers au profit ; mais
les Princes doiuent raporter tous leurs desseins, & toutes leurs actions à cette estime
publique, sans laquelle leurs plus belles qualitez feront languissantes, leur nom ainsi que
leurs cendres, demeurera enseuely dans vn
mesme Tombeau, & on les mettra au nombre de ceux qui n'ont rien laissé de memora-
ble, que la memoire de n'auoir rien fait.

DE LA VERTY
ET DE LA FORTVNE.

C'Est icy le champ du combat de ces deux
grandes Reynes du Monde, que la ialousie du gouuernement & le commun desir
de commander aux hommes, ont rendu si
ennemies, qu'elles ont remply tous les Estats,
& tous les siecles des effets de leur diuision.
La Vertu n'a pas plutost trauaillé à fonder les
Empires, à estendre leurs bornes, à former
leur puissance, & à les esleuer au comble

de leur perfection, que la fortune enuieuse se plaist à faire voir qu'elle peut en se iouant briser vn Sceptre, fouler aux pieds vne Couronne, & renuerser en vn moment les longs ouurages de l'industrie, & de la prudence des hommes. Mais quand ces deux Arbitres de l'Vniuers se sont vne fois reconciliées, & qu'elles conspirent ensemble pour faire florir vn Estat, & pour accomplir la gloire du Monarque qui le regit, c'est vn chef d'œuure qui represente tout l'orgueil de la Terre, qu'on ne regarde qu'auec des yeux d'admiration, & pour qui le temps mesme qui destruit toutes choses, ne peut auoir que du respect. Si la Vertu est la maistresse des conseils, la Fortune l'est des euenemens; l'vne forme les desseins, l'autre preside à l'execution; & quoy que la fortune ne conduise pas la Vertu dans le cours du gouuernement, elle luy ouure pourtant le chemin, la fait toucher au but, & luy presente ces heureux succez dont elle se couronne. Le bon-heur n'accompagne pas tousiours la Vertu d'vn Prince; il voit souuent flaistrir ses plus beaux proiets en leur premiere fleur, & on ne peut pas dire qu'vn Estat n'ait rien à craindre dans les orages qui l'agitent, s'il ne porte auec soy Cesar & sa fortune.

Quand ie nomme la fortune, ie n'entends pas parler de cette fausse & aueugle Deité que des hommes plus aueugles qu'elle, ont adorée sous la figure d'vne Reyne qui de sa teste soustenoit le Pole du Monde; ny de ce Destin imaginaire, en la main de qui Platon mettoit vn fuseau de diamant, pour designer la dureté de ses loix inflexibles. Mais par ce

Quoties fortuna per orbem Imperiũ seruitiũque tulit. Manil.

Cuius lege immobilis rerũ humanarum ordo seritur. Liu.

Fortuna qua plus humanis consilijs pollet. Liu.

N ij

nom de fortune, ie pretends marquer cette secrete & inconnuë Puiſſance qui eſt ſouſmiſe
aux decrets de Dieu, cette Raiſon ſouueraine
qui reſide en ſon entendement, cette cauſe ſeconde qui decoule de ſa volonté, & ce bon-
heur qui ſe rencontre en l'execution de ſes ordres, & qui depend de certains momens que
nous ſçauons eſtre comme les ſaiſons des affaires. Il conduit toutes choſes côme il luy plaiſt,
les mobiles par leurs mouuemens, les immobi-
les par leur fermeté, les volontaires par leur liberté, les raiſonnables par leur volonté, & ſa
seule Prouidence eſt le frein de la fortune, l'e-
xemplaire de la deſtinée, & le lien qui maintient les Empires. Ceux meſme d'entre les Philoſophes, qui ont veſcu dans les tenebres de
l'erreur, ont reconnu que la fortune eſtoit fille
de la ſupréme Prouidence, & qu'il n'y peut rien
auoir dans cette vaſte Republique du Monde,
qui ne parte de ſa direction, ſoit qu'elle le commande, ſoit qu'elle le permette. Ainſi ce qu'on
nomme du nom de fortune dans les diuers
changemens des choſes humaines, n'eſt autre
choſe qu'vn conſeil de la ſageſſe de Dieu, &
qu'vn concours de ſa puiſſance, qui accompagne ceux qu'il veut faire ſeruir, ou de Miniſtres
à ſa Iuſtice, ou d'inſtrumens à ſa bonté. Tel
fut vn Ioſué, à la voix duquel le Soleil s'arreſta
pour éclairer ſa victoire ; Tel vn Cyrus que
Dieu ne dédaigne pas d'appeller ſon ſeruiteur,
& tel encore vn Alexandre qui apres auoir aſ-
ſuietti les Peuples, ſouſmit enfin la fortune
meſme aux loix de ſon Empire. Quand donc
nous liſons que les Roys d'Iſraël auoient fait
dreſſer dans leurs Palais vne Table de la fortune, ce n'eſt pas qu'ils fuſſent du nombre de

Alem.

Iſay.

*Mercer.
in The-
ſau. He-
braic.*

ceux qui, comme parle le Prophete, ſacrifioient Habac.
à leurs Rets, c'eſt à dire au ſort incertain ; mais
ils vouloient faire entendre que le bon-heur eſt
vn preſent du ciel, & vne faueur de celuy qui
tient en ſa main tous les euenemens. Agrippa,
ce Roy des Iuifs, ayant receu de Caligula vne Ioſeph.
chaiſne d'or, du poids de celle de fer dont il a-
uoit eſté lié, la pendit au Temple de Hieru-
ſalem comme vne offrande, par laquelle il reconnoiſſoit que Dieu ſeul eſtoit le ſouuerain
Arbitre des changemens de la fortune. Il ſemble donc que pour empeſcher les murmures Sola lau-
datur, ſo-
la argui-
tur, & cum con-
uicijs co-
litur.
Plin.
contre le ciel, les hommes ayent inuenté le nom
de fortune, afin que les malheureux s'addreſ-
ſaſſent à cette fabuleuſe Deité, qui eſt également adorée & maudite des hommes, dont les
vns luy diſent des iniures, & les autres luy offrent de l'encens.

Cependant la Vertu ne peut dependre de
l'empire d'vne Maiſtreſſe ſi volage ; elle n'eſt
point ſon Eſclaue, & ſi Brutus l'oſa bien ainſi
nommer, ce fut vne parole que le deſeſpoir arracha de ſa bouche auec le dernier ſouſpir de ſa
vie. Certes, la Vertu s'eſleue au deſſus de la fortune, elle ne craint point ſes menaces, ſe défie
de ſes careſſes, & comme ſa faueur ne la ſçauroit iamais corrompre, ſa haine auſſi ne la
ſçauroit troubler. Quoy que de la lumiere publique des honneurs, elle reuienne à l'ombre
d'vne vie priuée ; Quoy que d'vn haut Throſne elle deſcende dans vne Cabane de Berger ;
Quoy que du gouuernement d'vn Royaume,
elle rentre dans le ménage d'vne maiſon ; ou
que chaſſée de tous les lieux, elle n'ait d'autre retraite que ſoy meſme, ſa conſtance
pourtant eſt touſiours ferme, & au milieu

de ſes plus grands malheurs , elle ne perd
rien de ſa veritable felicité. Les pertes , les ad-
uerſitez, les défaites, ſont les inſtrumens de ſa
gloire ; elle triomphe des obſtacles qu'elle a
ſurmontés , & qui voudroit oſter les malheurs
qui accompagnent les hommes , luy oſteroit le
moyen de former des Heros. On ne voit iamais qu'elle demente vne action par vne autre
contraire, tous ſes ouurages ont vn raport perpetuel auec elle, ſes mouuemens ſont libres,
inuincibles , & auſſi glorieux quand ils ſont
ſuiuis de quelque ſiniſtre euenement , que
quand ils ſont terminez par vn heureux ſuccez.
En cette ſorte , elle ne laiſſe pas de receuoir ſa
recompenſe , encore qu'elle ſoit trompée dans
l'euenement qui n'eſt pas de ſa iuriſdiction ; elle entreprend & commence les choſes , mais
la fortune les acheue. Il eſt vray que celle-cy
touſiours ſuperbe & inſolente , reiette toute
ſuiettion , & ne reconnoiſt point les ordres de
la Vertu , & cependant elle luy fait hommage
autant de fois qu'elle ſuit, & qu'elle fauoriſe les
entrepriſes qui ont eſté reſoluës dans le conſeil
de ſa prudence.

Or comme les mouuemens de ces deux puiſſances ſont differents , leurs effets ne le ſont
pas moins, car la fortune s'accommode aux
choſes , & ſe forme à leur ply , au lieu que la
Vertu s'accommodant aux meſmes choſes,
les forme à ſon ſeul modele. Toutes celles
ſur leſquelles la fortune exerce ſa puiſſance,

Hoc vnũ
contingit
immorta-
le morta-
li. Sen.

ſont baſſes & fragiles comme les richeſſes , &
les honneurs ; mais la Vertu s'occupe plus heureuſement à eſtablir dans l'ame de l'homme,
vn contentement parfait & aſſeuré. Que ſi
dauanture la fortune en apporte quelqu'vn,

elle le détrempe auec tant d'amertumes, que
d'ordinaire elle fait trouuer plus d'espines, que
de fleurs en la possession d'vn Empire qu'elle
brise souuent, afin de rendre ses victoires
plus glorieuses par des ruïnes si magnifiques.
Comme elle ne fait point d'election, elle ne
defend point aussi ce qu'elle a donné ; toute
sa constance n'est autre que d'estre inconstante ; on l'éprouue en vn mesme iour & mere, &
marastre ; vn tour de sa roüe met en bas ce
qui estoit en haut, & si quelquefois elle permet qu'on luy tienne les mains, elle ne laisse
pourtant iamais lier ses aisles, afin de pouuoir
emporter d'vn seul vol, tous les presens qu'elle auoit faits à ses fauoris. Elle ne leur donne
pas mesme la licence de les manier ; ils ne les
possedent souuent qu'en idée, & iamais ils
n'ont sceu estre bien informez de leur iuste
prix. La Vertu au contraire plus liberale & plus
genereuse, bien loin de retirer les biens qu'elle a departis, se donne elle-mesme à ceux qui
aspirent à sa glorieuse possession, & en mesme
temps deuient leur gage & leur domaine tout
ensemble. C'est l'ordinaire de la fortune, de
communiquer son aueuglement à ceux qui
s'abandonnent à sa conduite ; mais nul ne se
trouue sur le point de commencer quelque belle action, que la Vertu ne respande sur luy
des rayons de sa lumiere, & s'il ne la suit
point, au moins ne peut-il pas dire qu'elle
ne l'ait éclairé dans son entreprise. A celuy qui suit la fortune, la gloire est comme
vne piece hors d'œuure, & qui n'a rien qu'vn
faux éclat ; mais quicóque fait vn acte genereux
pour le seul amour de la vertu, trouue la gloire
en l'acte mesme, comme vne grande clarté qui

N iiij

Leuis est
fortuna,
citò re-
poscit
quæ de-
dit. Pub.
Syr.

Quos diu
fortuna
secuta
est, eos
repente
velut fa-
tigata
destituit.
Q. Curt.

l'enuironne, & qui l'accompagne en tout lieu, en tout temps, dans la profperité & dans l'aduerfité.

Tels font les contraires mouuemens de ces deux Puiffances, & toutefois leur bonne intelligence eft fi neceffaire pour efleuer vn Eftat au comble de fa iufte grandeur, que ce n'eft pas affez que la Vertu y forme les fages confeils, fi la fortune n'en donne les heureux fuccez. Il femble donc qu'il arriue à la Vertu ce qui arriua à ce Peintre, qui ne pouuant auec fon induftrie acheuer fon ouurage, fit vn miracle de l'art en y iettant vne broffe imbuë de couleurs. En effet, qui voudra confiderer auec attention le cours des conqueftes, & des profperitez de ceux qui ont exercé la puiffance foueraine dans les Monarchies, ou dans les Republiques, il trouuera que ce font des ouurages de la fortune qui a fait rencontrer le temps, les occafions, & les autres circonftances au point qu'il les falloit pour accomplir la gloire de ces illuftres Conquerans. C'eft ce qui faifoit dire que la fortune s'eftoit obligée de fuiure leurs Eftendars dans les armées, que la victoire defcendoit du Ciel dans leur fein, qu'vn

Plutar.   Demetrius prenoit les Villes comme dans des rets, que le bon-heur d'Alexandre paffoit encore à fes Lieutenans, & que fes images mefme le communiquoient à ceux qui les por-

Scylla fœlix. Plutar.   toient. Sylla fans doute, n'eut point méprifé tant d'éclatans & fuperbes titres qui luy eftoiët offerts, & ne fe fut pas contenté de prendre celuy d'heureux, s'il n'euft efté perfuadé que c'eftoit la fortune qui l'auoit retiré comme par la main, d'vn repos mol & lafche, pour l'efleuer par deffus tous les trophées remportez fur les Cymbres. On dit mesme qu'elle pria Galba d'accepter le Diadême des Cesars, insques à luy dire qu'il y auoit long-temps qu'elle se tenoit debout à sa porte, qu'elle en estoit lasse, & qu'il la fist entrer. Mais auec tout cela, il faut auoüer que les faueurs de cette inconstante Maistresse des euenemens, seroient de peu de durée, si la Vertu qui est le grand thresor des particuliers & des Republiques, ne prenoit le soin de les conseruer. En cette sorte, nous voyons que Dieu ne se sert pas de l'homme comme d'vn instrument inanimé, qui ne contribuë rien de luy-mesme à l'action de l'Ouurier; il en vse plustost comme d'vn instrument viuant & raisonnable, qui auec luy conduit l'ouurage à sa derniere perfection. Quoy qu'il en soit, nous sçauons que les grands Conquerans, & les plus renommez Fondateurs des Empires, ont laissé en doute si leur fortune estoit plus obligée à la Vertu qui l'auoit si heureusement conduite, que leur Vertu à la fortune qui l'auoit si fidelement suiuie dans les plus precieux momens des occasions & des affaires.

Stare se ante fores defessam, &c. Sueto. in Galb.

C'est en ce suiet qu'on a demandé si l'Empire Romain dont les ruines & les débris font aujourd'huy la gloire des plus grands Estats, fut le chef d'œuure de la fortune, ou de la Vertu, car de tout temps les deux parties ont eu leurs soustenans & chacun d'eux a pris la raison pour Arbitre d'vn si noble & si celebre different. Ce fut sans doute vn rare bon-heur à la Ville de Rome, que de tant de Peuples voisins qui voyoient ietter les fondemens de sa grandeur, il n'y en eut iamais qu'vn à la fois, qui prit les armes pour s'opposer aux progrez

d'vne puiſſance, dont ils eſtoient tous mena-
cez. Ils ſembloit pourtant que cét Empire naiſ-
ſant deuſt trouuer ſa fin dans ſes commencemens, & lors que cette nouuelle Cité ſans forces & ſans chef, ne voyoit rien pour releuer
ſes eſperances que Camille banny, & Iupiter
aſſiegé dans le Capitole. Cependant, la fortune ialouſe protectrice de ſon ouurage, luy donne de nouueaux gages de ſa faueur, l'affermit
ſur ſa baſe, & reſtablit auec gloire ce qu'auec
confuſion la Vertu auoit laiſſé perdre. Que s'il
arriue que le feu comme s'il euſt eſté d'intelligence auec ſes Ennemis, embraſe toute la Ville & l'enſeueliſſe ſous ſes propres cendres, cé
n'eſt que pour dérober à la connoiſſance des
hommes, la pauureté de ſon fondateur, &
pour luy donner vne plus riche forme, en faiſant ſucceder le marbre au plaſtre, & le por-
phyre à la brique. Si Hannibal eſt à ſes portes,
la fortune s'y rend pour les garder, & comme
c'eſt ſa couſtume de decider les grandes choſes à deux doigts prés du but, elle le fait écouler ainſi qu'vn Torrent impetueux, & diſſipe
ſes forces par des orages, & par des foudres
qui ſembloient eſtre lancez non pas des nuës,
mais des ramparts & des murs de cette Cité. Que ſi à cela il faut adiouſter la propre
confeſſion de ces heureux Romains, ne luy
ont ils pas conſacré des Temples, erigé des
Autels, & decerné vn culte religieux ? Ne
l'ont-ils pas inuoquée ſous diuers ſurnoms, &
quand ils luy ont donné celuy de Virile, n'ont-
ils pas voulu faire entendre que la Vertu auoit
beſoin de ſon ſecours ? N'a-t'on pas oüy dire
à vn Paul Emile que la puiſſance de cette Arbitre des choſes humaines eſtoit ſi grande, &

son secours si prompt, qu'elle l'auoit fait courir comme sur des cheuaux de poste à la conqueste de la Macedoine ? Enfin, qui ne sçait
point que les Empereurs mesmes en gardoient vne image d'or dans leurs Chambres,
comme le precieux gage de la felicité de leur
Estat ?

Plutar.
in Emil.
Soli Prin-
cipes in
larario
suo cole-
bant for-
tunam.
Sueto.

Mais certes, les forces de la fortune ne sont
pas telles, qu'elles puissent allier la grandeur
auec la durée, & l'Empire Romain estoit vn
trop grand chef-d'œuure pour pouuoir estre
acheué de la main d'vne volage qui se iouë de
ses presens. Il a donc fallu que la Vertu en ait
fait le dessein, dressé le plan, pris les mesures, tiré l'allignement, & qu'apres l'auoir
esleué comme vn Colosse sur les plus grandes
hauteurs de la terre, elle l'ait enfin conduit
à sa derniere perfection. Quand il sembloit
qu'il fut tombé, elle fit voir que ce n'estoit
que pour le releuer plus haut, & on ne sçauroit dire si le temps de ses aduersitez luy a esté
plus funeste par les pertes qu'il en receut,
que glorieux par les occasions qu'il luy donna de faire éclater dauantage sa puissance,
& sa grandeur. Bien loin de ceder à ses maux,
ce Peuple dominateur qu'il nourrissoit, pro-
fitoit des iniures de la fortune, saisissoit les
armes dont elle se seruoit, & de ses plus grands
outrages, il en faisoit vne matiere de constance. Les hauts faits d'armes de ses Fabrices & de ses Curies, l'ont bien quelquefois
deffendu, & asseuré contre ses Ennemis ;
mais leur Temperance fut vne loy sur laquelle ils formerent l'esprit & le courage de ces
illustres Citoyens, qui depuis dompterent
les Nations les plus fieres, & des bornes du

Monde en firent celles de l'Empire. La fortune
pour venger fa honte, & monftrer fa puiffance, entreprend de ruiner Marius, & de luy faire mendier fon pain à Carthage ; mais la Vertu l'efleue de l'opprobre à la gloire du feptiéme
Confulat, & d'vn mendiant en fait vn General d'Armée.

Il faut donc dire que la fortune & la vertu fe
font accordées, & qu'elles ont trauaillé à l'enuy pour former l'Empire Romain, c'eft à dire
le plus grand, & le plus fuperbe chef-d'œuure
que le Soleil ait iamais efclairé. L'vne a fait
naiftre les occafions, & l'autre a donné les
moyens d'en eftendre les limites, & toutes les
deux ont fait marcher l'ordre des victoires felon l'affiette des Prouinces, car qu'eft-ce qu'elles ne peuuent point executer, quand d'vne
ardeur égale, elles confpirent à vne mefme
fin ? Iamais la valeur d'vn Luculle n'euft remporté de fi glorieux Triomphes fur le Roy de
Pont, fi pendant qu'il le combattoit fur la
terre ferme, la fortune eftant d'intelligence auec la Vertu, n'euft donné fes ordres
aux vents, pour attaquer fur la mer les Vaiffeaux de ce Prince, & pour couurir le riuage de leur débris. On ne doute point que
la Vertu n'ait efté la noble & ingenieufe ou-
uriere des Trophées de Cefar, & toutefois la
gloire de fes victoires feroit imparfaite, fi la
fortune fecondant fes hardis deffeins, c'eft à dire confentant à la gloire de fa vertu, n'euft
donné charge à la Tempefte de le porter comme fur les aifles des Aquilons, dans le champ
de bataille. Que fi quelquefois elle luy a
fait fentir des effets de fes menaces, il femble
que ce n'ait efté que pour éprouuer fa ver-

, & pour ſonder ſi ce fameux Conquerant eſtoit digne de l'Empire de l'Vniuers. Auguſte s'en acquit la poſſeſſion par l'ayde, & par la faueur de l'vne & de l'autre puiſſance ; car ce n'eſtoit pas aſſez que la fortune luy euſt fait voir tous ſes Ennemis ou morts, ou exilez, ſi la Vertu ne s'en fuſt meſlée, & ſi enfin elle ne luy euſt fait tourner les armes qu'il tenoit à la main, contre la fortune meſme qui vouloit deſtruire ſon ouurage. Il pût bien retarder l'atcompliſſement de ſon funeſte deſſein, mais non pas l'empeſcher, car elle ne deuint pas plutoſt enuieuſe des conqueſtes, & de la gloire du premier peuple du monde, que le trouuant trop puiſſant pour le défaire par des forces eſtrangeres, elle luy mit les armes à la main pour s'en ſeruir contre luy-meſme.

Quand donc la Fortune a fait diuorce auec la Vertu, quelle licence ne prend-elle pas ſur les Peuples victorieux, & ſur les Empires les plus puiſſans ? Quelles hauteurs y a-t'il ſur la terre qui ne luy ſoient pas acceſſibles ? Quelles ruines ſi grandes peut on voir, qui ne ſoient des monumens de ſes victoires, & quelquefois l'ouurage d'vn moment, quand elle a voulu éſprouuer ſa puiſſance ? Cela fait bien connoiſtre au Prince qu'il ne doit pas tant ſe fier en ſes careſſes qu'il ne redoute ſon inconſtance, & ne ſe prepare à ſes outrages, en remettant à la Vertu la conduite de ſes actions. Regner, depend de la fortune, mais bien regner, eſt vn effet de la Vertu, qui regit les Citez & les Prouinces au gré de la Iuſtice, qui donne les loix aux Peuples, qui cultiue les amitiez, & qui diſpenſe les charges ſelon le merite

Momentum intereſt inter ſoliũ, & aliena genua. Sen.

des hommes. Si la Nature est la mere nourrice des Estats, la Vertu se peut vanter d'estre la conseruatrice de la Nature, & le fondement de l'Empire, puis qu'il est appuyé sur l'obeïssance des sujets, & que cette obeïssance est establie sur les actions vertueuses de celuy qui commande. Il peut du haut de son Throsne découurir tous les precipices que la fortune luy a preparez, & comme elle n'a rien de constant que ses continuels changemens, il n'y a rien aussi qu'il ne doiue ou craindre, ou esperer. Ainsi, le sage Prince mettra tousiours deuant ses yeux deux sucez contraires l'vn à l'autre, afin de marcher apres le sort d'vn pas suspendu, comme en vn chemin glissant, & tout marqué des cheutes de ceux qui les premiers y ont passé. En tout euenement, l'Art souuerain de tromper la fortune, c'est de faire des desseins sur ses propres entreprises, car quoy qu'il en arriue vne vertu malheureuse est toûjours plus loüable qu'vne heureuse lascheté. Il n'est point de Puissance sur la terre, qui se puisse vanter d'estre à couuert des traits de cette estourdie; mais aussi quelle plus belle vengeance en sçauroit on prendre, que de profiter de ses iniures, & de ses tromperies? L'aduersité est comme le Theatre des ames genereuses, elle sert à la Vertu du relief & d'éclat, & la Vertu tousiours semblable à elle-mesme, est la plus iuste mesure des prosperitez. Ce fut la pensée de Louys X I I. le Pere de tous les François, quand il prit pour deuise la Coupe que l'antiquité a mise dans le Ciel, parce qu'entre tous les autres Astres, elle ne paroist iamais si brillante qu'au trauers des Eclypses. Mais apres tout, le plus asseuré moyen de

Lubrica est fortuna, nec insuita teneri potest. Q. Curt.

Rutilij virtus lateret nisi accepisset iniuriam. Sen.

Inter Eclypses exterior.

conseruer la bonne fortune, c'est l'humble reconnoissance enuers cette suprême Majesté qui la donne, & qui desire qu'on luy en rende tout l'honneur, & qu'on ne l'employe iamais qu'aux entreprises iustes, & necessaires. Certes, c'est vne espece de grandeur à l'homme, de connoistre que Dieu ne dédaigne pas de prendre soin de sa conduite, & quant à celuy qui est monté au faiste des grandeurs humaines, il se doit souuenir que sa fortune n'est iamais mediocre, qu'elle tend tousiours aux extremitez, & que comme elle n'a point de bornes, il n'en doit point donner à sa Vertu.

DE LA RELIGION.

QVoy que le Sacerdoce & la Royauté, soient deux differens Portraits de la grandeur & de la gloire de Dieu, il les a neantmoins liez d'vn artifice si exquis & si admirable, qu'on ne les sçauroit separer sans corrompre, & sans violer ses plus parfaites & plus viues images. Il ne se fut pas plutost reconnu en la beauté de son ouurage, que se reseruant le le Ciel comme son plus auguste Throsne, il partagea la terre entre ces deux Puissances, & dans ce riche partage les Eglises écheurent aux Pontifes, & les Palais aux Roys. Au commencement le Sacerdoce estoit vny à la Royauté, & les deux fonctions se trouuoient ralliées en vne mesme main; mais comme les mesmes Astres ne nous esclairent pas durant le iour & durant la nuict, on creut aussi que les mesmes Puissances

Rex idem hominū, Phœbique sacerdos. Virgil.

ne deuoient pas confusément regler les choses
spirituelles & les temporelles, c'est à dire l'E-
glise & l'Estat. Deslors la separation en fut
faite, mais en telle sorte que l'onction qui est
demeurée aux Roys, & qui les fait passer en
la condition des personnes sacrées, est encore auiourd'huy vne marque de l'vnion ancienne de ces deux suprêmes dignitez. Ainsi, quoy
que la royale Tribu de Iuda fut distincte, &
separée de la Tribu sacerdotale de Leui, si est-
ce que par vne exception de la loy generale,
il leur estoit permis de s'allier par des mariages, pour nous apprendre l'estroite alliance
qui se doit faire entre la Religion, & l'Estat
pour leur commun bon-heur, & pour le comble de la felicité des Peuples. En effet, si la
Religion est la base, le fondement, la puissance tutelaire de l'Estat, & le feu eternel qui
veille pour sa garde; l'Estat est aussi l'appuy,
le soustien, la protection, & la defense de
la Religion, & l'vn & l'autre ont besoin de
s'entre-prester leurs forces, & de conspirer
ensemble pour establir sur la terre le Royaume du Ciel.

Les Princes souuerains sont bien des loix
viuantes & parlantes, mais quoy qu'ils dispo-
sent des corps, des biens, & de la vie des sujets, ils n'ont point de iurisdiction sur les
Ames, & ils ne sçauroient ny donner des gardes aux cœurs, ny allier l'amour des Peuples
auec la contrainte. Les loix ciuiles mesmes,
bien qu'elles se puissent vanter d'estre comme
autant de Princes muets, n'ont pas pourtant
assez d'authorité pour assuiettir à leur Empire,
les esprits qui sont persuadez qu'on ne leur
sçauroit bastir des prisons, ny preparer des
chaisnes.

chaisnes. Elles peuuent bien animer les hommes à la Vertu par les recompenses qu'elles proposent, & en mesme temps venger l'innocence des outrages de la malice, soustenir la foiblesse contre la force, & regler toutes les actions qui sortent au dehors, par les peines qu'elles ordonnent ; mais il n'est pas en leur pouuoir de donner vn frein aux pensées, ny de calmer le tumulte des passions qui regnent dans les cœurs, ny d'accorder l'homme auec luy mesme ; ny d'empescher qu'on ne voye souuent en vne mesme personne vn meschant homme & vn bon Citoyen. Il a donc fallu que ce que les Princes & les loix ne pouuoient faire, la Religion l'ait heureusement accomply, & que venant à leur secours, elle leur ait enseigné vne science qui estoit inconnuë aux Philosophes politiques, & aux plus grands Legislateurs. C'est elle qui maintient le commerce entre Dieu & les hommes, qui descouure à ceux-cy les thresors de l'Eternité, qui est la Mere immortelle des Vertus, qui leur communique la lumiere qu'elles perdent en son absence, & qui apprend aux Roys qu'ils peuuent monter à vne grandeur incomparablement plus éminente, & plus souueraine que celle dont ils ioüissent sur la terre. C'est elle qui contient nostre felicité, qui nous donne les arres de la gloire du Ciel, & qui est la source de toute Iustice, le principe, le milieu, & la fin des loix diuines, & humaines. C'est elle qui a esleué ses Croix sur les Aigles Imperiales, & sur les Couronnes fermées, qui a fait que les Roys les plus superbes ont baissé le col au mesme lieu, où l'Apostre l'auoit tendu pour l'honneur de son Maistre, & qui a poussé

Regum purpuras, & ardentes diademata: rum gem-

O

mas pati-
buli fal-
natoris
pictura
comdeco-
ra t. D.
Hieron.

fi auant fes glorieux progrez , que les grands
Empires ne font auiourd'huy que de petits re-
ftes de fes conqueftes. C'eft elle enfin qui con-
facre les Monarques , & qui rend les Peuples
obeïffans aux loix , hardis aux entreprifes ,
affeurez dans les perils , & prompts à fecourir
les neceffitez de l'Eftat , dans la creance qu'ils
ont que c'eft feruir Dieu quand ils feruent le
Prince qu'il leur a donné.

Et certes , la voix de la Religion eft fi per-
fuafiue , fa face fi maieftueufe , & fes effets fi
prompts , que ceux qui ont voulu ietter les
fondemens d'vn Eftat , ou changer la forme
de ceux qu'ils trouuoient defia eftablis , s'en
font feruis comme du plus puiffant inftrument
de leur entreprife , & de toute domination.
Comme elle eft le plus grand bien de tous
ceux qui peuuent rendre la vie des hommes
heureufe , auffi eft elle le moyen le plus efficace pour foûmettre à ceux qui les gouuernent
leur efprit, leurs corps, & leurs biens. On fçait
qu'elle ne lie pas feulement les mains, mais auffi les penfées, qu'elle fait ceffer tous les mouuemens déreglez du cœur, & qu'elle infpire cette
fidelité inuiolable qui au milieu des perfecu-
tions , excitoit les premiers Chreftiens à porter iufqu'au Ciel, les ardêts vœux qu'ils conce-
uoient pour le falut de leurs Perfecuteurs. Ce
n'eft pas feulement par elle , mais auffi pour
elle que Dieu fait regner les Roys fur les Peuples , mais auec cette condition , qu'ils luy
rendent compte de la puiffance qu'il leur a
commife, & qu'ils accompliffent les Oracles
qui les ont admoneftez de marcher à la fplendeur de fon Orient , c'eft à dire de fon Eglife ,
de baifer fes pas , d'orner fon fanctuaire , &

d'appendre à ſes Autels, les glorieuſes dépoüilles de ſes ennemis.

C'eſt ce qui leur doit apprendre à faire ſeruir l'Eſtat à la Religion, & non pas la Religion à l'Eſtat, car qui voudroit renuerſer cét
ordre, & preferer la prudence politique à la
Sageſſe inſpirée d'enhaut, il tomberoit en cét
inconuenient de mettre vne vertu ciuile au
deſſus d'vne vertu toute celeſte, & qui eſt le
plus grand preſent que le Dieu des vertus
puiſſe faire aux hommes. En effet, les choſes
humaines ne doiuent pas commander aux diuines, la Religion ne reçoit pas la regle de
l'Eſtat, mais elle la donne à l'Eſtat, & ce ſacré
depoſt du Ciel n'a point eſté mis entre les
mains des Roys pour eſtre l'inſtrument, mais
bien la fin de leur domination. Comme le meſme mouuement ne meſure pas la reuolution
du Ciel, & le cours des choſes de la terre,
ainſi les meſmes Puiſſances ne doiuent pas regler les choſes ſpirituelles & les temporelles; les
diſtances qui les ſeparent doiuent eſtre connuës, & il ne faut pas meſler la Thiare auec le
Diadême, ny ioindre le glaiue de S. Pierre
auec celuy de Conſtantin. Si la iuſtice politique
eſt royale, la Preſtriſe eſt auſſi Royale; il faut
donc les allier enſemble, mais non pas les con-
fondre, puis qu'en cette alliance la grandeur
de la Royauté ſe trouue conſeruée par la ſain-
cteté de la Religion, & qu'au meſme temps,
la Religion eſt defenduë par la puiſſance de la
Royauté. On ne doute point que la Religion ne
ſoit la plus viue partie de la Iuſtice, & meſme
la feconde ſource d'où elle s'eſt reſpanduë dans
les Eſtats; mais neantmoins ſans la puiſſance temporelle, ſes effets ſe trouueroient le plus

souuent renfermez dans le secret des consciences, sans auoir la force de se produire, au dehors. Ainsi, quoy que la puissance de voir reside en l'ame comme en sa premiere & principale cause, si est-ce qu'elle ne peut passer iusqu'à l'action, que par l'entremise des organes
corporels qui l'vnissent à ses obiets.

Quand donc les Princes adioustent leurs Ordonnances aux Decrets de l'Eglise, ils ne portent pas la main à l'Encensoir, ny à l'Arche du
Seigneur pour y toucher les gages venerables
qu'elle enferme; mais par vn beau concert des
choses diuines & humaines, ils font naistre vne
iuste harmonie de diuers iugemens. Dieu ne
leur a pas donné l'Empire, la force, & la maiesté pour estre oysifs en son Eglise; il les luy a
donnez pour la recompenser, tant du sang de
ses Martyrs, que de ses longues souffrances, &
pour luy tenir lieu, non pas de chef, mais bien
de cœur dont la chaleur se répand, & se communique à tous ses mébres. Si l'Eglise dans la circonference de sa iurisdiction spirituelle, embrasse les Roys comme ses enfans, hors de là
& dans l'estenduë de sa police exterieure, elle
les honore & les respecte comme ses Protecteurs. De là vient que le mesme pouuoir que
les Euesques ont dans la discipline interieure
de l'Eglise, soit par la persuasion, soit par le
commandement, soit par la force du glaiue
spirituel, les Roys l'exercent dans la discipline
exterieure par leurs Ordonnances, par leurs
Edicts, & par la iuste contrainte du glaiue tem-
porel. Il est vray, qu'ils n'ont pas permis qu'on
ait arraché cette haye mystique qui separe les
deux puissances, & qui leur sert de borne,
mais ils sont obligez de deffendre les droits

Regina potestaté tibi non solùm ad mundi regimen, sed maximè ad Ecclesiæ præsidium esse collatam. Leo Papa ad Leonem Imperat.

Qui dissipat sepé mordebit eum coluber.

de leur couronne, & la maiesté de leur Empires outre que ce ne seroit pas estre ialoux de cét auguste nom de Roy, que de n'en aymer point les fonctions qui sont si diuines.

Cependant, quoy que le mutuel concours, & le parfait accord des deux Puissances, soit dans les Estats vne source inepuisable de biens & de felicitez, il s'est neantmoins trouué des Politiques impies iusques à ce point que d'oser dire que la Religion Chrestienne n'estoit pas propre pour estendre les bornes d'vn Empire, & pour les conseruer. C'est à leur aduis, la cause pour laquelle les Estats des Chrestiens n'ont iamais esté ny si puissans, ny si florissans que ceux des Infidelles, qui se sont eux-mesmes monstrez plus genereux, & plus capables des hautes entreprises. Ils adioustent à cela que les sacrifices pleins de sang & de ferocité, qu'ils auoient d'ordinaire sous les yeux, leur inspiroient l'ardeur & le courage, & qu'en égorgeant les bestes ils apprenoient à se rendre maistres de la vie des hommes. Mais à dire la verité, ces terribles spectacles ne seruoient qu'à les rendre plus farouches en leurs actions, plus sauuages en leurs mœurs, & en vn mot, plus cruels que vaillans, car la vraye vaillance d'vn Peuple ne s'acquiert pas en voyant le massacre des bestes, mais en respendant le sang de ses propres veines, & le meslant dans les iustes combats au sang des ennemis. On dit encore que la Religion des Payens mettoit la felicité humaine en la force du corps & en la grandeur du courage ; qu'elle couronnoit les Princes d'vn honneur egal à celuy des Dieux ; Et qu'au contraire la Religion des Chrestiens met le souuerain bien en

Machiauel.

O iij

l'humilité, ou si elle reçoit la force au nombre des vertus, c'est quand elle s'employe à souffrir les iniures plutost qu'à les venger.

Il est vray, que le diuin fondateur de la Religion des Chrestiens, par vne Philosophie bien esloignée de celle du Monde, a mis la victoire en l'humilité, le triomphe en l'obeïssance, & la gloire dans les opprobres. C'est ainsi qu'il a preferé la force passiue à l'actiue, le mépris à l'honneur dont les Payens faisoient leur Idole, & qu'apres auoir promis des recompenses aux humbles de cœur, il n'a proposé que des peines à ceux qui sçauent l'Art de destruire les villes, & de desoler les Prouinces. Mais auec tout cela, il faut que les plus irreconciliables ennemis de la Religion Chrestienne, reconnoissent qu'elle donne de grandes dispositions pour toutes les hautes actions de la Vertu militaire, puis que la puissance d'agir s'esleue auec d'autant plus de force, que son objet est plus parfait. Toutes les actions sont differentes selon la diuersité des objets qui les proüoquent, & ceux que la Religion Chrestienne propose, sont des objets de Vertu à la veuë desquels les cœurs s'enflamment d'vne sainte ardeur, le sang & les esprits s'eschauffent dans les veines, & ceux qui ont combattu sous de si hautes esperances, attendent la couronne, non pas comme les Payens, de la main d'vn homme, mais de celle d'vn Dieu. La vie militaire selon Aristote, contient plusieurs parties de la Vertu que la fausse Religion des Infidelles ne leur pouuoit iamais donner, puis que pour vn sujet d'imitation, elle leur proposoit des Dieux, qui par leur exemple authorisoient les vices au lieu de les punir. D'autre part, l'obserua-

tion d'vn Augure, le vol d'vn Oiseau, l'eclyp-
se d'vn Astre, ou la menace d'vn Oracle leur
faisoit perdre cœur, & remplissoit leur esprit
de terreur & d'affreuses images. Au contraire, la Religion Chrestienne allume dans l'a-
me des soldats le desir d'acquerir les vertus qui
les peuuent rendre plus temperans, plus obeïs-
sans, plus hardis aux entreprises, & plus asseurez dans tous les perils. Elle leur apprend à se
seruir de la vraye gloire, comme d'vn instrument pour toutes les belles actions, & si de la
plus profonde humilité, elle en fait la plus
grande des vertus, c'est parce que la noblesse
& la hauteur de son objet l'esleue au dessus de
la force & de la magnanimité.

Quoy qu'il en soit, ceux qui ont vne solide
& veritable connoissance du Dieu qu'ils ado-
rent, & qui peuuent volontairement endurer les plus cruels supplices d'vn martyre, ne
trouuent rien de difficile à supporter ny dans
les charges du commandement, ny dans les
trauaux de la guerre. Il ne faut donc pas s'é-
tonner si la Religion Chrestienne a donné aux
Empires & aux Republiques des Princes conquerans, & des Capitaines qui ont effacé la
gloire des Grecs & des Romains, qui ont sub-
jugué plus de Nations, qui ont vaincu plus
souuent en petit nombre, & qui ont remporté
de plus superbes despoüilles sur les ennemis de
leur foy. Enfin, la Religion Payenne ne glorifioit que les Empereurs & les Roys, mais la
Chrestienne glorifie aussi les petits, & fait sçauoir à tous que leur Dieu est le Dieu des batailles, & que les victoires descendent, non pas de
la force des hommes, mais du sein de sa prouidence.

Nec fru-
strà hebes-
cere syde-
ra. Tacit.

Cependant, cette Religion si augusté & si
diuine, rencontre dans tous les Estats deux
dangereux escueils, dont l'vn est eminent &
menace de loin ; l'autre est caché sous les flots,
& trompe ceux qui n'ont pas assez de connoissance pour tenir les routes exemptes de danger. Ces deux escueils ne sont autres que l'impieté & la superstition, dont la premiere a esté
si fauorablement receuë de quelques malheureux Politiques, qu'ils n'ont pas craint de dire
qu'il suffisoit que le Prince se couurist d'vne
fausse couleur de Religion, & qu'il n'impor-
toit point que la pieté sortist de sa conscience,
pourueu qu'elle vint à se répandre au dehors, &
à se monstrer sur ses leures. Mais le mensonge
ne peut pas tromper long-temps, & la dissimulation ne sçauroit si bien ioindre les actions re-
ligieuses que quelqu'vne n'eschappe, ne se dé-
mente & ne découure l'artifice. Dieu veut estre
adoré en esprit & en verité, & à la fin il con-
fond ceux qui en luy presentant le front, luy
dérobent leur cœur. Or comme il n'y a rien
dans la Republique qui apporte tant d'obstacle à la prudence ciuile que l'ignorance d'vn
Dieu, c'est à dire l'Atheïsme qui ferme les yeux
à sa lumiere ; Aussi n'y a-t-il rien qui dispose
plus les Peuples aux mouuemens d'vne reuolte
que la superstition. Elle lie les consciences par
ses erreurs, elle introduit vne Theologie fabu-
leuse, elle s'addonne aux predictions, obserue
la vie des Princes, fait des presages de leur fortune, rend les sujets seruiles, lasches, craintifs,
inconstans, en vn mot, elle a peur de ce qu'il
faut aymer, & offense ceux qu'elle reuere. On
peut donc dire que la vraye pieté ayme le Createur de toutes choses, que l'Atheïsme le mé-
prise,

Religio
Deos co-
lit, super-
stitio vio-
lat. Sen.

prife comme s'il eſtoit hômme, mais que la
ſuperſtition le craint comme s'il n'eſtoit pas
Dieu c'eſt à dire la bonté eſſentielle.

S'il faut donc éuiter ces deux eſcüeils dans le
cours de la Religion, les Princes, ſans doute, y
ſont d'autant plus obligez que les autres, qu'ils
ont plus de beſoin des lumieres de Dieu en leurs
conſeils, de ſa conduite en leurs entrepriſes, &
de l'œil de ſa Prouidence dans les diuers mouuemens de leurs Peuples. D'autre part, comme
ils ſont plus prez de cette ſuprême Maieſté que
les autres hommes, ils ſont auſſi plus prez de ſa
Iuſtice, pour en ſentir les premiers effets, quãd
ils ſe ſeruent de la Religion pour tromper le
monde, ou qu'ils en font vn inſtrument de Tyrannie. Certainement, ceux-là ſont indignes de
regner, qui n'eſtabliſſent pas dans leurs Royaumes le Royaume de Dieu qui les fait regner, &
qui meſure l'obeïſſance que les ſuiets leur doiuent, par l'obeïſſance qu'eux meſmes rendent
aux loix de ſon Egliſe. Elle ſeule leur peut ſouſ-
mettre & aſſuiettir l'eſprit des Peuples, qui ſouuent ne ſont retenus que par la crainte, & il n'ẽ
eſt point de plus naturelle, de plus iuſte, ny de
plus efficace que celle qui vient de la reuerence
qu'ils ont pour les choſes diuines. Ainſi, quand
on ſacre les Roys ce n'eſt pas ſeulement pour
rendre leurs perſonnes ſainctes & inuiolables,
mais auſſi pour leur faire ſçauoir qu'ils doiuent
demeurer dans vne entiere dependance de
Dieu, & qu'ils n'ont point de plus glorieux
ornement de leur grandeur, ny de plus ferme
appuy de leurs Couronnes que la Religion. Il
n'y a point de plus fort lien pour vnir les eſprits dans le centre de l'obeïſſance, & il en eſt
comme d'vn Aymant qui communique ſa ſe-

Religionis ſpecie in ambitionem delabitur. Tac.

P

crette vertu à vn anneau, & celuy-cy en attir[e]
re d'autres, iusques à ce que la chaisne so[it]
parfaite & accomplie.

Que s'il y a iamais eu des Roys sur la Ter[re],
re, qui ayent aymé la beauté de cette fille d[e]
Sion, qui se soient pleus en la splendeur de se[s]
vestemens, & qui ayent mis leur grandeur e[n la]
sousmission qu'ils luy ont renduë, ce sont le[s]
Roys qui ont si heureusement commandé [en]
France. Ils ont vengé ses outrages autant d[e]
fois que ses ennemis ont entrepris de violer s[es]
loix; ils ont asseuré sa liberté les armes à [la]
main, & pour l'enrichir iusques à l'enuie, i[ls]
n'ont iamais cessé de l'appeller au partage d[e]
leurs conquestes. Cette magnificence, & ce[t]
te splendeur exterieure qui sied si bien aux cho[-]
ses diuines, n'auoit point encore enuiron[-]
né son Throsne; ce sont les Pepins, les Char[-]
les, les Louys qui faisant tomber à ses pie[ds]
l'orgueil & la puissance de ses persecuteurs, lu[y]
ont distribué le prix de leurs victoires, & ad[-]
iousté les richesses temporelles à sa grande[ur]
spirituelle. Que sont tous ces beaux & rich[es]
Estats de l'Eglise que des tributs de leur pie[té]
que des monumens visibles de leur deuotion[?]
Dans le plus grand naufrage de la foy, [&]
lors qu'au milieu des orages, il sembloit q[ue]
le diuin Espoux de cette Eglise, dormoit com[-]
me autrefois en la naselle de son premier A[po]
postre, n'est-ce pas dans leur Royaume qu'[el]
le a rencontré vn Port, qui l'a reduë victorieu[-]
se & maistresse de toutes les tempestes? Co[m]
bien de fois ont-ils affermi les fondemens [de]
ses Temples, releué ceux que l'impieté a[uoit]
abbatus, rendu les Prestres aux Autels, & [les]
Autels aux sacrifices? Mais y a-t-il de si pe[u]

partie en fa difcipline exterieure, qui ne porte quelque trait de leur foin religieux & de leur
diligence ? Enfin, n'ont-ils pas adioufté aux
ornemens de leur Couronne, les glorieux Titres de Defenfeurs & Tuteurs de l'Eglife, de
Protecteurs de fes priuileges, de vengeurs de
fes iniures, & de Triomphateurs perpetuels de
fes Ennemis ? Ce font les eloges dont les fouuerains Pontifes ont honoré leur pieté, mais
qui font tous compris & enfermez dans le Titre de Tres-Chreftiens, que ces grands Roys
ont toufiours preferé à tous les noms de gloire,
& aux triomphes les plus magnifiques. Que fi
quelquefois il eft arriué que les deux Puiffances fe foient choquées, ce n'a iamais efté que
lors que ces Pafteurs vniuerfels de l'Eglife
font fortis du Sanctuaire, pour entreprendre
fur les droicts naturels de leur Couronne, pour
eftablir vn autre Eftat dans leur Eftat, ou lors
que de la mefme main qu'ils offroient les facrifices de propitiation, ils ont lancé des foudres
fur leur tefte.

Certainement, fi l'Empire des efprits n'e-
ftoit limité & referré dans fes legitimes bornes, comme il eft plus noble, plus vigoureux,
& plus redoutable, il deuiendroit enfin fi puiffant, qu'il affoibliroit & emporteroit l'autre. C'eft ce qu'ils croyent ne pouuoir permettre, quand ils fe fouuiennent qu'en la ceremonie de leur facre, ils reçoiuent de la main de
l'Eglife, l'Anneau royal non feulement comme le feau d'vne foy fainte, mais auffi comme le gage de la fidelité qu'ils doiuent garder
à leur Royaume. Ils font les feuls Arbitres,
les feuls Iuges des interefts de leur Couronne,
& le mefme Throfne qui monftre leur gran-

deur, eſt encore le Tribunal où s'aſſied leur Iuſtice. Quoy qu'il en ſoit, ils ont touſiours bien ſceu faire la diſtinction qui ſe trouue entre la foy & les mœurs, entre la perſonne & la puiſſance, entre l'homme & le Pontife, & dans cette connoiſſance, ils ont touſiours adoré cette Sageſſe eternelle qui n'a pas fondé ſon Egliſe ſur la ſainteté des perſonnes, mais ſur la fermeté de ſes promeſſes infaillibles. Enfin, c'eſt leur gloire immortelle, de n'auoir iamais ny diuiſé par les ſchiſmes l'Vnité de l'Eſpouſe du Fils de Dieu, ny corrompu la pureté de ſa doctrine, ny trempé leurs levres dans cette fatale coupe de Babylone, où les autres Roys de la Terre ont beu le poiſon de l'erreur. Au contraire, ils ont eſtimé qu'il n'eſtoit pas de la Religion comme de la Nature qui ſe conſerue par ſes varietez; & quand ils ont conſideré qu'entre le lict des Roys d'Iſraël, & l'Autel du Seigneur, il n'y auoit preſque point de ſeparation; & qu'au milieu de la guerre, Dauid preparoit toutes choſes pour le Temple, ils ont eſtimé que c'eſtoit vne inſtruction pour eux-meſmes, & qu'ils ne deuoient chercher les veritables triomphes, qu'en l'accroiſſement de la gloire de Dieu.

Calix aureus quo potantur Reges terra. Apoc.

DE LA TYRANNIE.

DEquoy ſert-il que les loix publiques ayent employé toute leur puiſſance pour eſteindre la Tyrannie, & pour empeſcher qu'aucune de ſes eſtincelles ne peuſt à l'auenir rallumer ce fatal embraſement, qui a conſumé tant de Peu-

..oles, & enseuely sous ses ruines la grandeur des
Empires, & la gloire des Republiques? Dequoy
sert-il qu'elles n'ayent pas espargné le Palais
mesme du Tyran, d'où l'on ne l'auoit iamais
veu sortir que pour tremper ses mains dans le
sang, ou pour partager inhumainement les dé-
pouilles des Citoyens? Dequoy sert-il enfin que
pour en abolir toutes les marques & tous les vestiges, elles ayent commandé d'abatre ses Images, d'effacer son nom des actes publics, & de
charger sa memoire d'execrations, puis que celuy que la Philosophie reconnoist pour son
maistre, luy a dressé des monumens beaucoup
plus durables, & qu'il trouue dans ses escrits,
l'eternité qu'il ne pouuoit pas emprunter des
metaux, ny des marbres? En effet, les premiers rayons de sa liberté ont eu assez de force
pour faire fondre les statuës de bronze des Al-
létes, des Phalaris, & de tous les autres prodiges de la domination; mais les couleurs dont
Aristote a formé le Tableau du Tyran, n'ont
iamais sceu ceder ny à l'authorité des loix, ny
à la puissance du Temps. On dit mesme qu'il a
fait de si fortes impressions dans l'esprit des
ambitieux, qu'ils n'en ont pas seulement conceu le dessein d'enuahir les Estats d'autruy,
mais qu'ils ont aussi dressé sur ce plan, cette
monstrueuse machine de la Tyrannie qui es-
pouuente les Peuples, & les fait gemir sous sa
pesanteur.

    C'est le sujet de l'accusation, ou plutost de la
calomnie dont plusieurs ont tasché d'obscurcir
la gloire de ce Philosophe, sans autre succez
toutefois, que d'auoir fait connoistre qu'il n'est
point d'industrie qui puisse asseurer la memoire des grands hommes contre l'ingratitude de

*Nec satis esse nisi tecta parietesque, intra qua tantum amentia coceptum esset, dissi-parentur. Liu.
Ex omnium monumetoru memoria renulsus. Cicer.*

la Poſterité. Mais quoy que l'ennie de quelques Eſcriuains ſe ſoit efforcée de mettre
quelque tache en leur reputation, ſi eſt-ce que
l'innocence de leurs preceptes, qui ſont comme autant de caracteres de leurs mœurs, nous
doit faire inger plus equitablemét de leurs deſſeins, & de leurs intentions. Il faut donc croire que ſi Ariſtote n'euſt eſté preſſé par la neceſſité de ſon ſuiet, de traiter de toutes les eſpeces de gouuernement, il euſt volontiers
imité la modeſte Tragedie, qui tire le rideau
ſur les ſanglantes actions du Tyran, & les dé-
robant à la veuë des ſpectateurs, les laiſſe dans
les tenebres dont elles ſont dignes, Mais il a
eſtimé qu'en découurant ſa malice & ſes artifices, & marquant les defaus & les irregularitez
de ſa fauſſe Police, il ne deuoit pas moins attendre de la reconnoiſſance des hommes, que ceux
qui diſcourant de la nature des poiſſons, leur
ont appris à s'en garder, & à combattre par de
puiſſans remedes, tout ce qu'ils peuuent auoir
de plus ennemy de leur vie. Qui s'eſt iamais
plaint des Pilotes, quand dans les routes des
mers inconnuës, ils ont aduerty les Voyageurs
des écueils qu'elles couurent de leurs flots,
ou du peril qu'ils courent s'ils abordent aux
coſtes d'vn Barbare, qui a trouué l'art d'en-
cherir ſur les orages & ſur les tempeſtes ? Mais
qui a iamais oüy dire qu'on ait appellé en
iugement ces Philoſophes, qui n'ont parlé de
la difformité, & de l'imperfection des monſtres, que pour faire mieux connoiſtre les
déreglemens de la Nature, quand quelque
obſtacle la fruſtre du ſuccés de ſes ſages conſeils? Où eſt donc le crime d'Ariſtote? En quoy
a-t-il bleſſé les loix publiques ? & qu'eſt-ce

qu'il y peut auoir de si bien pensé dans ses
escrits, qui ne soit suiet à estre mal interpreté
par ceux qui ne sçauroient obtenir de leur passion, vn peu de relasche pour reconnoistre &
pour dire la verité? Ne se deuoient-ils pas souuenir, que lors que ce grand Politique reuela
les secrets de la domination du Tyran, il voulut instruire les Peuples des ruses dont il se seruoit, pour establir sur eux vn empire de seruitude? Apres en auoir tracé le portrait épouuen-
table, ne l'a-t-il pas monstré à tous les siecles
comme vn spectacle d'horreur, capable d'imprimer la crainte dans le cœur des vsurpateurs
à qui il reste quelque rayon d'honneste honte, ou qui n'ont pas tout à fait renoncé à la
Nature, ny à l'humanité? Mais quand d'vn
mesme trait de pinceau, il leur a marqué les
ornemens innocens de la Royauté, & la gloire d'vn iuste Monarque, n'est-ce pas qu'il a
pretendu par la comparaison de deux Images si dissemblables, leur faire conceuoir autant d'amour pour l'vne, que de haine pour
l'autre.

Or pour bien reconnoistre le Tyran, & mesme dans ses déguisemens les plus estudiez, il
en faut iuger par les traits, & par les caracteres qui se font remarquer en sa personne, en
ses actions, dans les gesnes de son esprit, dans
les moyens qu'il employe pour se conseruer, &
dans la forme irreguliere de son gouuernemét.
Si on regarde sa personne, l'orgueil se monstre sur son front, la colere estincelle dans ses
yeux, embrase son cœur, & fait vn incendie
general de tout son sang, la fureur en suite
éclate dás sa voix, le sang degoute de ses mains,
la cruauté & les supplices, dont l'esprit seul

peut former les affreufes Images, fe laiffent
voir fur fon vifage. Mais fi on confidere fes
actions auec les maux dont il les accompagne,
les larmes de tant d'innocens perfecutez, les
gemiffemens de tant de Peuples opprimez,
& les ruines de tant de Republiques defolées,
les peuuent bien mieux exprimer que les fimples paroles. Comme il s'eft efleué à vne formidable puiffance par les crimes pour ne l'e-
xercer pas auec plus d'innocence qu'il l'a acquife, il fe plaift à commettre tout ce que la
licence a iamais inuenté dans les vices, l'infolence dans les outrages, l'auarice dans les con-
uoitifes, & la cruauté dans les peines. Sa colere
Inter in- ne s'appaife iamais fans victime, fon ambition
fanabiles ne connoift point de bornes, la force luy tient
morbos lieu de raifon ; pour ofer il fuffit qu'il puiffe, &
Principis en tout cela, il fe perfuade que la grandeur de
ita nume l'iniuftice authorife fes violences, & que le
ratur. grand nombre les iuftifie. Sur quelle forte de
Plin. in biens ne porte-t-il pas fes yeux impudens, &
Paneg. fes efperances criminelles ? En quel temps,
en quelle occafion, ne confidere-t-il pas plutoft l'eftenduë du defir que celle du deuoir ?
La nobleffe & les richeffes ne paffent-elles pas
dans fon efprit pour des crimes d'Eftat ? La
vertu mefme ne fe trouue pas à couuert de fes
violences, il entreprend de la ruiner en tous
ceux dont l'integrité de la vie condamne fes
deportemens, & il ne penfe pas leur faire connoiftre fa puiffance, s'il ne leur fait fentir
fon oppreffion. Sa diligence eft grande en la
recherche des vieilles fautes, dont il tire de
nouueaux exemples de feuerité ; & comme fa fureur n'efpargne pas les fepulchres mefmes, &
que fa haine paffe iufques aux cendres, il per-

secute ceux qui ne sont plus, il tourmente les
morts pour épouuanter les viuans, & fait part
aux enfans des peines & des supplices de leurs
Peres. Il luy semble mesme qu'il y a trop de
peine à reiterer le commandement de la mort
des particuliers, & que c'est vne chose non
seulement plus aisée, mais qui sent bien mieux
sa grandeur, que de destruire tout vn Peuple
par l'empire d'vne seule parole. Que si d'auan-
ture il luy arriue de donner la vie à quelqu'vn,
ce n'est que pour le rendre plus long-temps
miserable, & afin qu'en suspendant la peine,
le sentiment de la douleur se renouuelle, & s'ai-
grisse par vne intermission plus cruelle que
toutes les tortures. En vn mot, c'est vn monstre nay à la ruine des hommes, c'est vn Basi-
lic couronné d'vn Diadême, qui croit auec
Vitellius que le corps mort d'vn Citoyen est
de meilleure odeur, que celuy de l'ennemy
de sa patrie.

Mais si parmy tant d'inhumaines & sanglantes voluptez dont il repaist ses yeux, on
pouuoit voir les gesnes & les playes de son
ame, elles surpasseroient le nombre de celles
qu'il fait souffrir aux autres. Le Tyran a cela
de iuste qu'il se punit soy-mesme, & il n'y a
point de loy naturelle plus equitable, que celle
qui ordonne que celuy qui rauit à tous la liberté & le repos, s'oste à luy-même la confiance &
la seureté. Il mesure sa peur par sa puissance,
& apprehende d'autant plus qu'il est esleué
à vne plus grande fortune, car il n'est pas
possible qu'en se faisant craindre à plusieurs,
il ne craigne plusieurs, & le plus souuent
tout vn Peuple. Les soupçons enuironnent
son Palais, la deffiance en ferme les portes, &

Animus Diis hominibusque infestus, neque vigiliis neque quietibus sedari potest. Sal lust.

cependant les Images de ſes crimes le vont
trouuer au milieu de cette affreuſe ſolitude
d'où il ne ſort iamais que pour en faire vne autre par le banniſſement, & par le maſſacre des
hommes. S'il regarde la lumiere, il voit la
vengeance diuine qui pend ſur ſa teſte, & s'il
rentre dans ſes tenebres, il ſent ſon ame per-
cée de mille poignantes eſpines; & quand il
penſe auoir fuy les yeux & les oreilles de ſes
Confidens, ſa conſcience qui le pourſuit, &
qui fait des fleſches de ſes propres voluptez,
fait auſſi en cela, iuſtice à la Nature, qu'il a
violée par ſes attentats. C'eſt là, qu'elle luy
donne à connoiſtre que parmy tant de perils
qui l'aſſiegent, il n'a point de plus fier ennemy de ſa ſeureté que luy-meſme, & que c'eſt
en ſon cœur qu'il porte vn Tyran inuiſible.
C'eſt là, qu'il s'imagine que le Peuple demande ſa vie, comme vne debte deuë à la douleur
publique, & que les armes qui ſont deſtinées à
ſa garde, ſe doiuent tourner contre luy, pour
l'immoler à la iuſtice de ſon ſiecle. Il ne ſçauroit meſme ſouffrir les iuſtes eſperances de ſes
enfans, & ſe priue du contentement qu'aporte
à vn pere, la douce & chere preſence de ſa
poſterité. Mais quand il ſe ſouuient que la fortune ne luy a point eſté ſi indulgente, qu'elle
ne luy ait fait autant de menaces que de promeſſes, il demeure chancelant & ſuſpendu entre la hauteur du Throſne, & le precipice, entre la gloire & l'infamie, entre le Diademe &
le cordeau; mais il fremit d'horreur quand il
penſe qu'il ne faut qu'vn moment pour ioindre
ces diſtances, & ſes extremitez.

Quant aux moyens dont il ſe ſert pour conſeruer l'Empire qu'il a vſurpé, les vns ſont ex-

opofez à la veuë de tout le monde, & les autres
font cachez fous des apparences de raifon, &
de neceffité. Tantoft il monte comme fur vn
Theatre, pour y reprefenter tous les actes
d'vn Hercule furieux, & pour foüiller toutes les
fcenes de fang, de meurtres, & de parricides;
Tantoft il porte le glaiue fous fa robe, & couure comme d'vne nuë le foudre qu'il tient
dans fa main. Alors il compofe fon gefte, fon
port, fes mouuemens, & s'eftudie à paroiftre
graue pluftoft que feuere, venerable pluftoft
que formidable, & fimple pluftoft que rufé. Sa
feinte fçait fi bien emprunter la reffemblance
de la verité, que fi on luy prefente à figner
la condamnation de quelque criminel, il dit
qu'il voudroit n'auoir iamais appris à former
les lettres; & il ne luy arriue point de prononcer vn cruel Arreft, fans quelque preface fur
la beauté de la clemence. Il commande mefme qu'on ofte des places deftinées aux fupplices, fes ftatues infenfibles, de crainte que
le fang des criminels, ou des Gladiateurs ne
les offenfe, & cependant il repaift fes yeux
de meurtres, & en fait fes delices. Ce n'eft pas
tout, car pour les voir fans attendriffement,
il vfe d'vn criftal coloré qui tempere la cruauté
de ces fanglans fpectacles, & dans la mort la
plus affreufe, fait trouuer de l'aggreément.
Si on luy veut donner ces fuperbes Titres dont
les autres Princes enflent leur grandeur, il les
reiette, & n'affecte que le nom de Pere de la
patrie, qu'il tafche d'obtenir, ou par le difcours des vertus dont il parle fouuent, ou par
les biens-faits qu'il répand, fur quelques-vns,
pour apres les reprendre auec la dépoüille de
tous les autres biens. Et parce qu'il n'ignore

Vellem
nefcire
litteras
Sueto. in
Nero.

Sueto. in
Claud.

Suet. in
Ner.

pas que la Tyrannie est foible d'elle mesme, & qu'il n'est rien de si peu de durée qu'vne puissance empruntée, il s'efforce de l'affermir par les diuisions des suiets, & ne cesse de ietter parmy eux les semences de cette discorde, qui est si fatale aux Republiques, & si fauorable aux vsurpateurs.

Parmy tant d'artifices & de déguisemens, il n'oublie iamais de se seruir de faux noms pour couurir ses vices, & de rechercher des couleurs pour leur donner la ressemblance, le lustre, & l'air des vertus. Ce que les autres appellent fureur, il le nomme remede, son auarice est vne épargne, les violences sont les nerfs de la domination, & les supplices les plus inhumains passent pour vne discipline. Quand il consulte les Astrologues sur la naissance des hommes Illustres, & que selon la fortune que les Astres leur promettent, ou que leurs merites leur ont desia donnée, il leur oste la vie, il dit qu'il ne fait que suiure le conseil de celuy qui abbatoit les testes des pauots qui s'esleuoient par dessus les autres plantes, & s'opposoient à leur accroissement. Dequoy ne peut point abuser l'ambition déreglée ? puis que l'image d'vn jeu si innocent en soy, luy est vne instruction si criminelle, & que du retranchement de quelques sommitez des fleurs les plus hautes, le Tyran apprend à se ioüer des testes des hommes les plus grands en vertu. Quand il deffend les honnestes societez, & que pour priuer les suiets de la plus humaine communication de la vie, il interdit les festins mesme, il publie que ce sont des marques du luxe, que c'est là que se trouuent les coniurations, & s'estonne que l'antiquité

Proprium Tiberio scelera nuper reperta priscis verbis obtegere. Tacit.

...it esté si stupide que de consacrer la Table, & ... le croire que les banquets estoient autant de ... sacrifices voüés à la Paix, & à l'amitié. Quand ... il fait fermer les Escholes, & qu'il bannit les ... Disciplines de la Republique, afin que les Peu... ples ensevelis dans l'ignorance, ne puissent se ... joüer, ny mesme deplorer le dur ioug de leur ... seruitude; il fait entendre que les belles lettres ... amolissent le courage, qu'elles esloignent les ... hommes du commerce de la vie, & les rendent ... effeminez. Quand il s'imagine que les repre... sentations des Tragedies sont autant de repro... ches qui s'addressent à luy, & que pour s'en vē... ger, il exerce sa Tyrannie sur les Poëtes, qui par ... la secrette force de leurs paroles mesurées, con... traignent les Tyrans de sortir de leurs Tom... beaux, pour subir sur vn Theatre le iugement ... de tout vn Peuple; il dit qu'il ne fait autre cho... se que satisfaire au desir des loix, qui ont or... donné des peines contre ceux qui blessent la ... memoire de ceux dont elles consacrent & le ... nom, & les cendres. Il adiouste que Tibere a ... eu raison de croire qu'Atrée produit sur le ... Theatre, l'accusoit du meurtre de ses freres, & ... que Domitian a deu s'offencer de l'image de ... son diuorce, que la separation de Paris & d'Oe... noné luy remettoit deuant les yeux. Quand il ... inuente des supplices pour les esprits, en fai... sant brusler les histoires qu'il sçait estre les Iu... ges souuerains des actions des Tyrans; il s'ef... force de persuader qu'il faut couurir les mau... uais exemples d'vn oubly eternel, & ne consi... dere pas que la verité sort du milieu des flâ... mes plus luisantes qu'elle n'estoit, & que de ... l'instrument d'vne supplice, il en fait celuy de ... la gloire des Historiens. Quand il condamne

Charistia sacra mē-sa. Valer.

Occidit Heluidiū quod quasi scenico exodio sub persona Parridis. & Oenonis diuortium suū cum vxore taxasset. Suet. in Domit.

d'impieté celuy qui a fait quelque injure à vn autre, qui portoit vne medaille où sa figure estoit empreinte; il allegue que la Religion a également donné le priuilege des Asyles aux images des Dieux, & à celles des Princes. Quãd par des imposts extraordinaires, il force l'impuissance mesme des Peuples, & qu'il dépoüille les Temples & les Autels de leurs plus precieux ornemens; il fait sçauoir à tous que les Tributs sont les appuys de la domination, & les nerfs de l'Empire, que la necessité ne connoist rien de sacré que ses propres Decrets, & que la Religion mesme ne dédaigne pas de seruir à la loy du temps, qui est tousiours la plus puissante. Quand il reduit les riches à la mendicité, & que pour soustenir leur vie il les contraint de cultiuer la terre; c'est de là qu'il prend l'occasion de loüer les Fabrices, les Curies, & ces autres illustres Laboureurs, qui estoient appellez de la charruë à la Dictature, & des labeurs rustiques aux honneurs du Triomphe. Il adiouste que la Pauureté est la feconde mere des Arts & des belles inuentions, que c'est vne autre Ithaque qui pour estre rude, sterile, & incommode, ne laisse pas de porter des Vlysses, & qu'apres tout la richesse des particuliers fait l'indigence de la Republique. Quand enfin, il renuerse toutes choses, & qu'il se fait craindre de tous ses sujets comme vn écueil contre lequel la Raison, la Vertu, & l'innocence font naufrage, il s'excuse sur ce que personne ne se sousmet d'vn franc courage à l'empire d'autruy, qu'il faut auoir de l'audace pour s'y maintenir, que iamais Prince n'a sceu tout ce qui luy estoit permis, & en vn mot, que la premiere loy que les Souuerains

Non licet jus experi ob effigiem Imperatoris oppositam. Tacit. Incedebat deterrimo cuique licentia probra & inuidiam in bonos excitandi arrepta imagine Casaris. Id.

Omnia retinenda dominationis honesta esse Salust. Sceptrorum vis tota perit, si pendere iusta incipit. Luca.

ont faite, c'est celle de les pouuoir violer toutes auec impunité.

Qui voudra maintenant sçauoir quelle est la forme, ou plutost la difformité de l'Estat du Tyran, qu'il se represente le debordement d'vn fleuue, qui donnant vne mesme face au riuage & aux campagnes, renuerse tout, entraisne tout, & emporte auec soy les esperances des Laboureurs, &les dépoüilles des Prouinces. Encore n'est-ce qu'vne foible & imparfaite image des maux, & des desolations que ce monstre fait rouler comme à pleines vagues sur la teste des Peuples, & dans toutes les parties de leur societé. La licence & le desordre president à son gouuernement ; la liberté y est captiue, & la verité criminelle, car le Tyran s'imagine qu'elle luy doit tout ce que la flatterie luy preste. D'autre part, la corruptió y distribuë les charges & les dignitez ; la profusion y respand d'vne main ce que l'auarice rauit de l'autre ; les Arts infames y occupent la place des disciplines liberales, & les inuentions n'y sont ingenieuses que pour la volupté, ou pour la cruauté. C'est là, que les vices desarment la Vertu, qui n'est persecutée que parce qu'elle est magnanime, & qu'elle ne peut adorer la pourpre du Tyran, qui n'est teinte d'autre couleur que du sang des suiets. C'est là, où la Religion, qui par tout ailleurs a tousiours serui de sacrée franchise aux Innocens, & bien souuent aux criminels, ne peut trouuer pour elle-mesme ny franchise, ny seureté. C'est là, où la haute noblesse fait le crime d'Estat, où les riches n'ont point de plus grands ennemis que leurs richesses, & où le plus heureux de tous est celuy qui est le plus infortuné

& le plus dénué des commoditez de la vie. Dans cette publique desolation, s'il y a quelque seureté, elle n'est que pour les Delateurs dont les calomnies sont recompensées ; & c'est vne loy souueraine de cét Empire tyrannique, qu'il n'y ait rien de plus asseuré que le crime, & son impunité. Si les Iuges y sont assis, ce n'est pas pour oüir les accusez, mais pour les condamner ; ce n'est pas pour instruire leur iustification, mais pour ordonner leurs supplices. Si les loix y retiénent encore leur force & leur vigueur, ce ne sont que celles de la Majesté violée, dont la rigoureuse execution change les Villes en deserts, & les Prouinces en Theatres d'horreur, & d'inhumanité. La vengeance s'accroist à mesure que la pitié diminuë, la haine fait cesser le commerce de l'amitié, & la crainte s'occupe à rompre l'alliance qui se contracte entre la nature & la compassion. De là vient que le fer & le feu reluisent de toutes parts, que le silence est commandé aux regrets, & que les larmes deuiennent criminelles, parce qu'elles sont prises pour des saillies d'vne douleur contrainte, ou pour autant de modestes execrations des violences du Tyran. Les seules pensées peuuent passer sans tribut & sans danger, pourueu toutefois que la contenance ne les trahisse point, & qu'elles ne découurent point les mouuemens du cœur. Apres cela, il ne faut pas s'estonner si durant le cours d'vn regne si maudit, les Elemens sont pleins de prodiges, si le ciel ne cesse de donner des signes de son indignation, & si toute la Nature fremit d'horreur, & tombe en des langueurs extremes. Que s'il arriue que la terre faisant vn effort, se charge de presens, & ouure les

Delatores genus hominum publico exitio repertum, per præmia eliciebantur. Tacit.

Exposita rostris capita casorū Patres videre. mœsti, flere nec licuit suos. Senec. in Octan.

Vultum, gemitus, occultum etiã murmur excipiebant. Tacit.

les sources de sa fecondité, le Tyran ne peut voir cette abondance que d'vn œil d'enuie, & ne cesse de se plaindre de la condition de son siecle, pour n'estre pas signalé par des desolations vniuerselles.

Or apres l'auoir découuert, & reconnu par ses propres marques, l'ordre du discours veut que nous voyons en quel rang les sages Politiques ont mis la forme de son gouuernement, si toutesfois il en peut auoir aucune, puis qu'Aristote a refusé de luy donner le nom de Police. Et certes, comme l'on ne peut pas dire que le monstre soit vne production reguliere de la Nature, puis qu'il est plutost vn effet de son déreglement; Aussi ne peut-on pas soustenir auec raison que la Tyrannie soit vne police, puis qu'à la bien deffinir, c'est vn amas de tous les vices des autres especes de gouuernement, & vn perpetuel defaut de Vertu, sans laquelle tout commandement ne doit estre consideré que comme vne fausse regle en la main de l'Ouurier. Mais afin d'éuiter la confusion, il se faut souuenir qu'Aristote nous a marqué *Arist.* trois especes de Tyrannie, à la premiere des-*lib. 4.* quelles il donne le nom de barbare, parce que *Polit. ca* de son temps elle estoit en vsage parmy les *11.* peuples barbares, qui mesme ne la souffroient pas seulement en la personne de l'Vsurpateur, mais qui ne laissoient pas aussi de l'aymer en tous ses successeurs. La Grece receuoit & reconnoissoit la seconde, qui ne differoit de la premiere qu'en ce que l'ordre de la succession n'y estoit pas admis, & que la domination estoit bornée par vn espace de teps certain & limité. Mais en effet, ces deux especes ne sont pas du nôbre des formes simples du gouuerne-

Q

ment, puis qu'elles font compofées de la douceur de la Monarchie, & de la violence de la Tyrannie. Elles imitent les mouuemens de la Monarchie en ce qu'elles fe feruent de la force & de l'authorité des loix, & que toute la puiffance s'exerce fur des fuiets volontaires, ou du moins qui n'aportent point de refiftance aux ordres qui leur font donnez. Mais elles tiennent auffi de la Tyrannie en ce que le commandement n'eft pas paternel, mais abfolument feigneurial, & que leur fin eft toute dreffée à l'vtilité particuliere de celuy qui commande. Telle fut autresfois dans Athenes, la domination d'vn Pififtrate dont la conduite fut fi bien reglée, qu'il peuft chez vn Peuple paffionnément amateur de fa liberté, faire paffer en couftume l'oppreffion & la feruitude. Auffi n'auoit-il rien du Tyran que le nom, puis qu'il fouffrit d'eftre accufé deuant les Iuges de l'Areopage, qu'il comparut deuant leur Tribunal, & qu'au iugement mefme de Solon fon ennemy, il gouuerna la Republique auec autant d'equité, qu'il auoit fait paroiftre d'iniuftice en l'vfurpation de la puiffance fouueraine. Quant aux autres Tyrans d'Athenes, ils haiffoient les hommes vertueux, mais non pas la vertu, qui ne s'efteignoit point fi bien dans l'efprit de ces Vfurpateurs, qu'elle n'y laiffaft plufieurs belles traces de fa lumiere. C'eft ainfi que les beftes mefme, quelques fauuages qu'elles foient, s'appriuoifent tellement dans nos maifons, que s'il leur prend enuie de regagner les forefts, & de retourner à leurs cauernes, elles ne laiffent pas de retenir quelques veftiges de la premiere douceur qu'elles auoient apprifes parmy nous.

Quant à la troifiéme efpece de Tyrannie,
c'eft affez l'expliquer que de dire qu'elle eft la
fource fatale de toûs les maux qui s'épandent
dans vn Eftat, où la fureur tient le Sceptre, &
d'iniuftice prefide aux iugemens, pendant que
la licence ne troûue rien d'inuiolable. C'eft en
vn mot la pefte des Republiques, l'ennemie
perpetuelle de la Nature, le recueil & l'affemblage de toutes les imperfections, & de tous
les déreglemens des Polices qu'on nomme du
nom d'indirectes. Quand elle fe propofe pour
fon fouuerain bien, la poffeffion des richeffes, *Arift.*
la iouïffance des voluptez infames, & la ruine *lib. 4.*
des Peuples, elle reprefente vne image de l'O- *Polit. c.*
ligarchie où les riches commandent, & s'em- *10*
parent de la puiffance fouueraine. Quand elle declare la guerre aux Nobles, & qu'elle tient
pour ennemy de l'Eftat, ceux qui font dignes
de commander aux autres, alors on peut dire
qu'elle emprunte tout ce qu'il y a de plus defe-
ctueux, & de plus odieux dans la pure Demo- *Ex info-*
cratie. Certainement, tous les Tyrans à peu *lêtiffima*
prés font fortis du fein de ces deux Eftats, foit *Demo-*
que dans le democratique de chefs du Peu- *cratia. &*
ple qu'ils eftoient, ils foient montés à l'autho- *Oligar-*
rité fouueraine, foit que dans l'Eftat Oligar- *chia Ty-*
chique, les grandes charges qu'ils y poffe- *rannus*
doient, leur ayent ferui comme de degrez pour *exiftit.*
s'efleuer plus haut. *Arift.*
Polit.lib.
4. f. 116

Quoy qu'il en foit, il n'eft pas mal-aifé de
cônoiftre quelle de ces trois Polices indirectes,
c'eft à dire de l'abfoluë Democrati, de l'Oligarchie, & de la Tyrannie, eft la plus imparfaite, puis que cela depend de ce qu'elles font plus
ou moins efloignées de la plus excellente de
toutes les Polices. Et parce qu'il n'y en a

Q ij

point de plus accomplie, ny de plus excellente que la Royale qui partage le command...
ment auec la Vertu; il s'enfuit de là que la T...
rannie de la troifiéme efpece qui luy eft oppo...
fée, eft fans doute celle qui tient la malhe...
reufe Principauté entre les Polices depraué...
& corrompuës. Que s'il eft vray, comme l...
Philofophes nous l'affeurent, qu'il n'y a...
point de pire corruption que celle qui fe fa...
des chofes fouuerainement excellentes, il fau...
croire qu'il n'eft point auffi de plus mauua...
gouuernement que le Tyrannique, qui à pro...
prement parler, n'eft qu'vne corruption, ...
vn debordement de l'Empire royal, quand...
s'altere & qu'il diffipe la gloire des Princes qu...
l'auoient fondé. On fçait affez que l'exercic...
legitime de la Royauté, eft le plus grand d...
tous les biens, & c'eft auffi delà qu'il faut con...
clure que l'abus de cette fuprême puiffance, e...
le plus grand de tous les maux qui puiffent ar...
riuer aux hommes. Comme en la Nature, c'e...
vn déreglement arriué contre fon deffein...
quand vne plante franche degenere, & qu'el...
le prend la feue & les qualitez d'vne autre plan...
te fauuage, & qui ne porte que des fruicts ai...
gres ou empoifonnez; Ainfi en la Police de...
Eftats, c'eft vn renuerfement de toutes chofes...
quand l'exercice legitime de la Royauté, f...
conuertit & paffe en l'abus de la puiffance fou...
ueraine. A Rome, le fixiéme Roy fut la der...
niere production de l'innocente Royauté...
apres laquelle on luy vit donner vn Monftre...
l'Italie fous le nom de Tarquin, dont la fatale...
naiffance ne peut eftre expiée que par la fub...
uerfion de l'Eftat Monarchique. Il s'enfuit...
donc, que toutes les autres polices vitieufes, &...

corrompuës ne font qu'vne portion de ce prodige qu'on appelle Tyrannie ; car quoy qu'il femble que l'Oligarchie luy puiffe difputer le prix de la malignité, parce qu'au lieu d'vn Tyran, elle en effeue plufieurs dans fon fein ; fi eft-ce toutesfois qu'il n'y peut auoir qu'vne feruitude, qui fans doute eft d'autant plus dure en l'Eftat Tyrannique, qu'elle contient en foy toute la malice des Polices irregulieres.

Il ne refte plus qu'à faire voir l'iniuftice de ces Cenfeurs qui prennent Ariftote à partie, pour auoir, difent-ils, donné des confeils au Tyran, par lefquels il peut eftablir fon abfoluë feigneurie, & la rendre auffi durable que la puiffance des plus iuftes Empires. Leur erreur vient de ce qu'ils n'ont pas connu le deffein de ce grand Politique, qui fe reconnoiffant trop foible pour arrefter l'impetuofité de ce deftructeur des hommes, imite celuy qui ne pouuant s'oppofer à la rapidité d'vn torrent qui s'irrite par les obftacles, tafche de le deftourner dans la plaine, où il perd fa force, & coule auec moins de bruit, de dommage, & de terreur. En cette forte, l'efloignant infenfiblement de la Tyrannie, il l'approche de la legitime Royauté, & la luy propofe comme vn modelle fur lequel il peut apprendre à fi bien vfer de la puiffance publique, qu'il femblera poffeder auec iuftice l'Eftat qu'il aura enuahi par violence, ou par tromperie. En effet, s'il eft vray que les Monarchies fe deftruifent, & perdent leur forme en deuenant plus abfoluës qu'elles ne doiuent eftre ; la raifon des contraires nous apprend que les Tyrannies fe conferuent quand elles font moins abfoluës, & plus temperées. La force du bien eft fi grande,

& la foibleſſe du mal ſi extrême, que le Tyran
eſt ſouuent contraint de faire du bien pour entretenir ſa malice. Ariſtote donc luy apprend
à couurir la Tyrannie des ornemens de la Vertu, à imiter les bons Roys, & meſmes à con-
tre-faire les perfections qu'il ne poſſede pas,
puis qu'en cette rencontre, l'image & l'illu-
ſion trompent vtilement les Peuples ſous le
nom de la verité. Car bien que cette feinte
ſoit la premiere marque de la Tyrannie, ſi eſt-
ce toutesfois qu'elle produit, au moins pour
quelque temps, des effets ſi auantageux, que
peu de Princes ſont arriuez à la gloire des cinq
premieres années du gouuernement de Neron, que le Senat meſme iugea dignes d'eſtre
grauées ſur des colomnes d'or. Premierement,
ce ſage Politique aduertit le Tyran de ne faire
point de dépenſes qui puiſſent bleſſer les yeux
des ſujets, & de ſe conduire dans les actions
qui ſortent au dehors, comme s'il n'eſtoit que
le ſimple diſpenſateur du patrimoine, & des
richeſſes de la Republique. Il veut qu'il garde
en toutes choſes la mediocrité, qui d'ordinaire eſt incompatible auec la licence d'vne fortune ſouueraine; & il luy declare de plus que
la ſeule moderation peut affermir ce que l'excez de la puiſſance rend flotant & mal aſſeuré. Auec cela, il n'oublie pas de luy marquer
les ſoins qu'il doit prendre du culte des
Dieux, & pour luy faire doucement couler
dans le cœur, les ſentimens d'vne veritable
pieté, il luy inſinuë que les Peuples ont toûjours moins de crainte qu'il leur arriue du mal
de la part d'vn Maiſtre, qui en reconnoiſt d'autres au deſſus de luy, & dont il craint luy meſme la Iuſtice, & la puiſſance. Mais quand il luy

fait connoiſtre qu'entre les moyens de ſa conſeruation, il n'en eſt point de plus important
que de regner par ſoy-meſme, & de ne ſouſmet-
tre iamais la fortune de l'Empire à la diſcretion
d'vn ſeul Fauori, c'eſt vn conſeil qui n'eſt pas
moins propre pour conſeruer le Roy, que le
Tyran.

Telles ſont les inſtructions dont Ariſtote fait
part au Tyran, non pas pour luy apprendre à
ſe maintenir dans ſa Tyrannie, mais pour le
perſuader de la moderer, & d'en adoucir l'a-
mertume, en s'eſtabliſſant vn Empire d'autant
plus heureux, qu'il ſera plus reſſemblant au
royal, & qu'il s'eſtendra ſur des ſujets plus libres. Pour cét effet, il luy fait connoiſtre que
ce n'eſt pas la ſeule ſucceſſion, ou la ſeule eſlection, mais auſſi la iuſtice des actions qui fait
les differences qu'on remarque entre les Vſur-
pateurs, & les Roys legitimes. Ces differences
ſe multiplient ſelon la diuerſité des ſuiets & des
occaſions, mais les principales ſont celles qui
ſe tirent de leur naiſſance, de la matiere du
commandement, de ſa forme, de ſa fin, & de
ſa dignité. Quant à leur naiſſance, nous trou-
uons que les iniures & les outrages que les
bons reçoiuent des meſchans, obligerent les
premiers Peuples à rechercher vn Protecteur,
dont ils côſacrerent le nom & la perſonne, ſoit
pour l'eminence de ſa Vertu, ſoit pour la grandeur de ſes bien-faits, ſoit pour la ſplendeur de
ſa race, ou pour la gloire de ſes belles actions.
Au contraire, comme il y a des Monſtres en
la mer, qui ne ſe forment que parmy les tempeſtes; Ainſi, tous les Tyrans qui ſe ſont eſleuez dans les Republiques, n'ont pris leur origine que parmy les orages ciuils, & au temps

que les plus factieux de la lie du peuple ont pris
les armes pour s'opposer à la puissance des Nobles, & à la faueur des hommes Illustres.
L'Ambition, l'Auarice, & la Conuoitise, ont
esté comme les Astres malins, ou plutost les
Cometes qui ont presidé à la naissance d'vn
Cypsele de Corinthe, d'vn Theagene de Me-
gare, d'vn Alcetes d'Epire, d'vn Hannon de
Carthage, & des Denys de Siracuse, qui tous
ont accordé la puissance auec leurs desirs, &
n'ont point eu de plus grand plaisir qu'à deuo-
rer la substance des Peuples, qu'à succer leur
sang, & qu'à se baigner dans leurs larmes.

Tyranni in voluptate saeuiunt. Sen.

La difference qui vient de la matiere n'est pas
moins remarquable, puis que le Roy regarde la
Iustice, & la Paix comme les deux Genies Tutelaires de son Estat; Et qu'au contraire, le
Tyran ne regne que par l'iniustice, & par le
trouble, comme par les deux instrumens de ses
passions, & de ses violences. Le premier s'occupe à les estreindre d'vn lien de fraternité, à
ne faire de toute vne ville qu'vne seule famille,
& à monstrer qu'il a trouué cét Art si difficile,
qui sçait assembler en vn mesme suiet la concorde, & la puissance. L'autre trauaille à des-
vnir les volontez des grands de son Estat, à
fomenter leurs ialousies, à separer leurs interests, & à nourrir entr'eux vne discorde qui les
affoiblisse en les diuisant, & qui enfin les precipite dans les derniers malheurs. L'vn ayme
le Titre de Pere, l'autre le Titre de Seigneur;
l'vn regne pour le bien de ses suiets, & l'autre
pour son propre bien; l'vn se soufmet aux loix,
& leur veut bien rendre compte de ses actions,
& l'autre les viole toutes, & les assuiettit à ses
iniustes passions; l'vn ne desire que ce qui est
permis,

Cunctisque Regum sine legū metus. Sen.

ermis ; & l'autre croit que tout ce qu'il defire, *Oderint*
uy eft auffi permis ; L'vn ne craint rien tant *dùm me-*
que d'eftre craint ; & l'autre veut bien encourir *tuant.*
a haine des hommes, pourueu qu'il iette la
rainte dans leur cœur.

Quant à la forme de leurs gouuernemens, on
découure d'abord cette difference, que le Roy
'eft pas feulement l'efprit qui tient en deuoir
outes les parties de la focieté ciuile ; mais qu'il
ft auffi regardé du peuple comme vn Dieu humain, qui conferue l'eftre, & le bien eftre de fes
uiets, & dont la Prouidence & la fageffe à les
egir par les regles de la Vertu, font autant d'i-
mages de perfections diuines. Il n'en eft pas
infi du Tyran, dont les penfées, & les actions
ont d'autres objets que la ruine, & l'entiere
iffolution du corps politique, puis qu'il en
oupe tous les nerfs, qu'il en épuife toutes les
eines, & qu'il ne ceffe point qu'apres l'auoir
uiffé fans fonction, fans vie, & fans mouuement. Le Roy vfe moderément de fa puiffance
bfoluë ; & ne fe fouuient pas moins de ce qu'il
ft homme, que de ce qu'il commande fouue-
ainement à des hommes ; Et le Tyran s'ima-
ine qu'il en peut difpofer comme de fon pro-
re patrimoine, & qu'ils luy ont efté donnés
our feruir à fes voluptez. Ils ne s'éloignent, &
e different pas moins en la fin qu'en la forme
u gouuernement, puis que celle du Roy n'eft
utre que l'honnefteté qui regle fes defirs, éclai-
e fes confeils, conduit fes entreprifes, & regne
ouuerainement dans toutes fes actions. Re-
ner par la feule puiffance, eft vn effet & vn ou-
rage de la fortune ; mais celuy qui fe propofe
our fin le falut, & la felicité de fes fuiets, ne
epend que de foy-mefme, & fe fait mieux

R

connoiftre par les iuftes fonctions de la Royauté, que par le grand éclat de fa Couronne. Cette marque vrayement royale ne fe rencontre pas en la perfonne du Tyran, car il n'a iamais d'autre fin que la volupté, dans laquelle il noye & enfeuelit tous les honneftes foins du gouuernement, & toutes les fecretes infpirations de la Vertu. Il faut bien que la maladie de fon ame furieufe, foit paruenuë à fon dernier excez, puis qu'il fait fes delices de tout ce qui eft en horreur aux autres, & que dans l'affouuiffement de fes paffions, & de fes vengeances, la cruauté mefme fe conuertit en vn fpectacle de plaifir.

Il ne refte plus que la difference de la dignité, qui fe fait reconnoiftre en ce que les Vertus font les propres ornemens de la Couronne du iufte Monarque, & comme les lumieres qui éclairent fon Throfne, au lieu que celuy fur lequel le Tyran s'affied, ne reluit que du faux éclat qui fe forme des biens de la fortune, & des richeffes mal acquifes. Le premier reiette la vaine pompe, & fe contente des Titres qui appartiennent plus à la perfonne qu'à la condition ; Et le fecond fait voir que les hommes qui fe font efleuez aux grandeurs auec infolence, ne les fçauroient iamais poffeder auec modeftie. Le premier fait fes forces de l'effroyable multitude de fes crimes, & le fecond mefure fa puiffance par la felicité de fes fuiets. Il ne faut donc pas s'eftonner fi tant de differences produifent tant d'effets contraires, & fi elles font naiftre cette parfaite oppofition, qui fe trouue entre le Prince que la Nature, & la loy de l'Eftat ont couronné, & le Tyran qui n'a d'autre Titre de fa poffeffion que

la violence. Nous auons defia veu la difformité des traits de fon Tableau , & il ne faut plus
que luy oppofer l'image augufte & venerable
d'vn Roy qui regne par les loix , & commande
par la iuftice. Comme il eft perfuadé que la
veritable Principauté n'eft pas tant vne eminence d'Empire, que de Vertu; Auffi ne fe con- *Nulla*
tête-t-il pas d'en auoir la feule idée , mais il la *maior*
Principū
veut auoir fi bien empreinte dans fes actions, *felicitas,*
qu'elles faffent connoiftre à tous fes fuiets, *quàm fe-*
ciffe.
que fa puiffance n'eft que l'inftrument dont il *Drepan.*
fe fert pour accomplir cét ouurage tant defiré
de leur felicité.

Il eft fi Religieux qu'il rend à Dieu la mefme fidelité qu'il attend de ceux qui la luy doiuent ; il eft fi iufte, qu'il ne fait iamais entrer
la paffion dans les Confeils de la Iuftice ; il eft
fi fage, qu'il ne fçauroit eftre furpris que par
fa bonté ; fi bien-faifant, qu'il eft impoffible
d'eftre fon fuiet,& n'eftre pas heureux ; Enfin,
il eft fi puiffant, qu'il peut tout ce qu'il veut,
mais toutefois fi moderé, qu'il ne veut que
ce qu'il doit par les regles de la raifon. S'il eft
grand par fa dignité , il eft encore plus grand
par fon exemple ; fa vie eft vne cenfure de la
vie de fes fuiets , & de fon Palais on prend les
preceptes de la modeftie , qui doit eftre
gardée dans la conduite des maifons des particuliers. S'il amaffe des richeffes , ce n'eft
pas pour les tenir enfermées dans vne épargne,
mais pour les répandre parmy le peuple ; & s'il
fouffre qu'on l'appelle Pere de la Patrie, c'eft
afin de pouuoir par ce furnom faire fes enfans de tous fes fuiets. S'il mefure fa gloire
par leur repos, & par les biens qu'il leur difpenfe, c'eft qu'il croit que fa principale force

confiste en leur amour, & que de toutes les conquestes, celle de leur cœur est la plus glorieuse. Aussi n'est-il iamais si content que quand il peut preuenir leurs souhaits par ses graces, dont il ne fait point la distribution, sans leur faire connoistre que quelque puissant qu'il soit, le desir qu'il a de les combler de toute sorte de biens, est encore plus grand que son pouuoir. Auec cela, il sçait si bien mesler la Maiesté à la familiarité, qu'encore qu'il soit Roy il paroist Citoyen, & quoy qu'il commande à tous, il ne dédaigne pas de seruir à la liberté de tous.

Æquo iure tecũ viuit Imperiũ. Plin. in Paneg.

Cependant la clemence qui est sa propre vertu, & l'ornement de son regne, ne cesse de luy dresser des Trophées de la matiere mesme que luy prestent ses ennemis ; & s'il arriue quelquefois qu'il vse de seuerité, ce n'est iamais que pour des actes que la pieté mesme ne sçauroit pardonner, & sans serieusement deplorer la condition des Princes, que la loy de la domination contraint d'estre seueres. Enfin, la verité ne craint rien tant auprés de luy que d'estre cachée, ny la flatterie que d'estre découuerte ; & quand la foy seroit bannie du monde, elle trouueroit sa retraite dans la fermeté de ses promesses, & de ses paroles. Comment donc seroit-il possible que parmy tant de belles images que sa conscience luy represente à tous moments, il peust iamais voir l'ombre mesme de la crainte, si ce n'est lors qu'il est touché de celle qui luy vient des perils, & des miseres de son Peuple ? Mais comment ne regneroit-il pas en seureté, puis qu'il marche entre son innocence & l'amour de ses

Hic Princeps suo

suiets, qu'il peut conter autant de gardes qu'il y a d'hommes dans son Royaume, & que ceux qui d'ordinaire l'entironnent , ne seruent qu'à la pompe , & à l'ornement de sa Royauté.

Que le Tyran iette maintenant les yeux sur les traits de cette peinture du bon Roy , & il y trouuera , ou vn exemple pour le suiure & pour l'imiter , ou vne accusation pour se conuain-cre , & pour se condamner. Que si de cét ob-jet , il veut passer à la consideration du bon-heur qui est inseparable de l'Estat de ce iuste Monarque , de quels biens , de quels auanta-ges , & de quelles felicitez ne le verra-t-il pas enrichi & comblé ? Tandis que la Religion luy sert de base , que la Iustice est son ramparr, que l'Ordre regne dans son Estat , & que la Paix en garde les frontieres , l'honneur est ren-du aux choses sacrées , le prix à la Vertu , & la seureté à tous les suiets. Ses mouuemens sont mesurez , & ses fonctions compassées ; ou s'il y a quelque chose qui sorte hors de son allignement , les Loix en sont la regle, & la Raison re-stablit tout ce que le desordre auoit fait sortir de sa place. N'est-ce pas là que la faueur se voit surmontée par l'équité, la seuerité par l'amour, & l'ambition par la moderation ? N'est-ce pas là que l'innocence opprimée trouue en tout temps vn Asyle inuiolable dans la protection, & dans l'authorité des Magistrats ? N'est-ce pas là que les belles actions sont couronnées, que les lettres sont honorées , que les vertus sont recompensées , & que les vices reçoiuent le chastiment qu'ils ont bien merité ? N'est-ce pas là que l'abondance ouure son sein , qu'elle verse tous ses biens , & que la preuoyance du Prince dispute du prix auec la fertilité de la ter-re? N'est-ce pas là que le commerce ioint à vn seul Royaume , toutes les autres parties du

beneficio tutus nihil praesidijs egere. Sen.

Monde, qui fe dépoüillent elles-mefmes pour
luy offrir tout ce qu'elles ont de plus riche, &
de plus precieux ? Enfin, n'eft-ce pas là qu'on
voit non pas l'idée, mais la veritable police de
cette Region fortunée, où les Peuples viuent
heureux fous les loix d'vn Monarque qu'ils
connoiffent plutoft pour leur Tuteur, que pour
leur Maiftre ?

Apres tant d'auantages, & dans vne fi grande affluence de toute forte de biens, il ne fe
peut faire que le poffeffeur d'vn Eftat fi floriffant, ne fe trouue comme au milieu de la gloire, & d'vn Triomphe continuel, pendant que
fes fuiets content entre les bien-faits de la fortune, le iour auquel ils l'ont veu feant fur fon
Throfne. Mais quoy qu'il foit l'obiet ordinaire de leur admiration, quoy qu'ils épandent fur
luy mille fleurs, & qu'ils affemblent tous les Titres d'honneur pour les grauer fur fa Couronne; fi eft-ce toutefois, qu'il n'eft iamais fi hau-
tement loüé que par les Eftrangers, qui n'ont
aucun intereft ny en fa grandeur, ny en fes
loüanges. Pour comble de felicité, le tẽps qui
deftruit toutes chofes, ne fait qu'auancer les
progrez, & affermir la puiffance d'vne Monarchie qui fe maintient par fon propre poids, &
qui fe trouue affife fur des fondemens que nul
effort, & nulle pefanteur ne fçauroient ébrâler.
Ce n'a efté qu'apres de longues reuolutions
d'années qu'on a veu renuerfer l'Empire des
Affyriẽs & des Perfes, quoy que le cours de plus
de douze fiecles, n'ait encore pû apporter à la
Monarchie des François, qu'vn accroiffement
de grandeur, & de reputation. Il n'en eft pas
ainfi des Empires Tyranniques, i'entends mefme parler des mieux policez & des plus tolera-

bles, puis qu'Ariſtote nous aſſeure que de tous
ceux qui eſtoient paruenus à ſa connoiſſance,
il n'y en auoit aucun qui euſt eſtendu ſa durée
au delà de cent ans. En effet, s'il eſt vray que
toutes les operations procedent de la forme, &
que ce ſoit le deſtin de toutes les formes vio-
lentes, de voir bien-toſt finir leur eſtre, il faut
neceſſairement que les Empires cruels, & vio-
lens ſoient plus amers qu'ils ne ſont durables.
Comme le meſme poids qui ſouſtient & qui
appuye la colomne, haſte ſa cheute & la renuerſe ſur la terre quand vne fois elle eſt ébran-
lée, en cette ſorte, la Tyrannie qui commence
à chanceler, & dont deſia la cyme tremble
par ſa propre hauteur, fond enfin à bas, & s'enſeuelit ſous les meſmes ruines qu'elle a faites
dans l'Eſtat.

On peut oppoſer à cela, qu'il n'eſt point de
plus dure domination que celle des Ottomans,
qui à dire le vray eſt comme vn ioug de fer
impoſé aux Peuples d'Aſie & d'Afrique, & toutefois il ſemble deffier inſolemment la puiſſance de la fortune, & toutes les forces du temps.
Certes, quoy que les droits de la Nature y
ſoient entierement eſteints, & quoy que parmy tant de Parricides dont la famille de ces
orgueilleux Tyrans eſt extraordinairement
ſoüillée, il n'y ait point de milieu entre le
Throſne & le precipice, ſi eſt-ce toutesfois que
cét Empire cimenté de ſang, & accreu par les
dépoüilles des plus belles parties du Monde, a
deſia ſurmonté trois ſiecles, & ſa formidable
puiſſance eſt encore auiourd'huy la terreur de
tout l'Vniuers. Quelques-vns répondant à cette obiection, n'ont pas craint de dire que la ſeigneurie des Turcs, qui en ſes commencemens,

R iiij

& fous le regne d'vn Orchan , ne s'eftoit pa
beaucoup éloignée de la police d'vn iufte gou
uernement, n'auoit point degeneré en parfait
Tyrannie , que fous vn Mahomet qui fe rend
maiftre de Conftantinople, & qui viola tout c
qu'il y auoit de plus faint entre les chofes fa
crées , & de plus diuin entre les humaines
D'autres ont eftimé que la Principauté pure
ment feigneuriale, qui neantmoins eft acqui
fe par le droict des armes , ou par la Couftume
du Pays, & qui d'ailleurs ne fe départ poin
des loix de la Nature, ne laiffe pas d'eftre le
gitime encore que le Prince y foit le Maiftre
abfolu des biens , & des perfonnes , & qu'il re
duife les fuiets à la condition des Efclaues. S
on leur en demande la raifon , ils refponden
que la guerre a fa Iuftice , la Couftume fe
droicts , & qu'il eft permis au Vainqueur d'v
fer de fa victoire, & d'impofer telles loix,& tel
les conditions qu'il luy plaift, à ceux à qui il n
refte rien que la douleur d'auoir efté vaincus.
Toutefois , s'il faut rechercher la caufe d'vn ef
fet dans fon principe, il y a fans doute plus de
raifon de raporter la durée de l'Empire des Ot
tomans,à vn decret adorable de cette Prouidé
ce de qui les côfeils font impenetrables, & dôt
les voyes font le plus fouuet cachées à nos yeux
Il femble neantmoins qu'elle fe foit feruie de
armes,& de la haine de ces Tyrans,comme de
verges de fa iuftice, pour dompter l'orgueil d
ces Peuples impurs,Apoftats,& impies qui on
les premiers déchiré la Robe de fon Fils , & f
font efforcez de rauir les honneurs diuins à l
troifiéme perfonne de l'ineffable Trinité
Dans cét aueuglement,Dieu leur a ofté le con
feil, le courage , & le defir mefme de la liberté

D'où s'enfuit que la feruitude ayãt paffé iufques dans leur efprit, on ne peut pas dire qu'à leur égard la feigneurie fous laquelle ils viuent, foit violente & abfolument tyrannique. Il eft bien vray qu'il n'y a rien qui abrege tant le cours, & la vie ciuile d'vn Eftat que la violence, mais comme la moyenne Region de l'air, où fe forment les Tonnerres, les foudres, & les autres Meteores enflammez, demeure toûjours froide encore que le froid foit contraire à fa nature; Ainfi la Tyrannie ne laiffe pas quelquefois de vieillir quoy que fon iniufte gouuernement foit oppofé à la droite police, & qu'elle foit la fource d'où fortent les orages qui agitent les Peuples, & renuerfent les Republiques.

DES SECRETS DE LA DOMI-
NATION, OV DE LA RAISON D'ESTAT.

E Ntre tous les confeils par lefquels les fa-ges Monarques reglent le cours de leurs actions & les mouuemens de leur puiffance, il n'en eft point qui demandent plus de ref-pect, ny qui fouffrent moins la curiofité des ef-prits, que ceux qu'ils prennent fur le gouuer-nement & la conduite de l'eftat. Ils veulent que leurs fuiets ignorent ce qu'il ne leur eft pas permis de fçauoir fans danger, & l'O-racle de la Sageffe mefme les aduertit, que ceux d'entre eux qui voudront penetrer dans le fecret de leurs penfées, & mefurer la hauteur de leurs Thrônes, fe trouueront opprimez fous le poids de leur grandeur, & fous la gloire de

Arduos Principis fenfus ex-quirere illicitum & anceps. Tac.

leur Maiesté. Toutefois , il n'a iamais esté de
fendu de s'enquerir des conseils par lesquels le
Princes des siecles passez ont conservé la forc
de leur domination , puis qu'au contraire , il
auoit vn prix d'honneur proposé à tous ceu
qui renelefoient les noms propres des Dieu
Tutelaires de leurs Estats , que la Religior
couuroit du voile épais de ses mysteres. Ce se
ra donc sans crainte comme sans peril , qu
nous obseruerons icy qu'en l'Art de gouuer
ner les Peuples , ainsi qu'en tous les autre
Arts , il y a tousiours eu des raisons cachées &
inconnuës au vulgaire , sans le secours des
quelles les Estats n'eussent sceu ny conseruer
leur forme , ny acquerir leur perfection. Quel
que grandeur , & quelque puissance que pos
sedent les Roys qui les gouuernent , ils ne
ioüissent pas pourtant du priuilege des plus
petits Sculpteurs, qui peuuent donner à la ma
tiere sur laquelle ils trauaillent , telle form
que bon leur semble; mais les hommes souuen
plus durs & plus rebelles que les marbres mes
mes , font assez voir qu'ils sont nez à vne liber
té si grande , qu'au lieu d'obeïr ils opposen
l'obstination à la raison,& la rebellion au com
mandement. Il a donc esté necessaire de recou

*Arist.
Polit. lib.
4. c. 13.
& l. 5. c.
8.
Arcana
Imperij ,
simula-
chra Im-
perij.
Tac. Li-
bertatis
vmbra.*

rir à quelques secrets d'Estat , & à des inuen
tions qu'Aristote à nommées du nom de so
phismes , qui par vne specieuse tromperie
lioient l'esprit du peuple, & fascinoiët ses yeux
Comme il estoit grand Philosophe, & qu'il
sçauoit que les noms doiuent porter en eux le
caractere & les images des choses,il a voul
exprimer par vn seul mot la nature,& les effet
de ces artifices couuerts par lesquels les Repu
bliques sont administrées,& conseruées en leu

premiere gloire. Ils ne doiuent donc pas estre
mis au rang des choses illicites, car quand les
artifices sont honnestes, & que les ruses du
gouuernement seruent au public, & à la seureté
des Gouuerneurs, alors la tromperie n'est pas
seulement innocente, mais encore elle est heureuse pour ceux qui sont trompez. Que s'il est
ainsi qu'entre les Disciplines la Iurisprudence
& les Mathematiques ne sçauroient paruenir à
la fin qu'elles se proposent, sans le secours des
fictions qu'elles employent; Si l'Art de la guerre a des stratagemes & des ruses qui font rem-
porter les plus glorieuses victoires; Si la Per-
spectiue a ses feintes, ses esloignemens, & ses
diuerses apparences; Et si la peinture n'est iamais tant prisée que quand elle trompe la veuë
par ses ombres, par ses faux iours, par ses
clartez dérobées, & par ses secrettes intelligences que les maistres cachent dans leurs ouurages; Qui peut trouuer estrange que la Politique, c'est à dire la maistresse des Arts & des
sciences, admette des sophismes pour vne fin
plus noble & plus vniuerselle?

Apres cela, quiconque voudra chercher l'o-
rigine de ces secrets de la domination, il trouuera que la necessité les a inuentez pour les
opposer à l'enuie, qui s'attache d'ordinaire à la
souueraine puissance de ceux qui commandent
dans les Estats. Que si de plus, il desire d'estre
informé des iustes conditions qui les doiuent
accompagner, il connoistra que l'vsage en est
tousiours legitime quand ils sont conduits par
la prudence, & reglez par l'hônesteté. En effet,
le sage Politique n'imite point les Magiciens,
qui par des prestiges & des fascinations pleines
d'impieté, remplissent les sens d'illusions, &

Plin. Im-
perium
sine re
Vellei.
Blandi-
menta.
Iustin.

l'efprit de vaines images ; il fuit pluftô
l'exemple des veritables Philofophes, qui
fe feruent des mysteres de leur haute fcien
que pour en maintenir la dignité , & po
en faire vn obiet d'admiration à ceux qui
fçauent admirer que les chofes qu'ils
connoiffent pas. C'eft en cela mefme q
confifte l'vtilité de ces confeils , qui parm
les Anciens portoient le nom de fecrets
l'Empire , ou de la domination , & ils n'en o
iamais parlé que comme d'vne efpece de Rel
gion politique , qui voile fes mysteres pour l
rendre plus venerables. Quelques-vns les o
diftinguez , & par l'idée d'vne fubtile differen
ce qu'il leur fembloit y auoir apperceuë,
font imaginez que les fecrets de l'Empire al
loient tout droit à la conferuation de la puif
fance publique , & que les fecrets de la domi
nation regardoient de plus prez la perfonne d
Prince , & le parfait eftabliffement de fon au
thorité. Mais en effet , ils font fi eftroitemen
vnis par leur origine , par leurs effets , & pa
leur fin , qu'il eft impoffible de les feparer fan
rompre cette belle alliance , & cette vnion ci
uile qui fe forme entre les fouuerains & leur
Eftats , pour leur commun bon-heur. Ainfi
les fecrets confeils des vns & des autres fe re
duifent , & fe rapportent à ce que commune
ment on nomme Raifon d'Eftat , par laquelle
nous entendons cét Art mysterieux de gouuer
ner les Peuples , qui n'eft connu que d
ceux qui ont allié aux lumieres de la prudence
la longue obferuation des caufes , des actions
& des euenemens.

Ce n'eft pas toutefois qu'à confiderer la fi
gueur des termes , la Raifon d'Eftat qui con

ste aux actions de l'entendement & de la
volonté, soit vn Art dont la fin ne regarde
que l'ouurage, qui n'est pas vne action,
comme aussi l'action n'est pas vn ouurage. Il
faut donc dire que cette Raison n'est autre
chose, qu'vne parfaite connoissance des
moyens propres à fonder vn Estat, à le conseruer en sa premiere forme, & à luy acquerir
des nouueaux accroissemens de grandeur,
de dignité, & de reputation. En cette sorte,
elle suppose l'Estat comme la matiere, & le
Souuerain comme l'ouurier qui la reuest d'vne
vne forme excellente, & qui l'anime de cét
esprit de police, & de ces mouuemens secrets,
par lesquels les Empires sont conduits à leur
perfection. Pour cét effet, elle regarde le temps
present & l'auenir, & puis se reflechit sur
les choses passées, meprisant pourtant les
particulieres, & n'embrassant que les vniuerselles comme plus dignes de son occupation.
La police des grandes Villes, le gouuernement des Prouinces, la conduite des Peuples,
l'establissement des Republiques, & la seureté des Royaumes, sont les nobles & ordinaires obiets de ses desseins, de son office,
& de sa preuoyance. Certes, s'il est ainsi que
le gouuernement ciuil soit vne image racour-
cie de la grande police de l'Vniuers, il s'ensuit que comme il est necessaire de donner à
celle-cy vne Vertu superieure, & qui ne soit
point attachée aux regles ordinaires; il faut
aussi qu'il y ait dans la Republique vne raison vniuerselle qui soit affranchie de tous les
liens des loix ciuiles, & qui retienne sur elle la
suprême authorité. En effet, les Empires sont
de la mesme condition que les autres parties

du Monde , & le Monde ne fubfifte que pa
cét ordre qui foufmet les chofes particuliéres
aux vniuerfelles ; encore en ont ils d'autant
plus de befoin que leur eftre eft fans doute
plus foible & plus incertain , & que leurs parties toutes differentes ne font liées que par
les volontez inconftantes des hommes. Ce
n'eft donc pas fans fuiet qu'on a comparé la
Raifon vniuerfelle à la Vertu des corps cele-
ftes , qui domine fur toute la terre ; & qu'on a
dit encore , qu'elle imitoit la diuine Prouidence qui fe depart quelquefois des regles communes , & ne fuit pas le cours ordinaire , afin
d'entretenir l'harmonie , & de conferuer la
beauté du monde.

D. Tho.
2. 2. qu.
51. art. 4.

C'eft de là qu'on peut reconnoiftre que la
Raifon d'Eftat a la mefme proportion auec les
loix ciuiles , que la loy diuine auec les naturelles ; car comme pour éleuer l'homme au deffus
des forces de la Nature, il a befoin de la loy diuine qui feule luy peut donner fa perfection ;
auffi faut-il que dans le gouuernement politique, il y ait vne Raifon fuperieure & maiftreffe de toutes les autres , afin que par fon entre-
mife les peuples foient conduits à vne fin plus
parfaite & plus heureufe. Cependant , ceux
qui prennent l'ombre pour la verité, fe font
perfuadez que cette Raifon n'eftoit autre chofe qu'vne difpenfe de la loy commune, qu'vn
Priuilege des Souuerains contre l'equité, &
qu'vn droit eminent d'vne Tyrannie qui s'eft
renduë legitime par le temps, & par la foûmif-
fion des Peuples. Mais en cela , ils ont monftré qu'ils ignoroiët les differences qui fe trouuent entre la veritable Raifon d'Eftat & l'apparence, qui fans doute font autät éloignées l'vne

le l'autre, que la iuftice l'eft du crime. La premiere eft née dans la neceffité, qui a contraint les Souuerains de recourir à des moyens proportionnez à la fin de leur gouuernement ; Et la feconde a tiré fon origine de l'effrenée licence des Tyrans, qui ont voulu couurir leur infamie d'vn beau nom, & s'acquerir en mefme temps le pouuoir de violer toutes les loix auec quelque couleur de raifon. L'vne n'eft autre chofe qu'vne iuftice generale, qu'vne rigueur du gouuernement, qu'vne puiffance fouueraine qui applique l'vniuerfel au particulier, & en vn mot, qu'vne droite raifon, ou du moins, la plus noble & la plus excellente portion de la raifon ; l'autre au contraire, fe trouuant toufiours feparée de la Vertu, n'eft pas vne raifon d'Eftat, mais pluftoft vn crime d'Eftat, & vn inftrument de la Tyrannie. L'vne plus foufmife & plus modefte, reconnoift la Raifon diuine pour fa fuperieure, & mefme fouffre volontiers la correction de la Raifon naturelle qu'elle refpecte comme eftant vn rayon & vn découlement de cette Raifon fouueraine qui regit l'vniuers; l'autre toufiours fiere & barbare, méprife toutes les loix diuines & humaines, deftruit l'honnefteté, s'oppofe à la Nature, & fait la guerre à Dieu mefme. Enfin l'vne mefurant fa puiffance par le bien public, par la foy, & par la Religion, ne fe trouue iamais fans la vertu morale, & fans la prudence ciuile, mais l'autre ne veut point de bornes, & n'eft iamais fi fatisfaite, que quand elle peut rópre les barrieres qui ont efté mifes entre la iuftice, & l'iniuftice du gouuernement.

Ce font les differences qui fe trouuent entre la fauffe & la veritable Raifon d'Eftat, qui

δικαιὸτ
πλινκὸτ
Ariftot.
*Vis pote-
ftatis. Cic.
Vis Prin-
cipis. 2.
Curt.*

*Flagitia
domina-
tionis.
Tacit.*

n'eſt autre que la raiſon du bien public, gar
dant toûjours la meſme proportion auec la
Royauté, que la fauſſe & apparente Raiſon
garde auec la Tyrannie, ou que la vicieuſe forme de Republique conſerue auec la parfaite.
Cette ſouueraine maiſtreſſe de la vie politique
n'eſt pas écrite ſur des Tables, mais empreinte, & grauée dans le cœur & dans l'eſprit du
Prince qui l'employe dans les grandes affaires,
& dans les choſes qui ne ſe peuuent reduire à la
raiſon commune & ordinaire. Certainement
le Prince regarde, & conſidere les choſes par
vne raiſon vniuerſelle que les ſuiets ne connoiſſent pas, parce que d'ordinaire ils ne iu-
gent que par les raiſons particulieres, ſans s'é-
leuer aux ſuperieures. C'eſt en cette occaſion
que Platon comparoit les loix écrites à vn
homme obſtiné qui ne permet pas qu'on
change d'vn ſeul point ſes ordres, encore
qu'on en propoſe de meilleurs ; au lieu que du
Prince, de la loy, & de la Raiſon d'Eſtat, il ſe
fait vn admirable compoſé, par lequel le gouuernement politique reçoit ſa forme & ſa perfection.

En Polit.

Si maintenant nous voulons ſçauoir quelle
eſt la nature de cette Raiſon-dominante, qui
voit toutes les autres raiſons ciuiles ſouſmiſes
à ſon noble pouuoir, nous trouuerons qu'entant qu'elle l'exerce ſur le gouuernement,
elle appartient à la prudence politique, & ne
ſe raporte à la Vertu morale que par accident,
c'eſt à dire entant que le prudent gouuerneur a beſoin des Vertus pour faire de bons
Citoyens, & rendre les Cités heureuſes. Mais
parce que la Prudence ciuile a trois parties
dont l'vne conſulte, l'autre iuge, & la troiſiéme
commande

ſcommande; De là vient que la Raiſon d'Eſtat
à cauſe de ſa ſouueraineté, ne peut pas appar-
tenir à la puiſſance iudiciele qui eſt la partie la
moins noble de la prudence politique, puis-
qu'elle ſe trouue liée aux formules des loix ciuiles, & qu'elle ne fait qu'appliquer leurs de-
ciſions aux affaires dont elle termine le cours.
Au contraire, la Raiſon d'Eſtat qui eſt la loy
viue & ſuperieure, commande à toutes les
autres loix, les tempere, les corrige, & quand
il eſt neceſſaire, les abroge & les annulle pour
vn bien plus vniuerſel. Elle ne ſe raporte pas
auſſi à la Prudence regnante ou legiſlatrice,
qui ne s'occupe qu'à donner des loix aux Peuples, & des regles aux Republiques; puis qu'elle n'eſt pas ſi fort attachée à la contemplation
des choſes vniuerſelles, qu'elle ne deſcende
comme de ſon Throſne, pour ſe meſler dans
les particulieres qui peuuent contribuer à la
conſeruation des Souuerains, & au repos de
leurs Eſtats. Que ſi quelquefois on la voit aſſiſe
ſur le Tribunal de la Prudence Legiſlatrice, ce
n'eſt pas qu'elle ſoit ſa concurrente dans cette
fonction, puis que ſon Empire eſt plus noble
& plus eſtendu, & que les loix meſmes deue-
nuës ſes ſuiettes, reuerent ſes ordres & obeïſſent à ſes commandemens; il faut donc dire
qu'elle ſe rapporte à vne plus haute & plus
glorieuſe puiſſance, c'eſt à dire à la Prudence
conſultante, qui eſt l'Ame du Monde ciuil,
& la plus precieuſe partie qui ſoit en l'homme
politique, dont l'excellence conſiſte à bien
conſulter. C'eſt elle qui delibere de la Paix, *Ariſt.*
de la guerre, des Alliances des Peuples, des *Ethic.*
intereſts des Princes, & des droits des Em- *lib. 6 c. 9.*
pires; C'eſt-elle encore qui fait ſeruir à ſa fin

S

toutes les sciences actiues, qui preside à la fortu-
rune, à la vie, à l'honneur des hommes, & en vn
mot, qui execute dans l'Estat tout ce qu'on luy
voit executer dans la conduite des actions d'vn
particulier. Les choses les plus grandes, & les
plus difficiles sont ses obiets ordinaires, & quãd
il luy plaist de quitter pour vn temps la consul-
tation, elle passe à l'office de la Prudence Le-
gislatrice, se reuest de ses ornemens, prend son
authorité, & monte sur son siege. C'est en cette occasion qu'elle tient en ses mains les mode-
les, & les exemplaires de toutes les parfaites formes du gouuernement, qu'elle donne des loix
aux Estats, des regles aux actions des hommes,
& qu'elle fait tous les offices representez par cét
Oeil ouuert que les Roys d'Egypte auoient accoustumé de mettre sur leur sceptre.

Quant à son vsage legitime, Aristote nous l'a
monstré lors qu'il l'a cõparée non pas à la Regle de Polyclete, qui demeure toûjours droite
& inflexible, mais à la Regle Lesbienne qui plie
facilement, & qui s'accommode à toute sorte de
suiets & d'ouurages. La premiere ne sçauroit
exercer son office que dans cette forme de Republique, dont Platon auoit pris l'idée & le modele dans le Ciel; mais la Police des hommes
irreguliere & imparfaite, ne se peut passer de
l'vsage de la seconde. Tous les Estats ainsi que
tous les Astres, ont leur cours droit, & leur
cours oblique, & il ne faut pas croire que leurs
mouuemens soient si bien compassez à la Regle
de Polyclete, qu'ils ne biaisent quelquefois, & ne
sortent des premieres lignes que les Legislateurs auoient marquées sur le plan de leur fondation. Qui ne sçait point aussi que le Prince
est la loy viuante, & que comme personne publique, & representant toute la grandeur de

E l'Empire, il luy est permis de se détourner quelquefois de la raison particuliere, pour conseruer la generale en laquelle consistent la maiesté, la force, & la fortune de l'Estat? En effet, quand le Fondateur de Rome consacra vn bocage, & qu'il ouurit vn Azyle aux criminels pour en faire des Citoyens, il contreuint sans doute à la droite police, & passa par dessus les ordres de la loy ciuile ; mais aussi cette contrauention fut abondamment compensée par les auantages qu'en receut cette Ville naissante, qui par la grandeur de ses destinées, deuoit vn iour deuenir la mere des Armes & des Lettres, & la Maistresse de toutes les Nations. Cependant, quelque souueraine & absoluë puissance que la veritable Raison d'Estat exerce sur les loix écrites, elle ne fait pas que les choses qui de leur nature sont iniustes, se dépoüillēt de cette imperfection ; elle fait seulement que celles qui par les loix ordinaires ne sont pas permises, le soient par vn principe plus haut, d'où dépend la conseruatió & la felicité des Republiques. C'est par ce même principe, qu'elle reiette loin les maximes impies de la raison apparēte, qui persuade que la Iustice des Souuerains reside plutost dās l'étenduë de leur puissance, que dans les preceptes de l'équité, & qu'en fait de gouuernement, l'vtile doit toûjours estre preferé à l'honneste. Sur ces fausses & dāgereuses maximes, Themistocle faisoit voir aux Atheniés que rien ne leur pouuoit estre ny plus vtile, ny plus auantageux que de brûler la flote de Xerxes qui étoit sur les Anchres, & qu'ils auoiēt ciuilemēt receuë dans leur port; Mais au contraire Aristide leur representoit que le cōseil qui viole le droit des Gés, & rōpt la foy publique, c'est à dire le lien de la societé, n'estoit pas vne raison, mais plustost vn renuersement de toutes les raisons.

Or apres auoir reconnu en general la nature & les marques essentielles de la Raison d'Estat, il en faut considerer les especes qui ne sont pas moins diuerses que les formes du gouuernement, ou que les loix mesmes de la police des Estats. Il suffit de repasser les yeux sur les monumens de l'Antiquité, pour reconnoistre qu'entre tous les secrets de la domination, que la prudence ou l'ambition ont inuentez, les vns sont propres à maintenir vne Aristocratie, les autres s'accommodent mieux à la Democratie, & il y en a d'autres qui sont plus conuenables à l'Estat Monarchique. Dans les deux premiers, tout le mystere des secrets dont les Gouuerneurs & les Nobles se seruoient, tendoient à tromper le Peuple par de belles images de liberté, qui toutefois n'estoient en effet que des adoucissemens, & des lenitifs de sa seruitude. Ceux-cy donc preuoyant que le desir des honneurs mettroit facilement dans les mains de la commune, ce flambeau fatal dont elle auoit si souuent embrasé les Republiques, refuserent d'abord de les admettre à leurs alliances, pour ne luy donner point l'occasion de faire de ces mariages inégaux, vne matiere d'orgueil & d'insolence. Et parce qu'ils voyoient qu'elle aspiroit aux honneurs & aux charges publiques, pour luy en faire perdre le desir, ils la dechargeoient des peines que les loix imposoient à ceux qui ne se trouuoient pas aux élections des Magistrats. Par cet artifice, le Peuple demeurât satisfait du droit qu'il auoit d'assister à ces Assemblées, negligeoit le plus souuent de s'y trouuer, pour donner cependant son

Liu. lib. 4. Communium curarum experté esse populum. Tac.

temps & ſon loiſir aux ſoins de la famille. Il luy
eſtoit encore permis de renoncer à tous les
honneurs de la Republique, & il le faiſoit d'autant plus volontiers qu'ils luy eſtoient onereux
par les grandes charges qui ſe trouuoient coniointes à la dignité ; mais on ne permettoit iamais aux Nobles de s'en abſtenir, ny de ſe dépoüiller des marques de la Magiſtrature.

La creation des Tribuns, dont on auoit conſacré les perſonnes pour les rendre inuiolables,
fut encore vne inuention pour faire que le
Peuple s'imaginant de poſſeder luy-meſme
vne puiſſance, qui n'eſtoit donnée qu'à ſes
ſeuls defenſeurs, ne penſaſt iamais aux moyens
de s'éleuer au deſſus de ſa premiere fortune.
Mais parce que cette grande puiſſance des Tribuns la plus proche de la Royale, eſtoit ſuſpecte aux Nobles qui la regardoient comme vn
degré pour monter à de plus hautes eſperáces,
on luy oppoſoit l'authorité d'vn Dictateur qui
faiſoit ceſſer les fonctiós de tous les autres Magiſtrats, en eſteignoit les lumieres, & ſeruoit
comme de barrieres au débordement de la licence des Tribuns. Ainſi, par ces honneſtes &
ſpecieuſes tromperies, le Peuple qui prend plaiſir à ſe tromper luy meſme, & qui donne ſouuent le nom de liberté à ce qui fait vne partie
de ſa ſeruitude, demeuroit en repos, & n'entreprenoit rien ſur le gouuernement des Nobles.

D'ailleurs, ceux qui vouloient affermir les
fondemens d'vne Democratie, ou conſeruer
l'égalité dans vn Eſtat Ariſtocratique, prenoient garde qu'aucun ne vint à vn tel excés
de grandeur, qu'il peuſt attirer à luy ſeul toute la puiſſance publique. Pour cét effet, ils

auoiét inuenté l'Oſtraciſme, c'eſt à dire la peï
ne honorable des hommes eminents , ou le
banniſſement de ces Illuſtres Citoyens que
l'on contraignoit de ſe defendre de leur Vertu
ainſi que d'vn crime. Comme donc la ruine
d'vn grand baſtiment vient d'ordinaire de ce
que les principales pierres qui en lient tout
l'aſſemblage, ſe détachent des autres & pouſ-
ſent au delà de leur premier allignement ; Auſſi ſembloit-il que ceux qui par leurs hautes &
extraordinaires qualitez,ſe hauſſoient au deſſus
des autres, n'auroient pas pluſtoſt excedé la iuſte meſure que doit auoir vn Citoyen ; qu'au
meſme temps ils entreprendroient de rompre
les proportions de cette égalité qui eſt le centre du repos, & le lien des Republiques. C'eſt le
naturel du Peuple, ce perpetuel ennemy des
grands, de s'imaginer que tous ceux qui ſont
heureux luy ſont iniure ; & de là il arriue que
dés le moment que quelqu'vn s'eſt acquis vne
ſuprême authorité dans les affaires, la confiance qu'il auoit aupauant en luy, degenere
en crainte , & l'affection ſe tourne en vne im-
puiſſante ialouſie. Mais à dire la verité, ce n'eſt
pas tant vn mouuement de ſa crainte ; qu'vn
effet de ſon enuie , qui d'ordinaire ſe rend elle-
meſme cette iuſtice que de faire ſa peine & ſon
tourment de la felicité, & de la gloire des plus
excellents Citoyens. C'eſt ainſi que le Peuple
ne regarde iamais que d'vn aſpect oblique
ceux qui par les degrez des Vertus ſont montez aux plus hauts ſieges de l'honneur ; Et par
ce que dans cette eſleuation les diſtances ſe
trouuent changées, il arriue de là que les vns
croyent reculer pendant que les autres s'auancent. Quoy qu'il en ſoit, on peut dire qu

Elati ſu-
pra mo-
dum ho-
minis pri-
uati. Liu.

comme c'estoit autrefois vn crime que de loüer la clemence deuant Neron, on se persuadoit aussi que c'estoit vne chose digne de la peine du bannissement, que d'aymer, & cultiuer la Vertu dans vne Republique deprauée & corrompuë.

Cependant, l'Ostracisme ne laisse pas de trouuer des defenseurs, qui non contens de rappeller la maxime de ce Grec qui disoit qu'on ne deuoit iamais nourrir vn Lyon dans la Ville, ou qu'il luy falloit plaire, nous veulent de plus faire accroire qu'Aristote n'a point refusé son approbation à l'vsage de cette peine. Mais cela mesme est vne preuue de peu d'attention qu'ils ont apportée à la lecture d'vn Autheur, qui cache souuent ses beaux sentimens sous l'obscurité des paroles. C'est luy pourtant qui nous a dit en termes bien clairs, que le Citoyen eminent & de vertu heroïque, ne doit pas seulement estre consideré comme vn Monarque qui donne des loix à tout vn Peuple, mais qu'il doit aussi estre reconnu comme vn Dieu humain, qui partage sa felicité & sa gloire auec les autres Citoyens. C'est luy qui nous a fait entendre, qu'encore qu'vn tel Heros ne possede pas en effet l'Empire, il en est digne neantmoins, & que parmy ceux que la fortune esleue sur les Throsnes, il luy est plus honorable de meriter vne Couronne que de la porter. C'est enfin luy-mesme, qui nous a enseigné qu'vn homme si excellent ne doit pas estre conté entre les parties de la Cité, parce qu'il est plus grand que toutes les parties ensemble, & qu'il est au dessus des loix, qui ne sont pas faites pour celuy qui est vne loy viuãte à soy mesme. Que s'il se trouue qu'Aristote ait

ὥσπερ
γὰρ Θεὸν
ἐν ἀνθρώ-
ποις. *Polit. lib.*
3. c. 3.

quelquefois admis, & approuué la police qui p
enuoye en exil ceux qui par leur trop grande
puiſſance, ou par leurs immenſes richeſſes s'é-
loignent de la forme & de la fin de la Cité, il
n'a voulu parler que des Ambitieux qui aſpi-
rent à la Tyrannie, & non pas de ces hommes
incomparables qui ſont nés pour commander dans les Republiques. Que ſi au contraire,
il arriue qu'ils y obeïſſent à ceux qui leur de-
uroïét eſtre ſoûmis, c'eſt en cette occaſion qu'il
veut bié qu'ils deferét aux ordres qui leur ſont
donnez, mais comme s'ils les receuoient de la
bouche de Iupiter, & non pas de celle des Magiſtrats. Apres cela, il fait des vœux, & ſou-
haite que la Republique ſoit formée ſur vn
modele ſi parfait & ſi accomply, qu'elle n'ait
iamais beſoin du remede de l'Oſtraciſme, qui
ne peut eſtre bien receu que dans ces Eſtats déreglez, où les Timons commandent, & les
Ariſtides ſont exilez.

Il ne faut donc pas s'eſtonner ſi l'vſage en
eſtoit frequent dans les deſordres de l'Eſtat
Ariſtocratique de la Ville d'Athenes, & ſi depuis il fut introduit dans la Democratie des
Romains ſous vn ſpecieux pretexte, mais qui
auoit le meſme effet, & qui portoit les marques d'iniuſtice que le banniſſement des Grecs.
Deſlors qu'vn Citoyen né aux grandes choſes,
auoit fait apprehender aux autres le retour
odieux de la domination des Roys, on luy donnoit à l'inſtant le gouuernement d'vne Prouince, & par vn employ ſi honnorable, on
l'eſloignoit de la Ville dans laquelle on craignoit qu'il n'eſtabliſt le ſiege de la Royauté.
Que s'il ſe trouuoit que dans cét éloignement,
ſa Vertu qui l'auoit roûiours accompagné, luy
euſt

Virum
celſi ani-
mi in
bellum
ablegare
ſed citò
renocare?
quamquâ
ſe Ger-
manicus
parco iam
decori ab-
ſtrahi in-
telligeret.
Tacit.

euſt acquis dans la Prouince des ſuiets voloñ
taires, on ne manquoit iamais à le rappeller,
auant que ſa puiſſance euſt ietté de plus profondes racines dans vne terre eſtrangere. Mais
afin de donner quelque belle couleur à ce rap-
pel, on luy faiſoit ſçauoir qu'il eſtoit temps
qu'il vint recueillir dans la ville le fruict de ſes
trauaux, que les couronnes eſtoient preparées,
que le Peuple laſſé du retardement de l'effet de
ſes vœux, ſoûpiroit apres ſon retour, & qu'a-
pres tout il deuoit laiſſer de la matiere à la
gloire des autres Citoyens. C'eſt donc le deſtin des Eſtats populaires, qu'en quelque ſuiet que l'eminence des merites & du pouuoir ſe rencontre, elle ſe monſtre tellement
oppoſée à l'égalité de laquelle le Peuple eſt ſi
ialoux, que Caton meſme ſouſtenoit qu'vne
Ville ne ſe pouuoit dire libre, en laquelle le
Magiſtrat reſpectoit & craignoit vn particulier : Ainſi quand la valeur, ou l'eloquence
eſtoient montées au comble de leur perfection, comme elles pouuoient s'acquerir vn
Empire ſoit par la force, ſoit par la perſua-
ſion, elles deuenoient ſuſpectes à la liberté des
Citoyens, & celles qui auoient ſceu ſi glorieuſement defendre la vie & la fortune des autres, ne ſçauoient elles-meſmes ſe defendre de
la peine du banniſſement qu'on leur faiſoit
ſouffrir en la perſonne d'vn Ciceron & d'vn
Camille. Il eſt vray qu'on ne pouuoit pas dire
que ce fuſt vn banniſſement, quand ces hommes illuſtres ſortant de la Ville ne laiſſoient
rien apres eux de tout ce qui leur eſtoit propre,
puis que leurs merites les ſuiuoient, & que Rome ne voyoit aucun Citoyen qui ne fuſt plus
honteux, & plus confus que les bannis. A con-

T

feffer la verité, ce n'eſtoit pas vn Romain, mais
la Vertu meſme qui ſortit de Rome, quand
Scipion, c'eſt à dire le Triomphateur de l'Eſpagne & de l'Afrique, s'exila luy-meſme pour
ſe dérober à l'enuie, & pour donner le loiſir
aux autres de reſpirer, & de reuenir de l'é-
blöüiſſement qui leur eſtoit cauſé par le grand
éclat de ſa gloire.

Or pour faire qu'vne puiſſance ſi iniuſte &
ſi déreglée vint doucement, & inſenſiblement
à tomber de la main du Peuple, les grands de
la Cité luy accorderent par vne raiſon d'E-
ſtat, la liberté des denonciations & des accuſations deuant les Magiſtrats ; Mais toutefois
auec cette moderation, qu'il ne ſeroit point
indiſtinctement permis au moindre de la lie
du Peuple, d'accuſer ces hommes illuſtres dont
la reputation comme vn Threſor public, auoit
eſté miſe ſous la protection des loix de la Cité.
Au contraire, s'il arriuoit que celuy qui eſtoit
tout enuironné des rayons de l'honneur qu'il
auoit acquis dans les grandes charges, euſt ac-
cuſé deuant le Preteur quelque Plebeïen, &
que, par exemple, Scipion euſt denoncé vn
Auidius, celuy-cy eſtoit renuoyé abſous par
cette ſeule raiſon que ſon Accuſateur eſtoit
entré triomphant dans la Ville, & qu'il eſtoit
monté à vn tel excez de puiſſance, que pouuant tenter l'integrité des Iuges, elle deuoit va-
loir pour vne pleine iuſtification. En cette ſorte, quoy qu'il ſemblaſt qu'il y euſt dans la Republique beaucoup de ſeuerité pour les vns,
& beaucoup de liberté pour les autres ; ſi eſt-
ce qu'à bien iuger des choſes, c'eſtoit plutoſt
vne ſeuerité libre pour les Nobles, & vne ſeuere liberté pour le Peuple. La crainte que les

premiers auoient de ſe voir accuſez, ſans que la ſplendeur de la naiſſance, ny la gloire de leurs actions les en peuſt exempter, les rete-noit dans la moderation de leur pouuoir, & les autres ioüiſſoient d'vn doux & agreable re-pos, dans la creance qu'ils auoient de poſſeder ce qu'en effet ils ne poſſedoient pas.

L'vſage des Colonies fut encore vn ſecret de la domination, inuenté par les Nobles, non pas tant pour eſtendre le nom Romain, ny pour aſſeurer les frontieres de l'Empire, que pour affoiblir la trop grande puiſſance du Peu-ple, pour l'éloigner adroitement de l'admini-ſtration de la Republique, & pour luy dérober le ſentiment de ſa ſeruitude par vne image de grandeur, & de liberté. Pour cét effet, quand la Ville éprouuoit les ſymptomes qui naiſſent d'vne trop grande plenitude, quand le ſang boüillant dans ſes veines n'y pouuoit plus eſtre retenu ſans danger, & qu'elle tomboit en langueur par l'excés de ſes forces, on auoit accouſtumé de la ſoulager par de diuerſes Co-lonies, ou Peuplades qu'on eſtabliſſoit dans les Prouinces, à la façon des Abeilles qui dé-chargent leurs ruches par les exaims qu'el-les enuoyent au dehors. Les auantages & les accroiſſemens de grandeur qui reuenoient à la Republique de ce ſecret d'Eſtat, ont eſté iugez de telle importance par de celebres Poli-tiques, qu'ils ſe ſont efforcez de faire connoi-tre aux Souuerains combien il leur ſeroit vtile d'en renouueller l'vſage, au lieu des forterreſſes dont ils ont accouſtumé d'aſſeurer leurs Con-queſtes. Les raiſons de ce conſeil qu'ils don-nent, ſont qu'il y a plus de ſeureté, & moins de dépenſe à eſtablir des Colonies, qu'elles ſont

Non tàm ad hoſtes in officio continen-dos, quã ad fran-gendam plebis rem. Liu. lib. 10.

T ij

plus propres à peupler les païs, & à cultiuer les
terres defertes, & qu'elles.ont auffi plus de force pour retenir les Peuples fubiuguez,pour arrefter les courfes, & les progrez des ennemis.
Mais certes, quoy qu'ils puiffent dire, on découure de grands inconueniens dans les fuites
de ce confeil, quand on confidere que les Colonies ne font pas feulement des partages de
la Ville dont elles font extraites, mais qu'elles en font auffi les filles, qui fe reffouuenant
de la Nobleffe de leur extraction, & de la douceur de leur païs natal, ne regardent d'ordinaire les lieux de leur tranflation, que comme autant de fieges de la feruitude qui leur
eft impofée. C'eft de là que de filles qu'elles
eftoient par le priuilege de leur naiffance, elles deuiennent ennemies de leur mere par la
contrainte d'vne demeure, qui les éloigne de
l'air qu'elles ont premierement aymé & refpi-
ré. Ceux de Cremone & de Plaifance fe re-
uolterent contre les Romains, dans la creance qu'ils eurent que les Colonies les arrachant
du fein de leur Mere-Cité, eftouffoient dans
leur cœur la plus douce flame que la Nature
y euft allumée. Il eft vray qu'elles accroiffent
la grandeur de l'Empire, & qu'il en eft des
peuples comme des plantes qui ne peuuent
pas bien s'éleuer en vn lieu ferré; mais quand
elles font efloignées, cét amour qu'elles
auoient auparauant pour leur patrie, fe re-
froidit, & perd enfin toute la chaleur naturelle dont elles eftoient animées. On peut
adioufter à cela, qu'elles font fans comparaifon plus difficiles à eftablir, & de plus grande
dépenfe que les forterefles, ainfi qu'Augufte
& Tibere le reconnurent, lors qu'ils furent

contraints d'entretenir deux Legions en Afrique, trois en Espagne, & huit dans les Gaules, qui toutes ne seruoient qu'à remplir les Colonies, ou à couurir de leurs armes les suiets de l'Empire. Que s'il se rencontroit qu'elles fussent transportées en des païs fort éloignez, on ne les pourroit maintenir, ny secourir que difficilement contre les entreprises des voisins, outre qu'elles diminueroient le nombre des suiets, partageroient les forces de l'Estat, & enfin romproient les liens de leur obeïssance. Mais nonostant toutes ces raisons, s'il se trouuoit que le Peuple fust si nombreux, & si plein de factions qu'il ne peust estre retenu; Alors, l'vsage des Colonies pourroit estre commodément rappellé, pourueu toutefois que ce fust auec les conditions que les Portugais y ont apportées, quand ils ont comme incorporé en leur Estat les Colonies de Centa, de Tanger & de Melila. On s'en peut encore seruir pour moderer l'opiniastre ferocité d'vn Peuple indomptable, ce qui reüssit heureusement à l'Empereur Auguste quand il transfera les Sueues & les Sicambres, & à Charlemagne quand apres trente ans de guerre, il contraignit enfin les Saxons de changer de Climat, & d'aller receuoir sous vn autre ciel de plus benignes influences.

Or comme le Peuple se laisse encore plus facilement gagner par les yeux, ce ne fut pas vn des moindres secrets de la domination que de luy proposer l'objet agreable & attrayant des ieux publics, & des spectacles. Pendant qu'il estoit occupé à regarder auec des yeux auides les representations du Theatre, les chasses de l'Amphitheatre, les tournois du Cirque,

Id apud imperitos humanitas vocabatur cũ

pars fer-
uitutis es-
set Tac.

la pompe des Triomphes , & les Carofels in
ftituez à l'honneur de fes Dieux , il per
doit l'occafion & le defir tout enfemble d
faire des tumultes dans la Ville , & fon hu
meur feditieufe s'écouloit toute dans l'ar
deur des factions qui fe formoient fur les li
urées, & fur les couleurs des partis. C'eft ain
fi qu'il faifoit fa plus grande ioye de cela mef
me qui deuoit eftre la matiere de fa douleur
s'il euft confideré que tous ces voluptueux fpe
ctacles où fe déployoient la magnificence Ro
maine , eftoient en effet autant d'attraits
d'allechemens, ou pour mieux dire , n'eftoien
que le prix de fa feruitude , & les inftrumen
de la Tyrannie. Les combats mefme des Gla

Quanto
maiore li-
bertatis
imagine
regeban-
tur, tanto
erupta ad
infenfius
feruitiū.
Tacit.

diateurs, c'eft à dire ces homicides publics
qui en leur premiere inftitution , n'eftoien
que des fupplices dont on puniffoit les enne
mis captifs, où des honneurs funebres decer
nez aux Ombres de ceux , de la mort defquel
on fe confoloit par la mort des hommes , fu
rent depuis conuertis en Art & en ieux , & fer
uirent de fanglants paffetemps à vn Peuple
qui fans cét objet de volupté inhumaine , euft
volontiers répandu le fang des Citoyens. B
cette forte, on l'entretenoit pour l'empefcher
de prendre garde aux entreprifes du Senat &
des Nobles ; & parce qu'au commencement
les Theatres d'où l'on voyoit ces diuertiffe
mens, eftoient faits fur le champ, & ne du
roient pas plus long-temps que les fpectacles
mefmes, Pompée fut le premier qui en fit dref
fer de ftables & de permanens , & les fieges
qu'il y adjoûta furent comme autant de Tro

Expedit
tibi Cefar

nes de l'oyfiueté qui d'ordinaire accompagne
la feruitude. Certes Augufte qui connoiffoi

bien quels estoient les effets de ce secret de la domination, ne croyoit pas deroger à sa grandeur quand il se faisoit spectateur de ces exercices, quand il inuitoit les autres à se trouuer sur les Theatres, quand il mesloit sa voix aux applaudissemens du Peuple, & qu'il partageoit ainsi auec luy les priuileges de la liberté. Comme il possedoit la science du gouuernement, il n'ignoroit pas aussi que les soldats se gagnent par les largesses, le menu Peuple par l'abondance des commoditez, & les Grands par les honneurs, mais que tous ensemble sont retenus par l'agreable douceur d'vn loisir qui est accompagné de plusieurs diuertissemens.

plebem sic occupatam esse. Mæcenas apud Dion. Ciuile videbatur misceri voluptatibus vulgi. Tac.

Ce n'estoit pas assez d'auoir ainsi gagné le Peuple par les yeux & par les oreilles ; il le falloit encore desarmer, & par vn artifice caché luy oster doucement les instrumens de sa fureur, & les moyens d'entreprendre sur la conduite de la Republique. C'estoit pour cela qu'on ne l'obligeoit point à se fournir d'armes, ny à cultiuer l'Art qui apprend à s'en bien seruir; Au lieu que les Nobles, outre la peine des loix de police, estoient flaistris par les Censeurs d'vne honteuse marque, autant de fois qu'ils se trouuoient sans armes, ou qu'au milieu mesme de la Paix, ils negligeoient les exercices de la guerre. En cette sorte, ceux-cy fauorisez du pretexte des commandemens de la loy & du Magistrat, estoient tousiours prests, & en estat d'authoriser leurs resolutions par la force, & mesme de faire ceder la Iustice à la violence, pendant que l'autre se repaissant d'vne image vaine de liberté, ne tenoit compte d'accomplir ce dont il se croyoit exempt par vn singulier priuilege.

T iiij

Mais dequoy euſt-il ſeruy à la ſeureté publique de deſarmer le Peuple, ſi cependant il euſt eſté au pouuoir des Nobles de partager entre eux l'Eſtat comme vne proye offerte à leur ambition? Pour deſtourner donc ce peril, on ne craignoit point de mettre en vſage ce ſecret conſeil de Caton, qui alloit à diuiſer leurs forces en diuiſant leurs intereſts, leurs eſprits, leurs affections. Ce conſeil d'abord ſembleroit tenir de la Tyrannie, ſi on ne ſçauoit point que ce ne fuſt nullement la diuiſion, mais pluſtoſt l'vnion de Pompée, de Ceſar, & de Craſſus, qui ietta la Republique dans les derniers malheurs, & enfin l'enſeuelit ſous la grandeur de ſes propres ruines. En la ſcience des Eſtats comme en celle des Mathematiques, tout ce qui fait mouuoir les autres demeure neceſſairement en repos, & ſi d'autre part, les cieux n'auoient point de mouuemens contraires, l'Vniuers ne iouïroit pas de cette paix eternelle qui lie toutes ſes parties, qui anime leur commerce, & qui les conſerue dans leur premiere perfection. Ce qui ſe fait dans le gouuernement vniuerſel du Monde, ſe fait auſſi dans la conduite des Empires, & il ſemble que le Legiſlateur de Sparte l'auoit bien reconnu, quand il meſla ſubtilement dans la police de cette Republique, l'ambition & la ialouſie comme autant d'aiguillons de la Vertu, & de la gloire. Il faut neantmoins reconnoiſtre que la force de ce ſecret s'employe bien mieux ſur les ennemis, & pour faire que ceux qui ne nous peuuent pas aymer, ſe haïſſent eux-meſmes, & ſoient abandonnez à leurs diſſenſions domeſtiques.

Cependant entre les ſecrets de l'Empire, qui

*Tu cauſa
malorum
facta tribus domi-
nis com-
munis
Roma.
Lucanᶠ*

font communs à toutes les especes de gouuernement, il n'en est point de plus loüable que
celuy qui ordonnoit que la ieunesse fust insti-
tuée sous vne discipline qui eust la force d'accommoder ses mœurs à la forme de l'Estat,
dans lequel elle estoit née auec cette condition
sous-entenduë, qu'elle luy payeroit vn iour
le prix de sa naissance. Si donc il arriuoit que
le sort luy eust assigné vne Democratie, on
prenoit le soin de l'esleuer, & de la nourrir
dans l'amour de la liberté ; Et si elle estoit destinée à viure sous les loix d'vn Estat Aristocratique, la puissance publique luy estoit proposée comme vn objet digne de ses desirs, &
de ses hautes esperances. Mais si la fortune
plus fauorable l'auoit fait naistre dans vne Monarchie, alors on s'estudioit à tourner ses inclinations, & à dresser ses premiers mouuemens à la Vertu & à la sagesse ciuile ; car il seroit malaisé de resoudre qu'est-ce qui contribuë dauantage à la perfection de la vie politique, ou l'heureuse naissance, ou la bonne institution. En effet, Aristote nous apprend que
la monstre & l'image de toute la vie de l'homme, reluit dans ses commencemens, & il est
probable que ce fut par son conseil qu'Alexandre fit esleuer à la Macedonienne trente
mille ieunes Persans ; & qu'à son exemple les
Romains establirent des seminaires dans les
Prouinces esloignées, sous ce pretexte de vouloir polir & ciuiliser les Peuples barbares. Il y
en a mesme qui ont esté persuadez que Brutus
ne fit mourir ses enfans, que pour auoir esté
nourris sous la Royauté, où ils auoient pris vne
teinture de mœurs, & contracté des habitudes
qui estoient contraire à la liberté qu'il vouloit

eftablir. Mais entre tous les Peuples qui ont efté pouffez du defir de s'éleuer au deffus des autres, les Spartiates s'acquirent la gloire d'auoir mieux fceu l'Art de façonner, & de preparer la ieuneffe à la police, aux loix & aux couftumes d'vne parfaite Republique. Ils vouloient que fes ieux mefmes fuffent ferieux, que fes querelles les plus innocentes portaffent quelque image des combats qu'elle deuoit vn iour entreprendre, & qu'enfin toutes fes actiõs fuffent autant d'effais, & comme des preludes des belles chofes dont elle eftoit redeuable à fa patrie tant pour le tribut de fa naiffance, que pour le prix de fon inftitution. A dire le vray les bonnes mœurs ne naiffent pas auec nous, quoy que Platon nous ait pû dire, & bien que la Nature en donne les femences, elles demeureroient neantmoins cachées dans leur centre, fi on ne les cultiuoit point par l'art, & par le foin de ceux qui gouuernent dans les Eftats. Les loix mefmes, quelques faintes qu'elles puiffent eftre, & quelque confentement que les Princes y apportent, n'auroient point leur legitime vfage, fi l'education & les exercices de la ieuneffe ne fe raportoient pas à la fin, & à la forme du gouuernement.

Outre cela, les Romains par vn autre fecret d'Eftat qui leur eftoit particulier, auoient accouftumé d'introduire dans tous les lieux de leur conquefte, l'vfage & le commerce de leur langue, en laquelle refidoit vne partie de la Maiefté de l'Empire, & qu'ils confideroient comme l'inftrument de la domination, & l'Arbitre du commandement fouuerain. Ils l'eftendoient au loin par l'inuention des Colonies, & le foin qu'ils auoient de la mettre en

honneur parmy les Nations estrangeres, n'e-
stoit pas moindre que celuy qu'ils prenoient
pour les assuiettir. Ce fut en cela que la fortune seconda si heureusement le dessein de ce
premier Peuple du monde, que comme il auoit
subiugué tous les autres Peuples, il se surmon-
ta soy-mesme par l'estenduë de sa langue, &
par le grand nombre des suiets libres & volontaires qu'elle fit entrer sous sa domination.
On sçait que la langue des Perses, des Medes,
& des Assyriens, n'arriua iamais iusques aux
dernieres bornes de leurs Estats ; Et cependant celle des Romains, victorieuse dans toutes les parties du Monde a donné des loix aux
Peuples mesmes qui n'ont pû souffrir celles de
leur Empire. C'est sans doute qu'ils croyoient
s'acquerir la vraye liberté dans vne si heureuse
suietion, & ils faisoient estat que s'il y auoit
de la honte à ployer sous les armes qui menaçoient leur vie, leurs biens, & leur fortune,
il y auoit aussi de la gloire à se soûmettre à
vne langue qui leur ouuroit le chemin à l'immortalité, qui leur monstroit des Tresors in-
corruptibles, & qui rendoit leur societé ciuile plus agreable & plus éclairée. Apres cela,
il ne se faut pas estonner si ces Vainqueurs
des Nations en estoient si ialoux, qu'ils ne
répondirent iamais aux Grecs qu'en Latin,
& qu'autant de fois que leurs Ambassadeurs
vinrent à Rome, ils les obligerent de parler
en la langue de l'Empire, ou de s'en retourner sans estre ouys dans le Senat. Ce n'estoit
pas qu'ils ne connussent bien l'elegance, les
graces, la politesse, & les richesses de la langue
Grecque ; mais ils n'estimoient pas qu'il fust
bien-seant de soûmettre à ses attraits la

*Quo La-
tina vo-
cis honos
per om-
nes gen-
tes vene-
rabilior
diffunde-
retur.
Valer.*

*Ne Græ-
cis vn-
quam ni-
si Latinè
responsa
darent.
Valer.*

grauité Romaine, & la Majesté de la Rep
blique. Ils se souuenoient qu'Alexandre auo
blasmé le premier de ses Capitaines de
qu'il s'estoit serui de la langue des Perses,
la passion qu'ils auoient pour la pureté de
leur, monta à cét excez, qu'encore que leur
Empereurs peussent facilement accorder
droit de bourgeoisie à vn homme barbare,
ne leur estoit pas permis de le donner à vn mo
barbare, ny de le naturaliser, ou l'adopter en
la Cité.

Enfin, quand ny la prudence des Legisla
teurs, ny l'authorité des Magistrats, ny la ma
iesté de la Republique ne peurent plus rete
nir le Peuple dans l'obeïssance, on commen
ça dessors d'adiouster aux remedes des lor
impuissantes, la force de la Religion. Comm
l'amour de l'Estat estoit sorti du cœur des Ci
toyens, & qu'il estoit necessaire d'y faire en
trer la crainte, ceux qui auoient plus de par
au gouuernement, iugerent qu'il n'en estoi
point de plus naturelle, ny qui fist de plus for
tes & de plus durables impressions dans l'espri
du Peuple, que celle qui venoit du respect &
de la reuerence qu'ils auoient pour ses Dieux
Les Romains se persuadoient que Scipion n
montoit au Capitole, que pour receuoir de l
bouche d'Apollon, les conseils necessaires a
salut de la Republique; Et les Espagnol
croyoient estre conduits par quelque Dieu
quand ils voyoient Sertorius auec sa Biche
De cette creance du Peuple vinrent les Augu
res, les Auspices, les diuerses ceremonies qu
estoient comme des paroles visibles, les simula
chres de Pallas, & ces Boucliers sacrez que l'o
cachoit auec tant de soin, & qu'on faisoit pa

Patres
non vi
agebant,
sed preci-
bus, &
inter pre-
ces multa
Deorum
mentio
erat. Liu.

ser pour autant de gages de la durée de la Republique. Tel fut l'artifice de Numa second
fondateur de Rome , quand pour adoucir
l'humeur farouche & sauuage d'vn nouueau
peuple , il fit de la superstition la plus illicite ,
c'est à dire, des prestiges de la Magie , vn secret & vn Art qu'il laissa dans vn liure, & qui
fut par ses ordres enseuely auec luy dans vn
mesme Tombeau. Mais , comme par succession de temps , la curiosité des hommes , qui
ne pardonne point aux cendres des morts ,
eut déterré ce depost d'illusions & de fraudes ,
le Senat iugea qu'il estoit du bien de l'Estat
de le faire brusler deuant les yeux de tout le
peuple. Ce n'estoit pas qu'en cét exemple public , il luy voulust oster les occasions de s'a-
donner aux Arts deffendus , mais il pretendoit
seulement luy dérober la connoissance des
tromperies , dont on se seruoit pour le tenir
dans la suiétion , & pour luy faire aymer les
chaisnes de sa seruitude.

7 Voilà les principaux secrets des Estats populaires , & il ne reste plus qu'à découurir ceux
que les Princes ont mis en vsage dans le gouuernement des Monarchies. Si la recherche en
est plus difficile , c'est parce qu'Aristote ne
nous en a rien laissé dans ses escrits de Politique, quoy qu'ils ne luy fussent pas moins connus que les au tressecrets des Republiques ; car
qu'est-ce qu'il y pourroit auoir en la Philosophie naturelle, ou en la ciuile, qui ait échap-
pé a sa connoissance ? Ce n'est donc pas sans
dessein qu'il les a couuerts de son silence , soit
qu'il n'ait pas voulu reueler les secrets de l'Empire d'Alexandre son Disciple & son Roy , soit
pour ne rendre pas commune la science royale

Consilia atque artes Imperatoria. Cic. & Liu. Arcana dominationis regiæ, progugnacula maiestatis.

qu'il se reseruoit, soit que les obseruations qu'
en auoit faites, nous ayent esté rauies par l'iniure du temps, ou pour la malice des hommes.
Toutefois, nous auons dequoy nous consoler
en quelque sorte de cette perte incomparable
par les iudicieuses remarques dont Tacite, ce
Thucidide Romain, a parsemé & enrichi ses
Annales, & son histoire.

Premierement, il nous apprend que les Princes qui ont voulu donner de fermes fondemens à leur Empire naissant, & transmet-
tré à leurs successeurs vne puissance durable,
ont creu que c'estoit vn secret d'Estat de ne
passer iamais d'vne extremité à l'autre, en
changeant tout d'vn coup la forme du gouuernement. A confesser la verité, le changement de viure au corps, ou des habitudes en
l'Ame, n'est point si dangereux que celuy des
mœurs des suiets dans vn Estat, encore qu'il
tende en vne meilleure & plus parfaite forme
de police. La Nature mesme à qui tout mouuement precipité fait violence, n'a pas accoustumé de ioindre front à front les substances
dont les qualitez sont contraires; mais par vne
liaison qui tient des vnes & des autres, elle se
rend mediatrice de leur paix, & arbitre de
leur commerce. Enfin, les bons Politiques
comme les bons Musiciens, ne passent iamais
d'vne dissonance à vne consonance sans vn
milieu qui forme l'harmonie ciuile, & modere
les mouuemens & les saillies des Peuples, qui
pourroient rompre le concert qui fait subsister
les Estats. C'est pour cela qu'on auoit donné au
Dictateur Romain vne puissance moyenne entre l'Estat populaire & le royal, & que le Tribu-
nat estoit consideré par les premiers Cesars,

comme vn paſſage & vn degré pour monter à
l'Empire. Ils ſçauoient bien auſſi que la nouueauté de tous les eſtabliſſemens eſtoit tellement ſuſpecte au Peuple, qu'apres le banniſſement des Tarquins, ceux qui eſtoient accou-
ſtumez aux loix de la Monarchie, & qui
auoient veu la pompe & la ſplendeur de leurs
Roys, ne pouuoient pas ſouffrir le changement
qui s'eſtoit fait de la ſeruitude à leur liberté.
De là nous apprenons la raiſon pour laquelle
Auguſte s'abſtint du nom de Roy, odieux aux
Romains, pour prendre le modeſte titre de
Prince, auquel il adiouſta ceux de Conſul & de
Tribun, afin d'eſtre touſiours Maiſtre du Peuple par cette image de ſa premiere liberté. Tibere marchant ſur les traces de ſon Predeceſ-
ſeur, n'entreprenoit rien au commencement
que par l'authorité des Conſuls, & quand il
faiſoit quelque changement, il reueſtoit toû-
iours la nouueauté qu'il introduiſoit, des anciens noms auſquels le Peuple eſtoit accouſtumé. Certes, comme les conuerſions des Aſtres
& le retour des ſaiſons, ne ſe font point ſans
tonnerres & ſans tempeſtes; on ne change point
auſſi la forme du gouuernement, qu'il ne s'éleue
des orages ciuils qui agitent l'Eſtat, & qui ſouuent le precipitent dans les derniers malheurs.
Apres cette obſeruation, Tacite en fait vne
autre, quand il dit que Galba n'euſt pas plû-
toſt pris dans l'Eſpagne les ornemens Impe-
riaux, que le ſecret de l'Empire fut reuelé en ce
qu'on reconnuſt qu'vn Prince pouuoit eſtre
creé, & declaré ailleurs qu'à Rome. La Religion auoit auparauant caché ce myſtere politique, & la creance du Vulgaire eſtoit que

Euulgato Imperij arcano poſſe Prin-cipem ali-bi quàm Romæ fie-ri. Tac.

comme cette superbe ville se vantoit d'estre
siege fixe de la fortune de l'Estat, qui au
laissé des gages de sa constance dans le Capi
tole ; Aussi auoit-elle seule le droit & le pou
uoir de ceindre d'vn Diadême la teste des Ce
sars. Il n'estoit pas mesme permis de nomme
vn Consul hors de son enceinte, & de là vin
que Galba refusa d'abord le Titre d'Empereu
& se contenta de prendre celuy de Lieutenan
general du Senat, iugeant luy-mesme que le
legions qui residoient dans les Prouinces, n'a
uoient pas le pouuoir de donner vn Chef & v
Maistre non seulement à Rome, mais presqu
à tout l'Vniuers. C'estoit à dire le vray, vn
espece de seruitude que de renfermer dans le
murs d'vne seule Ville le bon-heur de celuy
que les soldats, Arbitres perpetuels de l'Em
pire, pouuoient en tous lieux esleuer sur leurs
boucliers, pour de là le porter sur le Throsne
mais d'autre part, c'estoit comme vn ombre
de la liberté du peuple, quand on luy laissoi
croire que ses suffrages estoient necessaires en
l'eslection d'vn Empereur. Il se confirmoit
d'autant plus en cette creance, qu'il n'ignoroi
pas que ce n'estoit qu'à Rome, la Maistresse
des armes & la Tutrice de la Paix, qu'on pou
uoit declarer la guerre aux Peuples estrangers,
ou contracter des Alliances auec eux. C'estoit
peut-estre pour cela, que par vn autre secret
d'Estat, les Empereurs n'abandonnoient cette
Ville que rarement, ou pour des occasions tres
importantes ; Auguste y demeura dix ans sans
en sortir ; & quelque conseil qu'on peust donner à Tibere, pour le faire passer en Illyrie &
delà dans la Pannonnie, il se tint à Rome qui
donnoi

*Consul
auspicato
extra Ro-
mam fieri
non po-
tuit. Liu.*

*Fixum
Tiberio.
fuit non
amittere
caput re-
rum. Tac.*

donnoit le mouuement à toutes les Prouinces, à laquelle comme au centre de l'Empire, se rendoient & se raportoient toutes les affaires du monde.

Il y auoit encore vn autre secret de l'Empire, dont enfin Auguste fit vne loy, par laquelle le gouuernement de l'Egypte qu'on auoit autre-fois refusé à Cesar, fut interdit aux Senateurs, à qui mesmes il estoit defendu d'entrer dans la Ville d'Alexandrie. Si on recherche les raisons de cette loy mysterieuse, on iugera que ce grãd Prince auoit consideré que cette Prouince fer-tile en bleds & en richesses naturelles, estoit le magazin & comme l'vne des mammelles de Rome ; Que la nature auoit si bien fortifié sa Ville capitale, que son abord se monstroit de tous costez inaccessible ; qu'elle estoit la clef de la Terre & de la Mer, & au reste si feconde & si ingenieuse en toute sorte de delices, qu'il y auoit lieu de craindre qu'elles ne passassent comme par contagion, dans les mœurs des Romains. Outre cela, ce Peuple d'Egypte estoit leger, remuant, factieux, & si subtil en inuentions, qu'il se vantoit d'auoir trouué l'Art, qui fait en peu de temps ce que le Soleil n'acheue qu'apres plusieurs siecles dans le sein de la Terre. Auguste donc faisant reflexion sur toutes ces choses, & venant à considerer que quelque puissant Gouuerneur de cette Prouin-ce pourroit vn iour affamer l'Italie par la de-fence de la traitte des bleds, ordonna que le gouuernement n'en seroit iamais commis à aucun des Senateurs, dont plusieurs surpas-soient les Roys mesmes en opulence & en au-thorité. Ce fut donc le partage des seuls Che-ualiers Romains, mais auec cette condition

Ægyptũ aditu dif-ficilem, an nona fœcundã, superfti-tione ac lasciuia discordem, domi re-tinere, &c. Ta-cit. hist.

Ne famis urgeret Italiam Tacit.

V

qu'il ne mettroient iamais le pied dans la Vile d'Alexandrie en qualité de Gouuerneur.
En vn mot, les Empereurs en estoient si ialoux, que ce fut vn crime d'Estat à Germanicus mesme, de s'estre laissé toucher du desir de
voir parmy les autres fameuses antiquitez de
l'Egypte, ce superbe monument de la magnificence d'Alexandre, dont il portoit le nom.
Cependant, Alexandre pour s'asseurer de ce
Royaume, l'auoit diuisé en plusieurs Prefe-
ctures; mais Auguste l'ayant reduit en forme
de Prouince, ne luy donna qu'vn seul Gouuerneur, dans la creance qu'il auoit que l'emulation, & la ialousie de plusieurs Gouuerneurs
partageoit la Prouince qu'vn seul tenoit vnie
sous les loix du deuoir, & de la parfaite obeïssance. Toutefois, vn seul Gouuerneur peut
auec plus de facilité former vn party que plusieurs, & Rome mesme vit vn Cheualier qui
en faueur de Vespasien, souleua toute l'Egypte
contre Vitellius qui alors possedoit l'Empire
& la puissance des Cesars. C'est ce qui dans
tous les siecles a partagé les esprits sur ces deux
diuers conseils d'Alexandre & d'Auguste, sans
que l'on ait encore adiugé le prix de la prudence politique ny à l'vn, ny à l'autre de ces illustres concurrens.

C'estoit par la mesme raison d'Estat, qu'on
auoit accoustumé de prendre les Prefets du
Pretoire du rang des Iurisconsultes, & non
pas du nombre de ceux qui faisant profession
des armes, pouuoient plus facilement abuser d'vne puissance qui n'estoit pas beaucoup
éloignée de l'absoluë. Quand encore la loy
Romaine ne permettoit pas que celuy qui venoit de se dépoüiller des ornemens du Consu-

Suet. in
Tiber.

Tuū sibi
non exi-
stimans
vnius
Imperio
totā Æ-
gyptum
credi.
Arrian.

Vespasia-
nus inua-
surus Im-
perium,
claustra
Ægypti
obtinuit.
Tacit.

t , fuſt pourueu du gouuernement d'vne
prouince qu'apres l'eſpace de cinq ans , c'e-
ſtoit afin qu'en luy donnant le temps de reprendre les modeſtes penſées de ſa premiere
fortune , il perdiſt cét orgueil & ces hautes eſperances qu'il auoit conceuës dans l'exercice
de la plus éclatante dignité de la Republique.

Ce n'eſt pas tout , car on mettoit auſſi entre
les ſecrets de l'Empire , les defenſes qu'on faiſoit aux Grands de rechercher la faueur du
Peuple , ou l'affection des ſoldats par les largeſſes, par les ſomptueuſes depenſes , & par les
perſuaſions. Dans la vigueur de la liberté,
on fit à Rome vn exemple public de celuy qui
propoſa la loy du partage des champs entre
les Citoyens du dernier ordre, parce qu'il ſembloit ſe frayer par là le chemin à la Tyrannie.
On n'épargna pas meſme le glorieux Liberateur de Iupiter Capitolin , puis que pour auoir
acquitté les debtes de pluſieurs Romains , il fut
precipité du haut du Rocher qu'il auoit defendu auec tant de valeur contre les aſſauts des
Gaulois. C'eſt ainſi que ſous la domination
des Empereurs , la liberalité , la magnificence,
& generalement toutes les façons populaires
furent priſes pour des crimes d'Eſtat, iuſques
là que les grands n'oſoient aller dans les armées, ny meſme y enuoyer des lettres , parce
qu'on les faiſoit paſſer pour vne marque de
l'vſurpation de l'Empire. Marcher ſans ſuite
dans la Ville , viſiter les ſoldats au Camp, manier leurs bleſſures,leur parler du haut d'vn Tribunal fait de gazon , les appeller par leurs
noms, entretenir les vns d'eſperances,& les autres de preſés,c'eſtoit auoir entrepris ſur la Majeſté du Prince, c'eſtoit vn attentat qui ne trou-

Si priua-tus eſſet, cur publi-cè loque-retur. Tacit. Literas ad exer-citus tan-quam ac-cepto principa-tu miſit. Id.

V iij

uoit point de pardon. Apres cela, il ne faut n
demander pourquoy Tibere ne souffrit iama
que les Tribuns fissent la dépense des ieux pu
blics, ny s'estonner si Germanicus fut en pein
de se défendre de ce qu'il marchoit à pied, test
nuë, & sans Gardes, puis que Seneque mes
me fut accusé de s'estre serui de son eloquenc
comme d'vn instrument tres-propre à fleschi
le cœur des Citoyens. Quoy qu'il en soit, &
quelques marques de Tyrannie qu'il y puiss
auoir dans ces ialousies des Princes, il est cer
tain que d'ordinaire la liberalité, la magnifi
cence, & la douceur, sont les compagnes d
l'ambition, & que toutes les Vertus sont auss
dangereuses que les vices mesmes, dans l'es
prit des Grands qui aspirent à la puissance sou
ueraine.

*Sine mi-
lite ince-
dere, in-
fectus,
&c. Tac.*

Or comme il estoit necessaire de preueni
ceux qui de ces façons populaires, se pouuoient
faire vn degré à l'Empire, Aussi faloit-il em
pescher qu'aucun General d'armée s'attribuas
l'honneur des Victoires, & des heureux succes
des entreprises difficiles. Ce que sont à Dieu
les causes secondes, les mains des suiets le son
au Prince, à la bonne fortune duquel ils doi
uent tousiours raporter tout ce qu'ils execu
tent de plus glorieux dans les armes, sans ia
mais partager auec leur Maistre l'honorable
prix des Triomphes. C'est ce que Germani
cus, quand apres tant de victoires remportées,
il parla magnifiquement de Tibere, & de la dé
poüille des Allemans, dressa vn Trophée sou
son nom, sans y adiouster le sien, comme s'il
n'eust point eu de part aux conquestes dont il
s'estoit luy-mesme couronné. Cette loüable
abstinence a fait vne des plus belles parties de

*Germa-
nicus de-
bellatis
inter
Rhenum,
Albim-
que na-
tionibus
congerie.*

la loüange d'Agricola, & on nous dit encore
que Mecænas sceut si modestement deferer
tous les bons euenemens au seul bon-heur
d'Auguste, qu'il se contentoit de meriter les
honneurs du Triomphe, sans toutesfois les accepter. Il est vray que l'enuie de quelques écri-
uains, leur a fait dire que Seneque auoit conceu des esperances si hautes & si ambitieuses,
qu'elles auoient esté suspectes à Neron, qui ne
pouuoit souffrir qu'il s'attribuast l'honneur qui
deuoit estre répandu sur son chef. Mais certes,
les écrits de ce grand homme, qui sont comme
vne image de sa vie, nous font mieux iuger de
sa moderation, & de cette innocence de ses
mœurs, qui ne pouuoit se reconcilier auec
l'Ambition. Il sçauoit trop bien que les Princes n'ont pas moins de ialousie pour leur gloire
que pour leur Couronne, & qu'ils croyent facilement que l'honneur & la reputation que
leurs Ministres s'acquierent, vont à la diminu-
tion de l'estime qu'ils veulent qu'on fasse de
leur prudence, & de leur conduite dans le gouuernement.

Ils ne sont pas moins ialoux des affaires de la
Paix que de celles de la guerre, dont ils se reser-
uent la derniere connoissance, de crainte qu'en
la communiquant à d'autres, ils ne viennent à
eneruer les forces de la Principauté. Quand
Tibere par des paroles plus magnifiques que
veritables, eut fait entendre au Senat qu'il desiroit partager auec luy tous les soins du gouuernement, & que par vne liberté Romaine,
vn Senateur luy eut demandé qu'elle part il y
vouloit prendre, l'Historien nous apprend
qu'vne si hardie demande auoit ouuert & reuelé le secret de l'Empire. Il s'explique quand il

armorum
struxit de-
se nihil
addidit
metu in-
uidiæ.
Tacit.
Nec A-
grippa
vnquã in
suam fa-
mã exul-
tauit ge-
stis, ad
authorem
vt mini-
ster fortu-
nam suã
referebat.
Id.

dit qu'on tenoit à Rome, que la Republique n'ayant qu'vn corps, il ne faloit qu'vn esprit pour la gouuerner, & que la raison d'Estat demandoit qu'aux affaires importantes, l'authorité qui se trouuoit dispersée par les membres, fust rappellée & reünie en la personne du Prince, auec d'autant plus de raison, que le compte de l'Empire n'estoit iamais bon, s'il n'estoit rendu à vn seul.

Mais qui croiroit qu'il y eust quelque secret d'Estat caché sous les defences qu'on faisoit de teindre les estoffes en pourpre, de les faire venir de Phenicie, de les garder dans les maisons, & sur tout de les faire passer dans le commerce? Ce n'estoit pas qu'on voulust augmenter les reglemens des loix somptuaires, ny soustraire vne si pretieuse matiere au luxe, qui cherche tousiours quelque nouuelle inuention pour se surmonter soy-mesme ; mais c'estoit de crainte qu'au milieu d'vn tumulte, les seditieux ne peussent soudainement faire paroistre vn chef paré d'habits royaux, & des ornemens de l'Empire. Combien de fois a-t-on veu dans les armées arracher la pourpre des Enseignes, ou des simulachres des Dieux pour en reuestir vn Chef de parti, & pour le porter en mesme temps sur le Trosne des Empereurs? L'experience donc de semblables euenemens auoit donné lieu aux defences de teindre la pourpre ; & comme le peril & la deffiance sont inseparables de la souueraine grandeur, de là venoit que les Monarques Romains ne pouuoient pas mesme souffrir qu'aux inscriptions, ny aux souscriptions, on employast le cinnabre d'où se fait la couleur pourprée, car en cela consistoit le priuilege des Cesars.

Ne quis vellera sacro murice intingat. l. c. de Vestib. holos.

Celsum Imperatore appellauerūt peplo Deæ Cælestis ornatum. Vopisc. in Saturn.

Purpura ex simulachro Veneris militibus circūstantibus amictus & adoratus est. Id.

l.6. de diuers. Rescript.

Mais la défiance qui entroit touſiours dans leur conſeil, n'eſtoit iamais ſi grande que lors qu'ils venoient à conſiderer que la fortune abandonnoit ſouuent à la cheute, ceux qu'elle auoit auparauant eſleuez au comble des grandeurs humaines. La hauteur de leur Throſne ne ſeruoit qu'à leur faire découurir la profondeur du precipice, & ils ſe ſouuenoient que le pauillon preparé pour Darius, auoit eſté en vn inſtant changé en vne Tente deſtinée pour Alexandre. Dans ces penſées ils iugerent que c'eſtoit vn ſecret de la domination, de ne permettre point à vn particulier de quelque condition qu'il fuſt, de tenir dans ſa maiſon l'image de la Fortune, ny de la mettre au nombre des Dieux de ſa famille. Eux ſeuls ſe reſeruoient le droit de la reuerer dans leur Cabinet, d'en faire porter le ſimulachre d'or quand ils ſortoient en public; iuſques à ce que ſe ſentant défaillir, ils l'enuoyoient aux Princes qui ſuccedoient à leur puiſſance.

L'interdiction de la lecture des Oracles des Sybilles, & la defence de conſulter les Aſtrologues iudiciaires, eſtoit encore vn effet d'vne meſme cauſe, & qui tenoit ſon rang parmy les ſecrets & les myſteres de l'Empire. Il ne faut donc pas trouuer eſtrange ſi vn Senateur ayant propoſé de recourir aux predictions de la Sybille, Tibere s'y oppoſa fortement par des raiſons d'Eſtat que la modeſtie de l'hiſtorien n'a pas voulu rendre publiques. Nous ſçauons neantmoins que ces fameux liures, entre pluſieurs myſteres, contenoient les deſtinées de la Ville de Rome, qu'on les tenoit cachez au Capitole ſous les voutes du Temple, que ceux qui en auoient la garde ne les pouuoient

Impotens fortuna ſpecies cōſpici potuit cum id qui Dario Tabernaculum exornauerant, eadē illa Alexandro quaſi veteri domino reſeruabāt. Q. Curt.

Tacit.

ouurir sans l'authorité du Senat, & qu'vn At-
tilius Duumuir fut puni de la peine des Parricides, pour auoir temerairement violé vn depost si sacré. Certes, tous ces soins extraordinaires ne tendoient qu'à dérober au Peuple la
connoissance des secrets de l'Empire, & principalement à ceux, qui comme Lentulus, se lais-
soiét persuader que la Sybille formant les augures de leur grandeur, ne leur promettoit pas
moins qu'vn Sceptre & qu'vn Diadéme. Ainsi,
quád on chassoit les Astrologues de la Ville de
Rome, le pretexte de la peine estoit bien pris de
la necessité qu'il y auoit à purger la Republique de ces Imposteurs qui vendoient les illusions de leur Art, & vsurpoient l'Empire de
Dieu. Mais en effet, le premier dessein alloit
à retrancher aux ambitieux tous les moyens de
s'enquerir de la vie du Prince, de sa posterité,
& enfin de la fortune de ses successeurs. Les Histoires sont chargées des noms de ceux qui se
sont engagez dans les coniuratiós, pour s'estre
imaginez que leur grandeur estoit écrite dans
le Ciel, & que la Couronne qu'on y voit briller parmy tant d'autres estoiles, leur en promettoit vne sur la Terre. Cela nous fait bien
voir que l'ambition de regner n'est retenuë ny
du respect de la Religion, ny des mouuemens
de la Nature, & que cette passion s'attachant à
l'Ame, semble emprunter quelque chose de
l'immortalité de son essence.

Enfin, tous ces secrets conseils, & tous ces artifices reuestûs de belles apparences, n'eussent
pas pû empescher la dissipation de l'Empire,
si le Prince par vne raison d'Estat beaucoup
plus importante, n'eust designé vn successeur
certain, pour retrancher les esperances des
Ambitieux,

Lentulus destinatû familia sua regnû ex Sybillinis versibus vaticinatus est. Telepsus quasi sibi debita fato dominatione, &c. Suet. in Aug.

Ne successor in incerto sit. Tac. Sic cohiberi pravas aliorum spes rebatur. Id.

Ambitieux, & pour faire cesser les diuisions
d'vn inter-regne. Auguste donc après auoir
consideré que la fortune combattant contre sa
prudence, luy auoit raui ses Neveux, voulut
reparer cette perte par le secours de l'Adoptiõ,
qui par vne heureuse confusion de familles,
luy fit obtenir de l'Indulgence de la loy, ce qu'il
n'auoit pû impetrer de la rigueur de la Nature.
Il auoit esleué le ieune Agrippa aux esperances
de l'Empire, & quoy que Tibere eut vn fils, il
luy commanda d'adopter Germanicus, car entre toutes les maximes d'Estat, il tenoit que
plus le nombre des successeurs legitimes estoit
grand, plus grande aussi estoit la seureté du
Prince, qui voyoit autant de vengeurs des crimes de Maiesté, qu'il laissoit d'heritiers de sa
souueraine puissance. C'est ce qui faisoit dire à
vn autre Empereur que ny les Legions, ny les
Vaisseaux armés qui couuroient la mer, n'é-
toient point de si puissans appuis d'vn Estat,
que le nombre des Enfans de la Maison Royale, qui sont les gages precieux du salut des Peuples, & comme les colomnes, & les forteresses
inexpugnables de l'Empire. Que s'il arriuoit
qu'vn Empereur mourût eût laissé la succession
de l'Estat incertaine par le defaut d'heritiers ou
nés de luy, ou adoptés, on luy refusoit les honneurs suprêmes qui adioustoient les autres au
nombre des Dieux immortels. C'est qu'on n'e-
stimoit pas que celuy-là fust digne de la felicité
du Ciel, qui auoit priué les Peuples de la felicité dont ils eussent pû iouïr sur la Terre.

Ce seroit icy le lieu de parler de cét autre secret qui auoit obligé Auguste de conseiller à ses
successeurs de mettre fin à leurs conquêtes, &
de renfermer l'Empire dans des bornes fixes &

Adminicula Augusti. Sen. Aula subsidia. Suesop.

X

immuables; mais parce qu'en vn autre endroit, o
nous auons deduit les raisons de ce conseil, i
nous dirons seulement que les plus excellens
Politiques, apres auoir recherché tous les secrets de la domination, & réconnu l'impuissance de l'Art des Arts, c'est à dire de la science de commander aux Peuples, ont esté contraints de confesser que les Estats sont gouuer-
nez par vn Esprit superieur, dont toute la prudence humaine ne sçauroit empescher, ny retarder les mouuemens.

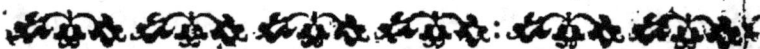

DES TROIS PROPORTIONS
QVI REGLENT L'ESTAT.

CE ne sont pas les Poëtes seulement, mais
aussi les Philosophes les plus graues, qui
ont pris plaisir à cacher sous le voile des fables,
ces beaux preceptes du gouuernement, qui
sont comme les mysteres d'vne Philosophie
ciuile, ou plutost d'vne Religion Politique.
Quand donc par vne feinte autant innocente
qu'ingenieuse, les vns & les autres ont donné à la Deesse Themis, trois filles, la Iustice,
l'Equité, & la Paix, il nous ont sans doute
voulu marquer les trois proportions qui mesurent tous les mouuemens d'vn Estat, qui en
reglent le cours, & en composent l'harmonie. C'est dans vn si iuste concert que la Iustice répond à la proportion Arithmetique,
l'Equité à la proportion Geometrique, & la
Paix à celle qu'on nomme du nom d'Harmonique; mais comme elles sont sœurs, leur alliance est si estroite qu'elles conspirent à vne

meſme fin, & regnent vnanimement & ſans
ialouſ[e] dans toutes les parties de la ſocieté
ciuile. Il ne faut pas pourtant s'imaginer que
les Politiques prennent ces proportions des lignes, ny des nombres ; car entant que ceux-cy
ſe raportent aux principes de la police, ils ne
font que les appliquer aux choſes, & aux perſonnes qui dans le commerce ne ſçauroient ſe
paſſer de nombre, de poids, ny de meſure. Platon voulant donner credit à cette verité, la met
en la bouche des Muſes quand il les introduit
dans ſa Republique, & qu'il les fait diſcourir ſur
les reuolutions des Empires, ſur les periodes
que la ſuprême Prouidence leur a marqués, &
ſur certaines proportions de nombres par leſquels ils ſe peuuent côſeruer en leur perfection.
Cependant, on nous a voulu perſuader que ce
grand Philoſophe donnant le prix à la proportion Arithmetique, en auoit fait comme l'Ame
de ſa Police, & le Genie de ſa Republique ; Que
Xenophon ſon Emulateur auoit choiſi la Geometrique, pour faire regner ſon Cyrus auec
plus de Iuſtice ; & qu'Ariſtote mélant toutes les
deux enſemble, en auoit compoſé la proportiõ
Harmonique, qu'il croyoit eſtre la plus propre
pour bien gouuerner vn Eſtat. Mais certes, cette faction ne ſe découure point dans les écrits
de ces excellens Politiques, & nous ſçauons que
Platon, apres auoir dit que Dieu meſme gardoit la proportion Geometrique dans le gouuernement du Monde, a nettement prononcé
que c'eſt par elle qu'vn Eſtat peut s'éleuer à vn
comble de grandeur & de reputation.

Il faut donc ſuppoſer que la Iuſtice eſtant
diuiſée en commutatiue, & en diſtributiue, la
premiere s'occupe à regler les actions & les

X ij

conuentions des particuliers, à faire garder la
foy des promesses, & à establir les lois du commerce. Elle donne des choses égales à des personnes inégales en merite & en dignité, & c'est
pour cela qu'on la compare à la proportion
Arithmetique dont les raisons, & les differences sont tousiours égales, car elle n'est autre
chose qu'vn excez égal de nombre, comme
2. 3. 4. 5. & 6. en tous lesquels nombres il y a
vn tel ordre, qu'vne seule vnité en fait toute la
difference. En cette sorte, la Iustice commutatiue garde tousiours l'égalité, & la iuste mesure
dans les conuentions, où elle conserue à chacun
son droit, sans distinction de personnes, & sans
auoir égard à leurs merites, ny à leurs qualitez.
Quant à la Iustice distributiue, qui est l'art de
bien regner & la propre Vertu des Roys, elle
consiste en la dispensation des recompenses &
des peines, & c'est ce qui fait qu'elle se raporte
à la proportion Geometrique, qui a ses raisons
& ses differences tousiours semblables, quoy
qu'elles ne soient pas égales, comme 2. 4. & 8.
qui se surpassent tous de la moitié, bien que
leurs nombres ne soient pas égaux.

De l'alliance de ces deux Iustices, il en naist
vne troisiéme qui a son raport à la proportion
harmonique, dont les raisons & les differences
comprises en trois nombres, gardent vne mesme mesure, par exemple, 3. 4. & 6. où 6. surmonte 4. de sa troisiéme partie; 4. surmonte
3. de sa quatriéme partie; & 6. surpasse 3. de
sa moitié. Comme donc nous voyons qu'en la
Nature, il y a vne liaison harmonique qui s'in-
terpose entre les extremitez pour les accorder,
l'Argile entre la terre & les pierres, l'Aymant
entre les pierres & les metaux, le Corail entre

les metaux & les plantes, & les Zoophites entre
les plantes & les animaux; Ainſi dans vn Eſtat,
la proportion Harmonique vnit les extremitez
par vn moyen qui rend touſiours la diſcorde
des contraires bien accordante. A dire la verité, ce ne ſeroit pas aſſez que les loix & les Magiſtrats contraigniſſent les hommes de viure
en ſocieté, ſi la Iuſtice harmonique, laquelle
conſiſte en l'aſſemblage & en l'vnion de toutes
les parties de la Cité, ne faiſoit naiſtre vn beau
concert de l'equité, de la prudence, & de l'obſeruation des loix. C'eſt en cela, que la Republique nous repreſente l'image de cette naturelle harmonie du Monde, qui ſe forme de la
perfection de chaque choſe ſeparée de l'autre,
de la perfection de toutes enſemble, entant
qu'elles s'entretiennent dans vn ordre ſans
confuſion, & de la liaiſon qui les vnit à cét
Eſtre ſouuerain, d'où elles dependent ainſi que
de leur cauſe premiere & vniuerſelle.

Mais comme la nature ne met pas touſiours
la derniere main à ſes ouurages, & qu'elle
produit quelquefois des Monſtres contre ſon
intention; En cette ſorte, il arriue aſſez ſouuent que la Republique eſleue contre ſon deſſein, des Citoyens, qui aymant le deſordre,
ne ſuiuent pas touſiours les lumieres de la
droite Raiſon. Toutesfois, quoy que le mal
ſoit meſlé auec le bien, & que la Vertu meſme ſe treuue au milieu des vices; Il ne faut
pas pourtant écouter ces mauuais Politiques, *Machiai*
qui oſent bien ſouſtenir que dans les Eſtats
comme dans l'Vniuers, il y a vne harmonie
qui naiſt de l'oppoſition des contraires. Ainſi,
par le raport & la reſſemblance qu'ils trouuent
entre la Nature & la Police, il nous veulent

perſuader qu'il eſt quelquesfois neceſſaire
d'appeller des hommes vicieux aux charges
publiques, afin de réueiller la force des vertueux, à la façon des Muſiciens qui rendent
leur chant plus melodieux par quelque diſſonance. Mais outre que cette opinion eſt ennemie de l'honneſteté, & qu'elle donne aux
vices, le prix qui n'appartient qu'à la Vertu;
On ſçait d'ailleurs que la Iuſtice ne ſe iouë
point en ſon harmonie, & qu'en ſe propoſant
ſerieuſement la conſeruation de l'Eſtat, elle reiette les vicieux comme des perturbateurs de la
concorde politique. Que s'il faloit ſoufmettre
la Vertu aux vices, parce qu'ils ſeruent comme
d'ombres pour releuer l'éclat de ſa beauté, il
faudroit en meſme temps retrancher de la Iuſtice, la proportion Geometrique dont l'vſage
eſt ſans comparaiſon plus grand que celuy de
l'harmonique, qui n'eſt point abſolument neceſſaire dans l'Eſtat, puis que les autres deux
produiſent les meſmes effets.

A cela, on peut adiouſter que la proportion
harmonique eſt determinée par de certains
nombres qu'on ne ſçauroit iamais bien accorder; car ſur quel fondement pourroit-on les
appuyer, & les appliquer tantoſt à vne loy, &
tantoſt à vne autre loy? Les deuoirs des Magiſtrats, qui ſont differens ſelon les diuerſes formes des Republiques, & toutes les autres choſes qu'on ne ſçauroit determiner, demande-
roient des nombres harmoniques qui fuſſent
infinis, ce qui eſt impoſſible, puis que nous
ne connoiſſons point de ſcience de l'infiny. A
proprement parler, il ne ſe trouue dans les affaires aucune conſonance de quatre, de quin-
te, ny d'octaue, & par conſequent c'eſt en vain

que plufieurs ont donné des gefnes à leur efprit, pour appliquer les nombres harmoniques
au gouuernement de la Republique. Que fi les
accords qui naiffent de l'oppofition des contraires, y peuuent eftre receus, c'eft quand on
allie la hardieffe d'vn Minucius auec la lenteur
d'vn Fabius, ou l'humeur boüillante de The-
miftocle auec l'humeur raffife d'Ariftide. L'v-
fage de cette proportion fe fait encore reconnoiftre autant de fois que l'on donne les charges dures & imperieufes à des hommes d'efprit
doux & benins, & les charges dont les fonctions font plus relafchées, à des hommes fe-
ueres, car de ces contraires qualitez il fe forme
vn iufte concert dans le gouuernement.

Cependant, quelques-vns ont bien ofé dire
qu'Ariftote n'a point connu la proportion harmonique ; Et toutesfois on fçait qu'à l'exemple de Platon, il a fait vn rapport des accords,
des muances, & des confonances de la Mufique, à la police des Eftats. Il eft vray qu'il a
creu que l'vfage des autres proportions eftoit
feul neceffaire dans la police ; & qu'en fait de
mariages, il a preferé la raifon Geometrique,
qui allie chacun auec fon femblable, ce que les
loix publiques voulurent bien authorifer dans
les alliances des Citoyẽs de Rome. Quoy qu'il
en foit, il n'y a rien dans fes efcrits qui puiffe
fauorifer le deffein de ceux qui ont entrepris
de perfuader qu'il eftoit vtile aux Republiques,
d'allier les perfonnes laides auec les belles, &
les riches auec les pauures, mettant l'Amour
entre les deux, puis que Platon mefme l'a fait
naiftre de Penie & de Porus, c'eft à dire de la
pauureté, & du Dieu des richeffes. Il nous veu-
lont encore faire accroire qu'Ariftote a donné

Boët. lib. 2. c. 35.

Bod. de la Rep.

X iiij

à la raison Arithmetique, la determination des
peines, qui à leur aduis appartient pluftoft à
la raison Geometrique. Cependant, ils n'en
confiderent pas que celle-cy a bien fon legitime vfage dans les difpenfations des honneurs
& des recompenfes, mais non pas toufiours
dans la diftribution des peines, puifque les
fautes doiuent eftre chaftiées fans auoir égard
ny aux perfonnes, ny aux conditions, qui eft
le propre office de la raison Arithmetique. I'a-
uouë neantmoins que celuy qui a violé le ref-
pect qu'il doit à fon Magiftrat, accroift la peine de la loy par la qualité de fon crime, mais
c'eft par accident que ce crime deuient ou
moindre, ou plus grand felon la dignité de la
perfonne offenfée. En effet, l'œil de la Iuftice
corrective regarde non pas les perfonnes,
mais les chofes dans lefquelles tous fe trouuent
égaux ; Elle confidere le fait feulement, &
c'eft en cela qu'elle employe l'égalité de la raifon Arithmetique.

Que fi maintenant nous voulons rechercher
quel eft le vray vfage de ces trois nobles proportions, nous trouuerons que l'Arithmetique
eft plus employée dans vn Eftat populaire, qui
defire qu'on partage également les honneurs,
les offices, les emplois, & les deniers communs.
Certainement, les Citoyens qui font nés auec
les mefmes efperances, & fous les mefmes loix,
ne peuuent fouffrir que toute la puiffance publique foit depofée entre les mains d'vn feul,
& la douleur qu'ils en reçoiuent, les portent
bien fouuent à des refolutions extrèmes. Ils
veulent vne conditió qui leur rende communs
les biens & les maux, les profperités & les in-
fortunes, & iamais ils ne fe repofent que lors

ne toutes choses sont mises à la balance, & mesurées par la regle de Polyclete, qui ne voyant de part ny d'autre, ne se laisse point emporter aux priuileges, ny aux qualitez des personnes. L'excez de la puissance des Tribuns de Rome, rompoit toutes les proportions de la Republique, mettoit la diuision dans tous les ordres, & les Cesars s'en seruirent vtilement pour establir leur domination, & pour opprimer la liberté par la mesme force qui la deuoit defendre. Au contraire, l'Aristocratie ou le gouuernement des vertueux, cherche la proportion Geometrique, parce qu'estant semblable à la regle Lesbienne, elle ploye & s'accommode en tout sens, pour fauoriser le merite, & recompenser la Vertu. Comme donc nous voyons qu'en l'ordre de l'Vniuers, il y a vne admirable distinction des choses; Aussi dans les parfaites formes de gouuernement, il y doit auoir des differences perpetuelles de personnes, de dignitez, & de recompenses. C'est de cette difference de membres que se fait le corps de la Republique, qui ayant pour Ame la Concorde ciuile, n'abhorre rien tant que l'égalité, qui dans tous les Estats a tousiours produit de dangereuses inégalitez.

Outre ces deux proportions, il y en a vne troisiéme qui n'est ny si roide qu'elle ne puisse fleschir, ny si flexible qu'elle ne se redresse aussi-tost, & c'est la proportion ou la Iustice harmonique qui tempere les deux autres, & consomme l'ouurage de la félicité des Peuples. Son plus frequent vsage se fait d'autant plus remarquer dans le gouuernement Monarchique, que c'est là qu'on rencôtre de perpetuelles

differences de dignitez & de perfonnes. Mais
comme de deux plantes mortelles par leurs
fouuerains degrez de chaleur & de froideur, le
Medecin en compofe vn remede autant falutaire qu'il eft temperé ; Auffi de l'égalité de la
raifon Arithmetique, & de l'inégalité de la
Geometrique, le Prince en forme cette iufte
harmonie, qui donne le mouuement & la vigueur à toutes les parties de fon Eftat. Mais
comme il y a vne perpetuelle alliance entre les
trois proportions, il les employe toutes felon
les rencontres, & alors la Geometrique fait le
contre-poids entre le prix & le merite, & l'A-
rithmetique égale le poids au poids, car celle-
cy eft l'œuure de la mefure, & l'autre eft l'œuure de la raifon, pendant que l'Harmonique
accorde leurs extremitez.

DES RECOMPENSES
ET DES PEINES.

BI E N que la Vertu ne puiffe trouuer hors
de foy des recompenfes qui foient digne
de fa grandeur ; Bien que ce foit fon prix de ne
receuoir point de prix, & qu'elle foit fi rich
d'elle-mefme, qu'elle n'ait pas befoin de fai
des Vœux ; fi eft-ce toutefois qu'elle fouffr
volontiers d'eftre couronnée de la precieu
couronne de l'honneur. Comme les homm
qui la fuiuent, & qui fe deuoüent à elle, n
s'arreftent pas toufiours à contempler fa bea-
té naturelle, ny à regarder fixement la lumi-
re qui l'enuironne, il a efté neceffaire que le
Legiflateurs leur ayent propofé des recon

bienfes , afin qu'en les retirant d'vne molle oysiueté , ils peuslent esleuer leur courage à toutes les belles & hautes entreprises. Mais entre
les diuerses recompenses qu'on peut donner
à la Vertu , c'est sans doute l'honneur qui
est le plus excellent des biens exterieurs,
vt vne des proprietez qui suit la felicité souueraine , & dont Dieu mesme veut bien se contenter. Il ne faut donc pas s'estonner si les
plus grands Roys charmez par ses attraits ,
sont descendus de leurs Thrônes , & ont oublié leur Sceptre pour s'égaler en ce point à
leurs suiets , & pour entrer auec eux dans vne
mesme lice. Si nous le considerons en son essence, il semble qu'il ne soit autre chose qu'vne
lumiere qui découure les perfections de la Vertu , ou qu'vn éclat des actions vertueuses, qui
specialissant aux yeux de tôus , & de là se re-
pliant sur nous mesmes , nous apporte vn témoignage public de ce que les autres croyent
de nous. Disons encore que c'est vn rayon
de la splendeur du Prince , & vn effet de l'opi-
inion qu'il conçoit des merites de quelques-
vns de ses suiets , & qui est declarée par les
dignitez ausquelles il les esleue , par les em-
ploys , par les bien-faits , & par les autres marques exterieures de sa liberale faueur. Ce n'est
pas pourtant que l'honneur augmente la beauté de la Vertu , mais il la fait connoistre , la
rend plus vtile , & la soustient en la mesme
sorte qu'vne base de marbre soustient vne statuë d'or , qui se couuriroit de poussiere si elle
estoit gisante sur la terre. Le nom d'vn homme n'est qu'vn caractere , & vne image de ce
qu'il represente , & toutefois l'honneur le rend
si illustre & si éclatant , que toutes les loüan-

Patet
omnibus
honoris &
gloriæ cã-
pus. Pli.

ges de Cesar sont comprises , & enfermé
dans son nom.

Desirons-nous maintenant sçauoir la cau
pour laquelle la Ville de Sparte a surpassé l
gloire des autres villes de la Grece ? c'est, qu
son Legislateur y auoit introduit l'emulation
& les loyers d'honneur comme des alimens, &
des attraits de la Vertu : Car il sçauoit qu
l'homme de sa nature est ialoux de la réputa-
tion , & de l'excellence des autres. Rome mes
me , quelque grand que fust son destin , &
quelque soin que la fortune prist de l'esseuer
au comble des grandeurs , n'eust iamais donné des loix à l'Vniuers , si elle n'eust esté tout
fondée sur la Vertu , & sur l'honneur. Les statuës erigées dans les places publiques , les ins
criptions grauées sur les colomnes , les Trophées esleuez sur vn champ de bataille , l
droit d'aller au Senat sur vn char , le priuileg
de porter quelquefois vne robe triomphale , l
prerogatiue de la premiere seance dans l'Am
phiteatre , les surnoms empruntez des victoi
res & des conquestes , les couronnes , les gui
landes , & les colliers estoient comme autan
de traits enflammez pour embraser le cœu
des hommes les plus insensibles aux pointes d
l'honneur. Mais parce que le Triomphe esto
le plus haut degré , & comme le solstice de
honneurs , aussi a-t'il produit ce grand nom
bre de Conquerans , qui croyoient que leu
sang versé au milieu des perils , estoit trop pe
de chose pour achepter vne gloire qui n'auo
point de prix , & qui voyoit au dessous d'el
toute la pompe , & tout l'orgueil du plus gran
des Empires. Que si cette loüable coustum
n'est point auiourd'huy introduite ny rece

Tribuit
populus
Roma-
nus Me-
tello , vt
in Sena-
tum cur-
ru vehe-
retur.
Plin.

ems les Estats, aussi ne font-ils pas si glorieux,
ny leur discipline militaire si bien reglée, ny
leurs entreprises si hardies, ny leurs victoires
si nombreuses. Il est vray que cette sorte d'honneur, qui a rendu la Republique Romaine
triomphante, n'est pas propre aux Monarchies, où la principale gloire des victoires &
des conquestes, doit estre répanduë sur le chef
du Prince, comme tout ce que les secondes
causes executent, doit estre raporté à la premiere qui les employe toutes dans le gouuernement de l'Vniuers.

Mais au lieu d'vn Triomphe, la France se
glorifie de l'institution, & des ornemens d'vn
Ordre tout royal, & tout puissant pour allumer dans les Ames genereuses l'amour de la
vertu, & le desir d'executer les plus difficiles,
& les plus nobles entreprises. Que si quelqu'vn
s'estonne de voir qu'vn simple cordon bleu ne
soit pas seulement la marque honorable d'vne
haute naissance, mais aussi la recompense des
grands merites, & des belles actions; qu'il se
souuienne que comme l'essence extraite des
simples, a d'autant plus de force qu'elle a
moins de corps, qu'ainsi l'honneur est d'autant plus pur & plus éclatant, qu'il a moins
de profit. L'or & l'argent ne sont que des choses accidentelles, mais le iugement du Prince
est l'essence du vray honneur qui ne tire pas
son prix de la matiere, mais de la cause de la
recompense, & de l'estime de celuy qui la donne. Le gain peut estre le prix du plus vil seruice, mais il est de l'honneur comme de ce metal de Sparte, qui estant inutile à tous autres
vsages, ne seruoit qu'à la seule recompense des
actions glorieusement entreprises, & heureu-

sement acheuées pour la grandeur de la Republique. Certes, les Romains, vrais Iuges & Arbitres du point d'hôneur, méprisoient les couronnes d'or, & couroient auec ardeur aprés celles qui n'estoient composées que de brin d'herbe, ou des branches d'vn laurier sterile, qui ne portoit aucun fruit. Cesar desiroit ardemment la Couronne de feüilles de chesne, & ne la pût iamais obtenir, parce qu'elle n'estoit deuë qu'à ceux qui dans les combats auoient retiré les Citoyens de quelque peril eminent. Ne sçauons nous pas encore que les Generaux d'armée, retournant à Rome couronnez de victoires, faisoient porter l'or, l'argent, & les autres riches dépoüilles dans le Thresor public, & que l'honneur du Triomphe estoit le seul partage qui pouuoit borner leurs desirs? Ne nous a-t-on pas dit qu'vn Estendart de couleur de mer, mais donné de la main d'Auguste, fut autrefois le prix des combats qu'Agrippa auoit fait sur cét element, & qu'il estimoit par dessus toutes les vtiles recompenses dont on eust pû honorer sa valeur, & sa fidelité? C'est sans doute, qu'il aymoit mieux le iugement de son Prince que la matiere de son bien-fait, dans la creance qu'il auoit que c'estoit perdre le fruict de la Vertu, que de seruir à l'auarice, & que les Ames genereuses se payoient de la seule beauté de leurs actions. Apres cela, se faut-il estonner si ces illustres Romains n'ont fait de toute la terre qu'vn Trophée de leurs victoires, puis que dans ce violent desir d'honneur qui les transportoit, ils ne cherchoient pour toute recompenses de leurs belles actions, que la gloire de les auoir conduites à leur perfection?

Sterilem laureum triumphalem dicunt. Plin.

Cependant, ce n'est pas assez que le Prince soit la source de tous les honneurs, c'est à dire cette lumière publique dont il éclaire ses courtisans, s'il ne la dispensoit auec choix & mesure, & selon les merites de ceux qui la reçoiuent. Qu'il se souuienne donc qu'il n'y a que de mauuais Ouuriers, qui esleuent des petites statuës sur de grandes bases; qu'il est de l'honneur comme de l'émail, qui ne sçauroit estre bien couché sur les vils metaux; & que lors qu'il donne aux indignes les recompenses qui sont deuës aux vertueux, il arriue dans son estat le mesme desordre qu'on voit arriuer en la Nature, quand les Elemens les plus grossiers occupent la place des plus subtils. Dans ce desreglement, c'est à dire quand les vices sont honorez, & que la faueur se declare ennemie du merite; quand on donne le prix de la gloire à la fortune, & non pas à la Vertu, il y a plus d'honneur à ne porter point les marques de l'honneur, car il estoit autant glorieux à Caton de n'auoir point de statuë erigée sous son nom, qu'il estoit honteux à Clodius d'en auoir vne qui le faisoit rougir. Ainsi, quoy qu'en la dispensation des honneurs, le Prince ne soit pas assujetti aux loix de la iustice distributiue, il s'acquiert neantmoins le Titre de Iuste, quand il garde la proportion entre la recompense & le merite, & qu'il ne considere pas tant les personnes, que les seruices & les qualitez eminentes. En quelque suiet que la Vertu se rencontre, elle veut estre honorée; & on ne peut ignorer que Rome preferant souuent l'industrie à la naissance, n'ait esleué des hommes nouueaux aux plus hautes dignitez de la Republique.

Or entre les diuerses recompenses que u
Prince tient en sa main, il n'y en a point qu'u
ristote approuue & recommande dauantage
que celles de la loy qui ordonnoit de nourri
aux dépens du public, les enfans de ceux qi
auoient donné par leur mort, la vie à la Re
publique. Il sembloit aux Grecs que les Moia
mesmes se laissoient toucher aux traits d
l'honneur, & que les Ombres de ceux qi
moururent à Marathon, & au passage d
Granique, se resiouyssoient de sçauoir qu
leurs seruices estoient recompensez en leur po
sterité. C'est vne chose sacrée que la memoir
des grandes actions, & il n'y a rien qui inspir
plus aux hommes le desir de bien faire, que d
voir que les fruits de leurs trauaux soient en
core recueillis par leurs successeurs. Mais quan
à ceux qui ont répandu tout leur sang sur vu
champ de bataille, il n'y a pour eux aucun
digne recompense que la renommée qui est la
seule possession qui reste à ceux qui ne sont
plus. Ce fut, sans doute, la pensée de ce Legis
lateur de Lacedemone, qui ordonna que l'e
loquence ne seroit employée que pour loüer les
hommes qui estoient morts les armes à la
main, ou pour flaistrir d'vn eternel opprobre,
le nom de ceux qui auoient fuy les hazards du
combat.

Mais afin que les recompenses de quelque
sorte qu'elles soient ayent leur grace toute en
tiere, il est necessaire que le Prince les distri
buë luy-mesme, car leur fleur se flaistrit
quand elles passent par les mains de plusieurs.
Les grands Roys ne desirent autre chose que le
gré, & la reconnoissance des bien faits qu'ils
répandent, & toutefois les Fauoris leur
enleuent

nleuent ce riche Thresor de l'amour de
leurs suiets, & cét estroit & puissant lien de
leur fidelité. Ceux d'autre part, qui n'ont
point voulu perdre la grace de leurs bien-
faits, se sont estudiez à rendre les grands
honneurs recommandables par leur rareté,
& par le choix des personnes qui les ont meri-
tez, car ils ne peuuent estre faits communs,
que leur prix n'en soit raualé. C'est en ce suiet,
que plusieurs ne peuuent approuuer que les
Titres de Comtes, de Marquis & de Ducs
soient donnez, non pas au sang, mais aux
Terres où ils sont attachez, pour en cas d'alie-
nation, ne suiure plus les heritiers du nom de
celuy qui les auoit acquis. C'est pour cela qu'en
Angleterre, telles dignitez de Fiefs ne sont
point coniointes aux Terres; mais à la suite
des familles illustres; quoy que l'Allemagne
refusant de les communiquer à toute la posterité, les ait restraints à ceux qui descendent
des masles seulement.

Mais ce ne seroit pas assez que la Vertu fust
couronnée des bien-faits du Prince, si le vice
ne receuoit aussi le chastiment qui luy est deu,
car ce sont-là comme les deux Genies de la
societé ciuile, & les deux fermes appuis sur
lesquels les Estats sont fondez. Il est bien aisé
de contenter la Vertu, puis qu'elle se trouue
tousiours satisfaite d'elle-mesme; mais si le
vice n'est retenu par la crainte, il déregle
tout, il renuerse tout, & de là vient que les
Sages Legislateurs ont tousiours eu plus de
soin de punir les mauuaises actions, que de recompenser les vertueuses. En effet, à considerer
l'inclination vniuerselle de la Nature corrompuë, il est impossible que les loix obtiénent leur

Y

Qui non vetat peccare posset cum iubet. Sen.

fin sans les peines, qui sont données comme vn frein au débordemét des méchans. Méprifer la punition des crimes, c'est en permettre de noũ ueaux ; mais il faut que la peine soit tellemémã égalée & proportionnée à la faute, qu'en abba tant le coupable par le coup, elle humilie les ã tres par l'estonnement. Mais aussi la trop gã de rigueur perd son authorité dans son renoũ uellemét des suplices, & c'est vn desordre qu'õ ne sçauroit assez deplorer, quand sous vn Prĩ ce cruel, les cruautez tiennent lieu de Iustice.

In alijs gloriari licet, nulli gentium minores placuisse pœnas.

Il est vray que les Romains ne furent pã moins prompts à chastier qu'à recompenser mais ils ont toûjours conserué cette anciéñ gloire d'humanité, qui a porté iusques aux ex tremitez du Monde, leur nom & leur reputa tion. Tout le Peuple saisi d'horreur, destourn les yeux du nouueau supplice de Metius Suffẽ tius, & ce fut le premier & le dernier de cet te inflexible seuerité, qui auoit fait oublier aũ Iuges que les loix & les peines auoient est ordonnées, non point par des Tygres, mai par des hommes. Quant à leurs peines militã res, les vnes alloient au chastiment, & les au tres au des-honneur, comme lors que par op probre, l'on condamnoit les soldats à remuei la terre, & à se soüiller de boue, puis qu'ils n'a uoient sceu ny manier les armes, ny se rougi les mains du sang des ennemis de la Republi que. Que s'il est arriué que Rome ait veu puni non seulemét les criminels, mais leurs enfans leurs statuës, leur memoire, & leurs cendres, ce n'a esté que dans les crimes d'Estat, où la clemence fust deuenuë inhumaine, & le par don eust passé pour vne cruauté. On osta bien le surnom de Marc aux Antoines, & l'vsage des

colliers aux Torquates; mais auſſi il fut permis
à leurs ſucceſſeurs de les rappeller, & d'effacer
toutes les marques d'ignominie, en faiſant
voir que leurs vertus eſtoient plus grandes que
les fautes de leurs Peres infortunez. Quoy qu'il
en ſoit, les Princes ne pouuoient trouuer vne
plus belle inuétion, ny vn moyen plus puiſſant
pour ſe concilier l'amour de leurs ſuiets, que
lors qu'en ſe reſeruant la diſpenſation des recompenſes, ils ſe ſont déchargez ſur leurs Officiers de l'impoſition des peines, comme de la
portion de la Iuſtice la plus pleine d'enuie.

DV NATVREL DES PEVPLES.

L A ſcience du prudent Legiſlateur ne ſe
laiſſe pas renfermer dans les murs d'vne
Ville ny dans les bornes d'vn Eſtat; il porte
les lumieres de ſon eſprit ſur toute cette tiſ-
ſure de cauſes que la Nature a liées enſemble, & s'occupe heureuſement à reconnoiſtre les impreſſions de l'Air que les Peuples
reſpirent, la temperature des Climats ſous leſquels ils viuent, la ſituation des Regions qu'ils
habitent, & le Genie qui preſide aux lieux particuliers. Le Monde elementaire n'eſt pas ſon
ſeul objet; Il éleue ſa contemplation iuſqu'aux
Cieux, où d'abord il découure la puiſſance de
Dieu dans leurs mouuemens, ſa ſageſſe dans
leur lumiere, & dans leur chaleur, cét Amour
viuifiant par lequel il meut, il conſerue &
perfectionne toutes choſes. En ſuite, il conſidere que les corps celeſtes n'agiſſent pas ſur
les inferieurs par ces trois ſeules qualitez, mais

*Noſcendû
eſt popu-
li, quem
regere
vis, natu-
ra. Tacit.*

auſſi par d'autres ſecretes vertus, puis qu'il u
produiſent les metaux & les pierres precieuſe
dans le ſein de la Terre, où il ſemble que leu
mouuement, leur lumiere, ny leur chaleur n
ſe puiſſent iamais eſtendre. C'eſt de là qu'i
conclud que le Ciel & les Aſtres, entant qu'il
ſont les Agens vniuerſels, & les Ouuriers de
Nature, ne contribuent pas peu à former les
mœurs, à tourner les inclinations, & à changer les affections des hommes, auec vn pou
uoir ſemblable à celuy que le cœur exerce ſur
les autres parties de leur corps. Il ſe confirme
dans cette opinion, autant de fois qu'il conſidere qu'il ne ſe fait rien dans le Monde inferieur, ſans les influences & les impreſſions de
ces Globes lumineux, qui n'ayant point de vie
en eux, ne laiſſent pas de la donner aux choſes
naturelles, & de conſommer leur vertu.

Tales ſūt
hominum
mentes,
qualis
pater ipſe
Iupiter
auctiferas
luſtrauit
lampade
terras.
Cic. in
Fragm.
Ariſt. de
cœl. & 8.
Phyſ.

Ce n'eſt pas qu'il ne ſçache bien que les
mœurs dans leur ſource, dependent de l'Ame
& non pas du Ciel, de la diuerſe inſtitution,
& non pas des differens aſpects des Planettes,
de la forme de la Vertu & nullement de la figure des conſtellations. Certainement, les
Aſtres ne ſont point les inſtrumens des paſſions des hommes ; & la Nature qui eſt determinée à vn but certain, ne peut auoir de commandement ſur leur volonté qui eſt indeter-
minée, libre, & indifferente à tous objets contraires. C'eſt donc vne erreur de s'imaginer
que les euenemens fortuits des Eſtats ſe puiſſent connoiſtre par l'inſpection des Eſtoiles,
comme par la lecture d'vn liure où Dieu a imprimé en caracteres luiſans, l'ordre, & la ſuite des choſes à venir. Auec tout cela neantmoins, quand le ſage Legiſlateur conſidere

es mœurs & les actions d'vn Peuple , non pas
en leur principe , mais en leur progrés, il trouue que tout ce qui naiſt dans l'eſtenduë de la
Nature , reçoit des impreſſions de ces corps
Celeſtes , auſquels appartient le premier & le
plus parfait mouuement. En effet , s'il eſt ainſi que les mœurs & les mouuemens de l'Ame
ſuiuent le têperament du corps,& que le Createur de toutes choſes ait lié le Monde ſuperieur
auec l'inferieur par la douce, & inuiſible chaiſne de ſa Prouidence,on ne ſçauroit nier que les
perpetuels decoulemens du premier ſur le ſecond , ne ſoient d'vn grand effet pour fléchir
le naturel des hommes , & donner là pente à
leurs inclinations. Telle qu'eſt la proportion
des humeurs & des parties dans le corps , tel
eſt le mouuement dans l'eſprit qui ne peut ne
tenir pas de la matiere en quelque ſorte , puis
qu'il ne s'inſtruit que par les ſens , qui luy raportent les images des objets auec vn preiugé
de leur nature , & de leurs qualitez. Puis donc
que la Republique eſt vn ouurage de l'eſprit
& que les influences du Ciel agiſſent ſur l'eſprit, non pas directement mais par accident,
il ne faut pas s'eſtonner ſi le Legiſlateur de Lacedemone voulut qu'il y euſt du rapport entre ſes loix , & les conſtellations qui domi-
noient ſur la Cité.

Ariſtote ſans doute eſtoit entré dans les meſmes ſentimens , quand il conſeilloit aux Gouuerneurs des Peuples d'obſeruer les ſecretes
influences du Ciel, la temperature des Climats, & les qualitez du Territoire, afin de
faire ſeruir non pas la Nature à ſa police , mais
bien ſa police à la Nature qui eſtant ialouſe
de ſa puiſſance, veut toûjours eſtre la maiſtreſ-

In mundé nihil fieri ſine calo. Plat. Ariſto.

Plat. 3. de leg. Ficin. in Crito.

Qualitas Religionis inſpicienda. Ptolo.lib. 2. c. 3.

se. I'auoüé que la loy est vne raison, que cette raison est le desir de la Nature, & qu'elle ne peut estre attachée aux lieux ny aux Climats, mais c'est quand elle est vniuerselle, & qu'elle n'est pas restrainte, ny appliquée aux choses particulieres, car alors le sage Legislateur doit imiter l'Architecte qui accommode son bastiment à la matiere qu'il trouue sur les lieux. Certes, la Patrie ainsi que les Parens, imprime des marques en la naissance, & le Territoire selon qu'il est bas ou esleué, aride ou arrosé d'eaux, inspire à ceux qui l'habitent & le cultiuent, quelques secrets mouuemens qui ont la force de changer leurs mœurs, leurs affections, & leurs inclinations. A Rome l'inégalité des lieux faisoit celle du naturel des Citoyens, & les seditieux n'estoient iamais plus enflez de l'orgueil de leur liberté, que lors qu'ils s'estoient campez sur le Mont Auentin qui regnoit sur toute la Ville. On sçait aussi que dans Athenes, il y eut toûjours trois factions dont les humeurs estoient bien differentes, puis que les habitans de la ville haute demandoient l'Estat populaire, que ceux qui occupoient la basse vouloient l'Oligarchie, & que les autres qui habitoient le Port de Pyrée, ne respiroiét que l'Aristocratie. Comme donc les semences des fruits, en changeant de terroir, perdent beaucoup de leur premiere seue, ainsi le naturel farouche & indompté de quelques Peuples, dont le courage s'accorde auec l'assiette des montagnes & des forests, s'amollit & se rend traittable dans vn païs plus égal & plus découuert. Iamais Pompée ne fût venu à bout des Ciliciens nourris parmy les flots & les tempestes, si pour adoucir & fléchir

Patria genitrix. Catull.

Plebs cecessit in Auentinû. Liu.

Continuò has leges, æternaq; fœdera certis imposuit natura locis. Lucret.

impitoyable fierté qu'ils en auoient empruntée, ils ne les euſt contraints de s'éloigner de
la mer, & d'abandonner les eſcueils & le ſable
ſterile, pour labourer vne terre plus feconde
& moins ingrate.

Flor. l. 4.

Ce fut encore par ce meſme conſeil, que les
Romains dompterent le courage inflexible des
Genois, apres les auoir transferez des lieux
hauts dans les plaines; & ſi Auguſte, redoutant
la hardieſſe des Aſturiens, ne les euſt obligez de
quitter leurs mōtagnes pour cultiuer vne terre,
dans les veines de laquelle ils trouuoient le bo-
rax, le vermillon, & les autres couleurs precieuſes il n'eût iamais pû s'aſſeurer de leur fidelité. Les Cimbres meſmes qui faiſoiēt vne vertu de la violence, & vn crime de la modeſtie,
n'eurent pas pluſtoſt reſpiré cét Air doux &
tranquille qui tempere la coſte de Veniſe, qu'ils
ſe dépoüillerent de la ferocité qu'ils y auoient
apportée; comme au contraire, les habitans
des Alpes eſleuez ſous vn Air humide & mol,
ont touſiours retenu dans leurs mœurs, ie ne
ſçay quoy qui reſſemble à leurs neiges fonduës.
Sur ces exemples, & par là meſme raiſon,
Charlemagne transfera les fiers Saxons en
d'autres lieux, & le ſuccez de cette tranſlation
a verifié que les mœurs des Peuples ont quelque conformité auec les qualitez du terroir
qu'ils habitent. S'il eſt ſterile, la vigilance &
l'induſtrie y fleuriſſent s'il eſt fertile, l'oyſiue-
té & les plaiſirs y regnent; s'il eſt aſpre, & que
les Aſtres le regardent d'vn aſpect oblique, le
naturel des hommes y eſt auſſi rude que le Ciel
& les Elemens. Cependant on a obſerué que
l'auſterité d'vn lieu, donnant vne certaine
rigueur à l'eſprit, le rendoit capable des hautes

Auguſtus
Tarraco-
nenſis
Hiſpaniæ
accolas ob
illorum
feritatem
transtulit
ex monti-
bus ad
plana,
vt minue-
retur corū
ferocia,
quod &
euenit.
Flor. l. 4.
c. vlt.

Tit. Liu.

Lucorum
aſperitas
hominum
quaque
ingenia
durat.
Q. Curt.

entreprises; & qu'au contraire vn beau & delicieux feiour oftoit quelque chofe de la force de
l'Ame ; celle de Scipion fe conferuoit & s'ac-
croiffoit dans l'habitation de Literne, & fe
fuft relafchée dans le feiout de Bayes, fi Seneu-
que ne s'eft point trompé en fes coniectures.

Pro forte
loci va-
riant
Manil.

De là naiffent les differences des efprits, des
humeurs, & des inclinations que les Philofophes confidèrent comme autant de rejetton
de la Nature, qui fe produifent & s'auancent
d'eux-mefmes. Les Peuples Septentrionaux
nés fous les Aquilons, font belliqueux & impetueux, parce que le froid qui les enuironne,
repouffant la chaleur naturelle au dedans &
ramaffant autour du cœur, fait la force, &
leur infpire cette fureur qui anime leur fang, &
alume les efprits dans les veines. L'art de fondre les metaux, l'artillerie, & les inftrumens
de guerre font de leur inuention, & ce furent
les Schytes, les Huns, les Herules, les Vandales & les Tartares, qui couurirent la terre de
leurs grandes Armées ; mais la force de leur
efprit ne répondant pas à celle du corps, ils ne
fceurent point conferuer leurs conqueftes. Au
contraire, les Peuples du midy, dont le temperament eft froid à caufe de la chaleur exterieure qui attire l'interieure au dehors, font
melancholiques, conftans, ingenieux & con-
templatifs ; & c'eft auffi de cette partie du
Monde, que font venus les Aftrologues, les
Mathematiciens, les Mages, & les Autheurs
des fectes & des nouuelles Religions. Quant à
ceux qui habitent ces Regions moyennes qui
font comme le cœur du Monde, & que le Soleil regarde d'vn œil plus fauorable, ils ont

Fortior
miles ex
confrago-
fo venit.
Sen.

Quibuf-
dam Re-
gionibus
videmus
hebetiora
hominum
ingenia,
propter
cæli ple-
niorum
naturam.
Cic. 2. de
nat.
Deor.

alli

lie le courage auec la prudence, parce que
leur complexion naturelle remplit leurs veines
d'vn sang plus pur, & qui seruant d'aliment
au cœur, & de vehicule à l'Ame, rend leur esprit plus subtil, & plus capable des belles con-
noissances. La Dialectique leur doit sa subti-
lité, l'Eloquence sa force & ses ornemens, la
Iurisprudence ses decisions & ses Oracles, la
Politique ses maximes, & les reglemens par
lesquels elle forme, regit & conserue les Republiques. C'est aussi en ces moyennes Regions que sont nés les grands Conquerans, les
sages Legislateurs, les Iuges équitables, les
prudents Iurisconsultes, & les excellens Orateurs, car en toutes choses le bien consiste toûjours au milieu.

En effet, les Empires les plus grands & les
plus florissans se sont eleués en l'Assyrie, en la
Grece, en l'Asie, en l'Italie, en la Gaule, & en
la Germanie, où la complexion des corps, la
temperature de l'Air, & la Vertu du Ciel s'accordent pour former, & pour accomplir la prudence & la valeur, deux vertus propres à fonder les Estats, & à les augmenter. Mais par
dessus toutes les raisons, il faut en cela adorer
l'infinie sagesse de Dieu, qui en donnant ses
ordres à la Nature, a si bien sçeu dispenser ses
presens, qu'elle n'a que rarement conioint la
force du corps auec la vigueur de l'esprit. Il n'y
a rien de plus cruel que l'iniustice armée de
puissance, & si les Schytes, eussent eu les ruses
des Africains, & les Africains la force des Schytes, ils eussent abusé de ces dons à la commune ruine des autres Peuples de la terre.

Apres tant de differentes mœurs, si quelqu'vn demande d'où il est arriué que la loy

*Sic aliad
aliud ter-
ras sibi
vindicat*

Z

Populus
folia in
solſtitio
circuma-
git. Plin.

que le Peuple ſe monſtre ſemblable à l'Arbre
de ſon nom, c'eſt à dire au Peuplier dont les
feüilles ſe tournent, & ſe renuerſent à tous les
ſolſtices. Il veut, & ne veut iamais rien con-
ſtamment; il paſſe d'vne extremité à l'autre
ſans s'arreſter au milieu; s'il ſert laſchement,
il commande arrogamment, & il ne luy eſt pas
poſſible de ſe tenir à la mediocrité. De la ſuiettion la plus baſſe, il monte à la plus ſuperbe
domination, & ſouuent tombe en vn ſi profond oubly de ſoy-meſme, qu'à le voir ſi librement ſeruir, on diroit qu'il n'a pas perdu ſa liberté, mais ſa ſeruitude. C'eſt vn Polype qui
ſe reueſt des couleurs de tous les objets, qui
croit trouuer ſon repos dans le changement,
qui fauoriſe ceux qui viennent tous frais dans
l'Amphiteatre, & qui couronne de fleurs les
victimes qu'il veut immoler à ſa fureur aueugle. Il s'émeut & s'appaiſe, il approuue & reiette en meſme temps vne meſme choſe; la
confuſion luy fait deſirer l'ordre, & quand il l'a
trouué, il ſe remet dans le déreglement, &
comme il hait les choſes preſentes, il deſire celles qui ſont à venir, & loüe les paſſées.

Odio præ-
ſentiũ &
cupidine
mutatio-
nũ.Tacit.

Cõſuetu-
do morem
facit.
Ariſt.

Ces diuers changemens, & ces differentes inclinations ne ſont pas ſeulement des effets de
ſon naturel, mais auſſi de la couſtume & de
l'habitude, qui ſouuent change la nature. Le
Peuple Romain ne fut pas plutoſt accouſtumé
à la domination de Ceſar & d'Auguſte, qu'il
oublia tellement ſa liberté, qu'au meſme temps
que le Senat apres la mort de Caligula, deli-
beroit ſur les moyens de la reſtablir, il fit
ſçauoir qu'il ne pretendoit obeïr qu'à vn ſeul
Empereur. C'eſt, ſans doute, que la forme
d'vn Eſtat, qui au commencement ne s'ac-

commode pas à l'humeur des fuiets , fe natura-
life dans leur cœur par la couftume , & l'horreur mefme de la feigneurie d'vn Tyrã, fe perd
en fes fuccefleurs quand leur gouuernement eft
accompagné de Iuftice. Les Mofcouites par
vne longue habitude, en font venus à ce point,
que dans la plus dure feruitude que l'on fe
puiffe imaginer , ils difent , & qui plus eft , ils
croyent que la volonté de leur grand Duc eft
auffi la volonté du Dieu eternel.

Outre la couftume , il arriue quelquefois que
le changement du naturel fe fait par accident,
comme quand vn Peuple pouffé du defir de fe
venger de ceux qui l'oppriment , fe foufmet
volontairement à l'empire d'vn autre Peuple.
Ce fut le changement que fouffrirent les Citoyens de Capouë , quand ils eurent recours à
la protection des Romains ; Mais comme ces
difpofitions font accidentelles, auffi ne durent-
elles pas long-temps , & enfin la Nature rega-
gnant le deffus , fe rend prefque toufiours victorieufe de la neceffité. Que fi nous voulons
remonter iufques à la fource, & faire reflexion
fur tous les diuers mouuemens des Peuples,
nous trouuerons qu'ils tiennent de l'humeur &
du naturel de celuy , qui le premier a formé le
corps de leur focieté. L'amour de la paix & des
lettres n'a iamais efté feparé de la Cité d'A-
thenes, depuis qu'vne Minerue en eut ietté les
premiers fondemens ; & le defir de regner s'eft
en tout temps conferué dans la ville de Rome,
parce que fon fondateur en eftoit tout plein,
& qu'il auoit tranfmis à fes fuccefleurs comme
à titre d'heritage, vne fi noble paffion. Les Venitiens au contraire, ont toufiours aymé le repos & la paix , parce que leurs Autheurs bat-

tus des orages ciuiles de l'Italie, s'estant ier-
tez dans les Palus de la mer Adriatique, eurent plus de soin de se maintenir, que d'e-
stendre par des conquestes, les frontieres du
leur Estat.

Ces obseruations neantmoins, ny toutes les
autres dont nous venons de parler, ne sont pas
si certaines, qu'elles ne puissent quelquefois
tromper le iugement du Politique, qui s'y
voudroit trop arrester. A dire le vray, ny la
situation des contrées, ny les impressions des
climats, ny les qualitez de l'air, ny les influences du Ciel, ne forcent point la liberté des
hommes; mais seulement en alterant le temperament des corps, elles peuuent d'autant
plus facilement agir sur leurs mœurs, qu'eux
mesmes suiuent plus volontiers le mouuemen
de la Nature, que l'empire de la Raison. Mai
en tout cela, il n'y a point de necessité, & i
sëble d'ailleurs que la temperature de l'air n
soit pas tousiours semblable en vn mesme en
droit, & que transporté d'vn lieu en vn autre,
change comme de Colonie à la façon des hom
mes. L'Egypte, & la Grece, regrettent aujou
d'huy la perte de ces belles & ingenieuses in
uentions, qui autrefois les rendoient florissa
res; & ceux qui les habitent maintenant, n'o
plus que le souuenir de la gloire, & de la gen
lesse des mœurs de leurs ancestres. Cependa
les Espagnols, pour auoir trouué dans leu
Colonies des Indes, les veines inépuisables
l'or & de l'argent auec des môceaux de perl
n'en ont pas pourtant ramolli leurs mœurs,
rien relasché de leur premiere vigueur; mais
contraire de toutes les richesses que la fort
leur a presentées, ils en ont fait des degre

leur ambition, pour tascher de ioindre à leurs
Estats, les extremitez de la terre.

Il ne reste plus qu'à répondre à ceux qui ont
dit qu'Aristote n'auoit pas bien connu la qualité des climats, puis qu'il a creu que les contrées qui sont situées sous les deux cercles Ar-
ctiques, n'estoient pas habitées. Mais outre
que c'estoit alors la creance de tous les Geogra-
phes de son temps, il ne s'ensuit pas que pour
auoir ignoré quelques circonstances particulieres des climats, il n'ait fort bien connu leurs
impressions actiues par vne generale contemplation de la Nature, dont il estoit le plus fidelle interprete. C'est dans cette parfaite connoissance qu'il aduertit le Legislateur de iuger des
effets par leur cause, afin qu'ayant ainsi découuert les mœurs & les inclinations du Peuple, il
le puisse facilement regir, & en mesme temps
retenir par le frein des loix iustes & couenables.
Comme entre les Arts mechaniques, ceux que
la Nature a inuentés, sont les meilleurs & les
plus parfaits; Aussi les loix sont sans doute les
plus équitables, & les plus propres aux Estats,
qui sont les plus cóformes à la mesme Nature.

DES DISCIPLINES ET DES ARTS LIBERAVX.

C'Est vne entreprise bien temeraire que
celle de ces infortunez Politiques, qui
ne pouuant souffrir que la Raison se soit declarée ennemie de l'ignorance, s'efforcent
de luy arracher des mains ses plus nobles, &
ses plus puissans instrumens, en bannissant de

la Republique les Arts liberaux, & les hom
stes Disciplines. Ils ne se contentent pas
dire que les belles paroles, les figures de l
raison, les nombres, les lignes, & les dispu
de la matiere & de la forme, n'ont rien
commun auec le gouuernement d'un Esta
mais ils s'imaginent encore que l'oysiue co
templation que les belles lettres recherchen
éloignent les Citoyens du commerce de la v
ciuile, les rendent plus timides, plus factieu
& plus disposez à suiure tous les mouueme
déreglez. On adiouste qu'elles font deux e
fets contraires à la Vertu militaire, dont l'u
est d'occuper entierement l'esprit, & d'amo
lir la vigueur du courage par des exercic
sedentaires; & l'autre est de rendre les hom
mes froids, melancholiques & nullement su
ceptibles de ce feu, & de cette genereuse a
deur que la guerre demande. Mais commen
seroit-il possible qu'un Estat troublé par les fa
ctions des Philosophes, des Orateurs, & de
Iurisconsultes mesmes, peust iamais s'éleue
à quelque degré considerable de dignité, d
puissance, & de grandeur? Ne fut-ce pas l
pensée de ces genereux Spartiates, quand
aprés auoir reconnu que la Philosophie auoi
preuariqué, & non seulement cedé, mais aus
consenti aux vices, ils laisserent aux Athenien
la reputation de bien dire, pour s'acquerir l
gloire de bien faire? Ceux-là sçauoient, &
ceux-cy faisoient; & si les vns ne deuinren
pas plus magnanimes par leur science, les au
tres sans doute furent plus vertueux par l
seule ignorance des vices.

Mais qui pourroit dire les maux, & les de
sordres que de tout temps, l'Eloquence a pro

duits & iettez dans les Republiques? n'y a-t'elle pas toûjours esté la nourrice de la licence, la compagne des seditions, le flambeau des guerres ciuiles, & l'instrument par lequel l'Ambition a changé en Tyrannies les plus iustes Empires? Ne fut-ce pas par sa seule voix que Pericles establit sa domination, & qu'il la rendit agreable, lors mesme qu'il tonnoit, qu'il lançoit des éclairs, & qu'il confondoit tous les Estats de la Grece? Ne fut-ce pas par elle comme par le charme d'vne Circé, que les Gracches firent entrer la discorde dans la Ville de Rome, & que Cesar fonda cet Empire de seruitude, qu'il acheua depuis d'éleuer par la force des armes? Ne sçait-on pas que le peuple est vne mer inconstante & infidelle, & que les Orateurs ont toûjours esté comme les vents qui l'ont émeuë, qui l'ont bouleuersée, & qui ont excité ces orages ciuils, où les Estats les plus puissans ont trouué leur naufrage? Enfin, n'ont ils pas vsurpé par l'eloquence, cette haute & souueraine authorité par laquelle ils ont formé leurs desirs dans les passions d'autruy, ont commandé sans loix, ont regné sans Sceptre, ont vaincu sans armes, & se sont acquis vn Empire d'autant plus violent qu'il estoit plus doux à ceux qui s'y soûmettoient volontairement? Certes, comme l'oüye, le plus leger des sens, communique soudainement à l'Ame les impressions qu'elle reçoit; En cette mesme sorte, le son d'vne parole eloquente s'assuiettit les esprits, fléchit les volontez de tout vn Peuple, regne absolument sur ses affections, l'anime, le pousse, le retient, & en fait tout ce que l'Orateur desire. C'est vn torrent qui ne meine pas les Auditeurs, mais qui les

entraisne ; c'est vn trait-enflammé, qui to
bant sur vne matiere disposée, l'embrase &
ce funeste incendie qui a souuent enseue
sous ces cendres, les Villes les plus florissan
tes. Que si nous considerons les effets de l'E
loquence au dehors, il semble qu'elle ne so
point necessaire dans les armées, où la Vert
d'vn General consiste, non pas à bien discou
rir, mais à bien executer les hautes entreprise
C'est là, où son action doit estre plus efficac
que sa parole, sa main plus prompte que s
langue, & son exemple plus puissant que s
voix. C'est là où l'aspreté d'vn langage ; qui
comme celuy de Marius, semble estre meslé de
fer & d'acier, anime bien mieux les soldats au
combat, & luy est plus seant qu'vn discours
peint des couleurs de la Rhethorique. C'es
pour cela que la Déesse de Persuasion que le
Spartiates reueroient, n'auoit pour tout or
nement qu'vne lance & vn bouclier, car c
Peuple guerrier croyoit qu'vn langage pol
n'estoit pas moins honteux à vn General d'ar
mée, qu'vn habillement parfumé.

Voila ce que l'ingratitude mesme ne vou
droit pas auoüer, & que des hommes neant
moins osent bien dire, quand ils tournen
contre l'eloquence les propres armes qu'ell
leur a fournies, & mises en la main. Quell
indignité ! quelle ingratitude ! ils ne se co
tentent pas d'arracher les plumes de cette Ai
gle, ils s'en seruent encore pour empenn
les traits auec lesquels ils la transpercent ; ca
comme on ne la sçauroit loüer que par ell
mesme, on ne peut aussi la blasmer que p
elle-mesme. Certes, tous les discours qui dá
tous les siecles ont esté faits, & consacrez à

loüange, n'ont esté que comme des échos qui
n'y ont rendu ses propres voix, & encore bien
imparfaites. Ce fut la pensée de ceux qui éle-
verent autrefois sur le Tombeau d'Isocrate,
une Sirene ayant la bouche close & les levres
scellées, pour signifier qu'il valoit mieux se
taire que d'entreprendre de loüer l'Eloquence.
Il suffit donc de dire que si l'esprit est l'ornement de l'homme, l'eloquence est l'ornement de l'esprit, la main de l'entendement,
l'image de l'Ame, la Reyne des Arts, la Maistresse de cœurs, & le plus beau present dont
Dieu ait enrichi la Nature des hommes. En
effet, ce que l'esprit est dans le corps, la lumiere dans l'air, & le premier mobile dans
l'Vniuers, l'Eloquence l'est dans la vie ciuile,
& sans elle toutes choses ne seroient pas seulement muëttes, mais elles se trouueroient encore priuées de la clarté des siecles qui les illu-
mine, & de la memoire de la posterité qui les
venge de l'oubly en rappellant le temps passé,
& le confondant auec le present.

Il est vray que la Sagesse a inuenté les Loix,
mais elles n'auroient iamais veu l'accomplissement de leur desir, si l'eloquence ne les eust
persuadées en monstrant leur Iustice par la
raison expliquée, & animée de la force, &
des mouuemens du discours. C'a esté donc
par elle que les Peuples les plus ialoux de leur
liberté, y ont renoncé volontairement, dans
la creance qu'ils ont euë de n'estre iamais si
libres, que lors qu'ils se rangeoient sous
l'heureuse seruitude des loix. Elle commande
à tout le Monde, & ne regne pas seulement au
milieu de la paix : mais elle prend encore sa
part aux victoires acquises par la force, sans

pourtant que la force partage auec elle la glo-
re des Triomphes dont elle se couronne. S'il
faut enflammer le courage des soldats, c'est v[n]
feu; S'il est necessaire de moderer leur impe[tu]
tuosité, c'est vn frein; Et s'il est question d'a[-]
doucir leurs trauaux, c'est vne Panacée. Dan[s]
ces occasions, elle leur persuade que les peri[ls]
sont precieux, que la couronne est moins de[-]
sirable que le combat, que les playes sont de ri[-]
ches dommages, qu'il en sort plus de gloir[e]
que de sang, & que c'est par elles comme pa[r]
autant de bouches que la Vertu parle dans le[s]
armées. Quand les Grecs se diuisent deuan[t]
Troye, & qu'ils se mettent en estat de remon[-]
ter sur leurs vaisseaux, ce ne sont pas les orage[s]
de la mer, mais les foudres de l'éloquen-
ce d'Vlysse, qui les arreste dans le por[t]
Quand la fortune abandonnant les Athe[-]
niens, passe dans le camp de Philippe, c[e]
n'est pas leur armée, mais le Torrent des Ora[i-]
sons de Demosthene, qui borne le cours de[s]
victoires de ce Roy, & qui déguise si bien tou[s]
les sinistres accidens, que le plus grand eston[-]
nement se conuertit en asseurance. Mais qu[i]
pourroit dire les seruices que l'eloquence a ren[-]
dus à ce premier des Cesars, qui parloit [à]
ses soldats de la mesme ardeur auec laquelle [il]
combattoit ses ennemis? Combien de fo[is]
s'est-il serui plus heureusement de sa langu[e]
que de ses armes? Combien de fois a-t-il mon[-]
stré qu'il y auoit plus de force en sa voix qu'[en]
sa main? Combien de fois a-t-il opposé au[x]
legions reuoltées vne parole hardie, esleuée[,]
& toute pleine de nerfs & de vigueur? C'e[st]
ce qui obligea ses successeurs en l'Empire d[e]
cultiuer l'eloquence, puis que Neron fut [

premier des Cesars qui eut besoin de parler *Tac. hist. lib. 15.* par emprunt, & de reciter les harangues que Seneque luy auoit preparées.

Cependant, il semble que cette haute & sublime eloquence, qui a éleué la gloire de Rome aussi haut que son Empire, ne se puisse bien déployer que dans vn Estat populaire, où la licence est plus grande, & les mœurs des hommes plus inconstantes. Ces champs si spacieux & si estendus, ne luy sont pas ouuerts dans vne Monarchie, où elle a des bornes plus estroites, puis que toutes les grandes deliberations y dependent de la seule volonté du Prince qui luy donne la loy, & qui regle ses mouuemens. C'est là neantmoins que l'Agamemnon d'Homere souhaitoit d'auoir auprés de luy plus de Nestors eloquens que de vaillans Aiax; C'est là qu'vn Cyneas prenoit plus de Villes par ses discours, que Pyrrhus par ses armes; C'est là que Charles le Quint se plaignoit d'auoir esté plus affoibly par la parole eloquente d'vn Ambassadeur de France, que par les grandes armées de son Maistre. Ce n'est pas qu'on ne puisse quelquefois abuser de ce riche & precieux don de la Diuinité, mais cela luy est commun auec toutes les plus excellentes choses du Monde; si pour ce suiet, il faut bannir l'eloquence d'vn Estat, il n'y a rien qui ne soit suiet à la mesme loy, la force, la beauté, les honneurs, & tous les autres rares presens de la Nature, & de la fortune. Que les ennemis donc de cette souueraine Maistresse des affections, reconnoissent qu'elle fait l'ornement soit de la Vertu, soit de la dignité; qu'elle se sert de la langue comme du gouuernail des Empires; & qu'elle gaigne sur le

cœur des hommes par la douce force de
persuasion, ce que les Princes ne sçauroient
obtenir par la terreur de la puissance.

Il n'appartient qu'aux Schytes & aux Goth
d'auoir de contraires sentimens, & de se persuader que l'oysiueté ne peut entrer dans les
Estats par vne plus subtile & plus specieuse
tromperie, que par celle des belles lettres. Il
n'appartient, dis-je, qu'à vn Caligula, ou à
vn Licinius né d'vn Paysan, & nourri parmy
les Daces, de leur declarer la guerre, afin que
par le defaut d'Escriuains, les prodiges de
leur vie débordée & pleine d'horreurs, ne puissent pas faire rougir l'Histoire, ny attirer sur
eux les imprecations de la posterité. Ce fut,
sans doute, la pensée de cét Empereur Apo-
stat, qui se souuenant que les Philistins auoient
autrefois fait fermer les boutiques de tous les
Artisans, qui pouuoient fournir des armes
aux Hebreux, fit aussi fermer les Escoles des
Chrestiens, qu'il regardoit comme des Arce-
naux d'où l'on prenoit les armes propres à
combattre ses erreurs, & son impieté. Au contraire, les sages Princes ont tousiours creu
auec Platon, que la vaillance ainsi que les autres Vertus, s'enseignoit, & que remplir l'esprit
des hommes de la douceur des Lettres, c'e-
stoit leur inspirer l'amour de la Vertu, & le desir de ioindre les ornemens de la paix à la gloire des armes. Autant de fois qu'ils se represen-
toient qu'Alcibiade & Alexandre estoient sortis plus vaillans & plus genereux, l'vn de l'Eschole de Socrate, & l'autre du sein d'Aristote,
ils ne doutoient plus que l'estude ne fust vne
meditation de la Vertu, qui se monstroit dans
les liures sous toutes sortes de visages. A dire le

vray, c'est là qu'on la voit dans les Philosophes
auec toute sa pureté, dans les Historiens auec
toute sa naïueté, dans les Orateurs auec toute sa
beauté, & dans les Poëtes auec tous ses attraits.
C'est là, qu'elle fait parler la verité sans crainte
comme sans interest, & qu'elle luy donne assez
d'assurance pour ne trembler point à l'entrée
des Palais, ny en la preséce des Roys. Les morts
leur disent ce que les viuans ne leur osent dire,
& ils sont instruis, ou repris de leurs fautes par
cette voix publique qui ne sçait point flatter.
Mais quelle seure conduite peut-on auoir
dans le gouuernement sans le secours de la
prudence? Et d'où est-ce que les rayons de cette vertu politique se répandent dans les Estats,
que des fecondes sources des Disciplines liberales? Ne sont-elles pas autant de parfaites
habitudes de l'entendement qui consomment
la prudence, polissent les mœurs, adoucissent
le naturel, & rendent la societé non seulement meilleure, mais encore plus agreable?
Ne sont-elles pas les ornemens de la vie ciuile,
les instrumens de la Vertu, les richesses des
Estats, & comme les yeux qui les conduisent
seurement parmy les orages, & les écueils de
la domination? Ne sçait-on pas enfin que leur
douceur infuse dans le cœur des hommes, a
plus de force que la puissance armée, pour les
exciter à l'amour de l'Estat, & que c'estoit pour
cela qu'il estoit ordonné à la ieunesse de lire le
Menexene de Platon? Ce n'estoit donc pas *Dio*
sans raison que Mecenas aduertissoit Auguste, *Cass.*
d'auoir sur toutes choses vn soin particulier
des Escholes publiques de l'Empire, d'où
comme d'vn fecond Seminaire, il tireroit de
quoy remplir glorieusement les charges de la

Republique. En effet, les semences des Vertus
que la Nature respand dans les cœurs, ne sçauroient sortir au dehors si elles ne sont cultiuées,
& s'il est vray que l'image de toute la vie de
l'homme se fasse reconnoistre dans ses commencemens, il n'est rien de si necessaire que
d'esleuer, & d'instituer la ieunesse en telle sorte que ses mœurs se rapportent à la police, &
à la forme du gouuernement. Certes, les factions, les coniurations, & les autres crimes
d'Estat, n'entre que dans le cœur de ces barbares, qui n'ont receu des bonnes lettres, ny
aucune impression, ny aucune teinture de douceur & d'humanité.

Il y a donc de l'auantage pour le Prince à les
cultiuer, à les faire fleurir, & à leur donner ce
rang d'honneur, & de dignité qu'elles ont
toûjours tenu dans les Estats les mieux reglez,
& les plus florissans. La gloire qu'il s'acquiert
par les armes est grande, mais celle qui se répand sur luy de la protection qu'il donne aux
honnestes Disciplines, est immortelle, &
voit auec mépris au dessous d'elle tout l'Empire de la fortune. Pompée le croyoit ainsi,
quand il faisoit baisser les marques de la puissance souueraine deuant la porte du Philosophe Possidonius, en quoy il faisoit vn honneur à la Philosophie, qu'il n'eust pas voulu
faire aux plus puissans Roys de la terre. Il faloit bien aussi qu'Auguste fust persuadé de
cette mesme verité, quand pour se rendre
plus capable de soustenir le faix du gouuernement, il se resolut d'apprendre les lettres Gre-
ques, & de mesler à la Sagesse des Romains,
la prudence des Atheniens. Si Marc Aurelle
n'eust eu le mesme sentiment, il n'eust iamais
meslé

Aristot.

Plutar.
in Pomp.

meſlé aux ſuperbes Titres des Ceſars, celuy de Philoſophe, & Rome n'euſt point veu la Philoſophie aſſiſe auec luy ſur vn meſme Throſne, comme celle qui fait bien regner les Princes, & qui eſt la regle de leurs mœurs, le modele de leurs actions, & la maiſtreſſe de leur vie. Il faut neantmoins confeſſer que dans les Repubpliques irregulieres qui n'ont pas pour fin la vie parfaite, les ſciences qui regardent les Vertus contemplatiues & morales, n'y ſont pas ſi neceſſaires que dans les Eſtats, qui ont pour fin la felicité humaine où tous les biens ſe trouuent enfermez. Que ſi les Spartiates ne les ont point receuës dans leur Ville, c'eſt que ce Peuple nourri aux exercices de la guerre, ne s'eſtoit pas propoſé cette felicité qui fait la perfection des autres Eſtats, & qui conſiſte en l'habitude des Vertus paiſibles & tranquilles.

Mores, non verba componit. Sen.

Certes, Platon en faiſoit vn autre iugement, quand il leur aſſigna vne place honorable en ſa Republique, dans la connoiſſance qu'il auoit qu'elles en banniroient l'ignorance & la ferocité, pour en meſme temps répandre leur lumiere dans toutes les parties de la ſocieté ciuile. Il eſt vray qu'il n'y a point voulu admetre la Poëtique, & que pour en faire ſortir honneſtement Homere, il le couronne de fleurs & de lauriers, comme s'il luy euſt dit qu'il ſe deuoit contenter du rang qu'il tenoit parmy les Dieux de la Ville d'Argos. S'il faut rechercher les raiſons de cét honorable banniſſement, il ſemble d'abord que Platon, qui auoit appris des Sages d'Egypte les plus hauts myſteres de ſa Philoſophie, ſe fuſt auſſi laiſſé perſuader par eux-meſmes, que la Poëſie n'eſtoit autre choſe qu'vn doux & agreable poiſon

φαρμακον ιδο-
νης.

*Dio.
Chrysost.
in Troia.*

qu'on presentoit dans vne coupe d'or,
voyoit d'autre part, que les Poëtes de la Grece attribuoient aux Dieux des actions si criminelles, qu'outre le dangereux exemple
qu'elles donnoient aux hommes, les loix publiques les eussent vengées par les derniers
supplices. Il se representoit encore que comme les viues couleurs d'vn Tableau ont plus
de force pour émouuoir les passions, que les
simples lineamens, qu'en cette mesme sorte
le mensonge reuestu des couleurs & des liurées
de la vray-semblance, entroit facilement sous
ce masque dans l'esprit du Lecteur, & en faisoit sortir la verité. Enfin, à bien consider
l'intention de ce Philosophe, il n'a point re-
ietté la Poësie modeste & qui est pleine d'vn
honneste loisir, mais seulement le mauuais
vsage de celle, dont les charmes & les attraits
sont capables de corrompre la plus austere
Vertu, quand elle entreprend de la tenter &
de la suborner. C'est pour cela qu'Epicure
ne l'a pas retenuë dans le Royaume mesme de
la volupté, de crainte qu'elle n'y en establist
vn autre plus mol & plus effeminé.

Quoy qu'il en soit, nous sçauons qu'Aristote
a eu d'autres pensées, & qu'il a receu auec honneur dans sa Cité, les Muses que Platon auoit
bannies de sa Republique. Il auoit sans doute
*Poëtica
prima
quædam
est philo-
sophia
Strab.*
consideré que la Poesie auoit esté la premiere
Philosophie, venerable par son antiquité, ingenieuse en ses inuentions, sublime en son langage, riche en ses figures, superbe en ses ornemens, vtile mesme en ses tromperies, & propre
à couurir d'vn agreable voile les mysteres de la
Sagesse politique. C'est elle qui a conserué
dans ses nombres, non seulement les loix des

Republiques, mais auſſi les oracles rendus aux Peuples qui en virent le premier ſiege ſur le ſommet de la montagne de Parnaſſe. C'eſt elle, qui auec plus de grace fait luire la verité à tra- uers ſes ombres, & qui par la douce liaiſon, & par la iuſte cadence de ſes paroles, inſpire aux hômes l'amour de la Vertü, & donne vne nou- uelle force à toutes leurs penſées. Comme la voix reſſerrée dans quelque inſtrument, frappe l'oreille d'vn ſon bien aigu & plus penetrant ; Ainſi les ſentences preſſées & contraintes dans la meſure des Vers, fôt, ſans doute, vne impreſ- ſion plus viue dâs l'eſprit, que lors qu'elles ſont eſpandües dans l'air vague d'vne proſe, qui eſt ialouſe de ſa liberté. Enfin, c'eſt la Poëſie qui enflamme ſon Lecteur d'vn genereux deſir d'i- miter les Heros dont elle décrit les actions. C'eſt elle, dis-ie, qui forme vn Alexandre ſur le modele d'vn Achille ; & qui pour ſon chef- d'œuure, diſpenſe des couronnes immortelles à ceux, qui par la grandeur de leurs actions, l'ont obligée à faire connoiſtre leur nom à la poſterité. Virgile & Horace eurent grande part en l'amitié d'Auguſte, mais il en a recueilli ce fruit glorieux de l'immortalité, qui fait qu'au- iourd'huy meſme il eſt bien mieux connu par leurs Vers, que par tous les Triomphes que Rome luy a decernez. Il ſemble donc que l'Empereur Adrian fut bien ennemy de la gloi- re de ſon nom, quand il fit fermer toutes les ſources de cette fameuſe fontaine de Caſtalie, dont on dit que les Poëtes ſont abreuuez & inſpirez. Au contraire, le grand Conſtantin ne pouuoit mieux monſtrer qu'il eſtoit ialoux de ſa reputation, que lors qu'il fit eſleuer ſon effigie parmy celles des Muſes.

Stephan. de Vrbib.

Caſtalij fontis ve- nas fati- dicas ob- ſtruxit. Amm. Marcell. Euſeb. in in vita Conſtant.

Il ne faut pas trouuer estrange, si la Peinture, qui n'est qu'vne Poësie muette, a eu le
mesme destin que la veritable Poësie, qui en
effet est vne peinture parlante, & animée de
cette chaleur de sang & d'esprits, dont les
Poëtes sont échauffés. Les feintes, les illusions
& les tromperies sont innocentes en l'vne &
en l'autre; elles representent également le
mauuaises, & les bonnes actions; & toutes le
deux émeuuent l'imagination auec d'autant
plus de force, qu'elles imitent la verité auec
plus d'industrie. La Poësie represente les choses par des paroles, & par des caracteres; la
Peinture les fait voir par des couleurs & par
des figures; & la main des Peintres aussi bien
que l'esprit des Poëtes, est souuent animée
d'vne sorte d'enthousiasme. Il ne faut donc
pas s'estonner si Platon n'a point admis l'Art
de la peinture dans sa Republique, puis qu'il
en auoit exclus la Poësie, & que dans le sort
commun de deux innocentes, la condemnation de l'vne estoit vn preiugé de celle de l'autre. I'auoüe que les Republiques de Rome, &
de Sparte se sont long-temps passées du noble artifice de la Peinture; mais il ne s'ensuit
pas de-là qu'elles ayent corrompu les mœurs
des Grecs & des Romains, deslors qu'ils ont
commencé d'en faire leurs delices. Ce fut
plustost vn effet du debordement du luxe, &
de la conuoitise des Citoyens, qui estant vne
fois sortis des bornes de la Temperance, abu-
serent non seulement des Arts liberaux, mais
encore des choses les plus saintes. Quoy qu'il
en soit, on ne peut pas dire que la Peinture
soit inutile en la Republique, puis qu'elle dispose agreablement les esprits à la Vertu, en

leur mettant fous les yeux les belles & genereufes actions de ceux qui ont efté les ornemens
& l'admiration de leurs fiecles. Elle ne conferue pas feulement leur memoire, mais en
donnant vne Ame aux corps les plus infenfibles, & faifant naiftre les paffions fur la toile
mefme, elle fait voir cette fecrette force qu'elle a pour allumer dans les cœurs le defir de
toutes les chofes honneftes & loüables. Outre
cela, elle s'occupe noblement à nous découurir en peu de temps, & fans changer de lieu,
toute la face du Monde, reprefentée fur des
Cartes, comme auffi à former les figures de
Mathematique, & à garder les hommes d'e-
ftre trompez, quand ils fe meflent de iuger de
la beauté, & des proportions d'vn ouurage.
Voilà les nobles emplois qui la tirent du nombre des Arts mechaniques, pour luy donner
vn rang fi honorable parmy les Arts liberaux, *Arift.*
que les Roys mefmes n'ont pas dédaigné de *Polit.*
prendre le pinceau, & de s'en feruir de la mef- *lib. 8.*
me main dont ils portoient le Sceptre. *c. 3.*

Que fi la veuë, qui n'eft qu'vne pure idée,
a tant de pouuoir fur les cœurs, quelle force
ne doit point auoir la voix harmonieufe qui
paffe iufqu'à l'Ame, & de laquelle l'eloquence
mefme emprunte les inflexions de fes tons, la
confonance de fes paroles, la cadence de fes
periodes, la proportion de fes nombres, &
les interualles de fa prononciation. Cependant
on n'a pas laiffé de mettre en queftion fi la
Mufique doit eftre mife au rang des Arts, ou
au nombre des ieux, ou pluftoft en celuy des
honneftes occupations: car il femble qu'elle
tienne des Arts en ce que c'eft vne fcience,
& des ieux en ce qu'elle eft vn agreable relafche

du trauail, & des honnestes occupations e[n]
qu'elles font vne partie de la felicité huma[ine]
Mais certes sa noblesse est trop grande pou[r]
se faire desirer que pour le plaisir ; il la fau[t]
chercher pour former les mœurs, pour cal[mer]
les passions, pour animer les hommes à [la]
Vertu, & pour esleuer leur esprit, qui se la[isse]
facilement transporter aux excez d'vn do[ux]
rauissement. Car comme les images des o[b]-
iets que les sens exterieurs reçoiuent, s'imp[ri]-
ment bien auant dans l'Ame ; ainsi les cha[nts]
melodieux passent des oreilles à l'entende[-]
ment, & de l'entendement à la volonté, e[t]
ils produisent les fruits admirables de la Ve[r]-
tu, & font ce calme delicieux pour lequel l[es]
passions mesmes témoignent auoir du respe[ct.]
On peut donc dire que celuy-là donne so[n]
cœur à la Musique, qui luy preste ses orei[l]-
les : il se rend son captif sans qu'il soit lié d'au[-]
tres chaisnes que de celles de sa voix, & il sem[-]
ble mesme qu'il soit enchanté par autant d[e]
caracteres de magie, qu'elle a de noires & d[e]
blanches, de longues & de breues. Ces mer[-]
ueilleux effets procedent de ce que l'Ame n['a]
point de plus grand rapport qu'auec les ac[-]
cords & les nombres, ce qui a donné suie[t à]
quelques-vns de dire qu'elle-mesme n'esto[it]
autre chose qu'vne diuine harmonie. Plat[on]
apportoit vn temperament à cette opinion
quand il disoit que l'Ame se ressouuenant d[e]
la Musique qu'elle auoit ouye dans le Ciel
suiuoit volontiers les images & les ressem[-]
blances qu'elle en trouuoit sur la terre. Outr[e]
cela, il y en a vne autre naturelle qui consi[ste]
en la proportion que les sens ont auec les ob[-]
iets, & en ce concert perpetuel qui se fa[it]

Arist. lib.
8. Polit.
c. 3. & 5.

Incorpo-
ream ani-
mam cor-
poraliter
mulcet.
Cassiod.

Est ani-
ma velut[i]
dulcissi-
ma natu-
ræ Cytha-
ra poten-
tiis suis

erans les veines & dans les arteres du corps, où
coeur qui en eſt le maiſtre, bat inceſſamment la meſure. C'eſt l'harmonie du petit Mó-
de, emulatrice de celle de l'Vniuers qui n'eſt
v'vn accord & vn concert de diuerſes parties,
dans lequel toute la Nature comme vn Echo,
reſpond à la voix de la ſageſſe de ſon diuin Autheur. C'eſt là que le Soleil par ſes mouuemens
reglez, & par la diſpenſation meſurée de la lumiere, conduit cette ſouueraine harmonie qui
anime les corps inferieurs, & remplit de contentement les hommes, & les Anges.

tanquam neruis ac fidibus compacta. Boët.

Sol plectrum mundi. Ex Cleanthe.

O Que ſi du Monde ſenſible, nous portons noſtre contemplation ſur le monde politique,
nous trouuerons que la diuerſité de tant de
perſonnes, d'eſprits, & d'humeurs, de tant
d'Arts & de tant de ſciences qui ſeruent les
vnes aux autres, forment cette harmonie, &
cét heureux vniſſon, ſans lequel la Diſcorde
romproit toutes les liaiſons & les proportions
des Eſtats. Les loix n'eſtoient pas encore grauées ſur des colónes, ny eſcrites ſur des Tables,
alors qu'on ordonna à la ieuneſſe de les apprendre en chantant, afin que par la douceur de la
voix elles peuſſent paſſer plus doucement dans
les eſprits, & regler les paſſions ſelon leur deſir, & en la meſme ſorte qu'on regle le chant
ſur le ſens de la lettre. C'eſt la raiſon pour laquelle les Grecs ont appellé d'vn meſme mot
les chanſons & les loix; car comme celles-cy
ne ſont autre choſe que l'ordre meſme, & que
l'ordre eſt le principe de toute conſonance,
ce ſont elles auſſi qui forment tous les beaux
accords de la vie ciuile. Ainſi, quand les Sà-
ges de la Grece feignirent qu'Amphion auoit
baſti les murs de Thebe auec le ſon de ſa Lyre;

ils voulurent faire entendre qu'il auoit par l[es]
loix de la Musique, reglé les mœurs, & di[f]
posé les esprits à vne heureuse concorde. E[n]
effet, la Iustice & la Musique sont deux sœu[rs]
iumelles, ou plutost ne sont qu'vne mesm[e]
chose sous diuers noms, d'où vient que ce qu[e]
le Magistrat assis en son siege fait auec l'auth[o]
rité des loix, la Musique le fait auec la douceu[r]
de ses tons mesurez. Apres cela, il ne faut poi[nt]
demãder pourquoy les Thebains prirent l'har
monie pour la Deité tutelaire de leur Esta[t]
ny pourquoy les Arcadiens reglerent par l[es]
consonances de la Musique, le gouuernemen[t]
de leur Ville, ny pourquoy Platon & Aristo[t]
ont prononcé qu'on ne sçauroit changer le[s]
loix de cét Art imperieux qui maistrise les vo
lontez des hommes, sans en mesme temp[s]
changer les loix & la forme des Republiques[.]
Les Italiens appuyez sur ce fondemrnt, se son[t]
imaginez que la cause des sanglantes faction[s]
des Guelphes & des Gibelins, deuoit estre ra[p]
portée à ce que la Musique de ce temps là, ru
de & imparfaite, n'auoit pas la force de flechi[r]
les cœurs, de calmer les passions, ny d'adou
cir la ferocité des esprits. Certainement, il n'[y]
a point eu de Peuples plus cruels, plus barba
res, ny plus sauuages que ceux qui l'ont o[u]
ignorée, ou méprisée, parce qu'estant la com
pagne des loix, & la confidente des Legisla
teurs, il a falu qu'ils ayent esté priuez de l[a]
connoissance des proportions, & des accord[s]
de la Iustice.

Or comme il y a diuerses sortes d'accords [&]
de tons, aussi y a t-il diuerses sortes de Musi
que, donc l'vne est propre à former les mœur[s]
à la Vertu, & l'autre à faire relascher la vigueu[r]

Plato
maximè
cauendũ
existimat
ne de be-
ne morata
musica
aliquid
immute-
tur, ne-
gat enim
vllam tã-
tam mo-
rum in
Republi-
ca labem,
&c. Boët.

d

de l'Ame dans la molleſſe du repos. L'vne eſt conuenable à la vie contemplatiue, parce qu'elle n'inſpire que des penſées qui s'éleuent juſqu'à l'Eternité, & à la gloire du Createur de toutes choſes ; l'autre toute pleine d'ardeur, eſt conuenable à la vie actiue, parce qu'elle échauffe les eſprits dans les veines, & donne aux hommes ces genereux mouuemens qui les font courir aux armes, pour ſe meſler dans les combats. Il y a ces perpetuelles differences, que ſi la Muſique eſt paſſionnée, lugubre, & lamentable comme la Phrigienne mixte, alors les larmes coulent en abondance des yeux des Auditeurs ; Si elle eſt haute, aiguë, & violente comme la Phrigienne ſimple, la colere s'allume dans le cœur, & cette flâme embraſe tout le ſang ; Si elle eſt eneruée, rompuë, & diſſoluë comme la Lydienne & l'Ionique, les forces du corps ſe diſſipent, & l'ame tombe en de douces langueurs. Si elle eſt mâle, ferme, & modeſte comme la Dorienne, elle fait auſſi les hommes conſtans, vaillans, chaſtes & moderez. C'eſt par ce ton éleué & martial, qu'vn Terpandre & vn Tyrtée animerent les Lacedemoniens ; qu'Alcée releua le courage abbatu des Leſbiens ; & que Cadmus perſuada aux Grecs que les Dieux meſmes faiſoient leurs delices de cette ſorte de Muſique. A dire le vray, c'eſt la voix de l'Eſpouſe du Fils de Dieu, c'eſt l'harmonie de ſon Egliſe dans les Cantiques, c'eſt la mere de la pudeur, la compagne de la Temperance, l'aiguillon de la Vertu, & l'attrait de la deuotion entant qu'elle eſt toute diuine, toute pleine d'oracles, & de ſacrez enthouſiaſmes. Chanter les loüanges de Dieu, eſt la plus noble occupation des Anges dans le

Dorius pudicitiæ largitor & caſtitatis effector eſt. Caſſiod. Plutarq.

B b

Ciel, & des hommes sur la terre. Ceux-cy en
leur premiere origine, sont sortis de sa voix
& de cét esprit de vie qu'il souffla en leur commun Pere; Il est donc iuste qu'en reconnoissance de cét incomparable bien-fait, ils luy
renuoyent ce mesme souffle, ce mesme esprit
& cette mesme voix, par vn sacrifice de loüange qu'ils luy peuuent offrir & en tout lieu, &
en tout temps.

Cependant, nous obseruerons icy que d
toutes les sortes de Musique, Platon n'admet
dans sa Republique que la Phrigienne, auec
cette modeste Dorienne qu'il dit estre la grande cóseruatrice des Estats. C'est qu'au lieu que
l'Ionique & la Lydienne ont accoustumé d
flatter les passions des hommes, celle-cy le
maistrise, les rend souples, & obeïssantes quand
d'vn ton imperieux, elle contraint l'Ame de
suiure ses accords, & ses mouuemens mesurez.
En effet, il n'est pas plus estrange que l'Ame
frappée des douces atteintes d'vne voix mesu-
rée, tressaille de contentement, que de voir
retentir deux cordes d'vn Luth montées à vn
mesme ton, encore que la main du Maistre
n'en touche qu'vne seule. Ce iugement de Platon n'a pas empesché qu'Aristote n'ait receu
toutes les autres especes de Musique, qui peuuent contenter les sens, & apporter à l'Ame
vne ioye toute pure & innocente. Il veut en-
suite que la ieunesse les apprenne & s'y addonne, tant pour se purifier, que pour mener vne
vie tranquille, car le repos est preferable à
l'action, lors que c'est vn repos actif, & occupé à des choses honnestes ausquelles la Vertu se plaist. Cette occupation est si noble, que
les plus grands Roys en ont fait vn des orne-

mens de leur Sceptre ; l'Egypte a plutoft flef-
ihi fous les loix de l'harmonie de fon Ofyris,
que fous celles de fon Empire; La France a veu
fon Robert comme vn autre Dauid, mefler fa
voix parmy celles des enfans de Choré ; & iamais elle ne ceffera d'honorer la glorieufe memoire de Louys XIII. qui fceut fi bien
faire la belle alliance de la Mufique auec la Iuftice.

Voila quelle eft l'vtilité des Arts Liberaux
dans la Republique ; car quant aux fciences,
on ne doute point qu'elles n'y foient neceffaires comme celles qui poliffent l'efprit, forment les mœurs, dirigent les actions, & donnent des regles à la vie des hommes. Elles ne
font pas feulement bien-feantes à vn Prince,
mais auffi neceffaires, car comment pourra-
t-il regner auec gloire & reputation, s'il ne
connoift pas les loix par lefquelles il regne?
Certainement, les bonnes lettres font comme
la fource des Vertus actiues & morales ; & c'eft
de la conionction de la Sageffe & de la puiffance que depend la felicité des Eftats. Quand
donc le Prince trauaille à faire fleurir les Sciences, il trauaille pour le falut de fon Royaume,
& pour fa propre gloire : car fi elles ont befoin
de fa protection, & de fa faueur pour fe maintenir en leur dignité, il a auffi befoin de leur
voix, & de leur recommandation pour empefcher que fes belles actions ne foient enfeuelies
auec luy dans vn mefme Tombeau. Les Roys
de Sparte n'alloient point au combat fans
auoir auparauant facrifié aux Mufes, dans la
reconnoiffance qu'ils auoient qu'elles feules pouuoient cöferuer les images de leurs hauts faits,
& couronner leurs victoires de lauriers, & de

Diodor. Sicul.

palmes que les annés, ny les siecles ne flaistri roient iamais.

En effet, il n'y a ny Arcs de Triomphe, n Statuës de bronze, ny colomnes de marbr chargées de Trophées, qui puissent combattr la durée d'vne Histoire eloquente, qui repre sente l'Image de leur vie, & consacre leur non à l'immortalité. Outre cela, c'est vne marqu de leur benignité, & de leur iustice tout en semble, quand ils honnorent de leur faueu les bonnes lettres, qui se trouuent tousiour opprimées sous l'iniuste domination d'v Tyran, parce qu'il n'ignore pas qu'elle sont les instrumens de la Vertu, les Compa gnes de la liberté, & comme les gages cer tains du bon-heur & de la grandeur des Estat Les Scythes qui les ont traittées en ennemies n'ont aussi iamais estably aucun Empire dura ble, ny heureux; & au contraire, les Romain ne les eurent pas plutost alliées auec leurs Ar mes, qu'ils ietterent les fermes fondemen de cette superbe Republique, qui effaçant l gloire de toutes les autres, les sousmit enfin ses loix. Ce n'est donc pas sans suiet, que d Peuple vainqueur & Arbitre des Nations, l yantoit de ce que les Muses estoient entré dans sa Ville, au mesme temps qu'elle déme loit la seconde guerre auec Carhage sa riual comme si elles y eussent esté appellées pou couronner cette Maistresse du Monde, & pou celebrer ses Triomphes. C'est ce qui nous ap prend qu'entre les Armes & les Lettres il y vne concurrence, & vne certaine entre-suite d temps, puis que les plus grands Capitaines, & les plus sçauans hommes se sont rencontrez d les mesmes siecles, comme nous voyons que

Punico
bello se-
cundo,
Musa
penate
gradu in-
tulit sese
bellicosam
in Romu-
ligente.
Enni.

force du corps , & celle de l'esprit arriuent
ordinaire aux hommes tout à la fois , & dans
un mesme degré de leur âge.

Quoy qu'il en soit, les Atheniens ayant obserué que les entreprises faites durant tout le
temps que la statuë de Minerue demeuroit
sous le voile , auoient esté suiuies d'vn sinistre
euenement , se persuaderent que le bon-heur
de leur Republique ne dependoit pas moins *In solem-*
des Lettres , que des Armes. Mais les premie- *nitate*
res sont si nobles & si delicates , qu'elles n'ont *Plinte-*
iamais bien fleuri qu'en la plus haute fortune *riarum.*
des Estats qui les ont recueillies , comme celles qui leur seruoient de secours dans les guerres , & d'ornemens dans le calme d'vne Paix
asseurée. Enfin , le Prince ne sçauroit ioindre *Sub Au-*
à son Sceptre de plus belles Couronnes, que *gusto ar-*
celles qu'il se fait luy-mesme , ou que les *ma cessa-*
beaux esprits luy composent des plus precieu- *uerūt, &*
ses richesses que les Lettres gardent dans leurs *ingenia*
Thresors. Si Marc Aurelle n'eust esté persua- *floruerūt,*
dé de cette verité , il ne fust pas descendu de *ne inerti*
son Throsne pour se trouuer aux lectures des *institio-*
Professeurs des belles sciences, & on n'eust pas *languerēt*
dit à Rome que son Palais ressembloit à vne *virtutis*
Eschole de Philosophie. Il auoit, sans doute, *opera.*
reconnu que cette Maistresse de la vie polis- *Solin.*
soit le raisonnement , & qu'en quelque sorte
elle possedoit toutes les choses du Monde, les
soumettoit à soy , & leur commandoit autant
de fois qu'il luy plaisoit de ietter les yeux sur
elles , & de contempler leur nature. Quand
elle sied sur son Throsne, elle paroist austere , & ne se laisse aborder que par la Raison
seule ; mais quand elle est meslée dans les autres sciences , & dans les affaires ciuiles , elle se

B b iij

familiarife par tout , leur donne plus d'authorité , & fe fait voir femblable à ces excellens
parfums , dont l'odeur infupportable d'elle-
mefme, deuient douce & agreable dés qu'on
la mefle auec d'autres odeurs.

LA
POLITIQVE.

DES LOIX.

E fut, fans doute, vn noble deffein
que celuy de ces premiers hommes, qui ietterent les fondemens
des Citez & des Republiques;
Mais la Pofterité ne les auroit pas
couronnez d'vn honneur immortel s'ils n'euffent infpiré vne Ame à ces grands Corps pour
leur donner la vie ciuile, & pour les conduire par des mouuemens reglez à leur derniere
perfection. La Nature feule n'eut pas efté
affez puiffante pour refrener les paffions des
hommes, ny pour s'oppofer au defborde-
ment des vices, & aux defordres d'vne multitude confufe; Si les Loix accourant à fon fecours, n'euffent par la crainte des peines, &
par l'efperance des recompenfes affeuré l'innocence, retenu les vertus, & conferué les auantages de la paix. L'vfage en eft fi precieux, & les
effets fi falutaires, qn'encore que les hom-

B b iiij

mes euffent perfeueré dans ce floriffant Eftat
où ils furent creés, & où la iuftice emprein-
D. Thom. te dans les cœurs leur faifoit reconnoiftre l'authorité de la Raifon, ils n'euffent pas laiffé
d'auoir des Loix, finon pour la neceffité, au
moins pour feruir d'ornement, de confeil, &
de regle à leur heureufe Republique. Le glaiue, dont elles menacent maintenant les criminels, leur auroit efté inconnu; Et au lieu
de cette terreur des peines qui nous fait paroiftre leur face fi feuere, on y euft veu regner les
attraits d'vne douceur fi aymable, qu'ils n'euffent pû les regarder, & ne les fuiure pas. Mais
depuis que les hommes eurent ceffé d'auoir la
verité pour guide, & la vertu pour ayde, &
que le Sceptre eut efté arraché des mains de
la Iuftice, l'orgueil & la violence occuperent
la place de la pudeur & de la modeftie, & la
corruption des mœurs fut comme la femence
qui fit naiftre les Loix ciuiles. L'occafion de
les faire n'eft point venuë du defordre des
Eftats populaires, comme quelques-vns ont
penfé, mais bien de la neceffité du bon gouuernement, puis qu'elles commandoient dans
les Monarchies, & que Minos en auoit donné aux Peuples du Royaume de Crete, auant
que la Republique d'Athenes euft receu celles
de Solon. Il eft vray que Rome au commencement, ne fe regloit que par la feule volonté
de fon Fondateur; mais elle fe foûmit aux
Loix que Numa luy auoit prefcrites pour le
fait de la Religion, & les autres qui les fuiui-
rent, furent les fruits des diffentions du Senat & du Peuple. Cependant il ne faut pas
s'eftonner fi le nombre en deuint infiny, car
comme la Nature eft de toutes parts feconde

n nouueauté, elle contraignit les Legiſlateurs
ou auoir recours à diuers reglemens. On ſe ſou-
uint alors que ce ne fuſt pas ſás quelque deſtin
eſcrit dans le Ciel, que Rome, cette ville domi-
natrice, auoit eſté fondée ſous le ſigne des balances, puis qu'elle deuoit faire regner la Iuſtice,
& dóner des Loix à tous les Peuples de la terre.
Ce n'eſt pas qu'il n'y en ait encore qui ne
connoiſſent point l'empire des Loix, parce
qu'ils n'ont pû ſe reſoudre à cét ordre, & à
cette contrainte qui aſſuiettiſſant les particuliers à des reglemens vniuerſels, leur oſte la
pleine liberté en laquelle ils conſtituent le ſouuerain bien de la vie. Il leur ſemble qu'il y a de
l'iniuſtice à tenir toutes les volontez attachées
à vn même lien, & que c'eſt vne vſurpation ſur
la Nature humaine, que de la ranger ſous des
ordonnances, qui l'obligent par force à vne
vertu qu'elle doit ſuiure & embraſſer par eſlection. Ils preferent ce malheureux eſtat, qui
les rend maiſtres de toutes leurs actions, aux
Republiques les mieux policées, & ne peuuent
gouſter vne felicité qui a ſes gehennes, & qui
porte en ſoy vne image, ou du moins vn ombre de la ſeruitude. Quoy qu'ils ſe trouuent expoſez à mille perils dans vne licence de toute
ſorte de crimes, ils ayment neantmoins la vie
qui n'a point de frein, & ne peuuent aſſez
loüer l'eſtat des premiers hommes, parmy
leſquels l'inclination & la charité faiſoient
toutes leurs Loix. Cependant, l'Hiſtoire Sainte nous apprend que la terre encore vierge,
fuſt ſoüillée du ſang reſpandu par vn parricide ; Qu'apres le naufrage du Monde, vn fils
renonçant aux ſentimens de la Nature perdit
le reſpect qu'il deuoit à ſon pere, & que l'ambi-

Heſpe-
riam ſuæ
libra te-
net quæ
condita
Roma.
Manil.

Gentis
iuſtitia
ingeniis
culta noſ
legibus.
Iuſtin.

Gen. c.4.

tieux defir de regner s'alluma dans les champ
de Senar. Cela nous fait bien voir que le
hommes ne fçauroient eftre heureux que fou
l'authorité d'vne puiffance legitime, qui pa
vne douce, & falutaire contrainte les oblige
fuiure le bien, & à fuyr le mal. Ceux-là fe
trompent donc qui s'imaginent que les Loi
font vn obftacle à la iufte liberté, puis qu'au
contraire, elles en font la fource & le principe
& que c'eft vne malice de fe permettre ce
qu'elles defendent pour conferuer la focieté,
qui fans elles feroit vne affemblée de brigands
& non pas vne Republique. Il eft vray qu'au
trefois la feule volonté de ceux qui gouuer-
noient les Peuples, faifoit l'office de toutes le
Loix; Mais c'eftoit vn effet de la grande vertu de ces hommes que la fageffe, & non pa
l'ambition, auoit efleuez fur les Thrônes.

C'eft le fuiet d'vne queftion, en laquelle le
Politiques fe trouuent partagez, quand il
recherchent s'il eft plus vtile que la directio
d'vn Eftat dépende de la difpofition des bon
nes Loix, que de la prudence d'vn Prince ex
cellent. D'vne part on peut dire, que les Loi
font la regle, l'ordre, & la raifon de toutes le
actions des hommes; Qu'elles tiennent le m
lieu entre leurs affections, & que par cette i
difference, & ce dépoüillement de tout int
reft, elles fuiuent de plus prés la diuine Pr
uidence, qui gouuerne le Monde, & ordo
ne toutes les chofes à leurs fins. On ne l
fçauroit corrompre, ny par grâce, ny par pr
fens; Ce font des efprits feparez de toute m
tiere; Des Iuges fans faueur, & qui prononce
d'vne mefme voix les chofes qui font iufte
& celles qui ne le font pas. Comme elles ti

rent toufiours la Balance droite, aufli trait-
ent-elles tous les hommes également, & bien
loin de s'offencer, elles fe glorifient du titre
qu'on leur donne de Maiftreffes fourdes, inflexibles, & inexorables. On reconnoift pourtant
qu'elles font les yeux des Empires, mais ce font
des yeux qui ne fe laiffét iamais efblouyr à l'é-
clat des grands, & qui ne s'attendriffent point
auffi fur la mifere des petits, fi leurs plaintes &
leurs doleances ne font pas animées de la Iuftice. Il n'y a donc rien de fi feur que leur conduite, ny de fi reglé que leur gouuernement,
puis qu'elles ne font rien moins que des inuentions de la verité, que des fources fecondes de
tous biens, que des gages de la felicité des
Eftats, que des oracles de la Raifon, que des
écoulemens de la fageffe de Dieu, car ce qu'il
eft dans l'Vniuers, les Loix le font dans vne
Republique. Ce ne feroit pas affez qu'elles en
fuffent l'Efprit & le Confeil, fi de plus on ne
les reconnoiffoit pour les Reynes des chofes
humaines, puis qu'elles en ordonnent en general, & pour l'auenir, ce qui les exempte de
toute paffion, & fait qu'on ne les voit iamais
touchées d'amour, de haine, de pitié, ny
d'enuie. Certes, les Legiflateurs les ont efta-
blies pour le bien vniuerfel des Peuples, &
pour le cours de tous les temps, d'où nous pouuons connoiftre qu'ils ont efté moins preue-
nus; Au lieu que dans les cas particuliers, la
condition des perfonnes, & du temps prefent,
peuuent corrompre la Iuftice des Magiftrats,
& fuborner leur iugement. Enfin, toute la
vie des hommes fe conduit par la Nature,
& par la Loy; Mais la premiere eft confufe
& inégale, & l'autre qui eft le decret de la

Lex furda & inexorabilis magiftra. Liu.

Non oportet miferorum precibus illachrymari; hic audiuntur feria calamitates. Quintil.

Prudence mefme, eft égale à tous , & port
l'ordre par tout où elle porte l'œil de fa Pre
uidence. C'eft pour cela que Platon luy de
fere le commandement fouuerain , & qu'A
riftote ne craint point de dire , que celuy qu
fait commander vn homme fans Loix , fai
commander vne befte , mais que celuy qu
fait regner les Loix, fait regner vn Dieu dans
l'Eftat.

Mais d'autre part , il faut reconnoiftre que
le fage Prince eft la Loy parlante, & la voix
la plus viue de la Iuftice ; Au lieu que la Loy
écrite ne peut pretendre que d'eftre la regle
muette de la Raifon, qui fans doute feroit
inutile, fi elle n'eftoit conduite & appliquée
par la main d'vn excellent & fouuerain Ouurier. A dire le vray, la Loy eft auffi vne voix
de la Iuftice ; Mais c'eft comme vn Écho', &
vne reflexion de la parole du Prince qui l'ani
me , & qui la fait parler aux Peuples auec cet
te authorité imperieufe, qu'ils reconnoiffen
& reuerent dans fon commandement. La Iu
ftice eft bien la fin où vife la Loy ; Mais la Lo
eft l'ouurage du Prince , & le Prince eft l'ou
urage de Dieu , qui gouuerne l'Vniuers pa
cette premiere & fouueraine raifon qui refid
en fon entendement. Quoy que la Loy fo
fans paffion , & que le Prince & le Magiftra
qui le reprefente n'en foient pas exempts ;
ne s'enfuit pas de-là qu'elle foit plus vti
pour le gouuernement, puis qu'elle eft plu
impuiffante, & qu'il faut fuppléer beaucoup
chofes particulieres qu'elle ne peut compre
dre dans fa raifon vniuerfelle. En effet, le L
giflateur ne peut pas preuoir tous les cas q
furuiennent dans le cours des chofes huma

es ; D'où vient que comme nous recourons à la suprême cause, quand la Loy naturelle voit finir sa puissance ; Aussi consultons-nous l'Oracle du Prince, quand la regle de la Loy ciuile se trouue defectueuse. L'Estat, sans doute, peut estre gouuerné sans la Loy écrite, mais il ne le peut estre sans le Prince regnant ; C'est de luy qu'elle prend sa force ; Et les Suiets obeïssent bien plustost à vne puissance animée qu'à vne lettre morte. Que si, selon Aristote, le Prince se doit faire reconnoistre par le glorieux titre de Ministre de la Loy, ce n'est pas pour luy seruir comme d'instrument ; Et s'il en est aussi le gardien, c'est parce qu'il la deffend des outrages, & de la violéce que les hommes luy font souffrir. Mais n'est-ce pas de ce mesme maistre de la Philosophie, & de la Politique tout ensemble, que nous apprenons, que comme aux Arts & aux Sciences, il est plus à propos de suiure le conseil de ceux qui en font profession, que les regles écrites ; Qu'il est aussi plus vtile de se soûmettre à la prudence de celuy qui gouuerne l'Estat, qu'à la disposition des Loix grauées sur des Tables. Il est vray qu'il veut que la Loy commande, mais il entend que ce soit auec le Prince, sans lequel elle seroit oysiue : Si ce n'est qu'on ayme mieux dire, que sous le nom de Loy il comprend cette raison vniuerselle, qui enferme tous les iugemens & les decisions de la Republique. Quoy qu'il en soit, le Prince tient le lieu de la Prudence, & puis que cette vertu est le principe, la mere, & la maistresse des Loix, il s'ensuit que leur commandement doit ceder à celuy du Souuerain ; Autrement il arriueroit que la Loy écrite demeurant tousiours infle-

Arist.
Polit.
lib. 3.
c. 10.

xible banniroit l'equité, qui toutefois est la consommation & le couronnement de la iustice dans la decision des affaires. Mais auec tout cela, il faut auoüer qu'il est necessaire que dans vn Estat le Prince & les Loix ayent l'authorité souueraine & absoluë ; Celles-cy aux affaires qu'elles ont resoluës, & le Prince aux choses où il n'a point esté pourueu, & dont l'vsage neantmoins est vtile à la societé des hommes.

Or toutes les Loix ne sont pas de mesme force, ny de mesme authorité, puis que les vnes sont diuines, les autres naturelles, & les autres humaines. Les premieres ont Dieu pour Autheur, & sont la source & la regle de celles que les hommes reconnoissent, car toute la puissance vient de ce souuerain Arbitre de l'Vniuers, & toutes les mesures de nos actions procedent de sa sagesse infinie. Ce qui s'esloigne de ses inuiolables decrets est iniuste, parce qu'ils ont la raison souueraine, & la premiere verité pour fondement, sans qu'il soit permis aux hommes mortels d'en iuger, puis qu'à leur est commandé de les suiure. Il faut donc croire que toutes les choses iustes que les Legislateurs ont iamais ordonnées dans les Republiques, sont deriuées de ce diuin principe, c'est à dire d'vne prudence inspirée d'en haut, & decoulée dans leur entendement. Ils sont estimé iustes, parce qu'ils ont fait des Loix iustes; Mais les Loix de Dieu sont iustes, parce qu'il les a faites, & qu'il est la iustice mesme, & sa loy & sa regle, distribuant à chaque chose ce qui lui appartient selon la dignité, & l'excellence de son estre. Le monde estoit encore en son enfance, & l'homme ne venoit que d'estre formé

quand le Createur de toutes choses luy donna
ses Loix, & fit d'vn Paradis terreſtre vn Palais de iuſtice. Certainement, ſi nous ſçauions
bien vſer des Loix diuines, & nous ſoûmettre
à ce qu'elles preſcriuent, celles des hommes
ne nous ſeroient pas neceſſaires ; Mais dautant
qu'il eſt difficile de ſe détacher de la terre, &
de ſuiure les preceptes qui nous eſleuent iuſques au Ciel, il a fallu que la prudence des Legiſlateurs y ait pourueu par le iuſte comman-
nement des Loix ciuiles.

¶ Par deſſus celles-cy, il y a des Loix naturelles
que les hommes n'ont point trouuées, que les
Legiſlateurs n'ont point eſtablies, qui ne dépendent point des exemples ny des couſtumes
des Peuples, mais qui ont eſté empreintes &
grauées dans nos ames des propres mains de
la Nature. Elle a vne voix qu'on ne peut ne
connoiſtre pas ; Elle fait des Impreſſions d'honneſteté, de iuſtice & de pudeur qu'on ne ſçauroit effacer ; Et ſon droit non eſcrit, eſt plus
certain que tout autre droit eſcrit ſur des Tables. Il ne faut point d'interprete pour en tirer
le ſens ; Il porte ſa lumiere auec ſoy ; Les Peuples les plus barbares en ſont frapez, & ceux
qui luy reſiſtent ſe fuyent eux-meſmes, & par
vne iuſtice naturelle ſont punis de leur rebellion. Cette Loy qui ne ſe vante point d'é-
ſtre Citoyenne d'Athenes, ny de Rome, ne
commence pas d'eſtre iuſte lors qu'elle eſt eſ-
crite, puis que c'eſt vne connoiſſance puiſée
dans le ſein de la nature meſme, vn rayon eſ-
ſentiel à noſtre ame, & vne participation de
la loy eternelle. On la void touſiours ſemblable, ſans qu'elle change iamais dans les changemens & les reuolutions des Eſtats, où cha-

que particulier efclairé de cette lumiere, eft
Legiflateur & le Dictateur de foy-mefme.
Comme elle contient les preceptes de toute
les vertus, & la condamnation de tous les vices, auffi fuffifoit-elle autrefois pour regler l
focieté des premiers hommes qui viuoien
fans ambition & fans auarice. Mais depui
qu'ils eurent planté des bornes dans leur
champs, qu'ils eurent faits des partages, &
que la nature alterée fuft deuenuë confufe &
inégale; La neceffité les contraignit de recourir à cette authorité plus abfoluë, & plus puiffante pour introduire l'ordre, calmer les diffentions, & conferuer l'égalité.

Alors furent efcrites les Loix, non plus dans
les cœurs des hommes, mais fur des tables
d'airain, ou fur des colomnes de marbre, afin
que la matiere mefme pût marquer leur durée,
& leur fermeté inflexible. Quelques Politiques ne les ont confiderées que comme des
ouurages de l'inuention des hommes; Mais
ils les deuoient plutoft regarder comme vn
prefent du Ciel, puis qu'elles font authorifées
de Dieu, qui eftablit les Puiffances pour regi
les Peuples, & qui daigna bien faire l'office de
Legiflateur dans l'Eftat des Hebreux. En effet, l'ordre des Empires eft vne image & vn
rayon de l'ordre eternel de fa Sageffe, qui dé
coule fur la terre par l'efprit des Princes, com
me par vn canal qu'il a choifi pour fe com
muniquer aux hommes. C'eft luy, fans dou
te, qui a infpiré aux Legiflateurs la prudenc
Politique, & cette raifon fouueraine par la
quelle ils ont merité les glorieux titres de Fon
dateurs des Republiques & de Princes perpe
tuels, puis qu'en tout temps ils commanden
au

aux Peuples, & regnent par leurs Loix. Ils n'ont pas seulement fait la felicité des siecles ausquels ils viuoient, mais aussi celle des siecles ensuiuans; Et apres auoir remply les Regiſtres publics de leurs iuſtes ordonnances, ils ont encore imprimé dans les cœurs l'amour de la iuſtice. O. Que ſi maintenant nous voulons rechercher quelles ſont les conditions qu'vne Loy doit auoir, nous trouuerons qu'elle ne meriteroit pas de porter ce nom auguſte, ſi elle ne commandoit les choſes iuſtes & honneſtes, & ne deffendoit les contraires. C'eſt ce qui condamne la pernicieuſe maxime de ceux qui ont bien oſé souſtenir, que la Republique ne ſe pouuoit adminiſtrer ſans quelque iniuſtice, & qu'elle deſire quelquefois des Loix iniques, & qui s'éloignent des preceptes de l'equité. Mais à dire le vray, puis que la Loy eſt deriuée du souuerain bien; Qu'elle y tend comme à ſa fin, & qu'elle y conduit les hommes, il faut croire qu'il n'y a que les choſes iuſtes, qui puiſſent faire & conſeruer la felicité des Eſtats. Cependant, ce ne ſeroit pas aſſez que la Loy fuſt iuſte, comme celle qui eſt le fondement de la iuſtice meſme, ſi elle n'eſtoit auſſi proportionnée à la forme de la Republique, au lieu, & au temps, & ſi de plus, elle ne regardoit le bien vniuerſel, & non pas le particulier. Outre cela, Platon vouloit encore que la Loy fuſt propoſée auec quelque Preface qui fiſt entendre la raiſon du Legiſlateur, ce qui d'abord ſemble peu conuenable à ſa dignité, & à ſa naiſſance, puis qu'elle doit commander, & non pas perſuader. Rechercher ſa raiſon, c'eſt affoiblir ſon authorité, c'eſt eneruer ſa force; Ceux meſmes qui en ſont les ſouuerains interpretes

Ariſt.
Ethic. 5.
cap. 1.

Machia.

Suadentis legis nulla eſt virtus. C. de Legib.

Cc

luy font foûmis, & bien loin de iuger de fes de
crets, ils doiuent iuger felon fes decrets. Tou
tefois, encore que la principale intention de
la Loy, ne foit pas d'enfeigner la raifon de fon
commandement, fi eft-ce qu'eftant eftablid
pour des hommes capables d'entendre ce qu
eft neceffaire pour le bien public, le Prince
comme pere de fes Sujets, ne fait rien contre
fa Maiefté, quand il leur fait connoiftre qu
fes Ordonnances ne font pas moins fondées
fur la raifon que fur le precepte. Certes, quand
le Legiflateur deduit les occafions & les motifs
de fa Loy, elle fe perfuade d'elle-mefme par
fon equité, & les Suiets luy obeiffent ainfi
qu'à vn Roy legitime, & non pas comme
à vn Tyran. Il falloit bien que les Loix de
Carthage euffent toutes ces conditions, puis
qu'au iugement d'Ariftote, c'eftoit la feule
caufe pour laquelle cette Republique auoit
fleury iufqu'à fon temps, fans auoir fouffert
aucun changement, ny en fa forme, ny en fa
police.

Ce ne feroit pas encore affez que la Loy fuft
iufte en tous les preceptes, fi elle n'auoit cette
force qui naift de l'authorité fouueraine, &
qui confifte à commander les bonnes actions,
à defendre les mauuaifes, à permettre les in-
differentes, à punir les criminelles, & à re-
compenfer les vertueufes. Quand il s'agit du
bien, elle commande tout ce qu'elle ne defend
pas; Et quand il eft queftion du mal, elle defend tout ce qu'elle ne commande pas; Mais
en l'vn & en l'autre, elle veut eftre obeïe, & il
n'y a rien qui difpenfe de cette obeïffance,
tandis que la raifon, qui eft fon ame, demeure en fon entier. Comme elle eft vne regle de

en gouuerner, aussi oblige-t-elle tous ceux
qui sont soûmis à son empire, & ne croit point
abaisser sa maiesté, quand elle s'abaisse iusques aux soins des petites choses. Combien y
auoit il de Loix de cette qualité dans la Republique de ce Peuple choisi, dont Dieu auoit
pris la conduite ? Et qui ne sçait point que les
choses les plus petites, ont de grands effets en
ce qu'elles accoustument, & preparent les Suiets à vne entiere & parfaite obeïssance ? Enfin, la force de la Loy s'estend dans toutes les
parties de la Republique ; Elle preside à la personne de tous les Suiets ; Elle domine sur les
bons & sur les méchans ; Elle conserue l'Estat,
& l'Estat la conserue mutuellement, comme
s'ils estoient deux gemeaux, dont la vie & la
mort de l'vn, fust la vie & la mort de l'autre.
Il est vray que dans sa plus grande force, elle a
cette foiblesse de ne pouuoir pas toûjours faire
suiure la vertu, mais au moins elle la monstre,
& propose des recompenses à ceux qui l'embrassent, & des peines aux autres qui font la
malheureuse election du vice. Quoy qu'il en
soit, on ne sçauroit oster à la vertu la gloire
qu'elle a de preuenir le iuste desir de la Loy ;
& c'est, sans doute, vne miserable innocence,
de n'estre vertueux que par la seule crainte des
peines qui menacent les criminels.

De la force des Loix procedent tous leurs effets, entre lesquels, le principal & le plus noble, c'est d'obliger & de lier les consciences ;
car Dieu commande d'obeïr aux Princes qui
les ont faites, & sa diuine Maiesté se trouue mesprisée dans le mépris de leur authorité. Que si
on oppose que Dieu seul s'est reserué le droit,
& l'empire sur les consciences, & qu'elles ne

reconnoiſſent point d'autre Tribunal que le
ſien ; On peut répondre que la conſcience regarde les Loix, non pas ſimplement comme
Loix, mais comme celles qui ſont fortifiées par
le precepte diuin, & que ce ſont des ouurages
de celuy qui eſt le Miniſtre de Dieu. Ainſi
quoy que la puiſſance Politique ſoit renfermée
dans les bornes des choſes temporelles, & que
ſes eſpaces ne s'eſtendent point au delà ; ſi
eſt-ce neantmoins qu'encore qu'elle ne pro-
duiſe pas directement vne obligation ſpirituel-
le dans les choſes ſpirituelles, elle la produit
indirectement, & entant qu'elle participe de
la puiſſance de Dieu meſme.

Quant à la fin des Loix ciuiles, elle n'eſt autre que le ſouuerain bien des hommes en cette
vie, d'où les Legiſlateurs ont pris l'occaſion de
feindre que les Dieux eſtoient les autheurs de
celles qu'ils eſtabliſſoient, ſoit dans les Royaumes, ſoit dans les Republiques. Solon rapor-
ra l'inuention des Sciences à Minerue comme
à vne Deïté, ſous le nom de laquelle les Anciens reueroient la prudence Politique, c'eſt à
dire cette vertu d'où toutes les Loix ont pris
leur naiſſance. Et parce que la ſageſſe eſt inſe-
parable de la contemplation, à laquelle on
croyoit que Saturne preſidoit, de là vint que
le Legiſlateur de Carthage luy attribua la gloire d'auoir dicté les Reglemens qui porterent
cette Republique au dernier degré d'honneur
& de puiſſance. Mais dautant que les Loix ſont
des effets d'vne puiſſance ſouueraine, & independante, ce fut pour cela que Minos fit accroire que Iupiter luy auoit donné celles qu'il
vouloit eſtre gardées & obſeruées par les Peuples de Crete. Auec tout cela, les Loix ne ſe

n'estoient point parfaites, & demeureroient sans
vigueur & sans authorité si elles n'estoient
animées de la Iustice, dont le Soleil, égal dispensateur de la lumiere, est vne viue Image :
Et c'est ce qui obligea Platon à feindre qu'A-
pollon auoit pris le soin de regler la Republique qu'il nous a laissée. Mais parce que les
Loix n'establiroient pas facilement leur Empire dans le cœur des Sujets, si elles ne leur
estoient persuadées par le discours, ce fust par
cette raison que Trismegiste se vantoit d'auoir
appris de Mercure cette forme de police qu'il
laissoit au Peuple d'Egypte.

Outre cette misterieuse inuention des Legislateurs, leur dessein a esté que leurs Loix seruissent comme de centre, pour vnir tous les
hommes ensemble, & pour entretenir vn
amour mutuel entr'eux, afin que ce fust vn
degré pour s'esleuer à l'amour du Createur,
car c'est pour cela que Platon a nommé du
nom de sainteté, cette partie de la Iustice qui
rend à Dieu les choses qui luy appartiennent.
Mais comme les Loix des Peuples ne sont pas
moins differentes que leurs humeurs, aussi
n'ont-elles pas vne mesme fin; Celles de Sparte visoient à la guerre, celles de Crete à la
paix, celles de Carthage au commerce, & les
Persiennes ne donnoient aucun frein au luxe,
ny aux voluptez. Toutefois, dequoy seruiroit-
il que la felicité des Estats fust la fin que les
Loix se proposent, si vn mesme Soleil les
voyoit naistre & violer, ou si ceux qu'elles
veulent rendre heureux, ne gardoient leurs
paroles que pour tromper leur intention ? Il
ne suffit donc pas de faire des Loix saintes
& proportionnées aux sujets qu'elles determi-

nent, si on ne les obserue religieusement; Car,
quelle peut estre leur vtilité, si toute leur force
est renfermée dans la lettre? Si leur authorité
ne sort point au dehors, & si elles ne font paroistre dans les actions des hommes, les auantages qu'elles apportent à leur societé? On disoit autrefois que la ville de Sparte domptoit
les hommes, parce qu'elle leur apprenoit à
obeïr aux Loix, & que la reuerence qui les faisoit receuoir, n'y estoit iamais separée de leur
iuste commandement. Ce n'est pas que la
prudence de son Legislateur n'y fust quelquefois surmontée par la malice des Sujets, mais
au moins auoit il remply cette ville de si beaux
exemples, que les Citoyens les rencontrant
tousiours deuant leurs yeux, ne pouuoient
qu'auec confusion, ne se mouler & ne se former pas à la vertu.

En effet, la police & les ordonnances de Lycurgue furent mises au rang des choses perissables; Et c'est ce qui a fait naistre le suiet de cette celebre question, en laquelle on demande
si on doit changer les Loix selon la diuersité
des temps & des occasions, ou s'il est plus vtile à la Republique de retenir la disposition des
premieres. Ceux qui ont choisi ce dernier party, ont esté persuadez qu'il n'y a pas tant
d'auantage & d'vtilité au changement des anciennes Loix, que de dommage & de peril en
l'introduction des nouuelles : N'est-ce pas les
affoiblir que d'en subroger d'autres en leur
place? Et ne sçait-on pas que la voix de l'Antiquité est la voix d'vn Oracle parmy les hommes, & que la reuerence qui l'accompagne est
assez forte pour se faire obeïr sans le secours du
Magistrat? Ne sçait-on pas qu'en cela mesme

qu'elles tiennent leur establissement du Legislateur, & leur force de la coustume, le changement ne s'en peut faire qu'il n'apporte du mépris à l'vn & à l'autre? Ne sçait-on pas qu'vn
principe ne peut estre changé, que toutes les
choses qui en dependent ne soient alterées?
Celuy du Monde est immobile, & cependant
il est la mesure, la regle, & comme l'esprit de
tous les mouuemens. Il y a bien de la difference entre les Loix & les regles d'vn Estat, celles-
cy ont leur vsage parmy les Estrangers, & sont
meslées auec celles de leurs Estats, & c'est
pour cela qu'elles ne doiuent pas demeurer immuables lors que les autres souffrent le changement. Mais il n'en est pas ainsi des Loix qui
sont obseruées dans vn Royaume entre mesmes Suiets, & il n'y a pas moins de peril à les
changer, qu'à remuer les fondemens & les pierres angulaires qui soustiennent la pesanteur
d'vn grand bastiment. On peut aisément changer les Loix d'vne Republique naissante, mais
quand elles ont vieilly auec elle, & que les
mœurs du Peuple se sont accommodées à leur
Empire, il se faut bien garder d'y toucher, puis
qu'elles n'ont rien de plus sacré que leur vieillesse, qui selon les Stoïques, est alliée de la
prudence, & voisine de la diuinité. Les Romains porterent ce respect aux Loix des douze
Tables, qu'au lieu de les abroger ils leurs donnerent le temps de perdre insensiblement, &
peu à peu leur force, parce qu'encore que le
changement en fût vtile à la Republique par sa
Iustice, il la pouuoit aussi esbranler & troubler
par sa nouueauté. Que si entre les Loix qu'Hip-
podame donna aux Milesiens, il y en auoit
vne qui promettoit des recompenses à celuy

qui en inuenteroit d'autres plus vtiles à la République ; Il en a esté repris par Aristote, qui

Polit. lib.
2. cap. 6.

a iugé que l'ordonnance de ce Philosophe Politique estoit belle en apparence, mais dange-
reuse en effet, comme estant vne source de desordres & de changemens dans l'Estat. Ainsi,
quoy qu'vne ancienne Loy soit dure en quelque chose, & qu'elle ne se laisse pas fléchir à
l'équité ; il vaut pourtant mieux la souffrir, &
en faire comme de ces maladies qu'il faut en-

Vetustam
iniquita-
tem con-
uellere,
periculo-
sissimum
est. D.
Aust.

tretenir parce qu'elles seruent de remede contre d'autres plus grandes & plus dangereuses.
C'est pour cela que Platon defendoit de disputer de la iustice des Loix, parce que si elles
estoient incertaines, & maniables à la volonté & à la passion de ceux qui gouuernent, les
hommes qui reposent sous leur protection se
trouueroient surpris & frustrez de leurs plus
iustes esperances. Enfin, puis que c'est le propre des Loix de former & d'entretenir le concert de la societé, elles doiuent estre aussi immuables que les tons de l'harmonie, qu'il n'a
iamais esté permis de changer, & qui par cette raison sont appellez du nom de Loix.

   Et à la verité, si les choses estoient toûjours
semblables à elles mesmes, & qu'elles conser-
uassent leur simplicité sans aucun meslange, le
changement des anciennes Loix qui se sont
esleuées auec les Republiques, ne leur seroit
pas necessaire. Mais parce que dans le tumulte des affaires & des passions des hommes, elles y reçoiuent diuerses impressions, & que la
mutation leur est aussi fatale qu'à toutes les
autres choses de l'Vniuers, on ne peut pas douter qu'elles n'ayent besoin de la sage direction
d'vn Legislateur qui corrige leurs défauts, qui
les

elles change & les reduise aux proportions &
aux regles de l'equité. Ce n'est pas vne imperfection en luy quand il se depart de ses premieres pensées, puis que souuent il arriue que le
cours des affaires, comme vn flux & reflux,
met tout en desordre & en confusion, altere &
corrompt les choses les mieux ordonnées. Le
temps est l'interprete & le censeur des Loix,
qui sont tousiours imparfaites quant à la matiere, puis qu'elles n'ordonnent & ne dispo-
sent que des choses vniuerselles, & de ce qui est
à venir. Il faut donc qu'elles s'accommodent
au temps qui change les mœurs des Peuples, &
d'autant plus que la Republique ne leur sert
pas, mais que ce sont plutost elles qui seruent à
la Republique, & qui ont esté inuentées pour
son salut & pour son ornement. Souuent l'experience fait paroistre nuisible cela mesme que
l'opinion auoit fait iuger profitable, dont il
ne faut pas s'estonner, puis que le iugement
du Legislateur ne se peut pas porter à toutes
les choses particulieres qui suruiennent dans
le cours des affaires, & dans le commerce des
hommes. Les Loix sont aux passions qui les
agitent, ce que les remedes sont aux maladies,
& comme ceux-cy trompent souuent l'attente du Medecin, aussi les autres ne reüssissent
pas tousiours selon le desir du Souuerain qui
les a faites. Quoy qu'il en soit, la Politique
est vn Art, & nous sçauons que les Arts ne
sont pas liez aux preceptes des premiers Maistres, qu'ils changent quelquefois de regles, &
qu'ils s'accomodent à la matiere & à la forme
des ouurages. En cette sorte les Loix doiuent
estre accommodées aux Empires, & comme ils
sont suiets aux changemens, la raison & l'ordre

des chofes ne permet pas qu'elles en foient
exemptes. C'eftoit iadis la creance du Roy Minos, quand, au raport de Platon, il alloit de
neuf ans en neuf ans confulter l'Oracle, pour
apprendre de luy ce qu'il falloit ou reformer, ou
abroger aux Loix que luy-mefme auoit faites
pour regler fon Eftat. Mais n'eft-ce pas pour
cét effet qu'en la Republique d'Athenes il y
auoit des Magiftrats, dont le principal office
regardoit la correction des Loix, à laquelle ils
s'occupoient autant de fois que l'vfage faifoit
connoiftre qu'elles eftoient oifiues & inutiles
à l'Eftat.

Cependant auec tout cela, il faut bien prendre garde que les changemens ne fe faffent
point fans grande raifon, car il n'en eft pas des
Loix comme des Arts, & les regles de ceux-cy
ne font pas peu differentes des preceptes des
autres. Plus les Arts font conformes à la raifon
de laquelle ils dependent, plus ont-ils en eux
de vertu & de force fur l'efprit des hommes,
mais il n'y a que l'vfage feul qui donne de la
vigueur & de l'authorité aux Loix pour commander aux Peuples, & pour fe faire obeir. On
doit d'ailleurs confiderer que tout changement
veut auoir fes degrez, & que la police d'vn
Eftat imite la Nature, à qui toutes les foudaines mutations font violence, parce qu'elles
troublét fon ordre, & s'oppofent à fes deffeins.
Il n'y a donc que les Loix diuines & les naturelles, qui foient ftables & permanentes: car Dieu
eft immuable en fes decrets, & la Nature ne fe
trompe point aux confeils qu'elle donne pour
la conferuation & pour le bien de la focieté des
hommes. Quoy que la Republique des Hebreux euft éprouué toutes les formes de gou-

uernement, si est-ce que le Temps qui découure les plus petits défauts d'vne police, n'a iamais rien trouué qui deust estre changé, ou
abrogé en ses premieres Loix. Aussi estoit-ce
l'ouurage de ce diuin Legislateur, qui ne se
peut tromper en sa connoissance, qui possede essentiellement la verité, & qui est aussi
infaillible en ses preceptes, qu'il est saint en
ses œuures. Que si entre les Loix des hommes
il y en a d'immortelles, & qui ne souffrent
point d'estre changées, ce sont celles qui seruent de fondement aux Estats, qui sont nées
auec eux, & qui ne peuuent cesser de viure
qu'auec eux.

Il ne nous reste plus qu'à parler de l'equité,
sans laquelle la Loy ciuile est comme vn corps
sans ame, & vne regle de Polyclete, qui ne sçait
ny plier, ny s'accommoder à la matiere dans
laquelle l'Architecte veut introduire la forme.
Si nous en voulons sçauoir la nature, elle se
peut vanter d'estre la perfection de la Iustice,
la splendeur de la Prudence, le iugement de la
Raison, la plus humaine interpretation de la
Loy escrite, le droit non escrit qui surpasse
tout autre droit, & cette Religion ciuile qui
esclaire l'esprit des Iuges, fléchit leur cœur, &
adoucit la rigueur de leurs Iugemens. Comme son obiet est le défaut de la Loy escrite, son
action est aussi le supplément de la mesme Loy,
& la conseruation de la Iustice est la noble fin
qu'elle se propose. En effet, c'est la premiere
Loy de laquelle les autres empruntent leur
force, leur vertu, & tout ce qu'elles ont
de plus loüable & de plus saint en l'estenduë
de leur Iurisdiction. Elles ne regardent que les
choses generales, mais l'equité considere les

circonstances particulieres qui sont infinies, &
ausquelles elle rapporte & applique le droit escrit, selon les regles de la Raison qu'elle suit
comme vne lumiere qui dissipe tous les nuages
de l'erreur. C'est pour cela que les anciens Iurisconsultes l'ont introduite dans le Palais des
Empereurs, & dans l'Auditoire des Preteurs
de Rome; Qu'ils l'ont fait presider aux iugemens, & qu'ils luy ont deferé pour la decision
des affaires la suprême authorité. Ils ne se sont
pas contentez de luy auoir soûmis toute la iustice rigoureuse, mais pour en faire connoistre
le prix, & nous en donner vne parfaite connoissance, ils l'ont diuisée en deux especes,
dont l'vne est naturelle & l'autre ciuile. La
premiere a son fondement sur les preceptes
vniuersels de la Nature, & l'autre ne s'appuye
que sur les regles des Loix escrites, qu'elle interprete les vnes par les autres, mais en telle
maniere, que le tout se rapporte au desir & à
l'intention du Legislateur. Cela nous fait bien
voir que le Prince est l'arbitre souuerain entre
le droit escrit & l'equité ciuile, & que les Magistrats en sont aussi les Ministres, puis qu'il
leur appartient de temperer la seuerité des
Loix par vne douceur qui ne blesse point la Iustice. Toutesfois, quelque grand que soit le
pouuoir de l'equité, elle n'a point de lieu en la
Loy diuine, ny en la naturelle, parce qu'en
l'vne le diuin Legislateur a tout preueu, &
qu'en l'autre les choses se trouuent reduites à
la commune raison de la Nature. C'est ce qui
fait qu'entre les Politiques, quelques-vns ont
esté persuadez que l'equité n'estoit point differente de la Loy naturelle, puis qu'elle n'estoit
autre chose que le iugement de la Raison, qui

ô comme vne Puissance superieure, amolit la
dureté les Loix escrites, & les fait seruir au bien
de l'Estat.

Quant à la Coustume elle passe pour Loy, &
a la mesme authorité, mais il y a cette difference que la Loy ciuile est vne inuention des hommes, vn droit volontaire, & la Coustume vne
inuention du Temps qui luy a donné l'estre, &
qui l'a introduit peu à peu dans sa societé. La
Loy est le conseil & le decret du Legislateur, &
la coustume est vne tacite conuention des Peuples fortifiée par l'vsage, & qui s'est establie
non point par l'escriture, mais par la raison
mesme. Outre ces differences, on peut dire
auec les Anciens, que la Loy ressemble en quelque sorte au Tyran qui se fait obeïr par force,
mais que la Coustume est semblable à vn Roy
qui regne sur des Suiets volontaires, & dont le
commandement est agreable & plein de douceur. Quoy qu'il en soit, toutes les deux commandent souuerainement aux Peuples, & sont
les maistresses de leurs biens & de leurs personnes; Mais la Loy se conserue dans la lettre morte, & la Coustume dans le cœur des Suiets. Enfin, les Loix mesmes sont differentes en leur
origine, car celles qui sont nées dans les
Royaumes, sont bien plus augustes & plus ma-
iestueuses, que les autres qui ont leur source
dans vne Republique. La cause de cette inégalité, vient de ce que les vnes procedent du Prince comme les rayons du Soleil, c'est à dire sans
en estre iamais separées, & que les autres n'e-
xistant qu'vne espece de contracts faits auec le
Public, les Magistrats d'vn Estat populaire, ne
se peuuent vanter que d'en estre les inuenteurs
& les simples ouuriers.

Dio Chrys. orat. 77. Debet consuetudo fidem tempori Tertul.

ουω δικη κοίτη. sponsis publica. Aristot.

SI LE PRINCE EST OBLIGE
AVX LOIX.

LA condition des Roys est si diuine en son
origine, & le Thrône sur lequel ils sont
assis est si esleué, que n'ayant que Dieu seul
au dessus d'eux, toutes les choses de la terre
leur sont soûmises, & ils ne les regardent que
comme des dependances de leur puissance, qui
est la plus proche de l'infinie. Ce Roy des
Roys qui les a reuestus des rayons de sa maiesté, & des marques de sa grandeur, les a donnez aux Peuples pour leur estre des Loix viuantes, & des Arbitres souuerains de tout ce qu
peut seruir de regle & de mesure aux actions
ciuiles. Leurs volontez declarées par des Edits
sont le droit des Suiets, leurs paroles leur son
autant d'oracles, & la Iustice qui s'assiet à leu
costé, ordonne & prescrit ce qui est necessair
pour terminer leurs differens, pour calmer leur
passions, & pour entretenir le concert de leu
societé. Ils sont donc plus grands que les Loi
écrites, puis qu'elles sortent de leurs main
comme leurs propres ouurages, qu'ils les donnent à tous sans les receuoir de personne, &
qu'ils agissent par vne puissance qui ne seroi
pas absoluë, si elle n'estoit affranchie de tout
subjection. Les mouuemens des Royaume
sont semblables à ceux de la mer, & comme l
Pilote parmy tant d'accidens impreueus, n
sçauroit iamais conduire heureusement so
vaisseau dans le port, s'il estoit attaché à des re
gles de nauigation fixes & certaines; Aussi se

roit-il impossible au Prince de bien gouuerner son Estat au milieu des agitations qui l'ébranlent, s'il n'auoit vne puissance toute libre, & independante de l'empire des Loix; Mais comment est-ce qu'il seroit obligé à celles qu'il a faites, s'il ne peut estre superieur à soy-mesme? Et quant aux ordonnances de ceux qui l'ont precedé, comment y seroit-il soûmis, si le commandement sur les égaux est inconnu en la nature? Certes, celuy qui fait les Loix doit presider aux Loix, non seulement parce qu'il a le pouuoir d'en faire de nouuelles, mais aussi parce qu'elles dependent de la Raison d'Estar, & qu'elles sont côme les Ministres de la science Politique. Quand donc Auguste pria le Senat de le dispenser de la Loy qui defendoit les donations entre le mary & la femme, ce fut vn trait de cette modestie, par laquelle estant Empereur il vouloit paroistre Citoyen, afin de se rendre plus agreable à vn Peuple, qui regrettoit encore les douceurs de sa liberté.

Arist.
Eth. 5.
cap. 4.

Tacit.
Annal 1.

Cependant, il faut reconnoistre que cette souueraine puissance des Roys, ny ce comble de grandeur où ils sont éleuez, ne les exempte point de l'obeïssance qu'ils doiuent aux Loix diuines, & aux naturelles. Les premieres les obligent, parce que Dieu est leur souuerain, & qu'aux choses qui regardent la iustice de ses decrets, ils ne sont considerez que comme des hommes qui doiuent obeïr, & non pas comme des Monarques qui ont droit de cômander aux hommes. Ils sont grands, parce qu'ils sont plus petits que Dieu seulement, & il leur reste toûjours vn moyen de se hausser encore plus haut en s'abbaissant deuant cette Maiesté infinie, & ployant sous ses volontez. Elle est

ialouse de ses Loix, & n'en dispense personne
d'où vient que les Roys de Iudée estoient obli-
-gez de les écrire de leur propre main, afin
qu'en se les rendant plus familieres, elles peussent mieux s'imprimer dans leur coeur.

Les Roys ont donc pour bornes de leur
pouuoir, la conscience au dedans, & la pudeur
au dehors, c'est à dire les Loix de Dieu, & les
preceptes de la Nature, qui n'est pas moins la
maistresse & la regle de leurs actions, que de
celles de tous les autres hommes. Quoy que ses
Loix ne soient point imprimées sur le papier,
ny grauées sur des Tables d'airain, elles sont
neantmoins empreintes dans l'esprit des Peuples, & ont leur siege en la raison, d'où elles
prononcent des iugemens muets, mais plus
intelligibles que toutes les paroles. En vn
mot, ce sont des Loix qui naissent auec les
Princes & auec les Legislateurs, qui portent
leur lumiere iusques dans le fond de leur coeur,
qui obseruent leurs actions, & prennent sur
eux tant d'authorité, que quelque haut que
soit l'empire qu'ils exercent, ils se trouuent
toussiours dans cette heureuse impuissance de
ne les pouuoir violer.

Les Loix fondamentales des Estats, portent
encore auec elles vne obligation dont les Princes ne se peuuent dispenser, qu'ils n'ébranlent
les appuys qui les soustiennent eux mesmes,
& qui asseurent contre les iniures du temps &
de la fortune la forme du gouuernement.
n'y a point de Prince sur la terre dont la puissance soit plus absolue ny plus estendue, que
celle d'vn Roy de France, & toutefois il ne
sçauroit priuer son fils aisné de la succession
du Royaume, ny aliener irreuocablement

domaine de sa Couronne, ny faire passer le Sceptre qu'il porte, en la main d'vne femme. Il iure solemnellement à son Sacré, de garder les Loix de l'Estat, & sur la seule religion de ce serment, les Pairs de France assemblez, casserent le Traitté fait entre Charles sixiesme, & Henry, Roy d'Angleterre, par lequel les enfans de Marguerite de France, estoient appellez à la succession Royale au preiudice du legitime successeur.

Quant aux Loix Ciuiles & Politiques, il sembleroit aussi qu'ils y fussent assuiettis; comme en effet, vn des Roys de Rome voulust bien protester deuant le Peuple, qu'il n'estoit point exempt de celles mesmes qu'il luy auoit données. N'est-ce point qu'il auoit consideré que *Tacit.* les Loix diminuent quand la puissance s'augmente *3. Annal* & s'estend, Que ce qui est iuste ne s'accorde pas tousiours auec la grandeur & la licence des Roys; Et qu'enfin, les Suiets ont beaucoup plus besoin d'exemple que de commandement? Mais au contraire, la mesme *Tacit.* Histoire nous apprend que le Senat auoit reconnu & declaré, que Cesar estoit au dessus de toutes les Loix escrites par l'eminence de sa dignité, & que ses enfans mesme auec l'Imperatrice, en estoient dispensez par vne fauorable extension de ce priuilege. Pour concilier ces deux diuers iugemés, & pour les reünir dans le point de la vérité, il faut supposer qu'estre suiet aux Loix Ciuiles, s'entend en deux manieres, ou pour n'y pouuoir pas deroger, ou pour n'auoir pas la licence de faire tout ce que l'on veut. Au premier sens, les Loix n'obligent pas le Prince, parce qu'vne autre Loy superieure & dominante, c'est à dire celle de l'Empire,

l'en affranchit, & sans cette exemption
ne seroit pas souuerain, & son Estat se trouueroit priué de ce vif mouuement qui en anime toutes les parties. Il doit sçauoir non seulement commander l'obseruation des Loix,
mais aussi commander aux Loix, quand la necessité & le bien vniuersel de son Royaume
desirent. C'est ce qu'on appelle puissance absoluë & extraordinaire, dont neantmoins le Prince doit vser aussi rarement, que Dieu vse de la
sienne dans le gouuernement du Monde, qu'il
regit par les ordres d'vne Prouidence, qui s'accommode au cours ordinaire de la Nature. En
effet, il n'est pas iuste que le Prince soit tousiours soumis à la Loy, qui est son ouurage,
& qui emprunte de luy toute sa force, & ce
haut empire qu'elle exerce sur les Peuples.
C'est en cela qu'on la peut comparer à la
monnoye, dont la matiere est bien d'or ou
d'argent, mais qui n'auroit point de cours
si l'Image du Prince ne luy donnoit la forme
qui la fait receuoir, & qui d'vn metal en fait
l'instrument du commerce, & la regle de toutes choses.

Au second sens le Prince est obligé, sinon à
la Loy écrite, au moins à la Raison qui est l'a-
me de la Loy, la volonté de Dieu, & la regle
des actions de tous ceux qui le representent sur
la terre, & qui ont receu de ses mains la puissance, la grandeur, & la maiesté. Il y a des
choses que les Loix commandent, parce qu'elles sont iustes, & c'est le rang que tiennent les
actions, dont la vertu prend la conduite. Mais
il y en a d'autres qui sont iustes, parce que les
Loix les commandent, & c'est en cela que consiste le droit ciuil & positif. Quant aux prem-

res, le Prince y eſt d'autant plus obligé, qu'il doit eſtre orné d'vne vertu plus haute & plus parfaite ; Et quant aux autres il s'en pourroit diſpenſer, mais neantmoins c'eſt vne parole digne de ſa maieſté, de faire profeſſion d'y eſtre ſoûmis, & de ne vouloir pas prendre plus de licence qu'il en donne à ſes Suiets. Qu'il ſe ſouuienne que la Principauté n'eſt pas tant vne eminence d'empire que de vertu, que les Peuples le regardent comme vn exemplaire de toute iuſtice, & qu'en cela meſme qu'il luy eſt plus permis qu'aux autres, il luy eſt moins permis puis qu'il doit eſtre plus parfait. Certes, c'eſt vne grande puiſſance que de n'auoir pas la puiſſance de violer les Loix ; Et ſi c'eſt eſtre miſerable que de vouloir le mal, c'eſt la plus grande de toutes les miſeres d'auoir la liberté de le faire impunément. Le plus haut degré de ſouueraineté du Prince ne conſiſte pas à pouuoir ce qu'il veut, mais bien à vouloir ce qu'il peut, & à faire le premiere les choſes qu'il preſcrit aux autres, puis qu'en qualité du Chef de l'Eſtat, il doit conuenir auec les membres pour conſeruer le tout. Enfin, comme c'eſt vn grand bon-heur en la Royauté de n'eſtre point contraint dans les actions, auſſi eſt-ce vn malheur extrême de ne ſe laiſſer point perſuader à la raiſon, & de fermer les yeux à ſa lumiere. Nos Roys, ſans doute, l'ont ainſi reconnu, quand ils ſe ſót ſoûmis à la deciſion des Loix eſcrites ; Qu'ils ont permis au moindre de leurs Suiets de les appeler en iuſtice, & qu'ils ont ſuby le iugement de ceux meſmes dont ils eſtoient les Iuges & les Maiſtres. Quoy qu'ils ſoient les Autheurs, ou les Protecteurs de toutes les Loys de leur Royau-

Digna vox eſt maieſtate regnantis, legibus alligatum ſe profiteri. L. digna vox. C. de legib.

Iuſta eſt vocis eorū authoritas, ſi quod populis prohibent ſibi licere non patiatur. d ſt. 9. c. 2.

me, ils les aiment neantmoins comme leur
plus beaux ouurages, & ne croyent pas auoir
befoin de commander où elles commandent
& mefmes ils font perfuadez que c'eſt commã-
der que de leur obeït. De là vient qu'ils n'
peuuent affez deteſter ces maximes barbares
& tyranniques, qui difpenfent les Princes nor
feulement des Loix, mais encore de la raifon
Qui veulent que la regle de leur deuoir ne for
autre que celle de leur puiffance, & qui leur
apprennent que la premiere Loy qu'ils ont faï-
te, c'eſt de pouuoir violer toutes les autres, &
mefme les plus faintes.

Qui leges facit, pari maieſtate legibus obtempe-rare de-bet. Paul. 4. fentēt.

Mais outre cette obligation de bienfeance, i
y en a vne autre de neceffité, quand la Loy du
Prince a paffé en force de contraĉt ; car alors
il ne la peut plus reuoquer, parce qu'elle a fon
fondement dans le droit de la nature, auquel
il eſt fuiet. Les Anciens ont fait de la foy vne
Dëité reuerée de tous les Peuples, & ils n'ont
fceu luy affigner vn Tēple plus augufte que le
cœur des Rois, car c'eſt là qu'elle fe plaiſt d'ha-
biter, & d'y mōſtrer fa force dans l'accompliſ-
fement des paroles & des promeffes. Dieu a
quelquefois fait des pactes auec fes creatures,
qui l'ont toufiours trouué auffi veritable en
fes paroles, qu'il eſt faint en fes œuures
Et comme les Roys font fes plus viues Images, auffi font-ils plus obligez de garder la
foy, & de faire qu'aucun de leurs Suiets ne
foit trompé fous fon authörité. C'eſt à quoy
les principes de la raifon & de l'equité naturelle les aftraignent, & puis qu'ils ont la garde noble du public, ils doiuent mefurer leurs
promeffes par la iuftice, & iamais par l'vtilité

Marcellin lib. 15. &

Rome qui flattoit fes Empereurs du titre d'

*l. vlt. C.
de qua-
drien.
præcipit.*

rnels, communiquoit ce mesme titre à leurs contracts, parce que le temps n'y pouuoit apporter aucun changement, & qu'ils auoient esté passez sous le seau de la foy publique, qui est le fondement des Traitez, & le lien commun de la societé des hommes. Enfin, puis que le Prince est garant à ses Suiets des mutuelles obligations qu'ils contractent entr'eux, comment ne leur seroit-il pas debiteur de iustice en son propre fait, c'est à dire en ses promesses & en ses conuentions ?

Iusques icy nous auons veu, que l'equité & la raison doiuent en tout temps estre les bornes de la volonté des Princes, comme les fleuues & les montagnes sont les bornes de leurs Estats. Il n'y a rien de plus diuin entre les choses humaines que la Royauté, & comme ne pouuoir pecher est en Dieu vne perfection, aussi ne pouuoir violer les Loix est aux Princes vne vertu, & non pas vn défaut de puissance. Ils sçauent que la raison qui les a dictées aux Legislateurs, ne peut ny tromper, ny estre trompées, & que c'est son decret, que les choses iniustes soient tousiours mises au rang de celles qui sont impossibles. Mais il faut obseruer icy qu'il y a deux puissances en la Loy, dont l'vne est de direction & l'autre de contrainte ; La premiere se persuade d'elle-mesme par sa iustice ; & la seconde ne peut estre employée contre les Roys sur lesquels les Sujets n'ont aucune ombre d'empire ny d'authorité. Ils sont trop éleuez par-dessus eux pour y pouuoir porter leurs mains, & leurs personnes sont si sacrées & si inuiolables, qu'on peut dire qu'en ce point ils sont demeurez dans l'estat naturel, qui ne reconnoissoit aucune espece de iurisdiction.

De là s'enfuit, que pour quelque caufe que
ce foit, vn Roy, dont le nom mefme eft venerable à tous les Peuples, ne peut eftre iug
par des Iuges eftrangers, & beaucoup moin
par fes propres Suiets. Il eft vray qu'il do
eftre plus moderé, & plus innocent qu'eux
parce qu'il ne fçauroit faillir qu'il n'offenfe
public, & toute la pofterité par la contagion
& par l'exemple de fes crimes. Mais auffi
fplendeur de la maiefté qui l'enuironne de to
tes parts, le met à couuert des peines que le
Loix ordonnent, & qui ne doiuent iamais ap
procher du Thrône où Dieu l'a efleué, & qu
pour ce fuiet l'Hiftoire Sainte des Roys d'If
raël a dit eftre le Thrône de Dieu fur la terre
En effet, ce fouuerain Difpenfateur des Cou
ronnes, n'a rien mis entre luy & les Roys, &
comme c'eft luy feul qui les donne par fa bon
té, luy feul auffi les peut ofter par fa iuftice
Certes, le droit de les pouuoir deftituer, n'ap
partient qu'à celuy qui a le pouuoir de les in
ftituer, & depuis que par la vertu de l'Onction
ils ont paffé en la condition des chofes facrée
c'eft vn facrilege que d'entreprendre d'en eff
cer le caractere. Quand ce grand Dieu voulu
donner vn Roy à fon Peuple, il luy fit predir
par fon Prophete tous les maux, & toutes le
violences qu'il luy pourroit faire fouffrir; E
cependant, il ne luy laiffe point la liberté d
punir fes crimes, parce qu'il s'en referuoit
vengeance au iour de fa iuftice. Quelques-vn
ont eftimé, qu'en cela le Prophete auoit vou
lu defigner le Tyran par fes propres marques
mais les autres ne doutent point qu'il n'a
pretendu parler d'vn Roy qui abufe de fa pui
fance legitime, & qui la conuertit en vne du

...rannie auec impunité. Saül auoit trempé ses mains dans le sang des Prophetes, il auoit saccagé des villes entieres, & il s'estoit souillé de tous les crimes predits aux Hebreux, & toutefois ce Peuple auoüa qu'il ne luy estoit pas permis d'en faire la iustice; Et Samuël mesme qui Dieu auoit donné le commandement de sa destitution, ne l'executa qu'en tremblant, & qu'apres auoir versé beaucoup de larmes. Il trembloit qu'ayant esté degradé par vn decret de Dieu, il fust tombé de la Royauté dans vne condition priuée, & neantmoins Dauid son successeur, fist mettre à mort celuy qui n'auoit pas craint d'estendre sa main sanglante sur cét Oingt du Seigneur.

Quia non timuisti mittere manum tuam, vt occideres Christum Domini.

Mais qui n'a point oüy parler de l'apostasie de Ieroboam, de la cruauté d'Achab, & de son impieté; ou de la sacrilege conuoitise de quelques autres Roys. Et pour cela, ces illustres criminels ont-ils iamais esté citez à comparoistre deuant le Tribunal des Iuges? Y ont-ils esté accusez? Y ont-ils oüy prononcer la triste sentence de leur condamnation? Mais peut-estre que les Prophetes auront soufleué & armé les Suiets côtre eux, pour leur arracher le Sceptre des mains. Tout au contraire, ils se sont contentez de les menacer de la colere de Dieu, à qui seul appartient la puissance de les iuger, & non pas aux hommes qui ne la peuuent vsurper, qu'en mesme temps ils n'entreprennent sur sa iurisdiction. Certes, les peines que le Legislateur de son Peuple auoit ordónées pour le chastiment des particuliers, ne s'estendoient point iusqu'au Prince regnât, & il estoit seulement obligé d'offrir pour ses pechez la victime d'expiation. Si nous en cherchons la raison, c'estoit, sans doute, que n'ayant qu'vn Iuge dans le Ciel, il n'en reconnoissoit aucun sur la terre pour luy rendre compte de ses actions, Et c'est pour cela mesme, que le plus grand des Roys de Iuda s'accusant deuant Dieu, luy disoit qu'il n'estoit soûmis qu'à sa seule iustice.

Tibi soli peccaui. Psal. 50.

En effet, si les Roys regnent par la grace de Dieu, par quel droit est-ce que des hommes les peuuent punir pour les fautes qu'ils ont commises en leur gouuernement? Leurs Suiets ont-ils bien quelque iurisdiction qui leur soit propre, & qu'ils n'ayent point receuë de leurs mains? Et quoy? Vn Dictateur de Rome, & vn Ephore de Lacedemone, seront exempts des peines que les Loix ordonnent, & cependant les Roys qui les surpassent de beaucoup en grandeur, en puissance, & en maiesté, ne ioüiront pas du mesme priuilege? Ils seront inuiolables au milieu des sanglantes batailles, sans que le soldat estranger les ose toucher, & leurs propres Suiets violeront le respect qu'ils leurs doiuent? S'asseoir sur leur Thrône, fouler les Sceptres aux pieds, & soüiller leurs Images, seront des crimes sans pardō, & l'attentat fait à leur honneur & à leur vie ne sera pris que pour vn acte de iustice? S'il est ainsi, il faut donc dire que les Sages d'Egypte ignoroient ce nouueau droit, puisque toute la vengeance qu'ils croyoient pouuoir prendre de leurs Roys Tyrans, estoit de les priuer aprés leur mort de toute pompe funebre, & de s'abstenir de la loüange qu'on donnoit aux autres dont le gouuernement auoit esté plus moderé. En cette sorte, ce que la Iustice ne peut auoir sur la teste des Roys, elle l'obtient sur leur reputation

Quia liberi sunt Reges à vinculis delictorū, nec vltis ad pœnā vocantur legibus. D. Ambros.

Diodor. Sicul.

reputation & fur leur memoire, car il n'y a
point de Loy qui empefche qu'ils ne foient citez deuant le Tribunal de la Pofterité qui iuge
fouuerainement de toutes leurs actions.

Que s'il fe trouue des exemples de ceux qui
ont efté liurez au bras de la iuftice des hommes, ce font des felonnies des Suiets, & des
effets ou de la cruauté de leurs ennemis, ou de
la fureur d'vn Peuple, qui n'a pû eftre appaifée
que par l'effufion du fang d'vne victime couronnée. On a bien veu des Roys de Lacedemone accufez deuant les Ephores, mais ils n'a-
uoient qu'vne Image de la Royauté, fans vigueur & fans mouuement, auffi n'eftoient-ils
confiderez que comme des Generaux d'Armée
fuiets à rendre compte, & à eftre depofez fur
le feul afpect des Eftoiles que l'on confultoit
pour fçauoir s'ils s'eftoient rendus indignes du
gouuernement de la Republique. Tel fut le
deftin d'vn Agis, à qui la dignité Royale ne
feruit que pour rendre fon fuplice plus remarquable, mais le Peuple s'en indigna, & ne voulut point foüiller fes yeux par vn fpectacle fi
cruel, fi grande eft la reuerence que le feul
nom de Roy imprime dans l'efprit des hommes. On a bien veu encore vn Roy d'Armenie
chargé de chaifnes, & vn autre Roy de Iudée
contraint de paffer du Throne à l'Efchafaut,
mais ces actes inhumains & barbares, ne pouuoient eftre commis que par vn homme qui
auoit renoncé à toute pudeur, & à tout fen-
timent d'humanité, c'eft à dire par Marc-
antoine. On a bien veu à Rome le Roy De-
iotarus traitté comme vn criminel deuant Cefar; Mais en mefme temps, le plus eloquent des
Orateurs fit entendre que c'eftoit vne chofe

Plutar.
in Ægid.

Ioseph.
Antiq.
Iudaic.
l. 15. c. 4.

E e

inoüye aux ſiecles paſſez, qu'vn Souuerain fu̇ r̲
en peine de deffendre ſa teſte deuant vn autr̲e
Souuerain. Enfin, on a bien veu que des Ro̲ÿ̲s̲
de France ſeant en leur lict de Iuſtice, ont iu̲
gé d'autres Roys, mais ils eſtoient leurs ṿa̲ſ̲-
ſaux, & releuoient de leur Couronne, & ce̲
ceſſant, il eſt certain que deux Souuerai̲n̲s̲
égaux en toutes choſes, n'eurent iamais de ḭ̲u̲-
riſdiction l'vn ſur l'autre.

Regem
capitis
eſſe reum,
ante hoc
tempus
non eſt
audItum.
Cicer. pro
Rege De-
jo.

Par quel droit, par quel raiſon peut-on do̲ṉc
deffendre, ou excuſer les Suiets, qui en oſta̲ṉt
la vie à leurs Princes, c'eſt à dire aux Peres d̲e
la Patrie, ſe ſont rendus coupables du pl̲ṵs
grand de tous les parricides ? Ils ont ſans do̲u̲ṉ-
te, adiouſté à ce crime vn horrible ſacrileg̲e
quand d'vne main ſanglante, ils ont eſfa̲c̲é̲s
les ſacrez caracteres de la maieſté, que Di̲e̲ṵ
imprime ſur le front des Roys, afin de le̲ s̲ṵr
faire porter auec plus d'éclat ſon Image deua̲ṉt
toutes les Nations de la terre. Ce n'eſt pas qu̲'il
n'y en ait eu qui ſe ſont abandõnez à leurs pa̲ſ̲-
ſions dans la licence d'vne fortune, qui ṉ̲e̲ ṷe
peut eſtre retenuë par la crainte des peine̲s̲, ṉy
ny par l'eſperance des recompenſés ; Ma̲ḭs
comme il n'eſt point de Loy qui permette ḍ̲e̲ les
les accuſer, il n'en eſt point auſſi qui perme̲t̲-
te aux Iuges de les condamner. Il eſt vray q̲ṵe
Traian donnant l'eſpée au Prefect du Pretoi̲r̲e̲
c'eſt à dire au Colonnel de ſes gardes, luy dit q̲ṵ'il
s'en ſeruir contre-luy, s'il ſe trouuoit q̲ṵe
dans le gouuernement de l'Empire il euſt ab̲ṵ-
ſé de ſon authorité, mais ce fuſt la confian̲c̲e
de ſa vertu, iointe au deſir que cét Empere̲ṵr
auoit de bien regner, qui luy fiſt pronou̲ṉ̲-
cer ces belles paroles. En effet, ce ſont les de̲ṵx
choſes qui retiennent les Princes dans l̲a̲

Plin. in
Paneg.

bornes de la modestie, qui reglent leur
puissance, qui moderent leurs passions, & leur
apprennent à suiure la vertu, & à moins faillir
que les autres.

DV CONSEIL ET DES
MAGISTRATS.

DE tous les Empires qu'on a remarquez
dans la police de l'Vniuers, celuy des hommes est sans doute le plus difficile, soit à cause de leur nature superbe, & impatiente de
toute domination, soit à cause de l'inconstance
de leurs volontez, & de la reuolte des passions
qui les agitent, & qui s'esleuent contre la raison. Cét empire demande tant de connoissance
& tant d'experience, que l'esprit d'vn seul Prince n'est pas capable de soustenir vn si grand
faix, car il n'a pas la perfectió de Dieu, qui por-
tát l'œil de sa Prouidence aussi loin qu'il porte
son Sceptre, touche de celuy-cy tout ce qu'il
regarde de l'autre. Les grandes affaires veulent
de grandes aydes, & celuy qui commande à tát
de Peuples, doit à la façon des Roys de Perse,
auoir plusieurs yeux pour voir toute la face de
son Estat, plusieurs langues pour declarer ses volontez, & plusieurs oreilles pour ouïr les demâ-
les & les plaintes de ses Suiets. Il est dóc necessaire qu'il choisisse des hommes qui le repre-
sentét dans toutes les parties de son Royaume,
afin qu'il n'y en ait aucune qui ne soit animée
de cette suprême authorité, qui pour estre épar-
se en plusieurs, ne souffre en soy aucune dimi-
nution, puis que les Officiers ne sont qu'autant

de rameaux, qui fortent de la puiſſance du
Prince comme de leur racine. Cette puiſſance
ſans la ſageſſe produit de dangereux effets, la
ſageſſe ſans la puiſſance n'a que de beaux pro-
jets ſans execution, mais quand elles s'allient,
c'eſt à dire quand les penſées du Souuerains
ſont fortifiées par vn ſage conſeil, c'eſt alors
qu'elles font toute la felicité des Empires. Certes, les Roys quelque grands & libres qu'ils
ſoient, ſouffrent cette neceſſaire ſeruitude
qu'ils dependent en quelque ſorte de leurs
Suiets, puis qu'ils ne peuuent pas touſiours
agir par eux-meſmes, & que la Royauté eſtant
comme le premier mobile de l'Eſtat, elle a
beſoin d'eſtre aydée de quelques mouuemens
prochains; ie veux dire des Officiers qui reçoiuent les premieres impreſſiós de ſon authorité. En effet la forme d'vn Eſtat, comme
celle du Monde, conſiſte en l'ordre, & cét ordre ſe fait connoiſtre en l'eſtabliſſement des
Conſeillers & des Magiſtrats, ſans leſquels
les Loix ſeroient muettes, & ſe trouueroient
priuées de l'eſprit qui leur donne la vie & le
mouuement.

On peut dire que l'Eſtat a deux ames, la
Raiſon & la Volonté, l'vne conſeille, & l'autre commande; Mais comme l'acte de la volonté eſt plus noble que celuy de l'entendement, auſſi le commandement eſt plus noble
que le conſeil. Toutefois, parce que la volonté, quoy que Reyne des puiſſances de l'ame,
eſt aueugle ſi elle n'eſt éclairée des rayons de
l'entendement, il s'enſuit que le Prince de-
ſtitué de conſeil ſe trouueroit dans d'eſpaiſſes
tenebres, & ne verroit pas les écueils qui ſe
rencontrent dans le cours de ſon gouuerne-

...ment. La volonté ne se porte point aux choses inconnuës, & se trompe facilement quand
elle agit contre les ordres de la raison, d'où
nous pouuons connoistre que le conseil est
l'esprit qui donne la vie, le mouuement, &
l'action au corps de l'Estat. Le Prince qui l'é-
coute, & qui s'y soûmet, ne diminuë rien de sa
grandeur, ny de sa maiesté, car la prudence
ne consiste pas seulement à se conseiller soy-
mesme, mais aussi à sçauoir bien vser du conseil d'autruy, sans lequel la conduite d'vne
Republique ne peut estre ny seure, ny parfaite. Le Roy Dauid, quoy que Prophete, eust
besoin d'vn autre Prophete que Dieu luy donna pour le conseiller; Et Salomon, le plus sage des Roys, mettoit sa gloire à se soumettre
à vn Conseil, qui ne se doit prendre ny donner, qu'auec vn sentiment de Religion, puis
qu'entre les choses Politiques, c'est sans doute la plus diuine.

Gloria
Regum
est. Prou.
25.

Outre cette necessité qui est attachée à l'art
de bien regner, il y a vne raison Politique
dont Mécenas se seruit autrefois, quand il
persuada Auguste d'establir vn Conseil de
personnes interessées en la cause publique,
afin d'oster la haine qui d'ordinaire suit vne
nouuelle & trop absoluë domination. A dire
le vray, les Roys n'ont point d'instrumens
plus vtiles à leurs Estats que ces fideles Conseillers dont Dieu leur fait present, quand il
les destine aux grandes choses pour la gloire
de son Nom, & pour le bon-heur des Suiets.
On desire en eux la suffisance, l'experience, &
la fidelité; Mais la verité, quoy qu'elle soit
fille du Ciel, n'a pas tousiours le priuilege
d'entrer dans le Cabinet des Princes, il faut

qu'ils la leur fçachent dire auec vne genereufe
& difcrete liberté, car ils en ont plus de befoin
que les autres, puis qu'ils ne voyent & n'en-
tendent que par les yeux, & par les oreille
d'autruy. Ceux qui parlent à leur fortuné, 8
non pas à leur perfonne, font d'autant plu
dangereux, qu'il leur eft plus difficile de de
découurir, leur flatterie emprunte le nom de
la fidelité, & en contrefait la voix auec tant
d'artifice, qu'il eft malaifé qu'ils la puiffent
bien connoiftre.

Ce ne feroit pas affez que le Prince fuft affi-
fté d'vn fidel & genereux Confeil, fi de plus
il ne communiquoit aux Magiftrats vne partie de fon authorité pour diftribuer la iuftice
& imprimer la reuerence des Loix dans l'efprit des Suiets. Elles feroient oyfiues & muettes, fi en qualité de Miniftres ils ne les faifoient agir & parler, car comme l'équiere & le
plomb ne pourroient donner vne forme reguliere au baftiment, fi l'Architecte n'y mettoit
la main, ainfi les Loix, qui d'elles-mefmes
font fans action & fans mouuement, ne re-
gleroient iamais la vie ciuile des hommes, fi
le Magiftrat ne les appliquoit aux chofes qu'elles ont decidées. Il eft la voix viue de la Loy,
l'interprete de fon intention, le difpenfateur
de fa iuftice, & le depofitaire de la puiffance
fouueraine du Prince; Mais il y a cette difference, que le Prince eft la raifon fuperieure du
gouuernement, & que le Magiftrat eft comme
la raifon fubalterne, qui execute ce que l'autre
a ordonné. C'eft ainfi que Dieu dans le gouuernement du Monde, fe fert de la raifon
humaine, non pas comme raifon, mais feulement comme miniftre de fes decrets & de fes

volontez. En effet tous les Magistrats dependent de leur Souuerain, comme les effets dependent de leur cause, & on les peut comparer à des parellies, c'est à dire à ces meteores
qui nous representent le Soleil, mais qui tombent dans le neant, dés aussi-tost que le même
Soleil retire les rayons qui leur donnoient vne
si noble forme. Il n'y a donc point de suiets qui
soient plus dependās de la Royauté, ny plus attachez au Prince, puis qu'ils sont comptez entre
les principales parties du corps Politique, dont
il est le chef & le cœur, & qu'ils tirent leur estre
ciuil de cette source des hōneurs & des dignitez.

Cependant, on a mis en question si le Magistrat doit renoncer à sa charge, plustost que
d'obeyr aux volontez de son Roy, qu'il croit
n'estre pas iustes, ny vtiles au public, ny conuenables à la dignité de l'Estat. Certainement,
ce n'est pas assez d'auoir le titre, l'honneur, &
le priuilege d'vn Magistrat, il faut encore en
auoir le sens, le cœur & la parole, pour faire
entendre au Prince qu'en offensant la Iustice,
il offense la chose la plus sacrée que Dieu luy
ait laissée pour regir son Estat. C'est son office
de luy representer que les mesmes choses qu'il
commande contre le desir des Loix, seroient
condamnées par son propre iugement, si vn
Conseil interessé ne les eust deguisées & reue-
stuës d'vne fausse couleur. Enfin, il ne doit rien
obmettre pour ramener doucement & discret-
tement ses volontez à la raison, quand elles en
sont esloignées; Car c'est ainsi que la constance d'vn Magistrat, ou d'vn Ministre, a souuent
sauué l'honneur de son Maistre, & asseuré la paix
de son Estat. La force d'esprit est sans doute,
vne vertu necessaire à celuy qu'on presse de

paſſer des choſes iniuſtes, & il luy eſt plus honorable de s'expoſer au danger de ſe perdre,
que d'établir ſa fortune en bleſſant ſa conſcience.

Mais d'autre part, quand le Prince ne commande rien par ſes Edits, qui ſoit contraire
aux Loix de Dieu & aux preceptes de la Nature, & que les Magiſtrats ont fait leur deuoir
& leurs remonſtrances, il n'y a rien qui les
oblige à lutter contre leur Maiſtre, dont la
Iuſtice a ſouuent des mouuemens & des cauſes qui leur ſont inconnuës. Ses penſées s'eſte-
uent pardeſſus le commun raiſonnement des
hommes, le temps & les affaires rendent ſes
Edits legitimes, & ſouuent les choſes qui
ſemblent aller contre les Loix, ne ſont com-
mandées que pour faire viure les Loix. Ainſi,
quand il deffend à ſes Officiers de connoiſtre
d'vn fait, ils doiuent preſumer qu'il a preueu
tous les inconueniens, & qu'apres luy auoir
fait entendre leurs raiſons, il ne leur reſte
pour partage que la ſeule gloire de l'obeyſſan-
ce. Quoy qu'il en ſoit, il vaut mieux ployer
ſous la puiſſance, que de l'irriter en s'oppo-
ſant à ſes volontez, & en voulant eſtablir dans
ſon Eſtat, vne authorité pardeſſus la ſienne.
On ſçait les maux effroyables que cauſa la reſiſtance de Papinian Prefect du Pretoire, lors
que ſollicité de iuſtifier le meurtre commis
par Caracalla en la perſonne de ſon frere, il
répondit qu'il n'eſtoit pas auſſi facile d'excuſer vn parricide que de le commettre. Ce re-
fus irrita le Prince, & le fiſt tellement débor-
der en toutes ſortes de violences & de cruautez, que ce grand ornement des Loix, ce
Genie de la Iuriſprudence, dont les reſponces

eſtoient

ſtoient autant d'oracles, en reſſentit les premieres fureurs. Ce n'eſt pas que cette genereuſe reſiſtance n'ait attiré l'admiration des ſiecles
paſſez, & ne merite encore des loüanges qui ne
finiront qu'auec la vie des derniers hommes,
mais elle ne fuſt inutile, & apporta des dommages irreparables aux affaires de l'Empire
Rómain. Les Loix, s'il eſt permis de le dire, ne
ſeroient point en deüil, & les Iuriſconſultes ne
pleureroient pas auiourd'huy la mort lamentable de leur Maiſtre rauy en la fleur de ſon âge,
s'il euſt voulu ceder à l'impetuoſité de l'orage,
& fermer les yeux ſur vn crime qui eſtoit deſia
conſommé.

De cette queſtion, paſſons à vne autre que le
combat de deux partis a renduë difficile à de-
ſmeſler, quand on a voulu rechercher s'il eſtoit
plus vtile à l'Eſtat de limiter le temps des grãdes Magiſtratures, ou de les continuer. Ceſar
fiſt aſſez connoiſtre qu'il ſuiuoit le premier
party, lors qu'apres la guerre d'Afrique il ordonna que les charges des Preteurs ſeroient
annuelles, dans la penſée qu'il eut que la con-
tinuation du gouuernement des Gaules, luy
auoit ſeruy comme de degré pour monter à
l'Empire. Il ſe repreſẽtoit encore que ſa Dictature perpetuelle auoit changé la forme de la Republique, dans laquelle il n'y pouuoit rien auoir
que plus dãgereux, ny de plus ennemy de la liberté, que de conuertir en ſucceſſion les charges &
les gouuernemens. Le faſte & l'inſolence ſuiuẽt
ordinaire les dignitez perpetuelles; Ceux qui
ont long-temps commandé ne peuuent obeir,
& il n'y a rien ſi difficile que d'apporter de la
moderatiõ à vne puiſſance, qui n'a point d'autre fin que celle de la vie de celuy qui en a eſté

Nihil
tàm vtile
quàm
breuẽ eſſe
poteſtatẽ
quẽ má-
gna ſit.
Sent.

reueſtu. Au contraire, il n'y a rien de ſi propre
ny de ſi puiſſant pour former de bons Citoyés
que de propoſer à tous le prix de la vertu, qui
conſiſte en vne glorieuſe recompenſe des merites & des belles actions, c'eſt à dire aux honneurs & aux dignitez de la Republique. Enfin
leur égale diſtribution fait l'harmonie des Citez, & quand elle eſt reſtrainte à vn petit nombre, on cherche des ſuiets de haine dans l'éle-
uation de ceux qu'on ne peut égaler, & l'enuie
s'attache aux familles, où ces marques d'honneur paſſent auec la ſucceſſion des autres heritages. En effet, n'eſt-ce pas donner à peu de
perſonnes, ce qui doit eſtre partagé entre tou
ceux à qui le merite defere le plus naturel commandement que l'on puiſſe exercer ſur les inferieurs? N'eſt-ce pas fermer le Temple de
l'Honneur, que les Anciens tenoient touſiour
ouuert à ceux qui pour y entrer auoient paſſ
par le Temple de la Vertu? N'eſt-ce pas le bie
de la Republique, que pluſieurs ayent connoiſ
ſance des choſes qui appartiennent à ſa con
ſeruation? Ou vous eſtimez peu les Magiſtra
tures quand vous les continuez, ou vous croye
auoir peu d'hommes qui ſoient dignes de le
remplir. C'eſt le reproche que Caton faiſo
au Peuple Romain, lors qu'il eſtoit enco
l'arbitre & le diſpenſateur de toutes les charg
publiques. Enfin, vne trop grande puiſſan
doit eſtre limitée, ſinon par le retrancheme
de ſon eſtenduë, au moins par le temps de
durée, car c'eſt ainſi qu'on peut donner d
bornes à ceux à qui les loix n'en donnent p
C'eſt pour cela qu'Auguſte par le conſeil
Mecenas, ne voulut ny proroger les grand
charges au delà de cinq ans, ny les abbreger

Huius
templi
pandana
porta eſt,
ſemper
patet ſeſt.

Dio.

leça de trois ans, afin qu'ils euſſent le temps
de faire ce qu'ils auoient apris dans l'exercice
de leurs charges, & qu'ils ne peuſſent auſſi abu-
ſer d'vne puiſſance qui n'eſtoit bornée que par
le terme de la vie.

Cependant, ce n'eſtoit pas le ſentiment de
Tybere, qui entre ſes maximes Politiques, tenoit qu'en l'ordre de la Republique, comme
en l'ordre de l'Vniuers, tout changement produiſoit de mauuais & dangereux effets. Il
auoit reconnu que celuy des Magiſtrats & des
Gouuerneurs de Prouinces, auoit eſté comme
la fatale ſemence des guerres Ciuiles, & que
c'eſtoit par cette pente que Rome du plus haut
point de ſa liberté eſtoit tombée dans la ſeruitude. Il ſçauoit que celuy qui doit bien-toſt
ceder ſa place à vn autre, ne peut agir auec toute l'authorité qui eſt neceſſaire, & que dans
cette continuelle reuolution de Magiſtrats, la
Republique ſe trouue priuée du fruit de leurs
trauaux. Il n'ignoroit pas auſſi qu'vn commã-
dement de peu de durée ne pardonne à perſonne, & que celuy qui void finir ſa puiſſance,
diſſimule les crimes, & n'a pas le courage de
s'oppoſer à l'oppreſſion & aux outrages qu'on
fait à l'innocence. Outre cela, il conſideroit
que le changement des Officiers de l'Empire,
mettoit toutes choſes dans l'incertitude, &
que le ſeruice du Prince ne s'y rencontroit pas,
puis que les places ne pouuoient eſtre remplies
de perſonnes, qui euſſent adiouſté à leur vertu
l'experience qui domine ſur tous les Arts,
& qui conſomme la ſcience de l'homme politique. Enfin, il eſtoit perſuadé qu'il im-
portoit à la reputation d'vn Empereur, que
ſon choix fuſt conſtant, & que le monde

Id que-
que Tibe-
rij fuit
cõtinuare
Imperia.
Tac.

340340

creuft qu'en fon eflection il ne pouuoit ny
tromper, ny eftre trompé. Toutes ces raifons
pourtant, n'empefcherent pas que la Renommée ne publiaft qu'il conferuoit les anciens
Magiftrats, pour fe décharger du foin d'en
créer de nouueaux, mais les plus clair-voyans
difoient, que c'eftoit vn effet du iugement ir-
regulier de ce Prince, qui n'aymoit pas les vertus eminentes, & qui prenoit plaifir à leur dérober le Theatre d'Honneur, & à les laiffer
dans l'obfcurité. Quoy qu'il en foit, il y auoit
de fon temps à Rome de deux fortes de Citoyens, dont les vns aymoient la Monarchie,
& les autres foûpiroient apres l'ancienne liberté de la Republique; A ceux-cy, Tybere ne
donnoit iamais les charges publiques, & il les
continuoit aux autres, & principalement à ceux
qui n'eftoiét doüez que d'vne vertu mediocre.

Pour accorder les deux partis, il femble qu'on
peut dire qu'en vn Eftat populaire, il eft plus
conuenable que les charges publiques y foient
bornées par le temps; Car comme le Peuple
eft changeant de fon naturel, auffi n'aymé-
t-il rien tant que le changemét des Magiftrats,
puis que mefme il a toufiours applaudy à ceux
qui venoient tous frais fur l'arène de l'Amphiteatre. Et parce que l'égalité eft la nourrice
de cette forme de gouuernement, il ne faut pas
s'eftonner fi le Peuple veut auoir part aux honneurs de la Republique, & s'il croit qu'il luy
appartient de prendre connoiffance des chofes
qui s'y traitent. Mais il n'en eft pas ainfi d'vn
Eftat Monarchique, où le Prince ne doit pas
diftribuer indifferemment à tous, les honorables marques de fon eftime, ny faire comme les mauuais Ouuriers, qui mettent leur

Tædio no-
na cura
femel
placita,
pro æter-
nis ferua-
tas. Tac.

petites statuës fur les plus hautes bafes. Toute
la puiffance eft en fa main ; Tous les honneurs
defluent de luy comme de leur fource ; Son iugement eft le caractere du merite, & quand il
n'eft point furpris il donne les hommes aux
charges, & non pas les charges aux hommes.
Certes, quand ceux qui font éleuez aux honneurs, ne peuuent pas dire qu'ils en foient
obligez à leur vertu, c'eft vn defordre pareil à
celuy qui arriue en la Nature, quand les plus
groffiers Elemens occupent la place des fubtils,
ce qui ne fe fait point fans tonnerres & fans
agitation. Mais lors que les Magiftrats honnorent leurs charges, & qu'ils les releuent par
les ornemens de leur vertu, il y auroit du danger à limiter le temps d'vne puiffance qui conferue la tranquillité de l'Eftat. C'eftoit à ceux-
là que l'Empereur Antonin ne donnoit point
de fucceffeurs ; iugeant qu'il eftoit neceffaire
pour le bien de l'Empire, que la dignité dont
il les auoit reueftus, n'euft d'autre fin que
celle de leur vie.

Succeffo-
rem vi-
uenti bo-
no iudici
nulli de-
dit. Ca-
pitol. n. in
Anton.

DES RICHESSES
D'VN ESTAT.

ENtre toutes les formes des Eftats, il n'y
en a point qui puiffe donner la felicité où
ils afpirent fans l'alliance de la vertu auec les
biens exterieurs ; Mais l'vne depend de la
bonne inftitution, & les autres font des effets
de la fecondité de la Nature, ou des prefens
que la fortune fait aux hommes. Il eft vray
que ces effets & ces prefens ne font pas la

source du bonheur , ny de la grandeur des
Estats, mais ils en sont les instrumens , comme
le Luth est l'instrument , & non pas la cause
de l'harmonie que l'Art en tire pour le contentement de l'Ame & des Sens. La Republique de Sparte ne trouuoit rien d'impossible à
la force de son courage , ny rien de facile à la
foiblesse de ses moyës, parce qu'entre les Dieux

Plutar.
in Thes.

qu'elle reueroit , on laissoit celuy qui preside
aux Richesses , gisant par terre tout couuert de
poussiere. De là venoit que ses Armées n'estoiët
pas plutost à la frontiere, que ses Ambassadeurs
estoient à la porte des Roys de Perse, pour implorer leur secours contre les iniures de la necessité qui ne luy laissoit que le seul repetir d'a-
uoir crû que le vray moyen de ioüir des richesses , c'estoit de s'en sçauoir passer. Certes, sa
monnoye fabriquée de vil metal n'estoit pas
propre à esblouïr les yeux des soldats, & autant
de fois qu'elle formoit de hauts desseins , elle
reconnoissoit que l'or n'estoit pas moins necessaire que le fer pour faire des conquestes , &
acheuer les guerres commencées. La cause de
cette foiblesse venoit de ce que Lycurgue son
Legislateur , ayant distribué tous les biens &
tous les heritages aux particuliers , n'auoit rien

Politic.
l. 2. c. 5.

laissé pour le Thresor public, ce qu'Aristote n'a
pas oublié de mettre entre les plus grandes fautes de son gouuernement. Il faut donc dire
que les Estats qui n'auront point d'autres desseins que de conseruer leurs frontieres, ne sçauroient se regler sur vn modele plus parfait que
celuy de la Republique de Sparte, mais que
ceux qui voudroit estendre les bornes de leur
domination , doiuent plutost suiure l'exemple
de la Republique de Rome qui a tant de fois

eſprouué que l'or & l'argent eſtoient les vrais
nerfs de la guerre.

Cependant, on n'a pas laiſſé de mettre en
doute, ſi dans vn Eſtat l'exceſſiue richeſſe de
quelques-vns, eſtoit plus à craindre que l'extrême pauureté des autres, puis que la premiere
precipite les hommes dans le luxe, ou les rend
inſolens ; & que la ſeconde les pouſſe à l'enuie,
au deſpit & au deſeſpoir. C'eſt ce qui a fait dire à Platon, que ces deux choſes eſtoient les
ſources de tous les maux de la Republique, &
comme les Elemens des factions, & des deſordres qui eſbranlent ſes fondemens, & corrom-
pent ſa forme. Mais en ce qu'il eſtime que la
diſette y produit de plus dangereux effets que
l'abondance ; Ariſtote n'eſt pas de ſon auis,
parce qu'encore que les pauures deſeſperez apprennent de la neceſſité, à faire des choſes qu'ils
n'entreprendroient point d'eux-meſmes, ſi eſt-
ce qu'il eſt plus aiſé d'arreſter les mouuemens
de leur deſeſpoir, que de rompre les vaſtes &
ambitieux deſſeins des riches. Que ſi les richeſſes des Citez excitent & allument l'enuie
de leurs ennemis, elles les defendent auſſi contre l'enuie ; Leur excés meſme ſouffre des remedes, & on n'en ſçauroit donner aux défauts
de la pauureté. Pour euiter ces deux extremitez, quelques-vns d'entre les Legiſlateurs voulurent introduire dans la Republique, l'égalité
des biens qu'ils diſoient eſtre la mere nourrice
de la paix & de l'amitié ; Mais certes, la haine
& la ialouſie n'agiſſent iamais auec tant de violence, qu'entre des Citoyens égaux, car comme l'harmonie ne conſiſte qu'aux tons differens, il n'y a rien auſſi qui entretiéne mieux les
accords, & le concert de la ſocieté ciuile, que

*De Ré-
publ.*

Ff iiij

cette réguliere confusion qui se trouue en l'inégalité des biens.

Or quant aux richesses considerées en leur
source, quelques-vns les mesurent par les
Thresors accumulez, les autres par la fecondité des terres cultiuées, & les autres les font
consister en l'abondance des choses necessaires, en la parsimonie des Suiets, au reglement de l'épargne du Prince, & en la facilité
des leuées de deniers imposez sur le Peuple. Il
s'ensuit donc de-là, que toutes les richesses
sont ou naturelles comme celles que la terre
produit, ou artificielles comme la monnoye,
qui toutefois, par les principes d'Aristote, ne
merite pas le nom de richesses, quand elle
s'accroist par l'vsure. Les hommes l'ont in-
uentée pour mieux establir l'échange des choses necessaires à la vie, mais leur auarice en a
fait vn monstre, quand elle a fait que l'argent
qui de soy est sterile, produit neantmoins de
l'argent. C'est sans doute, vne production
monstrueuse que la Nature a en horreur, &
que la Iustice condamne, quoy qu'enfin elle
la tolere par necessité, comme si elle se seruoit
du bandeau qu'elle porte sur les yeux, pour
ne les blesser pas par la veuë d'vn tel prodige.
Outre cela, les Philosophes n'ont pas estimé
que les veritables richesses consistassent en des
choses, auprés desquelles on pouuoit mourir
de faim, comme les Poëtes racontent d'vn My-
das qui pouuoit bien conuertir les alimens en
or, mais non pas l'or en alimens.

Quoy qu'il en soit toute l'Antiquité a creu
que l'art le plus innocent pour acquerir des
richesses, consistoit à ouurir les veines de la
terre, & que le Prince qui vouloit faire vn

Polit. l.
5. cap. 6.

fonds à ſes Finances, deuoit pluſtoſt fouïller dans vn ſein ſi fecond, que dans celuy de ſes Suiets. Ie ſçay bien qu'vn grand Politique a douté ſi c'eſtoit par vn effet de la bonté des Dieux, ou pluſtoſt par vn mouuement de leur colere, que quelques Peuples ſe trouuoient priuez des minieres d'or & d'argent, qui d'ailleurs ne produiſent pas touſiours le fruict qu'on s'en eſtoit promis. On adiouſte à cela, qu'il ne faut point découurir ces precieux metaux que la Nature a cachez auec tant de ſoin, & qu'elle a iugez dignes des tenebres où ils ſe trouuent enſeuelis, puis qu'en effet, ils ſont le plus ſouuent les inſtrumens & les complices de la conuoitiſe, de l'ambition & de la malice des hommes. Mais certes, ce ſont pluſtoſt des inuectiues contre leur auarice, que des accuſations contre l'or qui de ſoy eſt innocent, & que la Nature n'enferme pas comme vn criminel, mais qu'elle met au milieu de ſon ſein comme celuy qui eſt ſon cœur, & ſon chef d'œuure tout enſemble. Tandis qu'il eſt dans les minieres, on le rauit ſans larcin, on le poſſede ſans enuie, & s'il y a de l'iniuſtice à le chercher par les guerres, & de l'opprobre à l'acquerir par les crimes, il y a de la iuſtice & beaucoup d'innocence à le tirer des tenebres où il eſt oyſif, pour le faire ſeruir aux neceſſitez de l'Eſtat. Enfin, Dieu l'a donné pour l'ornement & pour l'abondance, & ſi par la corruption des mœurs les hommes en abuſent, on voit ſouuent qu'ils ne font pas vn meilleur vſage des autres biens que la terre produit, & qu'elle répand au dehors.

On adiouſte que les Anciens ont dés long-temps épuiſé les ſources des richeſſes qu'on

Argentū & aurūm propitij, an irati Dij negauerint. Tac. de morib. germ. an.

ἵκεσι πλ̃ύπι. Philoſ.

appelle mortes, c'eſt à dire qui ſont cachées
dans les entrailles de la terre ; Mais en effet, la
Nature ne leur a point ouuert tous ſes Threſors ; Les montagnes en couurent encore de
nouueaux, & ces grains d'or & d'argent que
les fleuues roulent tous les iours auec le ſable,
ſemblent inuiter les Princes & les Peuples à vn
plus grand & plus riche butin. Ainſi, quoy
que du temps de Tacite les minieres d'or &
d'argent fuſſent inconnuës en Allemagne, il
s'y en trouue pourtant auiourd'huy ; Et nous
deuons croire que cét or des Gaules, autrefois
ſi renommé pour ſa pureté, n'a pas maintenant les influences du Ciel moins fauorables
pour former ce Soleil des Abyſmes, dont les
veines ſont comme autant de rayons épandus
dans la terre. L'Italie eſt ſans doute riche &
fertile en ces precieux metaux, mais on a negligé de les rechercher, depuis que le Senat
par vne vaine ſuperſtition, euſt ordonné que
l'on pardonneroit à cette commune mere, en
s'abſtenant de la foüiller dans ſes entrailles, &
de luy déchirer le ſein. Que ſi les ſuperbes Ottomans par vne fauſſe modeſtie, ſe contentent du reuenu de leurs Iardins, & mépriſent
tant de richeſſes que les minieres leur pourroit fournir ; c'eſt vn effet de la Prouidence de
Dieu, qui ne permet pas qu'ils s'en ſeruét pour
opprimer les Peuples qui le ſçauent adorer en
eſprit & en verité. Quoy qu'il en ſoit, c'eſt
en elles que conſiſtent les veritables & naturelles richeſſes d'vn Eſtat, mais elles veulent
beaucoup de ſoin & de dépence, car la Nature eſt auare de ce qu'elle a de plus precieux,
c'eſt vne fois ſeulement qu'elle s'eſt montrée
liberale, qu'elle donnoit chaque iour cinqua

*Aurum
Gallicum
l. 12. Cod.*

*Interdi-
cto patrũ
cautum,
vt ei ve-
lut parẽ-
ti parce-
retur.
Plin.*

*Sub Ne-
rone, in
ſumma
tellurê
inuentum
eſt aurum
ſingulis
diebus
305 libras*

liures d'or, qu'on recueilloit ſans peine ſur *fundent.* la ſuperficie de la terre. *Plin.*

Or entre les autres moyens qui peuuent faire le fonds des Finances d'vn Prince, il y en a qui ſont abſolument honeſtes & bien-ſeans, & d'autres que la neceſſité publique fait paſſer pour iuſtes & pour legitimes ; mais comme les ſources en ſont diuerſes, elles ne ſont auſſi ny perpetuelles, ny également aſſurées. Les conqueſtes faites ſur les Ennemis declarez, ont autrefois enflé le Threſor public des Romains, mais il n'appartenoit qu'à ce Peuple dominateur & conquerant d'orner ſes victoires, & remplir ſon Eſpargne des dépoüilles de toutes les Nations. Les dons immenſes que ſes Alliez luy faiſoient comme par vn tribut d'honneur ont eſté inconnus à tous les autres Peuples, & il n'y a iamais eu que luy ſeul, qui ait peu ſe vanter d'auoir acquis ſix Royaumes par les liberales reconnoiſſances des Princes ſes confederez. Les Couronnes d'or que les Villes *Aurum* offroient tous les ans à ſes Empereurs n'en- *corona-* trent point dans le Threſor des autres Princes, *rium.* non plus que les preſens ambitieux que les Suiets de l'Empire faiſoient à l'enuy, lors qu'on renouuelloit les vœux pour le ſalut public.

Il a donc fallu recourir à d'autres moyens, *Ariſt. 1.* entre leſquels on ne peut pas douter que l'A- *Polit.* griculture ne ſoit la plus ancienne, la plus iu- *c. 10.* ſte, & la plus naturelle maniere pour acquerir des richeſſes, par les fruits de ſes trauaux autant vtiles qu'ils ſont innocens. Comme elle eſt la premiere dans l'ordre de la Nature, auſſi tient elle le premier rang dans l'ordre des Arts, puis que l'home ne fuſt pas plutoſt creé, qu'il

fuſt deſtiné pour cultiuer ſans peine & ſans
ſueur vn Iardin de delices. Elle n'eſt pas ſeulement vn des obiets de la Politique , qui la
regarde comme le fondement des richeſſes , &
la nourrice laborieuſe des Citez , mais encore , les Legiſlateurs l'ont recommandée par
leurs Loix , & les plus grands Princes l'ayant
iugée digne de leurs ſoins l'ont honorée de
pluſieure priuileges. Le Fondateur de Rome
la meſla auec l'Art militaire , & de-là vint que
les Cincinnates , les Curions , les Piſons , les
Fabrices & les Sabies ne dédaignoient pas de
paſſer de la guerre au labourage , du Char de
Triomphe à la charruë , & du Senat à la moiſ-
ſon. Ces genereux Romains diſpoſoient les
ſeillons d'vn champ auec la meſme addreſſe
qu'ils ordonnoient les rangs d'vne bataille , &
on les voyoit répandre les ſemences de la meſme main qu'ils auoient remporté les victoires.
Alors , la terre glorieuſe de ſe voir entamée
par vn coutre couronné de Lautiers , excitoit
ſa fecondité , & de crainte de paroiſtre ingrate , elle donnoit des fruits en ſi grande abondance , qu'ils ſurmontoient les eſperances &
les vœux meſmes de ces illuſtres Laboureurs.
Que ſi maintenant elle n'eſt pas ſi fertile, S'il
ſemble qu'elle n'ouure plus ſon ſein qu'à regret , & ſi , pour parler auec les Anciens , elle
ſe voit abandonnée des Dieux ruſtiques , c'eſt
à dire des qualitez actiues & paſſiues de la Nature , ce n'eſt ny à cauſe de ſa vieilleſſe , ny par
la malignité des Aſtres , mais pluſtoſt , s'il en
faut croire quelques Politiques , pour auoir
eſté abandonnée à des perſonnes de vile condition.

Or comme le Geant Antée dans les Fables ,

Ipſa Pa-
bes agros,
atque ip-
ſe reli-
quit
Apollo.

reprenoit ſa vigueur & ſes forces dés auſſi-toſt
qu'il auoit touché la terre, auſſi peut-on dire
la meſme choſe des Eſtats, lors que dans le
long repos de la paix, le Peuple s'addonne à
l'Agriculture, qui a eſté le fondement de la
grandeur de Rome. C'eſt pour cela que les Cē-
ſeurs y flaiſtriſſoient d'vne honteuſe marque,
ceux qui negligeoient la culture de leurs terres.
Au contraire on y fauoriſoit les Laboureurs,
iuſques à les rendre inuiolables au milieu meſme des Armées. Certes, leur vie a eſté honorée
du titre de ſainte, ſoit parce que les Anciens
appelloient ſaint tout ce qui ne pouuoit eſtre
violé ſans crime; Soit parce qu'elle apprenoit
à aymer l'Innocence & la Iuſtice; Soit parce
que ceux qui l'ont ſuiuie les premiers ont eſté
creus enfans des Dieux. Enfin, ce n'eſt pas
ſans raiſon qu'on a dit qu'en l'Agriculture con-
ſiſtoient les nerfs d'vn Eſtat, & l'Empereur
Probus le reconnoiſſoit ainſi, quand eſcriuant
au Senat, il ſe vantoit d'auoir accreu les reuenus de l'Empire, en rendant les Gaules fertiles
par la culture des terres delaiſſées.

Agreſtem hanc vi-tam à vete-res colueré Sabini ; ſic Remus & frater, ſic fortis Hetruria creuit.

L'aprid. in Prob.

C'eſt donc en toutes ces choſes dont nous
venons de parler, que conſiſtent les richeſſes
naturelles d'vn Eſtat, mais elles ne ſuffiroient
pas ſans le ſecours de celles qui dependent plus
de l'induſtrie des hommes, que de la fecondité de la terre, quelque liberale qu'on la puiſſe faire. Que ſi on demande laquelle des deux
apporte plus dauantages & plus de profits à la
Republique, il eſt ſans doute que les choſes qui
partent de la main des excellens ouuriers, ſont
de plus grand prix que celles qui ſortent toutes
informes, & ſans ornement du ſein de la Nature. La ſoye cruë eſt vn de ſes ouurages, mais

combien d'excellentes formes luy dóne l'induſ
ſtrie des hommes? Le marbre brut que l'on tirẹ
des carrieres peut-il eſtre comparé aux colom
nes & aux ſtatuës qui en ſont formées? Les ſa
pins & les cheſnes peuuent-ils diſputer du prix
auec les nauires, & les couleurs auec la peintu
re? Certes, ce ne ſeroit pas aſſez que la Naturẹ
introduiſît ſes premieres formes dás le ſein dẹ
la matiere, ſi l'Art n'acheuoit ce qu'elle n'a quẹ
commencé, & qui ne reçoit ſa derniere perfẹ
ction que de la main de l'Artiſan. La France nẹ
s'occupe point à foüiller dans les veines de la
terre pour en tirer l'or & l'argent, & toutesfois
elle ne laiſſe pas d'abonder en toutes choſes ne
ceſſaires à la vie heureuſe, & les Arts qu'elle fa
uoriſe, font qu'elle entend parler ſans enuie
des minieres de Potoſi, de Hongrie, & de
Tranſiluanie.

Le commerce auec les Nations eſtrangeres eſt
vn autre moyen legitime pour faire fleurir vn
Eſtat, & pour accroiſtre ſes richeſſes; On peut
dire qu'il eſt vn des Elemens qui le compoſent,
& ſans lequel la vie des hommes ſeroit pluſtoſt
vne ſolitude qu'vne ſocieté. Tous les endroits
où il eſt eſtably, font voir en peu de temps toutes les parties de la terre, & nous la repreſentẽt
comme vn Theatre mobile, qui en roulant &
tournant ſans ceſſe ſe monſtre toute entiere à
ceux qui ſçauent l'Art de ioüir de ſes biens. La
mer ſouffre tous les iours qu'on luy ouure le
ſein, & ſe ſoûmet à l'induſtrie des hómes pour
le tranſport des choſes que la ſage Nature a
voulu ſeparer les vnes des autres, afin que par
leur mutuelle communication, elle peuſt vnir
tous les Peuples en l'amitié qui doit regner en
tre des Citoyens du monde. En effet, comme le

membres d'vn corps, pour bien proportionnez
qu'ils fuſſent, ſeroient neantmoins inutiles ſi les
eſprits coulans par les veines & par les nerfs ne
leur inſpiroient la vie auec le mouuemēt; Ainſi
les parties du Monde, quoy que fertiles en certaines choſes, ſouffriroient pourtant les iniures
de la neceſſité, ſi les hommes n'entreprenoient
par de laborieux voyages, de rendre communs
les preſens que la Nature a diſperſez en diuerſes contrées. C'eſt par cette cōmunication que
route la terre eſt deuenuë comme vne ſeule
Republique, où meſme comme vne ſeule Ville,
mais plutoſt comme vne ſeule famille où tous
les hommes ſe reconnoiſſant pour freres, ont
mis en partage les fruits de leurs domaines, les
inuentions de leur eſprit, & les ouurages de
leurs mains.

II. Il ne faut donc pas s'eſtonner, ſi les Roys d'Iſraël & les Empereurs de Rome, auoient des
marchāds couchez ſur l'Eſtat de leurs maiſons,
non pas qu'ils s'en ſeruiſſent pour le gain, mais
ſeulement pour recouurer les choſes neceſſaires
à la vie, & à l'ornement de leur dignité. Les Nauires de Salomon, apres des voyages de long
cours reuenoient chargées de lingots d'or &
d'argēt, & d'autres choſes precieuſes; Les Agēts
de l'Empereur Pertinax exerçoient le trafic, & le
Senat meſme qui ſe vātoit d'eſtre le conſeil du
monde & la ſeance des Roys, prit le ſoin d'inſti-
tuer vn College compoſé de marchands. En effet, les Anciens ont honoré la marchandiſe, dās
la creāce qu'ils auoiēt qu'elle eſtoit propre pour
acquerir l'amitié des Princes eſtrangers, la connoiſſance des mœurs des Natiōs, & l'experiē-
ce de pluſieurs grādes choſes. C'eſt elle qui rēdit
autrefois ſi celebres les Villes de Tyr & de Sidō;

Paralip.
l. 2. c. 1.

L. 1. C.
de Comm.

3. Reg.
c. 10.

Mercatu-
ras exer-
cuit per
homines
ſuos. Ca-
pitol. in
Perſ.

Priſci Bel-
ga incul-
tiores
quod rarò
ad eos
commi-
grent
mercato-
res. Tac.

C'eſt elle à qui Veniſe & Florence doiuent
leurs richeſſes & leur grandeur; C'eſt elle enfin
qui a fait que les marchands ont de tout temps
eſté conſiderez comme la veine porte du corps
de l'Eſtat, ſans laquelle tous les membres ſeroient languiſſans, & tomberoient en defail-
lance. A dire le vray, toute ſocieté ſubſiſte par
deux choſes, i'entends par le commandement
& par le commerce; Et meſme, on n'a point
craint d'accuſer d'erreur ceux qui entre les Philoſophes Politiques ont meſuré la felicité de la
Republique par la ſeule vertu. Platon ſans doute, a eſté de ce nombre, & c'eſt pour cela qu'il
vouloit que les Villes fuſſent baſties loin des
Ports, de peur que la mer & les fleuues n'in-
uitaſſent les Citoyens à s'adonner au commerce qu'il croyoit eſtre l'inſtrument de leur
luxe, & la cauſe de la corruption de leurs
mœurs. Il eſt vray qu'on tenoit à Rome que
tout gain eſtoit deshonneſte à vn Senateur,
& beaucoup plus à vn Prince; La reputation
de Veſpaſien & de Pertinax fut flaiſtrie de
cette taſche, & Darius n'en rappota que le titre de marchand, peu conuenable à vn grand
Roy de Perſe. Il faut donc iuger de la marchandiſe par la qualité de la fin qu'elle ſe propoſe, car ſi elle tend au gain & au profit, c'eſt
vne auarice qui ne tient rien de la vertu, & qui
eſt fort eſloignée de la vraye actió des Nobles
& des Princes; Mais quand elle n'a pour but
que la grandeur des familles, & l'ornement de
l'Eſtat, alors elle eſt ſi hôneſte, que les Legiſlateurs l'ont honnorée de pluſieurs priuileges, &
que les Philoſophes meſmes, comme Thales &
Zenon, l'ont exercée ſans reproche. Caton
l'honneur des Nobles, & la viue image de la
Vertu,

Omnis
quæſtus
patribus
indecorus
uiſus eſt.
Liu.

Plutar.
in Caté.

Vertu, ne dedaignoit point cette ſorte de commerce par lequel les familles ſont enrichies, &
les Eſtats rendus puiſſans ; Entre tous leſquels
il ſemble que la Nature ait pris à taſche de faire
ſeruir à la France tout le reſte de l'Vniuers.
Trois mers luy ouurent leurs Ports pour la facilité du commerce, & les grands fleuues y ſont
reſpandus comme les veines en vn corps naturel, c'eſt à dire pour y faire couler les commoditez de la vie, auec ce que les Nations eſtran-
ges ont de plus rare & de plus precieux.

Mais dautant que les profits qui en reuiennent ne ſuffiſent pas touſiours pour les glorieuſes deſpenſes de l'Eſtat, il a eſté neceſſaire de
recourir à d'autres moyens, entre leſquels il
n'y en a point qui ſoit plus iuſte, ny plus ancien, que celuy par lequel on fait payer des
droits pour les entrées, & pour les iſſuës des
marchandiſes. C'eſt en cela que les Romains
ont monſtré leur prudence & leur moderation,
quand ils ſe ſont contentez de mettre des impoſts ſur toutes les choſes qui pouuoient ac-
croiſtre la licence du luxe, & en meſme temps
corrompre les mœurs des Citoyens. Par ce ſage conſeil ils ne laiſſoient point entrer impunément dans leur Ville, les gommes odorantes,
les parfums, les ſoyes, les pierreries & les autres
commerces du vice, puiſque les impoſitions qu'on
y mettoit, augmentoient le Threſor public de
pluſieurs millions d'or, Ce precieux baume qui
faiſoit le plus grand ornement du Iardin des
Roys de Iudée ne fuſt pas eſpargné ; Ils l'aſſu-
iettirent au tribut, & luy fitent porter vne
image de la ſeruitude de ce perfide Peuple, qui
n'auoit ſceu eſtre libre ſous l'Autheur meſme
de la vraye & ſainte liberté. Cette ſorte d'im-

Plin. lib.
21. c. 16 &
lib. 6. c.
23.

Seruit
balſamũ
arbor, &
tributa
cum ſua
gente pé-
dit. Plin.

G g

poſts qui ſeruoient comme de frein au luxe,
s'eſtendoit encore iuſqu'aux feüilles de ce narr
exquis qui flotte ſur la mer Indienne, & qu
quelques-vns ont creu venir du Paradis terr
reſtre, d'où il eſt arraché par les vents,
puis pouſſé par les flots ſur la côſte.

Iſid. l. 7.
cap. 10. &
in L. Cæ-
ar parag.
pecies ff.
e pu-
lica.

Quant aux autres ſubſides & leuées extraordinaires qui ſe font ſur les Peuples, le bon
Prince n'y vient iamais qu'à regret, & lorſ-
que tous les autres moyens manquent, ou ne
ſont ſuffiſans pour ſauuer l'Eſtat, & le retirer
d'vn peril eminent. Comme il ſçait que ce
ſubſides ſont pris de la ſubſtance de ſes Suiets,
& qu'en cela conſiſte le ſang qui entretien
leur vie ciuile, il ne le veut tirer de leurs veine
que dans cette derniere neceſſité, qui ſe fai
obeir de ceux qui commandent aux autres, &
qui rend muettes les Loix les plus imperieuſes
Les tributs arroſez de leurs ſueurs, ou moüillez de leurs larmes luy ſont odieux, & il aymi
bien mieux ſe faire vn Threſor de leur amour
que de remplir ſon Eſpargne de leurs depoüil-
les. Cependant, il n'a pas eſté malaiſé à pluſieurs de perdre le ſentiment des miſeres publiques dans vne condition qui n'a que des grandeurs, & des voluptez. Les Roys de Perſe demandoient à leurs Suiets l'eau & le feu, c'eſt
à dire tout ce qu'ils poſſedoient, comme ſi ces
deux Elemens qui marquoient leur pleine ſeigneurie, deuſſent eſtre les ſeules bornes de leur
auarice & de leur ambition. Il s'en eſt trouué d'autres qui ont rendu la fumée des foyers
tributaire, & d'autres qui ont fait acheter l'ombre à tous ceux qui cherchoiét ſous les Arbres,
ou quelque rafraichiſſement dans leurs trauaux, ou quelque defenſe contre les ardeurs du

Fumariũ
tributum
In conſtit.
Orient.

Plin.

Soleil. On a mesme par vn excés d'inhumanité, imposé des tributs sur les morts,
d'où il est arriué qu'au lieu que les hommes
finissoient leur seruitude par la mort, leur misere neantmoins s'est estenduë au de-là de
leur vie. C'est sous la dure domination de
tels Exacteurs, que le petit Peuple est verita-
blement cét Issachar, qui dans la sainte Pro-
phetie ne cesse iamais de seruir, ny de gemir
sous la pesanteur des imposts. La vigne qu'il
cultiue est vne image de sa peine & de sa seruitude ; Outre qu'elle est foible & rampante, on
la tient sous les liens, on la retranche par le
fer, & on la fait pleurer auant qu'elle puisse
donner les fruits de sa fecondité. Quelle iniustice ? La terre qu'il laboure luy refuse souuent
la recompense qu'elle doit à son labeur ; L'a-
bondance ne se trouue pas tousiours dans son
champ ; La loy du commerce diminuë quelquefois le prix des choses, & il n'y a que les
seuls imposts qui croissent & qui s'augmentent tous les iours. Certes, la Loy que Dieu
auoit donnée à son Peuple luy défendoit de
semer les terres qui estoient plantées en vi-
gnes, parce qu'elle ne vouloit pas que le pro-
prietaire exigeast de son fonds deux tributs à
la fois ; Et cependant, vn si grand exemple
d'humanité, n'a pû arrester la violence de
ceux qui ont exigé des hommes autant de tributs que l'auarice & l'inhumanité en ont sceu
inuenter. Les Roys d'Egypte n'en vsoient pas
ainsi, puis qu'ils regloient tous les subsides
imposez sur le Peuple, par les inondations, ou
les abbaissemens du Nil, parce que des diuers
mouuemens de ce fleuue, s'ensuiuoit l'abondance ou la sterilité.

Supposuit humerum suum ad portandum, & factus est tributis seruiens. Gen.

Deuter.

Herod. l. 2.

Ce n'eſt pas que la ſocieté des hommes
eſtant vne choſe naturelle, tout ce qui eſt neceſſaire pour ſa conſeruation ne ſoit iuſte, &
du droit de la nature meſme, & que par conſequent les Suiets ne ſoient obligez de contribuer à vn bien ſi vniuerſel. Comme
donc la chaleur naturelle qui conſume inceſſamment les eſprits, nous met dans vn
beſoin continuel de reparer ces ruïnes par
des alimens; En cette ſorte, l'Eſpargne du
Prince qui s'épuiſe tous les iours, & qui fait
vn perpetuel reflux de ce qu'elle reçoit, demande la contribution & le ſecours des particuliers.
Le ſang meſme qui coule dans leurs veines, ſe
ramaſſe à l'entour du cœur autant de fois qu'il
eſt menacé de quelque mal eſtranger, & il
n'importe pas que le viſage en demeure paſle,
& que les extrémitez s'en affoibliſſent, pourueu que ce principe & ce Threſor de la vie ſe
puiſſe conſeruer. Il n'y a point d'Eſtat qui
puiſſe ſouſtenir ſa reputation ſans Finances,
ny ſe defendre contre ſes Ennemis ſans armes,
& les armes ſont inutiles ſans l'argent qui vient
des tributs & des impoſitions. Neron par vne
feinte grandeur de courage vouluſt remettre
tous les ſubſides, & faire cet agreable preſent à
tous les Suiets; Mais le Senat s'y oppoſa, de
crainte que les nerfs de l'Empire eſtant relaſ-
chez, ce grand corps demeuraſt ſans action
& ſans mouuement. Certainement c'eſt vne
condition attachée aux charges de l'Eſtat, que
l'vtilité publique ne ſe puiſſe auancer ſans l'in-
commodité des particuliers, qui d'ailleurs doiuent à leur Patrie ce droit & ce loyer de leur
naiſſance. Cette debte ſurpaſſe tous les autres
deuoirs, puis qu'elle les comprend. & les

enferme tous dans les bornes de ſa iuriſdiction, & que ceux à qui elle a ouuert ſon ſein ignorent leur condition, s'ils ne ſont plus a elle qu'à eux-meſmes. Ce n'eſt pas ſeulement le droit naturel & ciuil, mais auſſi le droit diuin, qui oblige chaque partie à ſe donner pour le tout, dans lequel elle trouue ſa propre conſeruation; Et c'eſt pour nous apprendre cette verité, que le Fils de Dieu voulut bien faire vn miracle pour payer le tribut à Ceſar. En effet, tout tribut n'eſt autre choſe qu'vn adueu de la ſubjettion de ceux qui le payent; Qu'vne marque de leur dependance; Qu'vne iuſte reconnoiſſance de la protection qu'ils reçoiuent, & qu'vne neceſſaire contribution pour entretenir la grandeur de l'Eſtat, & pour faire éclatter dauantage la maieſté du Prince.

Cependant, quoy que les tributs ſoient les ornemens de la paix, & les ſubſides de la guerre, ils doiuent pourtant eſtre moderez, car quand on les exige auec violençe, ſe ſont autant de ſemences de haine, de factions, & de rebellions. Il eſt malaiſé de ſouffrir beaucoup, & de rendre en meſme temps les plaintes diſcrettes; L'eſprit outré de douleur ſe laiſſe emporter à l'impetuoſité du mal qui l'attaque, & la crainte perd ſa puiſſance ſur ceux qui ſont ſi miſerables qu'ils ne peuuent ſentir autre choſe que leur miſere. Il faut donc amollir la haine qui eſt naturellement attachée à ces noms d'impoſt & de tributs; Ce qui ſe peut faire aiſément ſi on les veut leuer auec prudence & moderation, & ſi on ſçait ſi bien compaſſer les forces des Sujets auec les affaires publiques, que toutes les deux ſe puiſſent conſeruer, C'e-

G g iiij

Noua vectigalia non imponi. C.

Suet. in Tit. Plin. in Paneg.

Exactorē Regem ſcriptura non dignatur appellare Regem, ſed virū Rab. Lieu. Eſa. 3.

ſtoit pour cela que les Loix Romaines reſerboient les nouueaux impoſts, mais elles nᵉ pouuoient ſouffrir ceux qui excedoiēt les fruitᵉ du labeur; & qu'elles virent vne fois ſeulᵉ ment, & non pas ſans horreur, ſous l'Empire de Iuſtinien. Les Empereurs Titus & Trajan eſtoient bien éloignez de permettre ces cruelles exactions, puis que l'vn s'abſtenoit des impoſts les plus legitimes, & que l'autre defendoit de leuer ceux qui par l'impuiſſance des Suiets n'eſtoient point entrez dans l'Eſpargne de ſes Predeceſſeurs. Enfin, il faut bien que les Roys exacteurs ſoient odieux au Ciel & à la Terre, puis que la parole ſainte leur refuſe le nom de Roys, & que Dieu a mis au nombre de ſes grands bienfaits le ſoin qu'il a pris d'en deliurer ſon Peuple.

Ce ne ſeroit pas aſſez que le Threſor du Prince fuſt remply de iuſtes tributs, ſi la diſpenſation qui s'en fait n'eſtoit pure & chaſte, & reſeruée pour les dépences vtiles, neceſſaires, & glorieuſes à l'Eſtat, & non pas pour les profuſions, dans leſquelles on épanche inutilement le ſang & les ſueurs du Peuple. Les anciens Peintres repreſentoient l'Afrique par la ſtatuë d'vne femme mourante de ſoif ſans la pouuoir iamais eſtancher, parce que les Nymphes qui l'enuironnoient, tenant à la main des coupes pleines d'eau, au lieu de la luy repreſenter à boire, la verſoient ſur ſes mains, & ſur les autres extremitez du corps. Il en eſt tout de meſme d'vn Eſtat affoibly, & languiſſant par la mauuaiſe adminiſtration des Finances, quand apres auoir épuiſé la ſubſtance des Suiets, on les répand ſur des parties dont il ne tire aucun ſoulagement. Pour éuiter ce deſor-

...dre, on tenoit à Rome que le Thresor de la Republique estoit vne chose sacrée, qu'il n'estoit pas permis d'en faire vn mauuais vsage, & que les Dieux, dans les Temples desquels il estoit déposé, en auoient pris la protection. Cesar y mit la main, mais aussi on l'accusa d'auoir commis vn sacrilege, en rauissant & dissipant les richesses dés longtemps amassées, auec tout ce que les Scipions, les Emiles, les Pompées, & tant d'autres, auoient acquis par leurs victoires. Quoy qu'il en soit, vn bon Prince se doit tousiours proposer l'exemple de Trajan, qui ne dedaignoit pas de rendre compte des Finances de l'Empire, & de faire vn Estat de ses dépenses, afin que ce luy fust comme vn frein, pour ne consumer point ce qu'il eust eu honte d'écrire. Il haïssoit les exacteurs & les auares Partisans, qui sans trauailler partageoient auec les Sujets les fruits de leur trauail, & qui estoient les ministres de leur malheur, & les instrumens de la misere publique.

Finissons ce discours des richesses par la question qu'autrefois on a proposée, s'il est bon que le Prince fasse vn grand amas d'or & d'argent, comme Cresus, ou si à l'exemple de Cyrus, il se doit contenter de mettre ses Thresors en l'amour & en la foy de ses Suiets. A dire le vray, les richesses accumulées ne furent pas seulement la source des malheurs du premier de ces deux Princes, mais elles firent encore tomber les Roys des Indes, sous la seruitude de ceux qui auoient plus de soif de leur or que de leur salut. Il faut adiouter à cela, que le dessein d'amasser des Tresors a souuent serui de pretexte pour charger les Peuples d'imposts, & pour abbaisser le courage de ceux qui sont nez

Tunc conditus imo eruitur templo multis intactus ab annis Romani census populi. Luca.

Ex æquo tecum viuit imperiũ. Plin. in Paneg.

pour ioüir d'vne honneste liberté. Outre cela, vn grand Prince doit auoir plus de soin de laisser apres luy vne memoire immortelle de ses belles actions, qu'vne Espargne remplie de dépoüilles & de biens perissables. Qu'il se soutienne donc, que ses plus precieux Thresors consistent en la fidelité de ses Sujets, & aux bienfaits qu'il leur depart; Il ne faut point de soldats pour garder ces richesses; Les voisins ne font point la guerre pour les conquerir, & on ne peut douter que toutes les autres ne soient plus asseurées, quand elles sont éparses entre plusieurs, que lors qu'elles sont enfermées, & possedées par peu de personnes.

Toutefois, comme la passion déreglée d'amasser des Thresors, est sans doute digne de blâme; Aussi le desir reglé d'en auoir pour se defendre des outrages de la necessité, pour soustenir la reputation de l'Estat, & pour s'opposer aux attaques de ses Ennemis, est vne chose d'autant plus iuste qu'elle est necessaire. Les Republiques qui par vanité les ont negligez, & qui ont mis toutes leurs esperances en la seule force du courage des Citoyens, sont tombées par foiblesse sous la domination de ceux qui auoient opposé les richesses à la puissance de leurs armes. Certes, la grandeur des Thresors de Dauid & de Salomon, ne trouueroient point de creance dans l'esprit des hommes, si l'Oracle saint de la verité ne leur defendoit d'en douter; Et cependant, ils n'estoient composez comme ceux d'Auguste, ny du vingtiéme des Hereditez, ny du vingt-cinquiéme de la vente des Esclaues, ny du centiéme de tout ce que l'on transportoit & qui entroit dans le commerce. C'est-ce qui fait bien voir au Prince

ée, qu'encore que le succés de ses entreprises,
la gloire de ses Actions, & la défence de son
Estat dépendent du fonds des Finances, il doit
pourtant recourir à toute sorte de moyens innocens pour l'accroistre, plutost que de charger son Peuple par des leuées extraordinaires.
L'Empereur Antonin mit à l'encan, tout ce *Lãprid.*
qui dans les riches amas des Princes ses Predecesseurs, ou estoit superflu, ou ne seruoit
qu'à la pompe & à l'ostentation ; Et Marc-
Aurelle voulut bien subuenir aux necessitez
publiques par la vente des pierreries, des tableaux, des vases d'or, d'argent & de cristal,
dont le Cabinet d'Adrian auoit esté paré.
Apres cela, quelle felicité pouuoit-on souhaiter, que l'on ne deust se promettre du gouuernement d'vn tel Prince ? Que les Suiets sont
heureux, quand celuy qui leur commande,
prefere leur conseruation à tout ce qu'il a de
plus cher & de plus precieux !

DES FORCES
D'vn Estat.

TOvs les Estats se maintiennent par la
concorde au dedans, & par la force au
dehors ; L'or des Couronnes ne les appuye
pas si bien que le fer, & leur salut consiste
plus aux mains des vaillans soldats, qu'aux
remparts des grandes Citez. On disoit autrefois que la Ville de Sparte auoit des murs
inexpugnables, aux lieux mesmes où elle n'en
auoit point, parce qu'elle abondoit en hommes
de courage, & qui sçauoient vaincre à décou-

uert leurs plus fiers Ennemis. Certes, la Religion, les Loix, les richeſſes, la liberté, & la felicité des Peuples, repoſent ſous la protection des armes, & ſans elles, toute l'abondance des plus grands Empires n'eſt qu'vn ſuiet d'enuie à leurs voiſins, & qu'vne riche proye expoſée aux plus forts, & qu'ils regardent comme le prix de leurs combats. Si le Fondateur de Rome n'euſt eſté perſuadé de cette verité, & s'il ne l'euſt laiſſée par forme d'heritage à tous ſes ſucceſſeurs, ils n'euſſent iamais eſleué leur Empire, de ſi petits commancemens à vn ſi haut comble de gloire & de puiſſance. En effet, ils n'eurent pas pluto ſt conioint la force des armes à la iuſtice des Loix, qu'ils contraignirent la fortune de ſe declarer pour eux, & de ſuiure comme captiue, leurs eſtendarts en quelque partie du monde qu'ils fuſſent déployez. Quãd donc ils eſleuerent le ſimulachre de Mars au lieu le plus eminent de leur Ville, & qu'ils l'enuironnerent de toute ſorte d'armes offenſiues & defenſiues, ce ne fut pas ſeulement pour donner de la terreur à leurs Ennemis par vne image de guerre ſi effroyable, mais auſſi pour apprendre à tous que c'eſt par la force qu'on doit meſurer la grandeur d'vn Eſtat.

Il ne faut donc pas s'eſtonner ſi Rome a fait des bornes de la terre celles de ſon Empire, puis qu'en faiſant la deſcription de ſes forces, au temps que les Gaulois eſtoient entrez dans la Lombardie, elle trouua qu'elle pouuoit oppoſer à des Ennemis ſi redoutables, ſix cent mille hommes de pied, & ſoixante mille cheuaux. L'Hiſtoire nous apprend encore, que du temps de l'Empereur Adrian, le corps de l'Infanterie entretenuë, & que l'on voyoit

Appian. en Præfat.

touſiours ſous les armes, eſtoit compoſé de
deux cent mille combattans, ſouſtenus de quarante mille cheuaux, & de trois cens Elephans
de guerre, outre deux mille chariots chargez
de corcelets qu'on tenoit en reſerue. Quant
aux forces de mer, on comptoit plus de deux
mille galeres, plus de douze cent galeaces
& par deſſus tout cela plus de huit cens autres
vaiſſeaux richement parez, & qui ne ſeruoient
qu'à la pompe & à l'oſtentation. Cependant,
il ſemble que ce premier Peuple du monde
ait en quelque ſorte negligé la marine, puis
que nous en auons ſi peu de choſes dans ſon
droit ciuil, & qu'il auoit recours aux Loix des
Rhodiens, qu'il diſoit eſtre les maiſtreſſes de
l'vne & de l'autre mer. Ce n'eſt pas qu'on ne
l'ait ſouuent veu combattre ſur cét Element,
mais il croyoit que la milice de terre eſtoit plus
ſeure & plus honorable; Ce qui a fait douter à
pluſieurs s'il eſtoit plus auantageux à vn Eſtat
d'eſtre puiſſant ſur la terre, ou de dominer ſur
la mer.

Lex Rho-
dia domi-
na maris.
Ad l.
Rhod. de
iactu.
Honora-
tior mi-
litia.
Liu.

    On dit d'vne part, que c'eſt auec les forces de
terre qu'vn Peuple ſe rend maiſtre de la campagne, des fortereſſes, & des Villes, ce qui ne ſe
peut facilement faire auec des armées nauales,
qui ne portent pas les hommes, ny les autres
choſes neceſſaires pour telles entrepriſes. En
effet, les Rhodiens, les Pheniciens, & les Egyptiens qui ont couuert la mer de leurs voiles,
ne furent iamais Conquerans; Mais au contraire, autant de fois qu'ils entreprirent d'auancer les bornes de leurs Eſtats, la fortune qui
leur auoit eſté fauorable ſur les eaux, les abandonna ſur la terre. Les Venitiens qui eſpou-
ſent la mer auec vn anneau qu'ils iettent au

In fi-
gnũ per-
petui do-
minij
Cardin.
Contar.

Mare iu-
stis quo-
que naui-
gijs hor-
rendum.
Sen.

milieu des flots, pour vne marque qu'elle paffe en leur domaine, n'ont pas pour cela pouffé fort auant leurs conqueftes; Et fi les Portugais ont fubiugué quelques Ifles à la faueur de
leurs flottes, ils fe font beaucoup plus eftendus dans la terre ferme par les armées qu'ils y
ont fait entrer. Outre cela quelle feureté y
peut-il auoir fur vn Element diffamé par tant
de naufrages, & fi infidelle, qu'il engloutit
les vaiffeaux dans le port mefme que la Nature
leur a preparé, & où elle les reçoit comme
dans fon fein? Combien de fois a-t-on veu des
flottes armées pour combattre des hommes,
fans autre fuccez que d'auoir efté le iouët des
vents, & la proye des flots? Ne fçait-on pas
encore, que les exceffiues defpenfes qu'il faut
faire pour les equiper & les entretenir, ont efté
mifes par les plus iudicieux Politiques, entre
les caufes de la ruine & de la fubuerfion de
l'Empire Romain?

Toutefois, fi les Princes qui en ont tenu le
Sceptre, y euffent employé l'argent qui fe perdoit volontairement dans leurs profufions,
c'eftoit fans doute vn puiffant moyen pour tenir tout l'Vniuers en deuoir, & pour conferuer parmy les Nations la gloire de ce grand
Empire. La mer n'eft pas feulement le lien de
la terre, mais encore des Peuples, & il femble que celuy qui eft maiftre de ce riche &
vafte Element, le foit auffi de la victoire.
Telle fut la penfée de Marc-Antoine, quand
il fe perfuada qu'apres auoir vaincu Augufte
fur la mer, il pourroit mefprifer fes forces de
terre; mais la bataille d'Actium qu'il perdit,
decida le different du gouuernement du monde en faueur de fon Aduerfaire. Augufte donc

ſe ſouuenant des grands auantages que cette victoire luy auoit apportez, ne ſe donna point de repos qu'il n'euſt eſtably deux puiſſantes flottes, l'vne à Miſene, & l'autre à Rauenne, afin d'eſtendre ſa domination ſur la haute & ſur la baſſe mer. Celle-cy eſtoit compoſée de quatre cent vingt-cinq vaiſſeaux pour tenir en ſubiection la Grece, l'Epire, la Dalmatie, l'Illyrie, & toute l'Aſie; Et celle de Miſene qui n'eſtoit pas moins forte, ſeruoit à couurir la Sicile, & à faire ployer l'Afrique ſous les Loix de l'Empire.

A dire le vray, les armées nauales terminent les plus dangereuſes guerres, & les effets en ſont plus grands; Elles ſurprennent plutoſt l'Ennemy, ſe retirent plus ſeurement, & c'eſt par leur ſecours que les contrées ſeparées de Ciel & de terre, ſe peuuent ſi bien ioindre, que pluſieurs Prouinces eſloignées les vnes des autres, ne ſeront cenſées que pour vne ſeule Prouince. Il ne faut donc pas s'eſtonner ſi Pericles perſuadoit aux Atheniens d'abandonner plutoſt leurs terres aux Ennemis, que de leur laiſſer vſurper l'Empire de la mer, & ſi l'Oracle d'Apollon conſulté ſur les moyens de leur ſalut, les aduertit de baſtir vne Ville dont les murs fuſſent de bois, c'eſt à dire d'equipper vne flotte. L'Vſage en eſt ſi important à vn Eſtat, que les Romains le voulurent cacher aux Barbares, iuſqu'à deffendre ſur peine de la vie de leur apprendre l'Art de les faire, & de s'en ſeruir dans les expeditions de guerre. Ils renouuelloient ces deffences autant de fois qu'ils ſe repreſentoient que leurs predeceſſeurs n'auoient iamais eſté ſi puiſſans, que lors qu'ils couurirẽt le chemin aux triomphes de la mer,

Xenoph.
de Rep.
Athen.

Incognitâ
peritiam
barbaris.
L. vlt.
de Pœn.
in Cod.
Theod.

& qu'ils firent voir à tout l'Vniuers, qu'vn
Peuple genereux ne se met pas en peine s'il
faut combattre sur la terre, ou sur l'eau. Ils
estoient mesme persuadez qu'il y auoit plus de
gloire à vaincre les vents, les flots, & les hommes tout ensemble, qu'à surmonter les hommes seulement. Dans cette persuasion ils cou-
rurent toutes les costes de la Grece, & apres
Laurus auoir veu naistre les Lauriers sur la poupe de
in puppi leurs vaisseaux pour vn presage de leurs vi-
nata Flor. ctoires, ils s'en firent des Couronnes que le
temps n'a iamais peu flaistrir.

Certes, nos anciens François furent touchez
de la gloire des mesmes trophées; Ils trauer-
serent les mers sur des flottes triomphantes;
En descouurirent de nouuelles; Et si leurs successeurs eussent esté animez du mesme esprit,
les Fleurs-de-Lys auroient esté connuës & honorées des Peuples esloignez. Ce n'est pas que
la France, la mere des armes, n'ait fait voir
dans plusieurs belles occasions, qu'elle n'est
pas moins puissante sur la mer que sur la terre
Aussi est-elle fournie de toutes les choses qui la
peuuent rendre formidable, à ceux mesme
qui se flattent du superbe titre de Maistres
la mer. Les Roys qui la gouuernent voyen
naistre & mourir les grands fleuues dans leur
Estats; Tant de forests qui seruent à ses commoditez & à son ornement, semblent l'inuite
à bastir des nauires, & la Nature luy a fait
ses propres mains des ports pour les tenir
toute seureté. Outre cela, elle compte vn nombre innombrable de Mariniers & de Pilote
aussi experts qu'il y en ait au reste de l'Vniuers; Ses costes sont d'ailleurs plus estendu
que celles de ses voisins, & on ne doute poi
qu'elle n'ait de plus beaux reglemens sur

ſait de la marine, qu'aucun des autres Eſtats
qui ſe piquent de l'honneur de la nauigation.

Dans cette celebre diſpute des forces de mer
auec celles de terre, il ſe faut ſouuenir qu'il y a
quelque eſpece de mariage entre ces deux Elemens, & que les animaux qui frequentent l'vn
& l'autre, ſont comme les oſtages de cette noble alliance. Reconnoiſſons donc que ces deux
ſortes de forces ont beſoin de s'entr'ayder, & de
ſe preſter vn ſecours mutuel, dautant que plus
vn Empire s'eſtend ſur la terre ferme, plus de-
uient-il peſant & tardif en ſes mouuemens.
Mais les flots portent les ſoldats en peu de
temps, & ſans qu'ils ſe trouuent fatiguez de
l'aſpreté ny de la longueur des chemins. Cependant auec tout cela, le commandement ſur
les eaux ne peut eſtre bien exercé s'il eſt deſti-
tué du ſecours qui vient de la terre, & le Senat
le reconnut ainſi, quand pour deliurer la mer
de Cilicie des courſes des Pyrates, il donna à
Pompée l'vn & l'autre commandement. Quoy
qu'il en ſoit, celuy-là donne la Loy aux autres,
qui ioint enſemble les deux forces; C'eſt l'a-
uantage que les Ottomans ont ſur les Roys de
Perſe, qui ſe verroient bien-toſt deſpoüillez de
leurs Eſtats, ſi leurs Ennemis pouuoient paſſer
la mer auec des armées naualles.

Or entre les forces d'vn Eſtat, les principales
conſiſtent en la Caualerie & en l'Infanterie,
mais c'eſt à ceux qui ont conioint l'experience
auec l'Art militaire, de iuger des auantages
que toutes les deux pretendent auoir l'vne ſur
l'autre. L'Infanterie s'attribuë toutes les conqueſtes des Romains, & fait voir que c'eſt elle,
qui de cinq cent cinquante batailles, en a
gagné quatre cent trente ſept, depuis le Roy

H h iiij

de Numa iusques à l'Empereur Auguste. Au contraire, la Caualerie se vante d'auoir souuent fait sentir ses efforts aux Legions des Romains ; De leur auoir osté le fruit de leurs victoires, & d'auoir donné aux Parthes le moyen de leur disputer l'Empire du Monde, auec vne fortune si égale qu'elle n'osoit se declarer ny pour les vns, ny pour les autres. C'est sans doute la Caualerie qui a couronné Hannibal de tant de Lauriers ; Qui a contraint les plus excellens Capitaines de Rome d'abandonner la Campagne, & de se tenir serrez dans les montagnes ; Mais c'est aussi l'Infanterie, qui combattant de pied ferme dans les Phalanges Macedoniennes, a esté le noble instrument des Victoires & des Triomphes du grand Alexandre. En effet, les Romains qui ne mettoient que trois cent cheuaux Legers en vne Legion, ne permettoient point à leur Dictateur de combattre à cheual ; Ce qui depuis fut vn exemple à Edoüard Roy d'Angleterre, qui ne parut iamais dans les combats qu'à la teste de son Infanterie. C'est aussi en elle que consistent les nerfs de la milice, & on ne doute point qu'elle n'ait esté ordōnée pour conseruer, pour cōquerir, pour prendre les Villes, & pour decider par vne bataille les differens des Rois & des Estats. En toutes ces occasions l'Infanterie est de plus grand seruice que la Caualerie, elle se leue plus promptement, s'entretient plus commodémēt, combat plus seurement, & se rallie beaucoup plus aisément. Enfin, si la bonne milice est le fondement d'vn Estat triomphant, on peut dire que l'Infanterie est aussi le fondement de la bonne milice, & c'est pour cela qu'elle est en plus grand honneur parmy les Espagnols.

Magis Reipublica necessarios pedites qui possunt vbique prodesse. Veget.

Au contraire, d'autres Peuples ſe ſont rendus redoutables par la Caualerie, qui ſe ſert de
l'impetuoſité du cheual au combat, & de ſa
promptitude en toutes les grandes entrepriſes. Comme elle s'approche & s'eſloigne plus
facilement, auſſi eſt elle plus propre à offenſer
l'Ennemy, & à ſe retirer; Elle le frappe à l'im-
pourueu, le preſſe, le met en deſordre, & apres
qu'il eſt rompu, elle acheue de le perdre. En la
bataille de Cannes, les Generaux de l'Armée
Romaine ne peurent ſouſtenir ſes efforts; Craſſus & Marc-Antoine enuironnez de toutes
parts de la Caualerie, laiſſerent dans les plaines
de Meſopotamie & de Medie, d'eternels monumens des auantages qu'elle a ſur l'Infanterie. Quoy qu'il en ſoit, il faut auoüer que la
France eſt tellement peuplée, qu'encore qu'elle
peuſt perdu autant de batailles que le plus grand
Conquerant luy en pourroit liurer, il ne la
ſçauroit deſarmer de ſes gens de pied, qu'elle peut bien mieux que Pompée, faire naiſtre *Plutarq.*
de la terre en la frappant du pied. Mais auec *in Pomp.*
tout cela, la Caualerie s'eſt eſleuée à vn ſi haut
comble de gloire, qu'elle a eſtonné les Peuples
les plus eſloignez du bruit de ſes armes, &
laiſſant ſon nom dans la Grece, a porté la ter- *Gallogræ-*
reur dans toutes les parties du Monde. C'eſt *cia.*
elle qui a ſouuent excité dans Rome cét ef- *Tumul-*
froyable tumulte qui mettoit tout en confu- *tus Gal-*
ſion; C'eſt elle qui depuis ſeruit à Ceſar com- *licus.*
me de degré pour monter à l'Empire, & c'eſt
elle encore qui doit eſtre vn iour fatal aux Ot- *Leuncla.*
tomans, s'il en faut croire leurs propres Oracles.
Ce ſeroit icy le lieu de parler des commoditez
& incommoditez qu'apportent à vn Eſtat les
les ſoldats eſtrangers qui en tirent les plus clai-

res Finances, quoy qu'ils n'ayent ny l'affection, ny la fidelité, ny la constance des suiets
naturels. Ie diray seulement que ceux qui ont
recherché les causes de la ruine & de la subuersion de l'Empire Romain, n'en ont point trou-
né de plus certaine que le meslange des Estra-
gers & des Citoyens dont à la fin on composa
le corps des Legions. On ne fait pas tout ce
que l'on veut des troupes Auxiliaires; Elles ont
souuent des interests contraires aux desseins
de celuy qui les employe; Leur fidelité n'est
attachée qu'à la solde; Et le Prince qui s'y appuye, se rend comme suiet d'autruy, & reçoit
la Loy de ceux à qui il la deuoit donner. Certes, l'Histoire de tous les siecles nous apprend,
qu'vn Estat est foible qui ne peut subsister de
soy-mesme, & que sa conseruation ne dépend
pas tant de la bonne forme du gouuernement, que du bon establissement de ses forces.
Elles sont ordinaires ou extraordinaires, mais
celles-cy n'ont leur vsage qu'en téps de guerre
seulement, & les autres doiuent estre prestes
pour les soudaines necessitez, & pour ne perdre
pas les precieux moments des occasions qui ne
se peuuent reparer. Auguste entretenoit au milieu méme de la paix 44. Legions, c'est à dire
deux cent vingt mille Fantassins sans la Caualerie; Mais depuis que Constantin eut aboly
ce reglement, en cassant les Legionnaires, les
Barbares enuahirét plusieurs Prouinces, qui fu-
rét comme autant de plumes arrachées à l'Ai-
gle de l'Empire. A dire, le vray, les troupes en-
tretenuës en tout temps, & les Arsenaux rem-
plis de toutes sortes d'armes, & les Ports garnis
de vaisseaux de guerre, sont les plus grandes
richesses d'vn Prince, les titres de son droit les

plus certains, ſa derniere raiſon, & la plus haute marque de ſa grandeur & de ſa puiſſance.

Mais on demande s'il eſt plus vtile à l'Eſtat,
que les armes ſoient ſans aucun autre ornement que celuy qu'elles empruntent de leur
matiere, car en cela les ſentimens des grands
Princes & des excellens Capitaines, ont eſté
differens. Ceſar & Sertorius voulurent qu'on
vid de toutes parts briller l'or & l'argent, &
que les ſoldats fuſſent couuerts de pourpre &
de pannaches, afin qu'ils en paruſſent plus
grands & plus terribles à leurs Ennemis, & que
pour conſeruer leurs armes enrichies, ils en de-
uinſſent plus opiniaſtres au combat. Au contraire, Mitridate & Hannibal blaſmoient cét
vſage, & cette pompe inutile qui allumoit l'a-
uarice de l'Ennemy, qui augmentoit ſon courage, & le faiſoit combattre pour vne riche
proye. Ils eſtimoient qu'il falloit chercher
l'horreur plutoſt que l'ornement aux armes, &
ils ſe ſouuenoient auſſi qu'Alexandre n'auoit
jamais permis cette magnificence à ſes ſoldats,
qu'apres auoir dompté les Perſes, & mis l'O-
rient ſous ſes Loix.

Les fortereſſes font encore vne partie des
forces d'vn Eſtat, & ceux qui ont tâché de perſuader qu'il n'en falloit point, ont eſté com-
battus par la raiſon, par l'vſage, & par la Nature
meſme, qui pour conſeruer la vie a pris tant de
ſoin de munir de fortes defenſes le cœur & le
cerueau. Si le Capitole n'euſt eſté fortifié par
la Nature & par l'Art, & ſi la Tour de Minerue
n'euſt eſté comme le rampart de la Grece, Rome & Athenes par vn meſme deſtin, euſſent
veu finir leur Empire en ſa naiſſáce meſme. On
oppoſe à cela, que les Citadeles ſont des ap-

puys de la seruitude, & comme autant de fers
dont on menace la liberté des Peuples, & que
c'est par cette raison que les Ambassadeurs de
Sparte voulurent interrompre les ouurages de
fortification que les Atheniens auoient com-
mencez. Mais on répond que le iuste & moderé gouuernement est vn remede à ce mal, qui
seroit bien plus grand & plus dangereux, si les
Sujets par faute de forteresses, tomboient sous
la domination d'vn Estranger & d'vn Tyran,
Vne seule Ville de Tyr resista plus à la puissance d'Alexandre, que tout le Royaume de Darius, & les murs de Vienne furent les bornes
des victoires de Soliman, dont le cours impetueux n'auoit peu estre arresté par toutes les
forces de la Hongrie & du Peloponnese. C'estoit dóc par vn excés de courage que les Spartiates disoient, que leurs murailles estoient faites des boucliers de leurs hommes armez, Aussi
reconnurent-ils depuis la necessité qu'il y a d'a-
uoir des forteresses, quand ils virent que ce defaut auoit souuent racourcy les frontieres de
leurs voisins. C'est par ce mesme defaut qu'vne
bataille gagnée donne le titre & la possession
de l'Estat d'Angleterre; Et il y a long-temps
que les Espagnols eussent perdu les Indes
Orientales & Occidentales, sans le secours
qu'ils ont tiré des places fortifiées. Tout ce
qu'on peut desirer en cela, c'est que les forteresses soient éloignées du cœur de l'Estat, afin
de tenir l'Ennemy & le peril au loin, & d'effacer de l'esprit des Peuples, non seulement l'i-
mage, mais l'ombre mesme de la seruitude.

Prob. in
Themist.
Diod.
Sicul.
lib. 11.

Si scutū
scuto ha-
reret,
densusq-
que viro
vir.

DE LA GVERRE.

CE Saint Oracle de la Verité, que les Roys, de Iuda auoient accoustumé de consulter auant que d'aller combattre leurs Ennemis, ne nous permet pas de douter que la force n'ait esté donnée aux Princes Souuerains, pour s'opposer à tout ce qui ne peut estre repoussé que par vne legitime violence, c'est à dire par vne iustice qui a l'espée à la main. C'est donc par vn effet admirable de la prouidence du Dieu des Armées, que la guerre qui est la destruction des Empires, la source fatale de tous les maux, & l'horreur du genre humain, est neantmoins vne iustice qu'il a deposée entre les mains des Roys pour la conseruation de leurs Estats, & pour la liberté de leurs Suiets. Il permet mesme qu'entre quelques Peuples il y ait des antipathies naturelles, qui sont autant de semences de la guerre, qu'il employe pour chastier les vns par les autres, & pour les tenir tous dans la crainte, qui est comme le frein dont la vertu se sert pour arrester le cours des crimes. Que s'il est vray que le corps naturel ne seroit point parfait s'il ne se pouuoit defendre des iniures qui menacent sa vie ; Il faut aussi reconnoistre que le corps Politique n'auroit point toute sa perfectiõ s'il n'auoit la puissance de se conseruer, & d'éloigner de soy tout ce qui se veut opposer à sa felicité. Ce n'est pas seulement le desir de la Nature, mais aussi sa premiere Loy, puis qu'elle n'assemble point les hommes pour composer des Republiques,

qu'elle ne les eſtabliſſe Iuges de tous ceux qu
entreprendront de les deſtruire, & de la priu
elle meſme du repos où elle dreſſe tous ſes mou
uemens. Ce n'eſt pas que dans ſon premie
deſſein la guerre ne luy ſoit en horreur, ma
dans le ſecond elle veut la defenſe qui tend à l
conſeruation, & qui repouſſe la force par l
force. Si donc elle fuſt demeurée dans l'eſta
de ſon innocence, elle n'auroit oüy parler d'au
tre guerre, que de celle qui s'alluma dans l
Ciel entre les bons & les mauuais Anges ; Mai
depuis que le peché euſt corrompu ſes ſage
conſeils, elle fut contrainte pour ſa conſerua
tion, d'authoriſer la defenſe contre la force
On dit meſme que c'eſt executer ſon decret
quand par les armes on reduit les Barbares
à l'ordre de la vie ciuile, parce que ce n'eſt pa
tant vſer de violence, que de l'empire naturel
que les ſages ont ſur ceux qui ignorent la ver
tu, l'humanité, & la Religion meſme.

De ce principe, il s'enſuit que la guerre iuſte
eſt vn moyen naturel pour acquerir la poſſeſſion des choſes ; Les Iuriſconſultes nous l'apprennent ainſi, & tous les Peuples reconnoiſſent que c'eſt la Loy perpetuelle qui decide
leurs differens, le droit de la victoire, & le iugement que les Roys exercent ſur ceux qui ne
peuuent eſtre reduits à la raiſon par l'authorité
d'aucun Tribunal de Iuſtice. Ce fut par ce
droit des gens que le Peuple de Dieu ſe rédit
maiſtre des terres des Ammonites & des Ama-
lecites ; Que les Romains accreurent leur Empire, & qu'ils reſpondirent aux Volſques qu'il
n'y auoit point de Loy qui les obligeaſt à effacer les Trophées de la vertu Romaine, en re-
ſtituant le prix de leurs victoires. Mais ils vou-

*Ariſt.
Polit. lib.
1. c. 4.*

*L. natu-
ralem §.
vlt. ff.
de acquir.
rer. dom.
Iure belli
regna, po-
pulos, fi-
nes gen-
tium at-
que vrbiũ
contineri.
Quintil.*

*Dionyſ.
Halicar.
lib. 6.*

sfoient aussi que les causes de la guerre fussent legitimes, & qu'on ne l'entreprist qu'apres l'auoir solemnellement denoncée, car c'estoit pour cela qu'ils mettoiët les armes en la garde des Pontifes, afin qu'on les prist de leurs mains auec plus de respect, de Religion, & de ceremonie. Aussi quand ils reuenoient victorieux, ils consacroient vne partie des dépoüilles à leurs Dieux, comme aux Arbitres des differens des Peuples armez, & dont le iugement souuerain consistoit en la victoire qu'ils donnoient selon le merite & la iustice de la cause.

Or la guerre ne peut estre iuste, qu'elle n'ait pour sa fin non seulement le salut de l'Estat, la dignité du Prince, & la liberté de ses Suiets, mais encore celle de ses Amis & de ses Alliez. Comme il y a de la gloire à les secourir, il y a aussi de la honte à les laisser dans l'oppression, puis que tant de siecles n'ont pû effacer la tache, dont le premier Peuple du môde flaistrit sa reputation, lors qu'il abandonna les Saguntins à la discretion d'Hannibal. Outre cela, la guerre est iuste quand par les trop grands progrés & accroissemens d'vn voisin, l'Estat se void menacé d'vn peril eminent, & d'vne ruine qu'il ne sçauroit euiter, qu'en ioignant ses forces à celles de son confederé. C'est ainsi qu'en vserent autrefois les Lacedemoniens, lors que redoutant la trop grande puissance des Atheniens, ils s'opposerent à leurs conquestes, & aux ambitieuses entreprises que les Egyptiës auoient faites sur les plus proches terres de l'Empire des Perses. Enfin, de toutes les guerres dont les causes sont legitimes, il n'y en a point de plus iuste, ny de plus sainte, que celle par laquelle les hommes vangent les iniures

faites à Dieu & à ses Saints ; C'est en ce sujet
que la pieté fait prendre les armes, que la iustice les conduit, & que la felicité couronne le
desseins.

Il faut donc reietter bien loin les pernicieuses maximes de ceux qui mesurent la iustice de
la guerre par l'occasion & par la fortune ; Qui
estiment que disputer l'Estat d'autruy est vne
Iouange des Roys, & que celuy d'entr'eux qui
est le plus puissant, est censé auoir le plus de
droit. On sçait que les Romains mettoient la
suprême gloire à donner des Loix à toutes les
Nations ; Qu'ils cherchoient les occasions de
la guerre dans les parties du Monde les plus
éloignées ; Que la fin de leurs conquestes c'e-
stoit de conquerir, & que dans l'espace de sept
cent ans, à peine se peurent ils resoudre à fermer deux fois le Temple de Ianus. Cependant,
ce Peuple belliqueux & impatient de repos, né
se glorifioit pas tant des heureux succés de ses
côbats, que de ce qu'il les auoit entrepris pour
vne iuste cause. Il vouloit sans doute laisser
cette impression dans l'esprit des hommes,
quand il commençoit toutes ses guerres par les
sacrifices qu'il offroit à ses Dieux, & quand il
refusoit l'honneur du Triomphe aux Generaux
d'armée, qui ne pouuoient pas prouuer la iustice de leurs armes, qui doit estre la fin de la
valeur comme elle en est la regle.

Apres cela, il ne faut pas s'estonner si la guerre a trouué des approbateurs parmy les sages
Politiques, & s'ils ont estimé qu'il n'y a point
de moyen plus seur, ny plus puissant pour retenir vn Peuple dans le deuoir, que la crainte
qu'on luy donne d'vn Ennemy qui a les armes
à la main. Il est si remuant, que s'il n'en
trouue

trouue point au dehors, il en fait au dedans, & si on veut rechercher les causes des guerres ciuiles, elles n'en ont point de plus prompte, ny de plus prochaine qu'vn mol repos, & vne trop grande félicité. La seule terreur des armes de Pyrrhus & d'Hannibal, fit éclore à Rome ces prodiges de valeur & de vertu, qui ont remply l'Histoire de leurs faits, & tous les Esprits d'admiration ; Mais quand ce Peuple belliqueux n'eust plus d'Ennemy estranger, sa vertu actiue se consuma, & ses mœurs se corrompirent dans les delices de la paix. En effet, iamais Rome n'eust porté les magnifiques titres de Chef du Monde, & de Deesse des Nations, si Carthage sa riuale ne luy eust disputé la possession de l'Empire, & le prix de la gloire. Certes, la France n'a iamais esté si feconde en exemples de valeur & de vertu, que lors qu'elle a combattu ses Ennemis dans leur païs, ny si malheureuse que quand l'oysiueté, compagne inseparable du long repos, a fait tourner contre elle mesme les armes de ses propres enfans. La guerre au dehors est donc quelquefois necessaire pour conseruer la paix au dedans, mais auant que de s'y engager, il faut bien considerer la iustice de la cause, la facilité des entreprises, & le prix de la victoire ; Si quelqu'vne de ces trois choses manque, il est plus seur de demeurer en repos, que de s'exposer à vn peril certain.

C'est le conseil qu'Auguste donnoit à ses successeurs, quand il leur conseilloit de ne prendre les armes que pour vn plus grand bien, afin qu'ils n'acheptassent pas la victoire auec plus de dommage qu'ils n'en pouuoient recueillir de profit. Il ne pouuoit ouïr parler de ces Prin-

Terarum Dea gentiumque Roma. Mart.

I i

ces ambitieux , qui pour vne petite conqueste commettent leur Estat à la fortune , qu'il
ne les comparast à ceux qui peschent auec vn
ameçon d'or , dont la perte ne peut estre re-
compensée par la prise qu'ils font. Outre cela , les plus expérimentez en l'Art de regner,
ont donné pour precepte de ne continuer pas
long-temps la guerre auec vn mesme Peuple,
de peur de le rendre trop adroit aux exercices
militaires , qui fut la faute que fit Agesilaus,
lors qu'il apprit aux Tebains à combattre. On

Plutar. adiouste à ce precepte , qu'il vaut bien mieux
porter la guerre chez l'Ennemy que de l'attendre , car celuy qui void son Estat en danger
laisse plus facilement ses voisins en repos, outre que la fortune se plaist à fauoriser ceux qui
ont la hardiesse d'entreprendre les premieres
attaques.

C'est en ses occasions qu'on a demandé si le
Prince doit faire la guerre en personne, ou
par ses Lieutenans , car s'il a bien reüssi à
quelques-vns de se trouuer à la teste de leurs
Armées , d'autres y ont aussi perdu l'honneur
auec la vie. Cette question fut proposée dans
le conseil d'Othon , où les vns suiuoient les
exemples d'Alexandre & de Cesar, & les
autres au contraire , soustenoient que c'estoit
suiure la fortune plustost que la vertu. Il faut
pourtant auoüer que cét Empereur ne pouuoit
faire vne plus grande faute que de n'assister pas
à vne bataille, qui en terminant la querelle deuoit donner vn Chef à l'Empire, & vn Maistre à l'Vniuers. A dire le vray, la presence du
Prince produit de grands effets dans vne Armée; Les ordres qu'il donne sont comme autant de flambeaux lancez dans le cœur des sol-

dats ; Il les anime par fa voix ; Il les ayde par
fon action, Il les pouſſe dans le combat par
fon exemple , & il n'y en a point qui ne veüil-
le répandre fon fang deuant vn ſi auguſte témoin de fa valeur. Mais dautant que le ſalut
de l'Eſtat dépend principalement de la conſeruation de fa perſonne , il ne la doit expoſer
ny commettre aux hazards de la guerre , que
lors qu'il n'y a plus aucun moyen honneſte
entre la gloire & l'infamie , entre la liberté de
ſes Peuples & leur ſeruitude. Quand donc il
eſt attaqué puiſſamment ; Quand il y va de fa
Couronne , & quand ſes forces font égales à
celles de ſon Ennemy , il luy eſt permis de ſe
meſler dans les perils , & de faire le ſoldat pour
eſtre Roy, s'il n'ayme mieux de Roy deuenir
ſoldat , & deſcendre du Throſne.

*Nec par-
tis peri-
culis im-
mixtus,
& maio-
ribus non
defutu-
rus.Tac.*

Que s'il ſe trouue au milieu de deux autres
Princes armez, on a douté s'il luy eſtoit plus
vtile de prendre party, ou de regarder comme
neutre , de quel coſté la fortune ſe voudra declarer. Or quant à la neutralité, on en voit de
deux ſortes, ou auec alliance de part & d'autre,
ou ſans aucune alliance; La premiere a ſes Loix
preſcrites par les conditions du Traitté, & la
ſeconde n'a pour regle que la ſeule prudence
de celuy qui l'obſerue. L'auantage de la neutralité conſiſte en ce qu'elle n'offence perſonne, mais elle a cela de mauuais, qu'elle ne ſçait
ny faire des Amis, ny oſter aux Ennemis la
puiſſance de nuire. Les Rhodiens & le Roy
Eumenes ſe repentirent de l'auoir choiſie, &
au contraire Palmyre Ville de Syrie en receut cét auantage , qu'elle demeura ſans
aucune atteinte au milieu du choc des Armées
des Romains & des Parthes. Il ne faut donc

Plin.

pas trouuer eftrange que l'ancienne Politique
n'ait point prefcrit de regles fur le fait de la
neutralité , puis qu'elle depend de l'euenement , & qu'on ne fçauroit faire vn iugement
certain des chofes incertaines , où la fortune
domine & l'emporte fur la raifon.   Pompée
tenoit les neutres pour fes Ennemis , & Cefar
au contraire les mettoit au nombre de fes
Amis , & par ce moyen il adouciffoit la haine
des armes qu'il auoit prifes contre la Republique.   Cependant l'experience a fouuent
fait voir qu'il n'y a ny honneur, ny vtilité à regarder , les bras croifez & d'vn œil indiffe-
rent , les combats de deux Princes armez l'vn
contre l'autre , car cela fait connoiftre qu'on
attend le fucces de la guerre , apres lequel il eft
à craindre que le neutre ne deuienne la proye
du vainqueur. Il vaut donc mieux courir la
fortune d'vn Amy , que la haine de deux con-
tendans , & fe commettre au fort des armes
en fe declarant , que d'eftre infailliblement opprimé par celuy qui fe trouuera en eftat de
donner aux autres telles Loix que bon luy
femblera. Quoy qu'il en foit , fi le Prince eft
affez puiffant pour fe conferuer de foy-mefme , & pour impofer des Loix à ceux qui ont
les armes à la main , il doit demeurer Iuge &
Arbitre honnoraire de leurs differens , qui eft
le plus glorieux titre dont il fe puiffe couronner entre fes voifins. Que s'il n'eft pas affez
puiffant , la neutralité ne luy peut eftre que
dangereufe , car il faut eftre , ou le plus fort ,
ou auec le plus fort , fi ce n'eft que ioignant
fes armes à celles du plus foible , il puiffe faire
balancer les forces de l'autre , & par ce contre-
poids le contraindre de fe ranger à la raifon,

Mais sur toutes choses, il se doit abstenir de prendre vn nouueau party, s'il n'est meilleur & plus iuste que le premier. Outre l'auis des sages Politiques, la Nature luy en monstre l'exemple, quand elle ne laisse perir la fleur que pour donner le fruict, & ne souffre la corruption que pour estre plus admirable en ses changemens, & plus feconde en ses productions.

Quant à ceux qui sont incertains, & flottans entre deux partis qui se choquent, ils ont de tout temps esté plus odieux que les neutres, iusques-là que la Loy de *Solon* obligeoit l'homme sage à prendre party dans les discordes mesmes des Citez, afin qu'il eust plus de pouuoir de rendre les factieux capables d'écouter la raison. Mais certes, à parler proprement, les guerres ciuiles ne meritent pas le nom de guerres, puis qu'elles sont plustost des maladies fatales aux Estats, & de soudains & impetueux desbordemens de la fureur des Peuples. Tous les maux s'y rencontrent; Elles violent la sainteté des Loix; Elles estouffent les plus iustes sentimens de la Nature; Elles confondent les innocens auec les criminels, & conuertissent les places publiques en des theatres d'horreur, où les Citoyens combattans les vns contre les autres, ne voyent rien de si miserable que la victoire. On n'y sçauroit receuoir aucune playe honorable; Le plus vaillant y est le plus coupable; Le succés en est autant honteux aux vainqueurs que dommageable aux vaincus; Enfin, l'Estat trempé dans les larmes & dans le sang des Sujets, se trouue semblable à ces plantes qui se desseichent, & qui meurent quand on les ar-

fofe de leur propre liqueur. Or toute guerre
ciuile procede de deux caufes, dont l'vne eft
fecrette, & l'autre apparente; La premiere
n'eft autre que la permiffion de Dieu irrité par
les crimes des hommes, & la feconde fe fait
reconnoiftre en la generale corruption des
mœurs de ceux qui ayment mieux eftre acca-
blez de la ruine publique, que de la leur particuliere. Mais imitons icy la modefte Tragedie, qui de peur de foüiller le Theatre, a de
couftume de tirer le rideau fur les parricides,
& fur tous les horribles crimes qui offenfent
les yeux des fpectateurs.

Pour reprendre donc le difcours d'vne guerre neceffaire, ou iuftement entreprife contre
les Eftrangers, on a propofé autrefois par
forme de probleme politique, s'il eftoit bon
& permis d'en commettre la decifion au fort
des armes de deux Generaux, ou de quelques
autres combattans choifis de part & d'autre.
Que le combat fingulier de Menelaus & de
Paris, offert pour terminer la querelle des
Grecs & des Troyens, foit fabuleux, ou veritable, il n'importe pas, puis qu'on ne peut
douter de la verité de tant d'autres exemples
que l'Hiftoire fournit à ceux qui la conful-
tent. Elle leur propofe les cartels de deffy de
Metius Capitaine General des Sabins à Tul-
lus Roy des Romains, de Pittacus Chef des
Mytileniens à Phrinon Chef des Atheniens,
de Charles d'Aniou à Pierre d'Arragon, d'vn
Prince de Hongrie à vn autre Prince fon frere, & de Charles-le-Quint à François I. Cependant, vne des plus grandes lumieres de
l'Eglife, n'a pas craint de condamner le duel des
Horaces & des Curiaces, & d'autres Docteurs

D. Aug.
de Ciuit.
Dei lib.
3. c. 14.

ont estimé que les Hebreux ne deuoient point
permettre celuy du ieune Dauid, qui de sa part
demeuroit exempt de toute faute, puis qu'il
estoit emporté par vn mouuement diuin, auquel il ne pouuoit pas resister. En effet, ce
n'est pas vn prudent conseil, que de commettre si facilement la cause de tout vn Peuple au
courage d'vn seul; & quant au Prince mesme,
il n'est ny honneste, ny vtile qu'il abandonne
son Estat à la discretion de la fortune, & qu'il
expose au peril vne vie qui est consacrée au
bien vniuersel de ses Suiets. Ce ne fut donc
pas sans raison, que le Senat loüa la *Sagesse*
de Metellus, qui en refusant d'accepter le
combat singulier contre Sertorius, auoit conserué la gloire & la maiesté de la Republique.
Mais d'autre part, il semble que ce soit vne
action de prudence d'acheuer vne guerre, &
d'arrester des torrens de sang par l'épanche-
ment de celuy de deux Combattans; outre
que ce combat est moins suiet aux accidens
que celuy d'vne Armée, où la force des vns re-
couure ce que la foiblesse des autres a perdu.
On adiouste à cela, que quand deux Princes
permettent cette sorte de duel, ce n'est plus vn
combat singulier, mais vn côbat public qui ne
doit point estre condamné quand il sert à l'o-
stentation de la vertu des autres soldats, & qu'il
n'est pris que pour vn augure de la victoire generale.

Quoy qu'il en soit, les combats qui se font
entre deux Armées, ont des raisons qui les appuyent parmy les Politiques & les Iuriscon- *Alciat*
sultes. Mais qui ne s'estonneroit point, de voir *de sing-*
que quelques-vns ayent indifferemment ap- *certa.*
prouué les duels particuliers, côme des moyens
propres pour se façonner aux exercices de la

guerre, & pour terminer des querelles, qui autrement épuiseroient les plus nobles familles? On sçait pourtant que ce sont, non pas des combats legitimes, mais des fureurs qui ouurent les veines du corps de l'Estat, qui l'affoiblissent en le priuant de ses plus nobles membres, & qui rendent la Nature humaine coupable d'vne ferocité que les bestes de mesme espece ne connoissent pas. Il est vray que la semence des duels vient de la vertu, mais corrompuë, & qui degenere de la veritable Noblesse, pour se conuertir en cette passion aueugle & impie, qui sacrifie la vie des hommes genereux à vn fantosme d'honneur, & à l'idole de la fausse gloire. En effet, c'est vne passion, ou plustost vne rage qui viole la Loy diuine, la naturelle, la ciuile, & les bonnes mœurs tout ensemble, car le vray honneur regarde les vertus morales, qui ne se mesurent point par les forces du corps. Certes, ce sang qui s'épanche au dommage de l'Estat, doit estre reserué pour sa defence, & comme c'est vne grande pieté de ne faire point de grace à ceux qui le versent si inutilement, c'est aussi vne grande cruauté que de leur pardonner ce crime. La vie de l'homme ne peut estre que du seul domaine de Dieu, & les Roys, quelque grands qu'ils soient, n'ont droit sur elle que par commission, & entant qu'ils representent sur la terre cette diuine Maiesté.

Finissons ce discours par la fin où toutes les guerres iustes tendent, & qui n'est autre que la victoire innocente, glorieuse, & déchargée de tous les horribles crimes qui la peuuent souïller? La iustice trouue son droit entre les armes mesmes, & quand les Cattes offrent

Impia & Christiana pacis inimica pugna. Ex Concil. Valent.c.12.

frent d'empoifonner Arminius leur Prince &
leur General , on leur répond que le Peuple
Romain chaftioit fes Ennemis , non point par
trahifon, ny par mauuais artifices , mais à découuert, & par la force de fes Legions. Dépoüiller les vaincus , les priuer de leur liberté ,
& defoler leurs terres , c'eft bien de droit & la
iuftice de la guerre , mais cela n'a iamais efté
permis , apres que les Ennemis ont accepté
de fe foûmettre aux loix du victorieux. Les
Peuples genereux n'ont l'efpée que pour s'en
feruir dans la chaleur des combats ; Ils mon-
ftrent autant de douceur enuers ceux qui font
defarmez, qu'ils leur ont fait paroiftre de valeur lors qu'ils auoient les armes à la main ;
Ils fçauent que la moderation a cét auantage ,
qu'elle remporte la victoire fur les vainqueurs
mefmes, et que moins ils font perir d'Ennemis
vaincus, plus il en refte pour fuiure & pour honorer leur triomphe. Les Lacedemoniens
auant que d'aller au combat auoient accouftumé de facrifier à l'Amitié, & pour cette mefme fin, les premiers Romains s'abftenoient
d'eriger des Trophées, & de charger les marbres d'inscriptions, afin de n'adioufter pas à
la douleur des vaincus, le reproche de la victoire. On a mefme flaiftry la reputation de
ceux qui les premiers efleuerent des Trophées
de pierre, au lieu de ceux que l'Antiquité n'a-
uoit fait que de bois, pour laiffer vieillir en
tormoins de temps la memoire des combats paffez, & les marques de la haine des Peuples.
Pompée pouuoit entrer dans Rome menant
Tigranes à fa fuite, & accroiftre ainfi la magnificence de fon Triomphe par la montre
d'vn Roy captif ; Et toutefois , il ayma mieux

K k

Respon-
sum non
fraude
neque oc-
cultis,
sed pa-
làm &
armatum
populum
Romanū
hoftes
fuos vl-
cifci. Tac.
Annal.
l. 2.

Claram
victoriā
vincen-
tis, non
fauiendo
in affli-
ctis fieri.
Liu.

Nunquā
Populus
Romanus
hoftibus
domitis
fuam vi-
ctor ant
exprobra-
uit. Flor.

le faire Amy & Allié du Peuple Romain, en quoy il prefera sagement la gloire de tous les siecles à celle d'vn seul iour. C'est en cela qu'il surmontoit le courage de celuy dont il auoit surmonté les forces, & qu'il faisoit voir en mesme temps, que la victoire est d'autant plus heureuse & plus glorieuse, qu'en couronnant le vainqueur, elle fait en quelque sorte triompher le vaincu.

Certes, vser humainement de la victoire est vne chose plus honorable que la victoire mesme; Les hommes genereux sont plustost domptez que vaincus; Ils ployent plus facilement sous la douceur des mœurs que sous la force des armes, outre qu'ils ne sont iamais tant à craindre, que lors que la necessité leur fait reuenir le cœur & l'audace. Ainsi le Prince qui donne la paix à ceux qui ne sont plus en estat de luy resister, fait connoistre à tout le monde qu'il y a plus de iustice en ses entreprises que d'ambition, qui est le point auquel consiste la solide & souueraine gloire. En effet, il n'y a pas de difference entre vn vsurpateur & vn Conquerant legitime, sinon que celuy-cy ne fait la guerre que pour acquerir plus seurement la paix, & que l'autre n'employe les armes que pour commettre des crimes publics. Ninus fut le premier, qui apres auoir subiugué les Peuples, les mit sous le ioug de la seruitude, mais ceux qui l'auoient precedé s'abstenant d'vn Empire si absolu & si immoderé, s'estoiēt contentez du seul honneur de la victoire. En vn mot, la fortune a part aux commencemens & aux issuës de la guerre, mais l'accomplissement des Triomphes depend de la seule vertu des Princes qui les ont remportez; & qui ne veu-

lentrauir aux vaincus autre chofe, que le pouuoir & la licence de faire du mal.

✿✿✿✿✿✿✿✿✿✿✿✿✿✿✿✿✿✿✿✿

DE LA PAIX.

CEtte Sageffe infinie qui gouuerne le Monde par fes Loix, ne fait iamais tant paroiftre fa puiffance que lors que par le plus grand
de tous les changemens, elle fait naiftre la lumiere des tenebres, le feu de l'eau, & la paix
des Empires de la guerre qui les détruit. Cette
paix qui les rend fi floriffans, & qui leur ouure de toutes parts des fources de felicité, eft
vn ouurage de fa diuine Prouidence, qui la
répand & la fait couler fur la terre ainfi qu'vn
fleuue d'abondance & de delices. On dit que
l'Empereur Vefpafien fut le premier, qui par
vn noble deffein voulut confacrer vn Temple
à la Paix, dans la vaine creance qu'il auoit
d'eftre ce Prince de Paix promis aux hommes
par les faints Oracles, pour les faire paffer de
leurs longues agitations à l'eftat d'vn heureux
repos. Il confideroit d'autre part, que les
Empires ne fe maintiennent que par la iuftice; Qu'ils ne fleuriffent que par les Arts; Qu'ils
ne font redoutables aux Eftrangers que par
les richeffes; Qu'ils ne font riches que par la
liberté du commerce, & par la facilité de l'a-
griculture, & que la paix eftoit le fondement
& le principe de tous ces auantages. Ce n'eft
pas affez dire, fi de plus on n'adioufte qu'elle
eft le lien de la focieté des hommes, les delices
de la Nature, la colomne des Loix, la tutrice
des Arts, le genie des Eftats, la couronne des

Quafi
fluuium
pacis.
Ifa. 66.

Baron.

K k ij

Victoires, en vn mot, le plus riche prefent
que le Ciel puiffe faire à la Terre. C'eft elle
qui fait regner la Iuftice, qui cultiue les
mœurs, qui vnit les volontez des Peuples par
les liens de leur commerce, qui change leurs
peines en plaifirs, qui repare les ruines, &
qui donne à toutes les chofes de nouuelles
beautez. C'eft elle qui rend la fureté aux Villes, les Villes aux Citoyens, les heritages aux
familles, l'ordre de la police aux Royaumes,
la vigueur aux Loix, les Preftres aux Autels,
les Autels aux Sacrifices, & les Sacrifices à
Dieu, Enfin, comme la vie des hommes ne fe
peut conferuer fans le fommeil que la Nature
leur a donné pour adoucir leur trauaux, &
leurs peines ; Auffi la forme des Eftats ne fe
peut maintenir fans le repos que la Paix y fait
naiftre pour renouueller, & pour reftablir
leurs forces abbatuës.

Il ne faut donc pas s'eftonner, fi Ariftote qui
veut que toutes les Loix tendent à la Paix, a repris le Legiflateur Lycurgue de ce qu'il auoit
rapporté toutes chofes au fait de la guerre, &
qu'il ne s'eftoit propofé autre but que de rendre la Ville de Sparte victorieufe, & pleine de
la gloire des Triomphes. Cependant, la felicité
d'vn Eftat ne confifte pas à commander à fes
voifins, ny à conquerir des Prouinces, mais à
faire que les Suiets foient heureux en tout
temps, & à leur donner le moyen d'exercer les
vertus, dont l'vfage n'eft iamais fi libre que
dans le calme & dans la douceur du repos. Il eft
donc de l'office d'vn fage Legiflateur de rapporter toutes fes Loix à la Paix, comme à la
derniere fin de la Republique bien ordonnée,
car fi le fouuerain bien de toutes les chofes n'eft

Polit.
lib. 4.
c. 1. &
l. 7. c. 12.

autre que leur perfection, & si cette perfection consiste en la iouyssance de leur fin, ne faut-il pas inferer de-là que la felicité des Estats ne peut estre qu'en la paix, qu'ils regardent cóme la fin qui couronne tous leurs desseins? Certes, ils ne sont iamais si florissans, ny si assurez, que quand elle leur sert de bornes, puis que c'est dans son sein que les Peuples trouuent leur repos, auec l'abondance de tous les biens qui peuuent rendre la vie heureuse & tranquille.

Qui poursuit sines tuos pacē. Psal. 147.

Que si le Prince la veut acquerir, & la laisser à ses Suiets pour vn precieux gage de la felicité de son regne, il faut qu'il borne ses vastes desseins par les mesmes limites que la Nature a donnez à son Estat, & qu'il fasse cesser la guerre qui destruit cét esprit d'vnion, qui est comme la forme & l'element de la societé des hommes. Le titre de Pere de son Peuple que la Paix luy fait meriter, luy est sans doute plus glorieux que le titre de Conquerant que la guerre luy peut acquerir, & il ne sçauroit esleuer plus haut ses Trophées, que par la victoire qu'il remporte sur ces ardentes passions, qui bruslent le cœur & arment les mains des Princes ambitieux. Mais celuy qui est touché du desir de laisser à la Posterité vne memoire immortelle, ayme bien mieux estre loüé de la tranquillité de son gouuernement, que de la gloire de ses armes, & il ne pense plus qu'à se faire vn Thrône de paix & de iustice, pour de là distribuer à ses Suiets le prix de ses combats passez. Il est vray que quand il regarde la face de l'Empire de Traian, qui fut vne Image du regne de Romulus, il se sent eschauffé de cette noble ardeur qui pousse les Princes belliqueux dans le champ des batailles, & fait

qu'ils ne respirent que les sanglantes victoires,
& les Triomphes enrichis des dépoüilles des
Nations subiuguées. Mais quand il tourne les
yeux sur la beauté de l'Empire d'Antonin, qui
fut vne imitation de celuy de Numa, il prefere
sagement les Arts & les ornemens de la Paix,
à tous les Trophées de la guerre, dont les euenemens sont aueugles & incertains. Il sçait
aussi que l'obeïssance, l'abondance, & la tranquillité publique, sont les trois marques de la
felicité d'vn Estat, & que la vraye gloire d'vn
Prince ne consiste pas tant à donner la reputation à ses armes, qu'à rendre l'authorité aux
Loix, qui ne se peuuent faire écouter dans le
bruit des combats. Il sçait enfin, que le mouuement naturel n'est pas plus subordonné au repos, que la guerre l'est à la paix, c'est à dire à
cette liberté tranquille, qui affermit la puissance des Roys, qui est le fruict de leurs victoires, & le plus naturel temperament de leurs
Estats.

Ceux donc qui ne la desirent pas, ignorent
les biens qu'elle leur peut apporter, & s'attirent
en mesme temps, le blasme que tous les sages
Politiques ont donné à Scipion, pour auoir
refusé la paix qu'Hannibal luy demandoit
auec des forces égales, & soustenuës de sa reputation & des auantages qu'il auoit remportez. Ils disent qu'il deuoit preferer vne paix
honorable à vne victoire incertaine, & que la
passion de la gloire fut plus forte en luy, que
le seruice de la Republique qu'il mettoit au
dernier danger, si son Armée eust esté poussée
hors du champ de bataille. En effet, le plus
haut degré d'honneur où il pouuoit monter,
c'estoit d'auoir reduit vn Ennemy si redouta-

ble à luy demander la paix ; Et au contraire,
Hannibal ne pouuoit defcendre plus bas, que
de fe foûmettre aux Loix d'vn Peuple qui auoit
veu fes armes victorieufes dans les portes mefmes de Rome. Certes, ce Peuple genereux
auoit dés lors refufé de traiter de la paix auec
le Roy Pyrrhus, fi auparauant il ne fortoit de
l'Italie ; Et quoy qu'il euft appris la defaite de
fes troupes dans la Macedoine, il ne laiffa pas
d'agir comme victorieux en prefcriuant des
Loix à ceux qui les vouloient donner. C'eft
ainfi que les Romains ne perdoient rien de
leur courage dans l'aduerfité, & s'il leur eft arriué qu'ils ayent demandé la paix, ce n'a efté
qu'aux Gaulois feulement, & lors qu'ils ont veu
leur Ville reduite en cendres, & leur Iupiter
mefme affiegé dans le Capitole.

Cicer. ad Attic.

Cependant, il s'eft trouué de celebres Politiques, qui dans Rome mefme ont fouftenu
que la paix, quoy qu'iniufte en fes conditions,
deuoit eftre preferée à la plus iufte guerre ; Et
la propofition eft receuë de tous les autres, lors
que les fondemens de l'Eftat font tellement
efbranlez, qu'il n'y a plus que ce feul moyen
de falut. Mais quand on void encore luire
quelques rayons d'efperance, & que le chemin s'ouure à vne meilleure fortune, on a iugé
qu'il n'y auoit rien de comparable à l'honneur,
& que la paix ne deuoit eftre acceptée lors
qu'elle n'eftoit qu'vn effet de la lafcheté des
Peuples, & vne marque de leur feruitude. Il
vaut donc mieux fe perdre auec dignité, que de
feruir auec ignominie, & il n'eft point de condition plus glorieufe, que de changer vne mife-
rable paix en vne iufte guerre. Certes, vn Eftat
qui donne la Loy aux autres Eftats, ne doit

Miferam pacě, vel bello bene mutari. Tac.

K x iiij

jamais receuoir celle de la seruitude, & le Prince qui a trauaillé pour sa gloire en combattant, est encore obligé de la conseruer en traittant de la paix, & la faisant conuenable à sa grandeur, & à la dignité de sa Couronne. Il luy est mesme bien-seant de la donner à ses Ennemis vaincus, sous des conditions qui ne leur soient point deshonnestes, car bien qu'il soit pour quelque temps maistre de leur fortune, le sort des armes est changeant, & souuent le desespoir & la fureur ont conuerty les plus superbes Triomphes en des funerailles. En effet, il n'y a point de Peuple qui puisse demeurer long-temps sous vne dure condition ; La honte & le regret de ses pertes le sollicitent incessamment de rompre le Traitté qu'il a fait par force ; Et si les Romains n'eussent point contraint les Carthaginois de leur ceder la Sicile, ils n'eussent pas veu voler iusques dans leur Ville les estincelles de l'embrazement de toute l'Italie. Mais qui ne sçait point que Dieu est le souuerain Iuge des differens des Peuples ? Que c'est luy seul qui se reserue les succés des armes, qui dispense les victoires, qui abbaisse ceux qu'il a éleuez, & qui apprend aux plus grands Roys, que la prosperité n'est pas vn ouurage de leurs mains, mais vn effet de sa Prouidence ?

Fortuna belli arté victos quoque docet. Q. *Curt.*

Pour faire donc que la paix entre deux puissans Estats, soit ferme & durable, il est necessaire que les Loix en soient iustes, qu'elle ne leur apporte aucun notable dommage, & que l'honneur de l'vn & de l'autre s'y trouue conserué. Comme la Nature pour entretenir la paix dans l'Vniuers, a de coustume de temperer les qualitez extrêmes, & de rabattre quelque chose du souuerain degré de leur puissan-

Si aquam & bonam dederitis, fidam & perpetuā; si malam, non diuturnam. kin.

ce, il faut auffi pour eftablir la concorde entre
les Empires, que les Princes qui les regiffent,
relâchent de leurs droits, & qu'ils apprennent
à vaincre leur courage, & à moderer leur fortune. C'eftoit l'Art du Peuple Romain, d'auoir
toufiours autant de generofité pour les vaincus,
que de fierté pour ceux qui auoient les armes à
la main ; Mais apres la victoire il ne laiffoit pas
de leur offrir les mefmes conditions de paix,
qu'il leur auoit offertes au commencement de
la guerre. Il ne faut pas s'en eftonner, puis-
qu'il faifoit profeffion de ne prendre pas de
toute occafion la matiere d'vn Triomphe, &
qu'il eftoit perfuadé qu'il n'y auoit pas tant de
gloire à leuer les mains pour combattre, qu'à
les abbaiffer pour eftre iointes par l'heureux
lien de la paix.

Quas pa-res paribus fere-bamus cõditiones. eafdem nunc vi-ctores vi-ctu feri-mus. Liu.

Mais on a demandé dans l'Efcole des Politiques, fi celuy qui a efté contraint de faire vne
paix non feulement honteufe, mais encore
dommageable, la peut rompre auec honneur,
& fe départir d'vn Traitté fur lequel les Princes & les Peuples ont de tout temps appellé
Dieu pour témoin, & pour Iuge de leurs intentions. La Foy, fans doute, eft le fondement de tous les Traittez & quand les Anciens
en ont fait vne diuinité, ils n'ont fceu luy affigner vn plus augufte Temple que le cœur des
Roys, où elle fe plaift d'eftre feruie & honorée d'vn culte religieux & ciuil. Outre cela, les
raifons de crainte & de force, ne font iamais
bienfeantes à vn grand Prince ; Et nous fça-
uions que le Senat deliberant fur les conditions
de la paix que l'Armée Romaine furprife dans
le détroit du Mont Appennin, auoit efté contrainte d'accepter ; declara qu'elles ne pou-

noient eftre propofées fans flaiftrir l'honneur
de la Republique. Pour leuer donc l'opprobre
d'vne paix fi honteufe, on ayma mieux defa-
noüer le General de l'Armée, & abandonner
les Oftages aux Ennemis, comme autant de
victimes expiatoires, & capables d'appaifer la
colere du Ciel vangeur des outrages faits à la
Foy & aux alliances des Peuples. Cela fait bien
voir qu'à Rome, on n'eftimoit pas que le fait
de la force fuft vne legitime caufe pour rompre
vn Traité de paix ; Car fi le victorieux eft maiftre de la vie & de la liberté de ceux qu'il a reduits fous fa puiffance, on ne peut pas dire qu'il
n'ait droit de leur impofer des conditions qui
font moins rigoureufes, puis qu'elles ne vont
qu'aux biens exterieurs.

Cependant, fi le Prince fe trouuoit obligé à
des chofes qui font violence au droit des gens,
ou qui peuuent changer la forme & renuerfer
les Loix de l'Eftat, on tient qu'il ne bleffe point
fa reputation quand il refufe de les accomplir.
C'eft ce qui fut decidé par le celebre iugement
de la Cour des Pairs affemblez pour deliberer
fur le Traitté de Madrid, qui à proprement
parler n'eftoit autre chofe que l'effet de la pri-
fon, & le prix de la liberté d'vn grand Roy.
On n'ignoroit pas pourtant qu'vn de fes predeceffeurs auoit plutoft choifi de retourner captif en Angleterre, que de rompre les articles
de la paix accordée, mais on fçauoit auffi que
la captiuité du corps auoit paffé iufqu'à celle de
l'efprit, & que ce confeil procedoit non pas
de la raifon qu'il n'écoutoit plus, mais de la
feule paffion qui regnoit dans fon cœur. Quoy
qu'il en foit, comme c'eft chofe glorieufe à vn
Prince de faire connoiftre à tout le monde

que l'honneur luy eft plus cher que le profit, auffi feroit-ce en luy vne marque de foibleffe s'il accompliffoit toutes les chofes iniuftes que la force d'vn Ennemy luy auroit fait promettre. Il n'y a donc en tout cela, qu'à bien confiderer fi l'effet des promeffes emporte auec foy la diffipation de l'Eftat, & fi le droit des gens, qui eft vn rayon de celuy de la Nature, s'y trouue violé, car alors c'eft vne difpenfe que la Iuftice la plus rigoureufe ne fçauroit refufer.

Pour ne venir point à ces ruptures, qui font autant de fecondes fources de malheurs, les Princes égaux en puiffance, & qui ne voulant rien quitter de feurs droits ayment neantmoins le repos, ont preferé vne longue tréve à vne paix indefinie. On a veu des tréves de cent ans, accordées entre les Roys de Caftille & ceux de Portugal, parce qu'ils eftoient perfuadez que tels Traitez limitez par le temps, eftoient moins fuiets à fe rompre, que ceux dont la durée n'auoit point de bornes preferites. En effet, celuy qui fe trouue lezé dans les conditions d'vne paix perpetuelle, cherche des raifons pour s'en departir, puis qu'il ne peut autrement faire reparer le dommage qu'il en reçoit; Au lieu que dans vne tréve il efpere de voir finir auec le temps prefix, l'obligation de fes promeffes.

Il faut donc auoüer, que la paix la plus feure & la plus durable, c'eft celle dont les conditiós font moins deshonneftes, & qui fe fait fans aucun notable dommage des deux partis, c'eft à dire fans que la honte de l'vn ferue à la gloire de l'autre. Mais il n'y en a point de plus heureufe que celle qui s'acquiert fans refpan-

Fœlicior pax nunquam laceffita. Scr.

dre le sang des Sujets, quoy qu'elle semble
plus douce apres les amertumes de la guerre,
comme la face du Ciel, & la temperature de
l'Air, nous paroissent plus agreables apres les
glaces & les orages de l'Hyuer. Cependant,
comme il n'y a que Dieu seul qui conserue sans
armes la paix de son Empire, il ne faut pas que
les Peuples s'arrestent tellement à gouster les
fruits d'vn profond repos, qu'ils oublient les
exercices de la guerre, sans lesquels la paix
des Estats ne peut estre que foible. Les Romains ne receuoient point dans leur Ville l'I-
mage de la Deesse qui preside au repos, qu'elle
ne fust armée; Dans le sein mesme de la paix la
plus seure, ils se disposoient à la guerre, & s'occupoient à des labeurs superflus pour se forti-
fier aux necessaires. Certes, l'oysiueté & la
mollesse iointes au mespris de la guerre, rendent la defaite d'vn Peuple plus facile. Elles
font glisser dans l'Estat tous les vices, & alor
on peut dire que la paix leur est plus malheureuse & plus funeste que la guerre. Plusieur
ont perdu dans la premiere, ce qu'ils auoien
conserué dans la seconde; Et Constantin n'e
pas plutost des-armé les frontieres, que les Nations barbares trouuant la porte ouuerte, en-
trerent comme des torrens, & inonderent l
plus belles Prouinces de l'Empire: Au contra-
re, ceux qui ont conioint les Arts de la paix
l'exercice des Armes, ont vescu en repos,
fleury en reputation, autant aymez de leu
Suiets que redoutez des Estrangers. Apres
la, que reste-il à desirer pour l'accomplissem
de la gloire d'vn Prince, & pour la felicité
ses Peuples? Son Estat mesme peut-il mon
à vn plus haut comble d'honneur, que de r

ſçauoir beſoin pour ſa conſeruation, que de la
ſeule grandeur de ſon nom.

DES ALLIANCES DES
Estats, et des
Ambaſſadeurs.

Comme ce ne ſeroit pas aſſez que les grãds
baſtimens fuſſent faits d'vne matiere ſoli-
de, & capable de reſiſter à la puiſſance du
Temps, ſi de plus ils n'eſtoient eſtayez au dehors par de bons & fermes arcs-boutans ; Auſſi
ne ſuffiroit-il pas que les grands Empires fuſſent éleuez & affermis ſur leurs propres fondemens, s'ils n'eſtoient encore munis contre la
force eſtrangere par les Alliances, qui ſont
autant d'appuys & d'eſtançons de leur grandeur. Il n'y en a point qui n'ait ſon contraire,
& qui ne ſoit aſſujetty à cét ordre que la Nature a eſtably dans toutes les autres choſes de
l'Vniuers, & plus il eſt heureux, plus a-t-il
d'Ennemis qui ne regardent qu'auec des yeux
d'enuie, ſa gloire, ſa naiſſance, ſes richeſſes
& ſa felicité. Il a donc beſoin d'auoir des Alliez qui entrent dans ſes intereſts, qui s'op-
poſent aux ambitieuſes entrepriſes d'vn Conquerant, qui diſſipent ſes forces par leur
vnion, & qui faſſent vn contre-poids égal,
de crainte qu'il ne s'eſleue trop, & qu'il n'ac-
cable le plus foible. En effet, il n'appartient
qu'à ces Citoyens abſtraits de la Republique
de Platon, ou de celle de Thomas Morus, de
ne s'allier auec aucune Nation de la terre, parce, dit-on, que la communauté de la Nature

leur fert de confederation , & que les hommes
fe peuuent bien mieux vnir par les liens de l'a-
mitié , que par les ligues offenfiues ou deffen-
fiues. Mais certes , ces meditations politiques
peuuent eftre plus facilement écoutées des
Philofophes que des Gouuerneurs des Eftats;
Et nous fçauons que fans le fecours des Confederez , iamais les Romains n'euffent fait des
bornes de la terre, celles de leur Empire. Il
eft vray qu'ils n'admettoient pas indifferemment tous les Princes voifins au rang de leurs
Amis & de leurs Alliez , puis que par la mefme Loy par laquelle les Empereurs de Conftantinople auoient defendu de s'allier auec
les peuples Eftrangers , les feuls François en
eftoient exceptez. Mais auffi leur fidelité dans
les promeffes , leur reputation dans les Armes,
la gloire de leurs Triomphes , & la grandeur
de leurs Rois , faifoient que ceux qui eftoient
les maiftres de l'Vniuers , les eftimoient dignes de leur amitié & de leur alliance. A proprement parler , il n'y a que les grands Princes , c'eft à dire ceux qui portent les facrez caracteres de la Maiefté , à qui il appartient de
s'allier par des Traitez , car les autres fe mettent d'ordinaire fous la protection des armes
des plus puiffans & des plus redoutez.

Or entre les alliances, les vnes font égales &
les autres inégales ; Les premieres font encore de deux fortes , ou de fimple amitié feulement pour la facilité du commerce , ou pour le
fecours mutuel dans les occafions. Celle-cy eft
encore de deux efpeces , car elle regarde , ou la
feule ligue defenfiue , ou la ligue offenfiue &
defenfiue tout enfemble , comme quand vn
Prince fe declare amy des amis, & ennemy des

ennemis d'vn autre Prince. Quant à l'alliance inégale, c'est celle qui se contracte entre deux Souuerains inégaux en grandeur & en puissance, & sous des conditions où l'égalité ne se trouue point obseruée, comme quand le Peuple Latin allié du Peuple Romain, prenoit part aux trauaux de la guerre, sans neantmoins en prendre aucune aux fruicts de la victoire. Outre ces diuisions, il faut encore obseruer que toutes les alliances ne sont pas de mesme force, puisque celles qui ne sont que de Prince à Prince, cedent à celles qui sont d'estat à estat, car les premieres finissent auec la vie de ceux qui les ont faites, & les autres sont perpetuelles. Mais il n'y en a point de plus fortes, ny de plus estroites, que celles que la France & la Castille ont contractées autrefois ensemble, puis qu'elles ne sont pas seulement de Roy à Roy, & de Royaume à Royaume, mais encore d'homme à homme, qui est le dernier nœud que l'on puisse adiouster à cette sorte d'alliances.

Philip. de Comm.

Que s'il arriue que de trois Princes alliez l'vn declare la guerre à l'autre, on a demandé si le troisiesme deuoit prendre le party de celuy qui appuyé de la faueur & de la religion du Traité, implore le secours de ses armes. Mais on a respondu, que si l'alliance n'est que de simple amitié, il n'est point obligé de se mesler dans la querelle, & qu'à moins d'vne ligue deffensiue contenuë dans le Traité, rien ne l'engage à suiure le party & la fortune de son allié. Que si auec cela la ligue est aussi offensiue, la raison semble desirer que comme arbitre honoraire du different de ses alliez, il tâche de les accorder, & si l'vn y resiste, qu'il se de-

clare pour l'autre qui veut subir sa Loy, & se
soûmettre à son iugement. Cependant, les
Princes n'en vsent pas rousiours ainsi, mais
faisant quelquefois marcher la ialousie & la
seureté deuant la raison ; Ils arment pour celuy
qui par la victoire remportée sur le plus puissant, peut arrester le cours de ses conquestes,
& donner des bornes à ses desseins. Mais quád
l'Estat d'vn Prince a esté enuahy & occupé par
vn Ennemy, on a douté si les deuoirs d'vne ligue simplement deffensiue, obligeoient les confederez à ioindre leurs forces, & à trauailler
auec luy au restablissement de son ancienne
possession. Il faut pourtant auoüer, que comme
la fin de cette sorte de ligue tend à la conseruation de l'allié dans son Estat, elle seroit inutile
& sans effet, si les confederez ne s'vnissoient
pour arracher de la main de l'vsurpateur, des
despoüilles si mal acquises. En effet, la Loy de
l'alliance qui est celle de l'amitié, veut que les
alliez & les amis entrent dans les interests l'vn
de l'autre, & c'est principalement en ces occasions que la bonne foy doit estre la regle de
leurs actions, le lien de leurs volontez, &
comme l'ame du Traité qu'ils ont fait.

    C'est pour cela que les Anciens mettoient les
alliances sous la protection des Dieux, qui
auoient le soin de vanger les outrages faits à la
foy, qui est vn bien le plus saint de tous les
biens qui se rencontrent dans la societé des hômes. Il falloit donc que le Peuple Romain fust
persuadé de cette verité, puis qu'il se vantoit
d'estre monté à l'Empire du Monde, & d'a-
uoir soûmis à ses Loix toutes les Nations en
deffendant ses alliez, & en les couurant de ses
armes contre les efforts de leurs Ennemis.
                      L'vsage

Sanctis-
simum hu-
mani ge-
neris bo-
nũ. Sen.

Noster po-
pulus so-
cijs def-
fendendis
terrarum
iam om-
nium po-
titus est.
Cic.

L'vsage des clauses equiuoques & ambiguës luy estoit inconnu ; La fraude les a conceuës ; La conuoitise du bien d'autruy les a mises au iour, mais leur consommation ne vient que de la perfidie de ceux, qui ne veulent iamais manquer de pretexte pour rompre les plus fortes & les plus saintes alliances. Certes, les François sont ennemis de ces honteux artifices ; Leur foy & leur candeur naturelle ne leur permettent point de tromper sous le voile d'vne amitié contractée, mais elles ne les empescherent pas d'estre trompez sous des mots equiuoques, que les Espagnols firent glisser dans le Traité du Roussillon, & encore dans le partage du Royaume de Naples.

Enfin, pour rendre ces actes d'alliance plus sacrez, plus fermes & plus solemnels, on a quelquefois desiré qu'ils fussent authorisez par la presence des Princes, qui se sont entre-donnez la main pour mieux asseurer le repos & la felicité de leurs Estats. Les entre-veuës de Loüis XXII. & de Ferdinand Roy d'Arragon, de Charles-Quint, & de Clement VII. eurent de si heureux succez, qu'elles sont proposées à tous les autres Princes pour vn suiet d'imitation. Il est vray que tous les Politiques n'en demeurent pas d'accord, & que plusieurs d'entr'eux ne peuuent approuuer ces entreveuës, & ces royales conferences qui souuent ont esté comme les semences d'vne plus longue & plus funeste guerre. Quoy qu'il en soit, ces choses dependent de l'estat des affaires des Princes, de la diuersité ou conformité de leur humeur, des ornemens exterieurs de leur maiesté, & de la reputation qu'ils ont acquise parmy les Natiós estrangeres. Tout ce donc, que la prudence d'vn Prince peut faire en ces occasions, c'est de prendre garde qu'il ne tombe dans le mespris, ou qu'il n'allume l'enuie contre luy, car ce fut pour cela que l'Empereur Maximilien refusa d'entrer en conference auec le Roy Loüis XII.

Toutes ces choses neantmoins ne suffiroient pas pour bien esteindre & pour affermir les alliances des Estats, sans les Ambassadeurs qui sont comme les liens de l'amitié des Princes & des Peuples, les gages de leur repos, & les interpretes de leurs volontez. En effet, l'Ambassadeur est à l'Estat ce que la parole est à l'homme; Il fait éclater l'honneur de sa Nation parmy les Peuples estrangers; Il porte deuant eux l'Image auguste de son Prince; Il reluit des rayons de sa maiesté; Son nom est venerable aux plus barbares; Sa fonction est sacrée, & sa personne est mise au rang des choses saintes & inuiolables. Comme son establissement est venu de la necessité de son Ministere, sans lequel le commerce cesseroit entre les Estats; Aussi a-t-il fallu inuenter vn droit qui le mist à couuert de tous les outrages, & qui le fist ioüir des priuileges de la paix, au milieu mesme de la guerre. On ne le sçauroit offenser qu'on n'offense tout d'vn coup les Loix diuines & humaines, puisque le droit des gens n'est pas moins fondé sur les vnes que sur les autres, l'Autheur de la Nature en ayant imprimé la connoissance & l'amour dans l'esprit & dans les cœur des hommes. Que s'il est vray que tout ce qui entretient le commerce des Estats, & qui en lie les diuerses parties, a esté mis sous la sauue-garde des Loix publiques, quelle protection ne merite point celuy qui est

Sic sentio ius legatorum cū hominum præsidio munitū tum etiā diuino iure esse vallatum &c.

le genie, & comme l'ame de leur ſocieté ciuile?

Or entre tous les Peuples de la terre, les Romains ont eſté non ſeulement les plus religieux obſeruateurs des priuileges & des franchiſes des Ambaſſadeurs, mais auſſi les plus ſeueres vangeurs des iniures qu'ils auoient receuës dans l'exercice de leur legation. Si les Tarentins ſont ſi temeraires que de ſoüiller les robes de ceux qui leur ſont enuoyez, ils ſont en meſme temps contraints de les lauer dans leur propre ſang ; Et ſi Corinthe viole les meſmes franchiſes, quand bien ce ne ſeroit que d'vne ſimple parole de meſpris, elle void ſes hauts murs égalez à ſes fondemens. Que s'il ſe trouuoit qu'vn Romain euſt offenſé les Ambaſſadeurs d'vn Prince, ou d'vne Republique, on le liuroit à ceux qui les auoient enuoyez, afin de pouuoir expier vn crime qui attiroit la colere des Dieux, & la haine des hommes. Pour ce ſuiet, Minutius & Manlius furent enuoyez à Carthage comme autant de victimes ; Et ſi l'opinion de Caton eût preualu dans le Senat, la dignité, ny la puiſſance de Ceſar, n'euſſent point empeſché qu'il n'euſt eſté abandonné à la diſcretion des Gaulois. Enfin, les Anciens eſtoient perſuadez que l'œil de la Iuſtice diuine veilloit toûjours pour la punition de tels attentats ; Que les furies en eſtoient les Miniſtres, & qu'elles ne ceſſoient de pourſuiure ces criminels, qui s'eſtoient declarez Ennemis du genre humain en violant la foy publique, & la ſainteté d'vn depoſt le plus ſaint de tous les depoſts.

Mais quoy ? s'il arriue que l'Ambaſſadeur abuſe de ſes priuileges, & s'il en prend la liberté de commettre des crimes, ſera-t il ſi bien

Liu.

Cic. pro lege manilia.

Liu.

Plutar in Cæſ.

Vltrices legatorũ diræ violationem iuris gentium perſequitur. Amm. Marc.

à couuert dans l'azyle du droit des gens, qu'on n'ose l'en tirer, ny le contraindre de comparoiſtre deuant le Tribunal du Prince, dont il a bleſſé les Loix & la Iuſtice? Or comme il n'y a point de Loix écrites, ny de regles certaines pour decider cette queſtion, chacun prend party, & appuye de raiſons & d'exemples vn droit qui ne deriue point des principes de la Nature, qui ſont touſiours conſtans, mais du naturel des Peuples, & de la volonté des hommes, qui d'ordinaire ſuit le mouuement des paſſions qu'elle ſouffre. On conſidere d'vne part, que les franchiſes ſont données à l'Ambaſſadeur, non pas pour offenſer, mais pour n'eſtre pas offenſé, & que tout homme qui viole la foy, ne ſe peut plaindre auec raiſon ſi cette foy ne luy eſt pas gardée. A cela on adjouſte, que ſon crime croiſt par la dignité dont il eſt reueſtu; Qu'il eſt d'autant plus grand & plus digne de chaſtiment, qu'il a eſté commis ſous vn ſaint voile d'alliance & d'amitié; Et qu'en ce meſme moment il s'eſt dépoüillé de la qualité d'Ambaſſadeur pour prendre celle d'Ennemy. En vn mot, il eſt mal-ſeant à celuy qui bleſſe la Loy, d'implorer le ſecours & la protection de la Loy; On n'écoutoit point à Rome la voix du Tribun qui la reclamoit; Et quand il auoit abuſé de ſa puiſſance, quoy que d'ailleurs ſa perſonne fuſt ſainte & inuiolable, on ne laiſſoit pas de le punir extraordinairement, c'eſt à dire ſans forme & ſans figure de procés. C'eſt en ce ſujet qu'on a toûjours renouuellé & loüé la parole de cét Empereur Romain, qui fit ſçauoir à tous, que ſes Ambaſſadeurs ne ioüiroient de leurs franchiſes, qu'entant qu'ils ne s'en ſerui-

Tandiu ius non violando- rum lega- torũ ſer- uandum.

soiét point pour opprimer la liberté des autres.

Mais d'autre part, on oppofe que l'Ambaffadeur n'eft obligé aux Loix & aux Couftumes
des Peuples eftrangers, que pour les contracts
feulement, parce que fans cette obligation
tout commerce luy feroit interdit, & fon propre priuilege ne feruiroit que d'obftacle aux
principales actions de la vie ciuile. Il femble
mefme que les peines du crime de Leze-Maie-
fté, ne foient pas ordonnées pour celuy qui
n'eft pas né fuiet du Prince offenfé, & qui par
vn priuilege attaché à fon Miniftere, eft cenfé
n'eftre pas forty de fon païs où il eft tenu pour
prefent. Outre cela, ne croira-t'on pas qu'il
a efté plûtoft opprimé que vaincu, quand on
verra qu'il a eu fes parties pour accufateurs,
pour témoins & pour Iuges? Ainfi, quoy qu'à
Rome le Senat euft au commencement refolu
de traiter les Ambaffadeurs de Tarquin comme des Ennemis publics, fi eft-ce qu'enfin, c'eft
à dire apres vne plus meure deliberation, l'e-
quité du droit des gens l'emporta fur la rigueur du droit écrit.

Dans ce conflit de raifons & d'exemples,
on a d'ordinaire iugé qu'aux crimes de Leze-
Maiefté, le Prince qui void le cœur de fon
Eftat attaqué, ne doit point eftre deferteur de
fon falut, ny de fa propre feureté. Quand donc
il a défcouuert quelque fecrette coniuration
qui va à la ruine de tous les deux, il n'enfreint
point les preceptes du droit des gens, lors qu'il
arrefte l'Ambaffadeur & qu'il luy donne des
gardes, en attendant l'adueu ou le defadueu de
fon Maiftre. En effet, la vengeance eft iufte
quand elle eft neceffaire, & qu'il y a du peril &
de l'ignominie à diffimuler des iniures de cette

eft quoad
ipfi ius
legationis
honefta-
temque
feruarint.
Iuft. apud
Procop. de
bello
Vand.

Quamvis
vifi fue-
rint com-
mififfe vt
hoftium
loco effet,
ius tamen
gentium
valuit.
Liu.

importance, & faites par des hommes qui cef-
fent d'eftre inuiolables dés le moment qu'ils
ont commencé à deuenir traiftres, & à rompre la foy publique. Cependant, on ne laiffe
pas de loüer les Princes, qui voulant eftendre
leur reputation, & rendre leur puiffance venerable par des exemples de clemence, ont renuoyé le criminel à la iuftice de fon Maiftre, ou
luy ont pardonné aprés l'auoir plainement
conuaincu.

*E. abeffe
ff. ex
quib.
cauf. ma-
ior. l. 12.
ff. de va-
cat. &
excufat.*

Quant aux domeftiques de l'Ampaffadeur,
la Loy Romaine a declaré qu'ils eftoient auffi
fous la protection du droit des gens, & leur a
fait part des priuileges de leur Maiftre, qui fe
trouue attaqué & offenfé en leur perfonne.
On luy defere cét honneur de n'eftendre la
main fur ceux de fa fuite, fi ce n'eft qu'ils fuffent trouuez en flagrant delit hors l'enceinte
de fa maifon; Mais auffi l'Ambaffadeur eft
obligé de fon cofté de liurer le criminel à la
Iuftice, car fa maifon ne doit pas eftre vn Ho-
tel de refuge & de franchife aux mal-faicteurs.
Quelques-vns luy ont donné & attribué la iurifdiction fur fes domeftiques, mais c'eft fans
aucun fondement, puis que la iurifdiction eft
vne marque de fouueraineté, & vn droit eminent que nul Souuerain ne peut exercer dans
les Eftats d'vn autre Souuerain. Toutefois,
quand les Eftats font fort éloignez les vns des
autres, & qu'il y a vne tacite conuention entre
les Princes, on permet aux Ambaffadeurs d'e-
xercer la iuftice fur leurs domeftiques, de crainte que les criminels demeurent fans Iuges, &
les crimes fans punition.

Tels font les priuileges des Ambaffadeurs
dans les Eftats des Princes prés defquels ils re-

fident, mais on a douté s'ils doiuent ioüir des meſmes franchiſes lors qu'ils entrent dans le païs d'vn autre Prince, & qu'ils vont traiter d'vne alliance auec ſes Ennemis. En effet, quoy que l'Hiſtoire ſe monſtre feconde en exemples à ceux qui la conſultent ſur ce fait; Ces exemples neantmoins ne ſont pas moins contraires que les mœurs des Peuples & des Princes, qui les ont laiſſez à la poſterité. Tantoſt elle raconte le ſanglant outrage que les Atheniens firent ſouffrir aux Ambaſſadeurs du Roy de Perſe, qui paſſoient ſur leurs terres pour ſe rendre à la Ville de Sparte; Tantoſt elle nous apprend par quel conſeil & par quelle raiſon, les Romains arreſterent ceux que les Macedoniens enuoyoient à Carthage. Mais d'autre part, on void qu'elle rehauſſe ſon ſtile pour mieux releuer la genereuſe action d'Alexandre, qui aprés auoir ſurpris les Ambaſſadeurs des Carthaginois deuāt la Ville de Tyr qu'il tenoit aſſiegée, non ſeulement il leur donna paſſage au trauers de ſon camp, mais les ayant trouuez dans la place il les renuoya chez eux, afin qu'ils peuſſent publier par tout l'exemple de ſon humanité. Certes, pluſieurs excellens Politiques le propoſent comme vne regle qu'on doit ſuiure en ſemblables occaſions, & ce d'autant plus qu'elle eſt extraite de cette commune Loy des Nations, qui ouure le chemin aux Ambaſſadeurs, parmy les armes meſmes des Ennemis de leurs Maiſtres, & qui met au rang des ſacrileges toutes les iniures que les hōmes leur font ſouffrir. Mais parce que ce droit peut eſtre conteſté par ceux qui ne recōnoiſſent leurs franchiſes que dans les Eſtats des Princes auſquels ils ſont enuoyez, il eſt bon qu'ils prennēt leurs ſeu-

Thucid. lib. 2.

Liu. lib. 23.

Per caſtra ſua media cōtendere in vrbem paſſus eſt, vrbeque capta inuiolatos remiſit. Q. Curt. lib. 4.

retez, car on ne rencontre pas toûjours des Alexandres, qui ne regardent pas tant ce qu'ils peuuent faire, que ce qui est bien-seant à la vertu & à la gloire des grands Princes.

Quant à l'office d'vn Ambassadeur, il consiste sur toutes choses à garder le secret de son Maistre, dont il est le depositaire, à suiure religieusement ses ordres, & à maintenir vigoureusement, & son rang & sa dignité, car les Princes ne subsistent que par l'opinion que les Peuples ont conceuë de leur grandeur & de leur puissance. Il ne doit donc ny rien dire imprudemment, ny rien écouter lâchement de tout ce qui peut diminuër l'éclat de la Majesté de son Roy, puis que mesme les Ambassadeurs du Peuple Latin, eurent bien le courage de parler deuant le Senat, comme s'ils fussent entrez victorieux & en triomphe dans le Capitole. En effet, il n'est pas enuoyé pour negotier & pour traiter d'affaires seulement, mais aussi pour exposer aux yeux des Estrangers vne Image de la gloire de son Prince, & de l'honneur de sa Nation. Ainsi tous ses emplois sont importans, & on peut dire que sa condition est semblable à celle de l'ouurier qui trauaille sur des matieres de grand prix, où il ne sçauroit faillir legerement. Toutes ses fautes sont des crimes publics, puis qu'ils offensent le Prince & son Estat; De quelque voile qu'il les puisse couurir, la grandeur de son Maistre les découure, & sert comme de flambeau pour éclairer ses mauuaises & ses bonnes actions. Enfin, comme sa charge luy donne de grands priuileges, aussi en reçoit-il ce desauantage, qu'en vn seul crime il en commet plusieurs.

DES MOYENS PAR LESQVELS
LES ESTATS SONT CONSERVEZ.

ENTRE tous les Problêmes Politiques, il n'y en a point qui ait esté debattu auec plus de contention, ny où le combat des raisons de part & d'autre, ait paru plus grand qu'en celuy-cy, où l'on demande s'il y a plus de gloire à conseruer vn Estat, qu'à le conquerir. Cependant, le iugement qui doit decider cette noble dispute, ne semble pas difficile à ceux qui sçauent qu'il dépend de l'auantage que la Prudence remporte sur la Force, car c'est à ces deux Maistresses des Empires qu'appartiennent separément l'honneur de la conseruation, & la gloire de la conqueste. Il est vray que les Victoires, les Trophées, les Triõphes, & les riches dépoüilles des Peuples subiuguez, iettent tant d'éclat dans les yeux, & tant d'estonnement dans l'esprit des hommes, qu'il ne leur reste que la liberté de les admirer; Mais quoy que les effets de la Prudence ne soient pas si éclatans, & ne fassent pas tant de bruit, ils marquent toutefois vne conduite d'autant plus seure qu'elle est moins pleine de tumulte, de chaleur & d'agitation. La Force se fait comparer à vn Torrent qui inonde les campagnes, & qui entraisne les moissons auec tout ce qui s'oppose à son débordement; Mais la Prudence se monstre semblable à vn noble fleuue qui coule doucement dans les plaines, qui réjoüit les Peuples, & les enrichit des biens de la terre qu'il rend feconde, &

M m

qu'il fait seruir à leur felicité. Outre cela, tout l'honneur des conqueſtes n'eſt pas deu à la seule force, les occaſions y prennent part, la fortune y domine, & le desordre meſme des Ennemis y contribuë ; Mais rien ne partage auec la Prudence la gloire de la conſeruation des Eſtats, qui eſt vn ouürage de ſon induſtrie qu'elle ne doit qu'à elle meſme. Vn conquerant n'a qu'à ſurmonter les dangers qui ſe preſentent au dehors, & qu'il va luy-meſme chercher dans les contrées les plus eſloignées ; Mais il faut que le prudent Politique, par vne entrepriſe d'autant plus glorieuſe qu'elle eſt plus difficile, ſe rende victorieux de tous les accidens qui naiſſent dans vn Eſtat, & qui en attaquent le cœur. On ſçait d'ailleurs que la conſeruation marche deuant l'attaque, & que la loy militaire luy adiuge la preference, puis qu'elle chaſtie plus ſeuerement celuy qui dans le combat abandonne ſon bouclier, que celuy qui ſans beaucoup de reſiſtance, ſe laiſſe arracher des mains les armes offenſiues. En effet, c'eſtoient des boucliers que les Romains gardoient dans le Capitole auec tant de ſoin & de religion, & qu'ils croyoient leur auoir eſté enuoyez du Ciel pour autant de gages du bonheur, & de la durée de leur Empire. Enfin, puis que l'vn & l'autre party reconnoiſt Ariſtote pour arbitre honoraire de cette diſpute, il l'a ſans doute decidée, quand il a prononcé que la plus haute loüange d'vn Legiſlateur n'eſtoit pas d'auoir donné la forme à la Republique, mais d'en auoir ſi bien affermy les fondemens, qu'elle ſe puiſſe conſeruer contre les iniures du Temps, & les aſſauts de la fortune.

Or comme les choſes naturelles ſe conſer-

uent par les mesmes moyens qu'elles ont esté
produites, & se destruisent enfin par leurs contraires, Aussi les Estats qui ont les principes
de leur conseruation & de leur ruine opposez,
ne se peuuent maintenir que par des moyens
contraires à ceux par lesquels ils sont renuer-
sez. Certes, toutes les causes qui ont leurs fins
contraires ne peuuent estre que contraires par
leur propre nature; Et puis que la fin des causes qui destruisent, c'est la subuersion de la Republique, il s'ensuit de là que son affermisse-
ment est l'vnique fin des causes qui conseruët.
En effet, les sages Gouuerneurs des Peuples,
qui sçauoient que les moyens de la fondation
& de la conseruation n'estoient point differens,
ont tousiours tâché de ramener l'Estat à ses
principes, comme n'y ayant point de plus puissant moyen pour le relever lors qu'il commence à pancher vers sa ruine. C'est ce que firent
à Rome ceux qui aymoient la liberté, lors que
pour la conseruer ils porterent le Peuple à créer
des Tribuns, dont la suprême puissance n'étoit
employée qu'à reprimer l'insolëce des grands,
& à s'opposer à leurs ambitieuses entreprises.

Mais de qui pourroit-on mieux apprendre
les moyens d'accroistre & de conseruer vn
Estat, que de ces illustres Romains à qui le dé-
stin de leur Ville auoit laissé en partage l'Art
imperieux de regir les Peuples & de leur imposer des Loix ? Dans l'ordre des preceptes de cét
Art, leurs premiers soins estoient employez à
faire fleurir la Religion & la Iustice, sans lesquelles les grands Empires ne sont autre chose
que la proye du plus fort, que la despoüille du
Temps, que le ioüet de la fortune. Ils auoient,
sãs doute, recónu que l'vn des principaux effets

Tu rege-
re impe-
rio popu-
los Ro-
mane me-
mento.
Virg.

de ces deux grandes vertus, c'eſt d'adoucir &
de temperer par vne honneſte liberté la puiſſance immoderée, qui eſt vn moyen tres-propre pour conſeruer les Eſtats, & pour les tenir touſiours fermes & debout ſur leurs baſes,
car ils aymoient bien mieux tranſmettre à leurs
ſucceſſeurs vne domination moins abſoluë, &
leur laiſſer plus durable. Pour cét effet, ils donnoient ſouuent la liberté aux Eſclaues, & le
droit de Bourgeoiſie aux Peuples qu'ils auoient
vaincu, de ſorte qu'en vn meſme iour, Rome
la maiſtreſſe du Monde, embraſſoit comme
ſes Citoyens, ceux qu'elle venoit de pourſuiure les armes à la main comme ſes Ennemis.
C'eſt ainſi que ce Peuple dominateur, comme
par vne ſocieté d'Empire, tenoit les Latins
pour ſes compagnons, les Aſiatiques pour ſes
amis, & que meſme il ſouffroit l'audace de
ceux qui ſe vantoient d'eſtre ſes freres.

Cependant, il faut auoüer que la premiere
cauſe de la conſeruation des Eſtats, c'eſt la
concorde par laquelle les grandes choſes ſe
conſeruent, les petites ſe font grandes, tous les
Citoyens deuiennent freres, & la Cité n'eſt
plus comptée que pour vne ſeule famille. Auguſte conſeruoit l'Empire non point par la
Nobleſſe, ny par le Peuple, ny par les ſoldats,
ny par l'amour, ny par la force, mais par toutes ces choſes ralliées enſemble, d'où ſe formoit
vne puiſſance autant agreable aux Suiets, qu'elle eſtoit formidable aux Eſtrangers. Certes, la
liaiſon de toutes les parties fait que les forces
de l'Eſtat ne ſe diuiſant point au dedans, il ſe
monſtre inuincible à celles du dehors; Outre
que de cette concorde naiſt l'obeïſſance des
Peuples, dont les effets ſont ſi grands, qu'elle a

*Ariſt.
Polit. lib.
5. c. 10.*

*Auſi la-
tio ſe fin-
gere fra-
tres. Luc.*

si souuent conserué les vsurpateurs dans leur plus iniuste domination. Que si entre toutes les anciennes Republiques, celle de Sparte a esté iugée la plus heureuse, ce n'estoit pas tant parce que ses Roys & ses Magistrats sçauoient bien commander, que parce que les Suiets sçauoient bien obeïr aux Loix qui leur auoient esté données. Enfin, comme la vie naturelle de l'homme c'est l'vnion de l'ame & du corps, la vie ciuile d'vn Estat n'êt aussi autre chose que la parfaite vnion du cōmandement & de l'obeïssance.

Mais ce qui semble deuoir passer pour vn paradoxe, c'est que les Estats se conseruent non seulement quand ils sont essoignez de ce qui peut auancer leur cheute, mais aussi quand ils en sont proches, parce qu'alors la crainte qui veille toûjours leur est vne grande deffense. C'estoit pour cela que les Lacedemoniens sacrifioient à la Peur, non pas pour destourner les maux dont elle menaçoit leur vie, mais parce qu'ils croyoient qu'elle auoit le pouuoir de reünir les volontez des Citoyens, & de maintenir la gloire d'vne Republique. C'est encore pour cela que Caton s'opposoit à la destruction de Carthage, d'autant qu'il reconnoissoit que la crainte qu'vne Ville si guerriere & si puissante, donnoit aux Romains, leur estoit comme vne seuere tutrice qui les retenoit dans la discipline militaire, & reueilloit leur vertu à l'aspect des dangers qui menaçoient leur vie & leur liberté. Enfin, c'est pour cela que les sages Gouuerneurs des Peuples leur ont souuent donné de fausses allarmes, afin que leur vigueur ne vint à se relâcher dans vn profond repos, & en suite à se fondre dans les molesses d'vne longue oysiueté. On sçait que la Ville

Metus hostilis retinebat ciuitatē. Salust.

Plutarq. in Agid.

Tanquā pupillis ciuibus idoneum tutorem necessariū videbat esse terrorem. D. Aug. de Ciuit. Dei lib. 1. c. 30.

d'Athenes ne fut iamais si feconde en exem
ples de toutes sortes de vertus, que lors qu'el
fut assaillie par les Perses, & qu'auant que Ro
me eust chassé hors de son enceinte tous l
Dieux faineants, & retenu ceux qui presiden
au trauail, elle n'auoit point repeu ses yeux d
la pompe & de la gloire des Triomphes.

Toutefois, parce que selon la maxime d'A
ristote, des choses qui regardent le particulier
il ne s'en peut faire vne regle vniuerselle,
faut restraindre l'vsage de celle-cy aux occa
sions, au temps, & à l'humeur des Peuples.
Quand donc le Peuple a long-temps ioüy de
douceurs de la paix, il ne peut estre mieux con
serué dans cét heureux Estat que par la mesm
paix ; Mais quand il s'est accoustumé aux dur
exercices d'vne guerre qui vient de cesser, il e
necessaire de luy en laisser quelques restes, par
ce que les esprits effarouchez & boüillants d'a
deur, ne se peuuent si-tost rasseoir, ny se reduir
à ce iuste temperament qui fait la tranquillit
des Empires. Ainsi l'Histoire Sainte nous ap
prend, qu'apres les longues guerres de Dauid
finies, son Successeur, quelque pacifique qu'i
fust, voulut neantmoins demeurer armé, de
crainte que le Peuple accoustumé à combat
tre ses Ennemis, ne vint enfin par la discord
à tremper ses mains dans son propre sang.
Certes, ceux qui ont commandé les armes
la main, n'obeïssent pas volontiers à vn Ma
gistrat des-armé, & la subiection la plus legi
time ne leur est pas moins insupportable qu
la plus dure seruitude.

Vn autre puissant moyen pour conseruer l
felicité des Estats, c'est d'estouffer les sedition
en leur naissance, & de n'attendre pas que le

Quietem Deā Romani suscipere voluerunt. D. August. de Ciu. Dei. l. 4. c. 16.

Ethic. 1.

Quibus in pace durius seruitiū. Tac.

premieres estincelles rencontrent l'humeur des Peuples disposée à vn plus grand embraze-ment. Le feu qui consume & reduit en cen-dres les grands Palais, ne commence le plus souuent que par de petites esteincelles, & les foudres qui effrayent la Nature, & qui brisent tout ce qui leur resiste, ne sont formez que des plus legeres exhalaisons. C'est de là qu'on peut apprendre à ne pas negliger les petites choses, puis que souuent elles causent de grands desor-dres, & que la coustume de violer les Loix, se coulant insensiblement dans les plus nobles parties de la Republique, la rend enfin sem-blable à vn vaisseau, qui apres auoir éuité les plus dangereux escueils, eschoüe sur des grains de sable. Les mescontentemens, les murmu-res, & les autres mouuemens secrets, sem-blent d'abord de peu d'importance ; Et tou-tefois, il en est comme de ces vents cachez qui sortent du fond de la mer, qui la font boüillonner, & qui precedent les tempestes. Que si en ces occasions le peril n'est pas emi-nent, il s'accroist neantmoins par contagion, & alors on apprend trop tard, qu'en toute sor-te de maux il ne faut pas tant regarder la quan-tité du venin que sa force.

Parua hac qui-dem sunt, sed par-ua ista maiores nostri non contem-nentes, maxima hanc Ré-publicam effece-runt. Salust.

Maintenir les bonnes familles, & par des Loix somptuaires empescher qu'elles ne dissipent leurs biens, est vn autre moyen de conserua-tion, parce que se trouuant espuisées par des profusions inutiles, elles ne peuuent plus secou-rir le Prince, ny l'Estat dãs les necessitez publi-ques. La trop grande licence des alienations authorisée par le droit escrit des Romains, a fait dire qu'ils n'eurent pas le soin d'entretenir la splendeur des familles nobles en y conseruãt les richesses. Au contraire, Aristote ne peut assez loüer la Loy des Locryens, qui par vne prudence Politique deffendoit d'aliener les anciens heritages, sans auparauant auoir iustifié que c'estoit l'vnique remede qu'on pouuoit apporter aux outrages de la fortune. Ce fut par vn semblable reglement que Lycurgue auoit esleué la gloire de Sparte par dessus celle des autres Villes de la Grece, mais comme depuis vn Ephore eut obtenu qu'vn chacun auroit la liberté de disposer de ses biens au preiudice de ses heritiers legitimes, cette florissante Republique deuint enfin la proye de ses Ennemis. En effet, les Anciens estoient persuadez que le Dieu qui preside aux richesses rendoit les hommes magnanimes, & qu'il les conseruoit dans les familles, non seulement pour l'ornement des Estats, mais encore pour leur deffense.

A ce moyen les Politiques en adioustent vn autre, qui est de ne souffrir qu'aucun particulier s'esleue à vne grandeur qui excede la proportion conuenable à la forme de l'Estat; Car la puissance qui passe la mesure d'vn suiet, a souuent seruy comme de degré pour monter au Thrône de la tyrannie. Mais ce qui par dessus toutes choses conserue les Empires, c'est de former les Suiets en telle sorte, que les mœurs respondent à la forme du gouuernement, parce que quelques iustes & saintes que soient les Loix, elles seront inutiles & sans fruict, si l'institution des particuliers ne se rapporte à l'Estat qu'elles reglent. Il est vray, que comme les gouuernemens sont differens, l'experience a fait aussi connoistre que les Aristocraties se conseruent, quand le commandement est deferé à ceux dōt les actions sont conduites

Polit. l.
2. c. 5.

τῷ τοὶ μεγάλοιο.
Pindar.

par la prudence , & qui font toufiours prefider la iustice en leurs conseils. Quant aux Democraties , elles ne sçauroient se conseruer si elles ne sont temperées de quelque espece d'Aristocratie , laquelle le Legislateur des Rhodiens auoit si sagement meslée dans la police de sa Republique , qu'il a remporté le prix d'vne gloire immortelle. Mais les moyens de la conseruation des Monarchies , consistent à regler les actions des Suiets par les Loix, à moderer les imposts , à fauoriser les Arts , à donner les charges au merite , & ce qui comprend tout , à maintenir la Religion , & à faire que la Iustice marche toufiours deuant la puissance du Prince. Enfin , il se trouue des Peuples qui pour se conseruer & empescher que les Ennemis n'entrent dans le païs , ont accoustumé d'exercer sur eux-mesmes des actes d'hostilité, en desolant & ruinant leurs frontieres. C'est ainsi que les Perses en vsent pour se maintenir contre la formidable puissance des Ottomans , & en cela ils imitent la Nature , qui ne separe pas les Royaumes par des fleuues , par des mers , & par des montagnes seulement , mais encore par des deserts.

Arist.
Polit.
lib. 7. c.
4. & lib.
4. c. 12.

Mais certes , apres tous ces moyens & tout ce qu'on peut inuenter au delà, on est contraint de reconnoistre que ce n'est ny la force des armes , ny l'amas des richesses , ny la prudence des Legislateurs , ny la maiesté des Roys qui conserue les Estats, qui mesure leur cours , & qui regle leurs mouuemens. Tout l'honneur en est deu à ce souuerain Arbitre de l'Vniuers, qui n'est pas moins ialoux du titre de Conseruateur des Empires, que celuy de Fondateur , car du même principe que procede leur establis-

sement, vient aussi leur conseruation...
Puissance leur a donné l'Estre, sa Prouidence
les maintient, sa Iustice leur prescrit des Loix
& sa Sagesse les conduit à leur fin.

DV CHANGEMENT, DE LA
DECADENCE, ET DE LA
Ruine des Estats.

CE seroit aux hommes vne douleur sans
consolation, que de voir destruire deuant
leurs yeux ces superbes ouurages de leur industrie, ou plutost ces derniers efforts de leur sagesse, s'ils ne se souuenoient que ny l'ornement, ny la beauté de ce grand Vniuers, ne
l'exempteront point du fatal embrazement
dont il est menacé. Tout ce qui est mesuré par
le Temps ne commence que pour finir, ne s'é-
leue que pour tomber, & le Temps mesme qui
enuelope tout, est enuelopé dans ses propres
ruines, & en faisant couler toutes les choses, il
se precipite d'vn mesme flux dans le vast
abysme du neant. Que si les corps Celestes
dont la matiere ne peut souffrir la priuation
de la forme, ne sont pas muables quant à leur
estre substantiel, ils le sont neantmoins quant
au mouuement, & il n'y a que Dieu seul qui
soit souuerainement immuable, parce qu'il est
non seulement Eternel, mais sa mesme Eternité, c'est à dire son Estre parfait est tousiours
semblable à soy mesme. Il ne faut donc pas
s'estonner si les Empires les plus grands & les
plus florissans, sont sujets à la loy des choses
humaines, puis qu'ils sont composez d'vn

matiere susceptible de qualitez contraires à
leur forme, & que d'ailleurs les ressorts qui les
soustiennent sont trop foibles pour des machi-
nes si pesantes. En effet, les Estats sont de la
mesme condition que les autres parties du
Monde, & mesme leur estre est encore plus
incertain, entant qu'ils sont formez d'infinies
choses differentes, qui ne sont assemblées que
par la seule volonté des hommes, qu'on sçait
n'auoir rien de plus constant que son inconstance. La discorde les agite au dedans, & la
guerre les attaque par le dehors; La violence y
arrache le Sceptre des mains de la Iustice; La
seruitude y succede à la gloire & aux triomphes, & dans vne confusion de toutes choses,
il n'y a point d'Estat qui soit capable de supporter, ny les maux qui le trauaillét, ny les remedes
qui le peuuent guerir. Ces Republiques mesmes, dont Platon & ceux qui l'ont imité, nous
ont tracé de si parfaites idées, se conserueroient
encore moins que les autres, dautant que ce
qui est souuerainement excellent, ne demeure
pas long-temps en sa perfection, & qu'au corps
politique comme au corps naturel, le plus vigoureux estat de santé est suiet aux plus grands
dangers. Enfin, ne sçait-on pas que ce miste-
rieux Colosse qui presentoit fierement au Ciel
vne teste d'or, & dont le corps composé d'argent, de cuiure & de fer, finissoit par des pieds
d'argile, ne fut montré au Prophete que pour
luy faire voir vne Image magnifique de la fra-
gilité & de la subuersion des plus grands Empires.

Cependant, il semble qu'en la recherche des
causes du changement & de la decadence des
Estats, l'esprit des hommes se soit ioüé dás vne

Dan. 2.

matiere ſi ſerieuſe & ſi digne de larmes. Les vns ſe ſont imaginez, que comme le mouuement des Cieux eſt circulaire, auſſi communique-t-il à toutes les choſes inferieures ce meſme mouuement, & que c'eſt pour cela que la Monarchie ſe tourne en Tyrannie, la Tyrannie en Ariſtocratie, l'Ariſtocratie en Democratie, qui enfin reuient par le meſme principe à l'Eſtat Monarchique. C'eſt ainſi que Rome paſſa de la domination d'vn ſeul à la liberté du gouuernement populaire, de cette liberté à la puiſſance d'vn petit nombre de Citoyens, d'où en ſuite elle reuint ſe ranger ſous le commandement Royal, pour accomplir le cercle dans lequel les Eſtats font leurs reuolutions. Dans ce tour & ce retour de la puiſſance humaine, les Empires ſe forment & ſe changent, s'eſleuent & s'abbaiſſent, & quand ils ſont arriuez au comble de leur grandeur ils tombent en ruïne, & ne laiſſent rien aux hommes que le ſeul repentir d'auoir admiré des choſes periſſables.

Il y en a eu d'autres qui ont eſté perſuadez que le deſtin des Republiques dependoit de nombres pairs ou impairs des ans ſolaires, ou du ſiſteme des deux harmonies qui naiſſent de principes & des Loix des meſmes Republiques. Telle fut la penſée de Platon, quand il introduiſit les Muſes pour diſcourir de la durée des Eſtats, qu'elles reduiſoient à certaines proportions de nombres & de ſiecles, comme ſi alors la Nature produiſoit des hommes ſi determinez au mal, qu'il ne fût pas poſſible de fai coulet dans leur eſprit l'amour de leur Pat auec celuy de la Vertu. Il s'en eſt trouué d'a tres qui ont rapporté la cauſe de ces chang

De Republ. lib.
5.
Ptolom.
in qua-
dripar.

Luc.
Gaur.
Card.

mens aux directions de l'horoscope des Villes
capitales des Estats, ou aux Estoiles qui ont
presidé à la naissance de ceux qui les ont fondées, ou au mouuement du huitiéme Ciel, ou
aux coionctions des Planettes. Mais certes, les
Cieux ny les Astres, ne sont point coupables
du changement & de la ruine des Estats, dont
ils ne sont ny les Autheurs, ny les Directeurs,
Et comme les Couronnes & les Sceptres ne
sont point des presens qu'ils enuoyent icy bas
auec leurs influences, aussi n'ont-ils pas le
pouuoir de les oster, ny de les transferer. Les
nombres d'autre-part, sont des choses Mathematiques, qui ne sçauroient rien auoir de
commun auec les Empires, puis que ce qui est
abstrait, & qui n'a aucune alliance auec la matiere, n'a point d'action sur le gouuernement,
ny sur l'ordre de la Police. Outre cela, ceux
mesmes qui mesurent la durée des Estats par
les nombres, sont si peu asseurez en leur calcul,
qu'ils ne sçauent pas s'il faut commencer à
compter du point de la naissance du Monde,
comme de la cause vniuerselle, ou du point de
la fondation des Citez & des Republiques. En
effet, l'vne & l'autre sont incertaines, & comme la toise qui mesure le mur n'est pas la cause
de sa hauteur, ny de ce qui le conserue, ou qui
le renuerse, puis que cela vient de la matiere &
de la forme; Aussi le temps & le nombre des
ans par lesquels les choses naturelles sont mesurées, ne sont pas la cause de la decadence &
de la ruine des Estats. Ils ne sont pas de simples ouurages de la Nature, mais des chef-
d'œuures de l'esprit des hommes, sur lequel les
causes naturelles n'ont de puissance que par accident seulement,

Il faut donc dire, que les changemens & les subuersions des Empires viennent, ou de la suprême cause des causes, ou de la condition des choses dont ils sont composez, ou de la volonté des hommes. Pour commencer par la premiere cause, c'est Dieu, sans doute, qui a ietté les fondemens des Republiques & des Monarchies, qui les a esleuées au côble de la grandeur humaine, & qui les void tomber à bas quand il luy plaist de couper les nœuds dont sa Prouidence les tenoit attachez. Il leur a donné des bornes par la mesme puissance qu'il en a donné à la mer ; Il a prescrit leurs periodes & leurs reuolutions ; Il les a transferez de Nation en Nation, & en cette sorte il a chastié l'auarice des Assyriens par les Chaldéens, le luxe des Chaldéens par les Medes, l'insolence des Medes par les Grecs, la vanité des Grecs par les Romains, & l'ambition des Romains par les Cymbres, par les Goths, & par les Vandales. Il s'est mesme seruy des armes des Infideles pour briser le Sceptre des Iuifs, & pour exterminer vne Nation indigne de regarder le Soleil, apres auoir attaché à la Croix celuy qui l'a mis dans le Ciel pour éclairer les hommes. C'est ainsi que tout ce que l'iniustice des orgueilleuses puissances de la Terre éleue par de lôgs trauaux, sa iustice l'abbaisse & le destruit en vn moment, pour faire voir que c'est luy seul qui tient en sa main l'Estre & le non Estre de toutes les choses. Mais ne semble-t-il pas qu'il se ioüe des plus grands Empires, lors que laissant reposer son tonnerre, il se sert de ce que la Nature a de plus mesprisable pour ébranler leurs fondemens, & pour rompre leurs forces par de si foibles instrumens ?

Quant aux autres causes subalternes, c'est vne Loy grauée dans les Tables de la Nature, que la corruption & la production s'entre-suiuent tousiours ; Que les Royaumes naissent de la ruine les vns des autres ; Que les Acteurs changent de temps en temps, & qu'il n'y ait rien qui demeure ferme que le Theatre. Qui verroit vne de ces hautes montagnes qui regnent sur les plaines, s'aualler tout à coup, & s'abysmer dans l'ouuerture de la terre, en seroit, sans doute, saisi d'estonnement & de frayeur ; Et toutefois, il est bien plus estrange de voir que la subuersion d'vn grand Estat, soit quelquefois l'ouurage de peu de moments. Tels sont les effets de cette Loy fatale, par laquelle tout ce qui est monté au plus haut degré de sa perfection, est plus prest à tomber, sans qu'il puisse euiter le sort de ce miracle de la Terre, qui dans le port de Rhodes s'accabla de son propre poids. Rome mesme, le Chef du Monde, qui se glorifioit du titre de Ville eternelle, & qui pour gage de l'eternité de son Empire, conseruoit dans son Capitole le simulachre de la Deïté qui preside à la ieunesse, n'est maintenant reconnuë dans ce changement vniuersel de toutes choses, que par la grandeur de ses ruines. La necessité de perir luy a esté si grande, qu'elle a presté ses propres mains pour executer le decret de la Nature, qui auoit ordonné qu'elle seroit le sepulchre de ses Peuples comme elle en auoit esté le berceau. Certes, les Estats ainsi que les hommes, ont leur enfance, leur adolescence, leur virilité & leur vieillesse ; Dont il ne faut pas s'estonner, puis que selon Trismegiste, la semence de la terre, c'est l'inconstance, comme la semence du Ciel, c'est l'immortalité.

Breuibus momentis summa vertûtur. Tac.

In Pimand.

Mais outre les caufes naturelles , il y en a
d'autres qui dependent de la volonté & des
actions des hommes , car les Eftats fuiuent
l'humeur de ceux qui les compofent, & comme
ils s'éleuent auec eux , ils fubfiftent auffi auec
eux,& penchent enfin vers leur ruine auec eux.
Or ces caufes font interieures ou exterieures,
les premieres attaquent d'abord le cœur de l'E-
ftat , & procedent de l'incapacité & des vices
de ceux qui ont la puiffance fouueraine entre
les mains,ou du naturel & des mœurs des Peuples qui ne fçauent pas obeïr. Comme le mef-
pris du culte de Dieu, quand l'impieté s'eft
affife fur le Thrône de la Religion , a fouuent
caufé le renuerfement des Empires ; Auffi l'iniuftice & l'abus des Loix , fi nous en croyons
Ariftote , ont autrefois changé la Democratie

Polit.l.5. des Rhodiens en vn Eftat olygarchique. L'orgueil & la violence ne firent pas feulement
chaffer les Roys de Rome , mais encore rendi-
rent odieufe à tous les Romains , la puiffance
Royale , c'eft à dire la plus naturelle & la plus
fainte de toutes les Puiffances. D'autre part,
quand l'ambition rencontre l'auantage de la
naiffance , & la faueur du Peuple , il eft mal-
aifé qu'elle fe retienne ; Quoy qu'elle puiffe
obtenir , il luy refte toufiours des vœux à faire , & celuy qui en eft poffedé ne croit pas fe
pouuoir enfeuelir plus glorieufement , que
dans les ruines d'vn Royaume. C'eft vn mal
de tous les Eftats , & de tous les fiecles ; Pompée ne pouuoit fouffrir d'égal , ny Cefar de
compagnon ; Et enfin , le defir de commander
feuls , leur mit dans les mains les flambeaux,
dont ils embraferent la Republique.

Entre les autres caufes internes de la fubuerfion

fion des Estats, on a tousiours fait passer pour
vne des principales, l'oppression generale des
Peuples, d'où s'engendre la haine qui destruit
la plus noble des formes, c'est à dire cét esprit
d'vnion qui donne l'estre à la societé ciuile. A
cela il faut adiouster l'excés d'vn luxe qui ne
reconnoist point les Loix, car comme les hommes ne sçauent plus garder de mesure en leur
profusion, aussi sont-ils incapables de moderation en leur conuoitise. Apres auoir épuisé
leurs richesses ils conçoiuent vne haine contre le gouuernement, & ne pouuant plus souffrir le changement de leur fortune particuliere,
ils cherchent par toute sorte de crimes à la restablir dans les ruines publiques. Ce n'est pas
l'extrême indigence seulement, mais aussi l'excessiue abondance, qui iette dans les Estats la
confusion & le desordre; Car on a veu des Peuples qui par le seul déreglement de leur liberté,
& par vne trop grande plenitude ont excité des
troubles, qui enfin ont renuersé leurs Republiques iusques aux fondemens. Certes, la con-
stante prosperité faisant fondre dans les délices
la vigueur des esprits, les rend capables de tous
les mouuemens; Et les richesses de quelques-
vns inuitent les autres à la proye, & nous ap-
prenent qu'au corps politique comme au corps
naturel, il y doit auoir de la proportion. Le
Peuple cherche l'égalité en toutes choses, &
quand à Rome les riches & les grands furent
montez à la souueraine puissance, la Republique deuint le prix de leurs combats, & on la
vid tomber de la plus haute liberté dans la plus
basse seruitude.

Mais qui croiroit que l'éminence des qualitez de quelques Citoyens, deust faire appre-

hender le changement en la forme de la police d'vn Eſtat populaire ? Et toutefois ce fût
pour cela que les Argiens, les Atheniens, les
Romains & les Carthaginois, de crainte de
tomber ſous la domination d'vn ſeul, banni-
rent la vertu meſme de leurs Republiques,
quand ils firent ſouffrir l'exil à vn Hercule, à
vn Themiſtocle, à vn Ariſtide, à vn Scipion,
& à vn Hannibal. Outre toutes ces choſes,
l'impunité des crimes, la negligence des Magiſtrats, la promotion des indignes aux honneurs & aux charges de la Republique, ſont autant de cauſes de la decadence & du changement des Eſtats. D'ailleurs, la nature des hommes eſt ſuperbe; Ils ne peuuent ſouffrir les iniures; Et de là vint que les Romains aymerent
mieux changer leur Ariſtocratie en Democratie, que de laiſſer ſans chaſtiment l'inſolence
d'vn Appius. Mais ſi les hommes ſont ſenſibles
aux outrages, ils le ſont encore plus au mépris, & leur gloire va iuſques à cét excés, qu'à
Rome les Senateurs ſe tenoient plus offencez
de ce que Ceſar entrant au Senat ne daignoit
pas les ſaluer, que de l'entrepriſe qu'il faiſoit
ſur leur liberté.

Enfin, ce n'eſt pas ſans raiſon qu'Ariſtote a
mis le naturel des Peuples entre les cauſes interieures, qui ont la force de changer la face
des Empires, & la forme des Republiques. Il
ſçauoit que le Peuple eſt vn ſuiet ſuſceptible de
toutes impreſſions; Que c'eſt vn inſtrument
de tout deſordre; Que ſes opinions ſont boüillantes, ſes mouuemens impetueux, & qu'il
en auoit veu qui par le ſeul deſir de la liberté,
auoient ietté de floriſſantes Republiques dans
les derniers malheurs. En effet, l'eſprit des

Suiets, c'est à dire cette noble & meilleure
partie d'eux-mesmes, est si libre, que les Souuerains, quelques absolus qu'ils soient, ne la
sçauroient assuiettir si on ne la tient attachée
par des liens d'amour, puis qu'elle brise tous
les autres qu'on s'efforce de luy donner. De
là viennent les seditions, les reuoltes, qui sont
les premiers symptomes, & comme les semences des changemens, & de tous les maux
interieurs qui attaquent les Republiques. Il
n'y a rien qui abbate plus promptement les
murs des Citez; Le Temps ne peut le faire que
peu à peu, & en plusieurs siecles; Mais la sedition, dont les prompts effets sont comparez
à ceux de la foudre, les renuerse en vn moment. Ses commencemens sont foibles, mais
sa suitte est ardente, & sa fin furieuse, principalement quand les grands sont de la partie;
Car comme leur vnion en la vertu est le salut
de l'Estat, aussi leur diuision en est la ruine &
le tombeau. Cependant, il s'est trouué des
Politiques qui par leurs fausses maximes, ont
bien osé soustenir qu'il estoit vtile de nourrir
& de fomenter la sedition dans les Citez, à l'e-
xemple des Tribuns de Rome, qui par leurs
frequentes oppositions faisoient le contre-
poids entre le Peuple & les Grands. Mais si la
sedition n'est autre chose qu'vne guerre ciuile
commencée; Qu'vn flambeau fatal aux Estats;
& qui a reduit en cendres tant de grandes Villes; Quelle seureté y peut-il auoir auec vn feu
si consumant? Quelle vtilité peut-on s'imaginer en vne fureur qui conuertit les places publiques en des Theatres d'horreur, où les Citoyens combattent les vns contre les autres,
comme des Gladiateurs sur l'Arene?

Machia.

Quant aux caufes exterieures , par lefquelles les Eftats fouffrent des changemens , elles
fe reduifent principalement à la guerre eftran-
gere , qui vient de deux fources , ou du mal
interieur qui attire celuy du dehors , ou de la
puiffance des Peuples Ennemis , qui fortent de
leur pays pour en conquerir d'autres par la force des armes. Il faut adioufter à cela la qualité des lieux & des Regions , ce qui dans le fens
d'Ariftote doit eftre pris , non pas tant par la
fituation que pour l'influence du Ciel, qui bien
fouuent domine fur le temperament & fur les
mœurs des hommes. Il met encore en ce mefme rang , la fortune qu'il dit eftre vne caufe
de la calamité & de la ruine des Eftats ; Puis
que lors qu'elle s'eft voulu iouër , elle n'a pas
moins fait que de brifer les Sceptres , & bou-
leuerfer les Empires des Affyriens , des Perfes,
& des Grecs. Il n'y a donc point d'Eftat qui
fe puiffe vanter du priuilege dont iouyffent ces
heureufes contrées , qu'on dit n'auoir iamais
fenty ny connu les tremblemens de terre , ny
fes foudaines ouuertures , qui ont feruy de
tombeaux à tant de Villes & de Peuples. Certes , les Empires ne font pas moins mortels
que les hommes qui les gouuernent , & on
n'en fçauroit trouuer aucun , qui de toutes
parts ne fe voye menacé de fa cheute. S'il eft
naiffant , & que fes fondemens ne foient pas
encore bien affermis , le premier qui le cho-
que le renuerfe ; Et s'il a pris des forces , &
qu'il commence à eftendre fes frontieres , il
allume l'enuie de fes voifins , qui pretendent
auoir droit fur les pieces de fon naufrage. S'il
eft efleué à vne grandeur exceffiue , les Loix
fe trouuent impuiffantes pour le regir ; La rai-

Polit. l. 5.

Sen. in qui natur Plin.

son n'y est plus la maistresse ; Et enfin on le
voit succomber sous son propre poids. S'il est
petit & foible, il ne se peut conseruer sans le
secours d'vn puissant Protecteur , qui bien
souuent conuertit la protection en opression,
& la Loy d'alliance en vne Loy de seruitude.
S'il est Conquerant, & qu'il manque d'occasions pour occuper les Peuples au dehors , ils
excitent des troubles au dedans , & y allument
vne guerre qui faisant ses forces de ses crimes,
rompt les liens de l'obeyssance , & viole tout
ce qu'il y a de plus sacré & de plus diuin entre
les choses humaines. S'il iouyt d'vne longue
& profonde paix , il est assailly de tous les
maux qui naissent de l'oysiueté ; Et s'il est sur
son declin , toutes choses le poussent vers le
precipice, & il y tombe auec plus vistesse qu'il
n'estoit monté au faiste de la puissance Souueraine. S'il est gouuerné par vn petit nombre de nobles , il est l'obiet de l'ambition de
ceux qui veulent commander , ou des autres
qui ne respirent que l'égalité ; Et s'il est conduit par le Peuple , son repos est troublé par
les Grands, qui ne peuuent souffrir qu'aucun
partage auec eux les honneurs de la Republique.

Cependant, il faut auoüer que de tous les
Estats, la Monarchie est la moins exposée aux
changemens qui viennent des causes interieures , parce qu'elle a moins de contraires, & que
l'inégalité entre le Prince & ses Suiets , est
trop iuste & trop grande pour donner de la
ialousie. Il est vray que cette forme d'Empire
n'est pas exempte des accidens & des assauts
qui viennent du dehors, mais quand il est
puissant il repousse tous ces dangers ; & les

efforts de fes Ennemis ne luy peuuent apporter qu'vn accroiſſement de gloire & de repu-
tion. En effet, la Monarchie Françoiſe, c'eſt
à dire l'honneur & l'ornement de l'Vniuers,
fait voir l'erreur de ceux qui par leurs obſeruations, & par le calcul des conionctions &
des diuorces des Aſtres, ont eſté perſuadez
qu'apres ſept cent ans il ſe fait vne reuolution
qui change la face des Empires, & les dépoüilles de leur premiere forme. Le cours de treize

Plat. de
Rep.

ſiecles n'a fait que l'affermir ſur ſes fondemens; Toutes ſes playes luy ont eſté glorieuſes; Ses pertes luy ſont tournées en Triomphes; Ses ſouffrances en Couronnes, & il ſemble meſme que ſes cheutes ne ſoient arriuées,
que pour luy donner l'occaſion de ſe releuer
auec plus de vigueur qu'elle n'en auoit auparauant. Au contraire, la Republique d'Athenes a changé ſix fois en moins de cent ans, &
celle de Florence ſept fois, iuſques à ce qu'elle
euſt enfin reconnu la difference qu'il y a entre
le iuſte commandement d'vn ſeul Maiſtre, & la
confuſe domination de pluſieurs Seigneurs.
Enfin, de toutes les ſortes d'Eſtats il n'y en a
point qui dure moins que la Tyrannie, & tou-

Polit.
lib. 5. c. 11.

tefois Ariſtote nous en a marqué quelques-
vnes qui ont vieilly, parce, dit-il, qu'elles
eſtoient reglées par les Loix, & moderées iuſques à ce point, que le Tyran Calliſthene
donna vne Couronne à celuy qui s'eſtoit oppoſé à l'honneur du Triomphe que la Ville de
Sicyonne luy auoit decerné.

Or tous les changemens qu'on void arriuer
dans les Royaumes & dans les Republiques,
ſe font ou ſelon la forme, ou ſelon l'adminiſ-
ſtration. Quant à la premiere, il ſe faut ſou-

uenir qu'il eſt des choſes Politiques comme
des Naturelles, où la forme tient le rang d'v-
ne Reyne, au ſeruice de laquelle tous les accidens ſont ſoûmis. C'eſt elle qui donne la perfection à toutes les choſes, qui fait tout l'ornement du Monde, & qui eſt la fin des agents
naturels, puis qu'ils trauaillent tous pour y
paruenir, & qu'ils ſe repoſent quand ils l'ont
obtenuë. Les changemens en la forme ſe font
quand vn Eſtat populaire paſſe en vn Eſta
Royal; Mais les changemens en l'adminiſtration n'arriuent que lors que la forme demeurant en ſon entier, le Peuple regle le gouuernement par les Loix de l'Ariſtocratie; Comme
quand à Rome auant le Conſulat de Marius,
les honneurs de la Republique n'eſtoient di-
ſtribuez qu'aux Patriciens, à l'excluſion de tous
les autres. Quelques-vns ont penſé que lors
que la Royauté degeneroit en Tyrannie, ce
n'eſtoit pas vn vray changement, mais vne
ſimple alteration, puis que l'Eſtat demeurant
touſiours Monarchique, ne reconnoiſſoit que
les Loix d'vn ſeul maiſtre. Ils adiouſtent à cela, que la Monarchie ſe corrompt quand le
Prince qui la gouuerne ſe ſoûmet volontairement à vn autre Prince, d'où ils inferent qu'vn
Eſtat peut eſtre changé ſans que les Loix ny la
Religion ſoient changées.

Mais certes, le changement qui ſe fait du
gouuernement Royal au Tyrannique, eſt d'vn
contraire à l'autre, & par conſequent ce n'eſt
pas vne ſimple alteration, mais vne veritable
corruption, puis qu'vn Roy ſe transforme en
vn Tyran dés auſſi-toſt qu'il fait monter ſes
paſſions ſur le Thrône, & qu'il prefere ſes intereſts au bien de ſes Suiets. Autrement, il s'en-

suiuroit que le gouuernement de Commode
& d'Heliogabale, deux opprobres de la Principauté, seroit semblable à celuy de Marc-Au-
relle & de Traian, que Rome a tousiours re-
gardez comme deux viuantes Images de la
vertu des Princes. En effet, la bonté & la malice changent l'espece du gouuernement, &
les cinq premieres années de Neron comparées à celles qui suiuirent, ont fait son Empire
plus dissemblable à soy-mesme, que n'est l'Empire d'vn seul, & celuy de plusieurs qui different que de nombre, en quoy il ne se trouue
aucune contrarieté formelle de vertu ny de vice. Disons donc que le veritable changement
est celuy qui se fait de la forme d'vn Estat en
vne autre forme toute contraire, & non pas
simplement differente ; D'où s'ensuit que
quand le Prince change les Loix & la Religion,
il ne conserue pas vne souueraineté semblable
à la premiere, puis qu'il s'esloigne de la fin de
l'Estat. C'est ce qu'Aristote nous apprend
lors qu'il combat les maximes de Platon, qui
vouloit que le changement de la forme de la
Republique se fist, non pas en celle qui luy
estoit directement opposée, mais bien en celle qui s'en approchoit dauantage. Il est vray
qu'en l'ordre de la Nature, les Elemens que
les Philosophes appellent symboliques, se
changent l'vn en l'autre, mais il n'en est pas
ainsi de la police des Estats, puis que la Democratie se conuertit en Monarchie, c'est à
dire en la forme qui luy est la plus opposée.

Polit. lib.
5. c. 11.

Enfin, apres auoir discouru des changemens & des subuersions des Estats, il ne reste
plus qu'à répondre à ceux qui demandent si
on

on les peut preuoir par quelques ſignes, qui
ſeruent aux hommes ou de menace, ou d'auer-
tiſſement. Pluſieurs ont eſté perſuadez qu'on
en pouuoit auoir la connoiſſance par l'inſpection des Aſtres, comme par la lecture d'vn
Liure où Dieu a imprimé en caracteres luiſans, l'ordre & le deſtin des choſes à venir.
Mais à dire le vray, quand le Prophete parle *Dan.*
des periodes des Empires, il a renuoyé tous
les curieux aux ſecrets iugemens de Dieu, &
non pas aux faux oracles de l'Aſtrologie iudiciaire, qui oſe bien rapporter les miſterieuſes
ſemaines de ce diuin interprete, aux mouue-
uemens & aux influences des Cieux. En effet,
ſi les cauſes des reuolutions des Eſtats procedent de la volonté de Dieu, c'eſt entreprendre
d'entrer dans ſon conſeil, & de ſonder l'abyſ-
me de ſes iugemens. Ces choſes demandent
plus de reſpect & moins de curioſité ; Elles ſont
enueloppées d'vn nuage impenetrable aux
yeux de l'entendement humain ; Les ſecrets
qu'elles comprennent ne ſe reuelent que par
les euenemens, en vn mot, elles ſe peuuent
mieux adorer qu'expliquer.

Que ſi on veut dire que les cauſes de ces
grands changemens viennent de la Nature, il
eſt certain qu'ils ne peuuent eſtre preueus par
les obſeruations des eclypſes du Soleil, des diuorces des Planetes, ou de la diſſonance de
l'harmonie des Cieux, parce que tout cela
n'impoſe point de neceſſité aux choſes qui regardent les mœurs, ou la police. Il eſt vray
que quand il a pleu à Dieu de transferer les
Empires, il en a ſouuent donné des ſignes en
rempliſſant le Ciel & les Elemens de prodiges,
comme s'il ne vouloit pas toucher à ces ſuper-

bes ouurages, fans le faire cennoiftre aux hommes par de ferieux aduertiffemens. S'il donne
des prefages de la grandeur des Eftats, il en
donne auffi de leur abbaiffement ; Vne fan-
glante Comete annonça la ruine de Hierufa-
lem, & d'autres meteores affreux furent comme les Herauts & les auantcoureurs de la Iuftice diuine déployée fur les Empires de Rome,
& de Conftantinople.

Cependant, le iugement le plus certain que
l'on puiffe faire en ces occafions, c'eft, felon
Ariftote, celuy qui eft fondé, non pas fur les
Augures, ou fur les prodiges, mais fur les
actions des Princes, & fur le naturel des Peuples. On fçait que le Tyran veut poffeder feul
tous les honneurs & toutes les richeffes ; Que
la domination d'vn petit nombre de Seigneurs
ne tend qu'à effeuer les Nobles fur les ruines
des inferieurs ; Que l'Eftat populaire demande
l'égalité auec le partage de toutes chofes ; Et
parce que ce font là des femences de difcorde
fatales aux Eftats, on en peut augurer & pre-
dire la fubuerfion. Mais à confeffer le vray,
les coniectures que l'on en peut tirer ne font
pas infaillibles ; Il n'y a point ailleurs tant d'iniuftice, de cruauté & de tyrannie, que dans
l'Empire des Ottomans, & toutefois il fe
maintient en fa vigueur contre la puiffance de
fes Ennemis, de la fortune & du temps. Re-
connoiffons donc que les Decrets de Dieu fur
la durée des Empires, font cachez à l'efprit des
hommes, qui fe doiuent contenter de reuerer
le voile qui les couure.

Iofeph.

Mutantë regna Cometen, Manil.

DES VERTVS
POLITIQVES.

DEquoy ſeruiroit-il que la matiere des Ci-
rez & des Republiques, conſiſtaſt en la
multitude des hommes qui les compoſent,
Que leur forme ſe fiſt reconnoiſtre en l'vnion
des eſprits & des volontez; Et que leur fin ſe
rencontraſt en l'abondance des choſes neceſſaires, ſi la vertu n'animoit ces grands corps,
& ne regloit leurs mouuemens? C'eſt elle qui
eſt le fondement de la ſocieté, le Threſor des
Empires, la ſource de tous biens, & l'Art de
la felicité; C'eſt elle qui donne des Loix aux
Peuples, qui reforme les mœurs deprauées, qui
diſpenſe les honneurs ſelon les merites, & qui
entretient les accords de la vie ciuile. Certes,
les Eſtats ne ſont appuyez que ſur l'obeïſſance
des Sujets, ny l'obeïſſance de ceux-cy, que ſur
les Vertus Politiques, qui ſeules peuuent donner aux Princes cette ſouueraine authorité, en
laquelle conſiſtent les nerfs de la iuſte domination. Or entre ces Vertus, les vnes ſont toutes boüillantes d'ardeur, & ne reſpirent que les
combats, & les ſanglantes victoires; Les autres au contraire ſont tranquilles, & ſouſmiſes à la Raiſon, qui cherche par vne plus douce voye la gloire des Trophées grauez, non
pas ſur les Marbres, mais dans le cœur des
hommes. Les vnes inſpirent le courage au
Prince pour les exercices de la Guerre; Les
autres éclairent ſon eſprit pour les ornemens
de la Paix, & il n'y en a aucune qui ne con-

tribuë à sa perfection, & à la gloire de son gouuernement. En effet, à qui est plus necessaire
la Iustice qu'à celuy, qui en est la viue voix, &
qui l'a receuë du Ciel comme vn sacré depost,
dont il est également debiteur à tous ses Sujets? A qui est plus necessaire la Clemence
qu'à celuy, qui n'a rien en sa fortune de meilleur que de vouloir, ny de plus grand que de
pouuoir sauuer les hommes, & leur donner
vne nouuelle vie, & vn nouueau destin? A qui
est plus necessaire la Prudence qu'à celuy, qui
preside aux Loix, à la Guerre, & à la Paix, &
qui est l'Arbitre souuerain de tout ce qu'elles
enferment dans l'estenduë de leur Iurisdiction?
A qui est plus necessaire la Vaillance qu'à celuy, qui a pris sous sa protection la fortune,
la liberté, & la vie de ses Sujets? A qui est
plus necessaire la force qu'à celuy, qui a tant
d'obstacles à surmonter? La Magnanimité
qu'à celuy, qui n'a rien que de grand? La Liberalité qu'à celuy, qui est comme la main de
la fortune pour dispenser les presens & les graces? La Magnificence qu'à celuy, qui entre les
objects de ses actions, se propose la beauté, &
l'ornement de son Estat? Enfin, à qui est plus
necessaire la Temperance qu'à celuy, qui dans
vn pouuoir absolu, & dans la licence de toutes
choses, a plus besoin de regle & de frein que
les autres?

Chrysip.
apud
Laert.
Comme donc toutes les Vertus sont sœurs,
aussi se doiuent-elles tousiouts tenir par la
main, pour enuironner le Throsne du Prince,
qui ne seroit pas bien gardé, si l'absence de
quelqu'vne donnoit l'entrée au vice qui luy est
opposé. C'estoit la pensée de celuy, qui disoit autrefois qu'en la personne de Trajan, &

dans ſes actions, il ſe formoit vn accord, & comme vn Concert de toutes les Vertus enſemble. Certes, il faut que celuy qui commande, & ceux qui obeiſſent ſoient vertueux, mais differemment, puis qu'ils ne different pas moins que la Raiſon à qui le commandement appartient, & l'appetit ſenſitif, à qui eſt eſcheuë en partage la gloire de l'obeiſſance. Outre cela, les Vertus du Prince ſurpaſſent d'autant plus les Vertus des Particuliers, qu'elles eſtendent dauantage leur action, & qu'au lieu de la conduite d'vne Famille, ou d'vne Cité, elles embraſſent le gouuernement de tout vn Eſtat. On ſçait d'ailleurs qu'elles ſont plus inſtructiues, & plus éclatantes par ſon exemple, qui a plus de force que toutes les Loix, & qui ſert comme de Phare aux Sujets pour les éclairer, & pour leur faire éuiter les écueils de la vie ciuile. C'eſt la condition des Roys, de ſembler commander tout ce qu'ils ont accouſtumé de faire, & de s'acquerir plus d'authorité par leurs actions, que par leurs ordonnances.

Omnium virtutum cōcentus. *Plin. in Paneg.*

Ariſt. Polit. lib. I. c. 9.

Or entre toutes les Vertus Politiques, il n'y en a point qui leur ſoit plus neceſſaire que la Iuſtice, qui eſt le principal appuy de leurs Throſnes, la Protectrice de leurs Eſtats, & le plus precieux ornement dont ils ſe puiſſent reueſtir. La Religion, & la Verité ſont comme les deux Poles qui la ſouſtiennent, & le bien d'autruy eſt le centre, autour duquel elle tourne inceſſamment, afin de rendre à chacun les choſes qui luy appartiennent. C'eſt elle, qui dans l'Empire de la Nature donne à chaque choſe l'ordre, la force, & l'ornement ; Et qui paſſant de-là dans le gouuernement des

La Iuſtice.

Republiques, dispense de la mesme main les
biens & les honneurs, les peines & les recompenses. C'est elle, qui partage le Monde entre Dieu, & les Puissances de la Terre, laissant
à l'vn le gouuernement Vniuersel reglé par les
loix de sa Prouidence, & commettant aux autres la direction ciuile & Politique des parties
de ce grand Tout. En effet, c'est la science des
Roys, que de sçauoir iuger les Peuples qui leur
sont sousmis; Ils sont constituez pour cela, &
si les armes leur sont bien seantes pour s'en seruir aux occasions, la Iustice leur est necessaire pour s'en seruir en tout temps, en tous
lieux.

Or quand les Philosophes & les Iurisconsultes l'ont consideree de plus pres, ils ont reconnu qu'il y auroit vne Iustice Vniuerselle qui
embrassoit les autres Vertus, qui vsoit de leurs
actes, & qui contenoit toutes leurs perfections. C'est en ce sens qu'elle n'est pas vne
partie de la Vertu, mais plutost toute la Vertu; Car encore qu'il semble que les Romains
ayent donné le mesme priuilege à la Vaillance, nous sçauons pourtant qu'estant separée
de la Iustice, elle n'est plus qu'vne occasion
d'iniures, & de crimes. Quant à la Iustice
particuliere, elle se diuise en distributiue, &
en commutatiue; Celle-cy regle le commerce &
les eschanges, & l'autre distribuë les biens &
les honneurs selon le droit ou le merite d'vn
chacun. A bien iuger de cette Vertu, c'est l'instrument le plus propre pour soustenir la reputation & la grandeur d'vn Estat; C'est l'Art
de bien regner, qui partage les choses vtiles,
& dispense auec proportion les charges & les
dignitez. Cette espece de Iustice, à prendre

les choses hors la rigueur des termes, se trouue en Dieu mesme, qui dés le commencement
a departy à toutes les creatures ses bien-faits,
selon le rang qu'elles doiuent tenir dans le
Monde, & selon les fins ausquelles il les a destinées.

Que si on demande quel est l'objet de la Iustice Vniuerselle, c'est tout ce que la Loy commande; Et parce qu'elle commande toutes les
Vertus, nous apprenons de-là que la Iustice
les comprend toutes, & leur fait reconnoistre l'authorité du Sceptre qu'elle porte. Mais
l'objet de la Iustice particuliere, c'est l'égalité
qui vnit les Citoyens, qui conserue leur societé, & qui garde en toutes choses les nombres,
les differences & les proportions. C'est pour
cela, que les Platoniciens ont feint que les
Heures estoient filles de cette Themis qui preside à la Iustice : Car comme par leur cours,
elles partagent le Temps en espaces égaux, &
donnent aux actions des hommes les momens
qui leur sont conuenables; Aussi la Iustice ne
s'éloignant iamais de ses regles, ny de ses mesures, distribuë également à tous, les choses
qui leur appartiennent.

Ce ne seroit pas assez que son obiet fust noble & releué, si de plus ses effets n'estoient aussi
glorieux, qu'ils sont salutaires; Elle nourrit
les accords de la societé des hommes, reprime
leurs passions, fait fleurir les Empires, commande aux Roys mesmes, & soufmet toutes choses à la force de ses Iugemens. Ne sçait-
on pas que ses plus grands Ennemis ne pourroient conseruer leur mal-heureuse societé,
sans emprunter sa faueur, & sans garder parmy eux quelque Image de sa Police ? Ne

śçait-on pas qu'vn Eſtat ſans la Iuſtice, n'eſt
autre choſe qu'vn brigandage, où le plus foible eſt fait la proye du plus puiſſant, & où l'innocence meſme ſe trouue criminelle ? Certes,
ſans cette Reyne des Vertus, la Puiſſance ſouueraine ne doit paſſer que pour vne matiere
de crimes, que pour vn inſtrument des vices,
que pour vn Tonnerre qui briſe tout ce qu'il
touche, & qui tient les Peuples dans vn effroy
continuel.　En effet, c'eſt par la Iuſtice que
le Roy differe du Tyran, qui d'ailleurs peut
paroiſtre prudent & liberal, quoy qu'à proprement parler, il ne le ſoit point; Car comme les Vertus ne ſe ſeparent iamais, auſſi ne
permettent-elles pas qu'aucun puiſſe prendre
le tiltre de Vertueux, que des mains de toutes
enſemble. Ainſi, tout ce que le Tyran fait de
bon pour ſe maintenir n'eſt qu'vne ombre de
la Vertu ; Et parce que la Iuſtice ſelon Ariſtote, eſt plus luiſante que l'Eſtoile du matin,
ſa lumiere découure ſes déguiſemens, & met
au iour ſes artifices.　En vn mot, la Iuſtice
& la Principauté ſont nées dans le Ciel ; Et
puis qu'elles ont vne meſme origine, & qu'elles tendent à vne meſme fin, on ne les
ſçauroit ſeparer ſans deſtruire la forme de
l'Eſtat, & ſans rompre la plus ſainte liaiſon
qu'on puiſſe trouuer ſur la terre.　Ce n'eſt pas
que l'exercice de toutes les Vertus, ne ſoit
neceſſaire pour accomplir la felicité de la vie
ciuile ; Mais il n'y a point de plus fort lien
pour vnir les Sujets, & pour les tenir dans
l'obeïſſance, que l'égalité de la Iuſtice qui
leur eſt diſtribuée. Par les autres Vertus, le
Prince ſe rend plus familier, & plus commu-
nicable, mais il ne ſe communique par la Iuſti-

ce que comme Souuerain ; Et cette Vertu l'é-
leue si haut, que tous les hommes luy paroif-
sent égaux, sans distinction de la grandeur
des vns, & de la basselle des autres. C'estoit *Rab. in*
Talm.
la coustume des Hebreux, de sacrer & d'oin-
dre leurs Roys sur le bord des fontaines, pour
leur apprendre que comme l'eau n'ayant en
soy ny couleur, ny saueur, est le principe de
la fecondité de la Terre ; Qu'ainsi la Iustice,
exempte de toute passion, estoit la source des
biens qui de toutes parts se respandent dans
les Estats.

Cette sacrée Onction des Roys, est encore
vne marque de l'auantage, & de l'ornement *Summū*
ius sūma
iniuria.
qu'ils reçoiuent de la Clemence, sans laquelle
la Iustice n'est le plus souuent qu'vne iniure
legitime : Celle-cy est armée pour imprimer
la terreur sur le front des criminels abbatus à
ses pieds ; Mais l'autre est comme vn baume *La Clemence.*
répandu dans le cœur des Sujets, où se forme
cet amour, qui est le plus precieux tribut
qu'ils puissent offrir à leur Prince. Toutes les
autres Vertus trouuent leur assortissement en
la condition des particuliers ; Mais la Clemence a sa naturelle assiette en l'Ame de ceux,
qui commandent aux hommes, & qui sont
les Arbitres souuerains de leurs biens, de
leur vie, & de leur liberté. Cette Vertu
s'obscurcit en vn autre siege, & on ne la sçauroit voir de loin, si elle n'est esleuée sur vn
Trône ; Car alors elle paroist auec tout son
éclat, & sa gloire s'accroit d'autant plus qu'elle s'exerce en vne plus grande matiere. C'est,
sans doute, vn haut point de grandeur à vn
Prince, que de presider à la fortune de tant
de millions d'hommes, & de pouuoir par ses

Armées ruiner les Villes, & defoler les Prouinces rebelles ; Mais c'eſt vne choſe incomparablement plus grande, de ſçauoir moderer
les mouuemens de ſa colere, d'eſpargner le
ſang des Sujets, & de les faire iouïr de ſa propre felicité. C'eſt par la Clemence qu'il pre-
uient leurs larmes, & qu'il bannit entierement
la crainte de leur cœur, ou s'ils craignent
encore quelque choſe, ce n'eſt pas pour eux,
mais pour leur bien-faiⱭeur qu'ils aiment, &
qu'ils ſçauent n'auoir point de plus glorieux
obiet que celuy de leur conſeruation. C'eſt par
la Clemence que Ceſar & Auguſte ont conſacré leurs noms à l'immortalité, & que Rome
s'eſt eſtonnée de ce que ſous des Princes ſi humains, elle auoit peu regreter la perte de ſa
liberté. C'eſt par la Clemence que Titus me-
rita d'eſtre ſurnommé l'Amour & les delices
du genre humain, apres auoir vni en ſa perſonne le Sacerdoce & la dignité Imperiale,
pour vne publique proteſtation, qu'il ne vouloit répandre d'autre ſang que celuy des Vi-
Ⱥimes.

Auſſi eſtoit-il perſuadé qu'il n'y auoit rien
qui ſoüillaſt tant l'honneur & la reputation
d'vn Empereur Romain, que cette brutale
ſoif du ſang humain, cette farouche inclination qui prend plaiſir au ſon des chaiſnes ; Qui
ſe repaiſt du ſupplice des miſerables, & qui bannit l'amour du cœur des Suiets, pour y faire
entrer la haine. Si la Clemence eſt à vn Roy,
ce que l'humanité eſt au commun des hommes, il s'enſuit que la cruauté luy fait perdre
non ſeulement la qualité de Roy, mais auſſi
celle d'homme. Si la Clemence luy acquiert
par tout des Amis, & des Sujets volontaires,

la cruauté multiplie fes Ennemis , à la façon
des Arbres, qui iettent d'autant plus de branches , qu'on leur a coupé plus de teftes. Si la
Clemence fait trouuer fa domination fi agreable à tous les fujets, qu'il n'a pas befoin d'autre garde que d'elle-mefme ; La cruauté rend
fa puiffance fi effroyable à tout le Monde, qu'il
ne peut eftre à couuert où il n'y a rien qui le
foit de fes violences. Certes , il n'y a point
d'Empire plus ferme que celuy qui plaift à ceux
qui obeïffent ; Au lieu que les gouuernemens
cruels & odieux , font bien plus amers que durables , car nul ne fe peut faire craindre à plufieurs , qu'il ne craigne luy-mefme les entreprifes de plufieurs. C'eft ce qu'on void arriuer au
Tyran , qui s'eftablit par les fupplices , & dont
la cruauté plutoft laffée qu'affouuie, ne fe termine point par les peines, ny par les tourmens,
mais par le feul defaut de la matiere , & des occafions.

Il n'en eft pas ainfi d'vn Prince Clement,qui
n'oubliant rien que les iniures , fe fouuient
en tout temps que c'eft vne chofe glorieufe
de pardonner à ceux que leurs propres crimes
ont defia rendus miferables. Dans la fouueraine Puiffance qu'il exerce, il ne veut pas
qu'il luy foit permis de nuire au moindre de
fes Sujets ; Et c'eft pour cela , que fe referu-
ant la iufte difpenfation des Graces, il ren-
uoye celle des peines à fes Officiers. Comme
il n'ignore pas que c'eft aux Loix à eftre feue-
res & inflexibles ; Auffi croit-il que c'eft à luy à
combattre leur rigueur par fa Clemence, &
il le fait auec tant de gloire , que plufieurs feroient malheureux , s'ils n'auoient point efté
fes Ennemis. Quand il arriue que quelqu'vn

attaque fa reputation , & deferie fon gouuernement, fi c'eft par legereté, il n'a pas de peine à luy accorder le pardon; Si c'eft par fureur,
il en a pitié ; Et fi c'eft par iniure , il fait gloire
de la remettre. Que les bannis reuiennent, que
les condamnez rentrent dans leurs biens , que
les Prifons foient ouuertes aux accufez,& qu'ils
ayent la liberté d'aller porter par tout les exemples de fa Clemence , ce font là les feuls iugemens qu'on luy entend prononcer de fa bouche. Il ne fe contente pas de guerir les playes
qu'ils ont receuës en leur honneur, il veut auffi que les cicatrices n'en foient pas deshonneftes ; Et quant à ceux qui n'ont pas encore
oüy leur fentence, ou fa Iuftice declare que
leur caufe eft bonne, ou fa Clemence la fait
bonne. Il eft vray qu'il confent quelquefois à
la feuerité des Loix , mais c'eft pour affeurer le
repos public par le chaftiment des particuliers
qui le troublent ; Et encore s'eftime-il malheureux en ce qu'il ne luy eft point permis
d'eftre liberal des iniures faites non pas tant
à fa perfonne , qu'à la Maiefté de fon Empire.

En effet, quand l'impunité d'vn crime en attire d'autres , quand il eft irremiffible par fon
atrocité, & qu'il n'y a nulle efperance d'amen-
dement, alors la Clemence eft iniurieufe, &
la Iuftice toufiours neceffaire. En effet , il n'y a
pas moins de cruauté à pardonner à tous, qu'à
ne pardonner à perfonne ; Et le Prince qui
ne fçait point affaifonner la douceur de quelque pointe de iufte feuerité, fais tourner fa
domination à la ruyne de fes Subiets. Il faut
donc que comme les Chimiftes ont appris
l'Art de tirer l'amer & le doux d'vne mefme
matiere ; Qu'en cette forte le Prince fçache

E. 1. tit.
7. lib. 9.
Cod.

puiſer l'equité, & la rigueur dans vne meſme
Loy. Il y a des occaſions où il eſt neceſſaire que
la Clemence ſe laiſſe vaincre par la Iuſtice;
Mais auſſi l'exemple de peu de perſonnes doit
ſeruir à pluſieurs, & dans vn Eſtat comme dans
le Ciel, il y doit auoir plus de tonnerres pour
eſpouuanter les hommes, que de foudres pour
les détruire. Certes, la Iuſtice qui eſt touſiours
tenduë à la rigueur, perd enfin ſon authorité
qu'on ſçait eſtre le plus grand de tous ſes remedes; Au contraire, la Clemence a cela de
propre, qu'elle engendre vne honte qui arreſte
le cours des vices, & qui retient la main des
meſchans. Quoy qu'il en ſoit, on ne peut pas
douter que ces deux Vertus ne ſoient les plus
grands & les plus excellens biens qui ſoient entre les hommes; L'vne aſſeure l'Eſtat, l'autre le
conſerue, & toutes les deux enſemble ſouſtiennent & reglent la vie des hommes.

Mais parce que la Clemence qui ſauue tout
le Monde, a ſouuent perdu ceux qui ſe ſont
laiſſez emporter à ſa douce violence; Il eſt *La Pru-*
neceſſaire que la Prudence regle ſes actions & *dence.*
ſes mouuemens. C'eſt, ſans doute, de cette
Vertu que le Sage parle, quand il dit que la *Diuina-*
Diuination eſt aſſiſe ſur les lévres du Roy, & *tio in la-*
biis Re-
que c'eſt pour cela qu'il ne ſe peut tromper *gis, non*
aux iugemens qu'il fait, & qu'il prononce de *errabit in*
ſa bouche. En effet, la Prudence eſt vne eſ- *iudicio*
os eius.
pece de Diuination, car elle connoiſt les cho- *Pou.*
ſes eſloignées, deſcouure les cachées, preuoit
celles qui doiuent arriuer, & regardant d'vn
meſme œil tous les Temps, elle donne à l'ad-
uenir la ſubſiſtance qu'il n'a pas, & forme ſes
reſolutions ſur la neceſſité du preſent, & ſur l'v-
tilité ou le domage du paſſé. C'eſt ainſi qu'elle

porte ſes ſoins ſur les choſes qui ne ſont pas
encore , qu'elle approche de ſoy , les obiets
qui fuyent la veüe du Peuple , qu'elle deuance
le cours des années qui ameinent lentement
les euenemens , & qu'elle diſpoſe du Temps
preſent en telle ſorte , qu'elle meſnage auſſi le
bien des Siecles qui ſont à venir. C'eſtoit pour
cela que les Sages d'Egypte repreſentoient cette clairvoyante Vertu par vn œil ouuert , &
planté ſur le bout d'vn Sceptre , parce que de
tous ſes offices , le principal & le plus noble ,
c'eſt d'eſclairer les Roys dans les Conſeils , &
de leur monſtrer les veritables formes du gouuernement , dont elle garde les moules & les
exemplaires. Elle leur apprend à bien conſulter , à bien deliberer , & à bien commander ;
Elle leur enſeigne l'Art de faire la guerre , le ſecret de maintenir la Paix ; les moyens d'accroiſtre leurs Eſtats , & ſans ſon ſecours , le plus
grand & le plus puiſſant d'entr'eux comme le
Cyclope des Fables , diſſiperoit ſes forces en
l'air , ou les briſeroit contre les eſcueils.

Or de toutes les Vertus Politiques , les vnes
ont leurs ſemences dans la Nature , les autres
s'apprennent par preceptes , & toutes viennent
à leur perfection par l'exercice de leurs actes.
Mais la Prudence ciuile eſt vne reflexion qui
ſe fait en l'eſprit de toutes les Vertus enſemble ;
L'vſage la conçoit , la Raiſon la met au iour ,
la memoire qui conſerue les Images des choſes , la fortifie , & l'experience comme la Maiſtreſſe de la vie , luy donne ſa derniere perfection. Mais tout cela ne ſe peut accomplir ſans
la connoiſſance de l'Hiſtoire , qui eſt la lumiere de la Verité , le Teſmoin des euenemens ,
& le grand Theatre des actions des Princes

& des Peuples, où l'on void leurs interests fans
paffion, leurs guerres fans peril, leurs victoires fans enuie, & leurs naufrages fans horreur.
Enfin, la dignité de la Prudence eft fi grande,
que fes paroles paffent pour raifons, & fes refolutions pour Loix ; C'eft la bafe, & le centre
de routes les Vertus, & c'eft à elle feule qu'appartient la connoiffance de cette mediocrité,
en laquelle les autres confiftent. Certes, fans
le temperament qu'elle leur apporte, la Iuftice
pafferoit en feuerité, & la vaillance en fureur ;
La liberalité ne feroit qu'vne profufion fans
mefure, ny la conftance qu'vne ftupidité. Il
ne faut donc pas s'eftonner fi Socrate defi-
niffoit toutes les Vertus par la Prudence comme par leur genre ; Mais quoy qu'il en foit,
elle les rallie, & les vnit toutes en elle mefme,
puis qu'il n'y a point d'actions vertueufes que
celles qu'elle regle, & dont elle prend la conduite.

Ie ne parle point icy de la Prudence perfon-
nelle, qui regarde la direction particuliere de
l'homme, ny de la Prudence œconomique
qui regle les familles ; Mais bien de la Prudence Politique, qui s'occupe auec plus de gloire
à regir les Empires, & à eftablir le repos des
Peuples. Comme elle eft le propre ornement
des Roys, auffi fe peut-elle vanter qu'entre
toutes les autres Vertus, il luy appartient d'i-
miter la diuine Prouidence, qui pouruoit à
toutes chofes, mais qui reluit auec plus d'éclat
dans le general gouuernement de l'Vniuers.
Ariftote luy donne trois operations, le Confeil, *Ethic.*
le Iugemēt, & le Precepte qui eft le plus noble; *c. 6.*
Car la fin de cette Prudence Legiflatrice & regnante, eft de commander tout ce qui doit eftre

fait, ou n'eſtre pas fait. Ses offices ſont preſque infinis, & on en peut compter autant qu'il
y a de Vertus, & de genres d'actions ; Elle preſide à la Paix & à la Guerre, aux Loix & aux
Eſtats ; Elle regit toutes les grandes choſes, &
apprend les moyens d'accommoder non pas
la raiſon aux accidens qui ſont muables, mais
les accidens à la raiſon qui n'eſt point ſuiette
au changement. La felicité des Peuples, le ſalut des Empires, & le bien commun des hommes, ſont les effets & les fruits de cette Prudence regnante qui reſide en l'eſprit des Legiſlateurs, & qui comprend en ſoy toutes les
formes du gouuernement. Quelques-vns ont
penſé qu'elle eſtoit inſpirée de Dieu, qui entre
les Ordres des Anges, a deſtiné les Principautez, pour inſpirer aux Roys les ſages Conſeils,
& pour reſpandre dans leur Ame les lumieres
de la Raiſon.

Outre cette Prudence, il y en a vne autre
qu'on appelle conſultante, parce qu'elle embraſſe les grandes & difficiles choſes qui ont
beſoin de conſeil dans la Republique. Cette eſ-
Rhetor. lib. 2.
pece de Vertu ſelon Ariſtote, eſt égale, &
meſme ſuperieure à la Legiſlatrice, en ce que
ne s'arreſtant pas au ſimple conſeil, elle paſſe
iuſques au Iugement, & au Commandement
qui eſt la fin où elle viſe, dans le pouuoir
qu'elle a de temperer la rigueur des Loix, d'en
faire de nouuelles, & de reſoudre tout ce qui
eſt de plus important à la ſocieté ciuile.

Ce ſont là les principales diuiſions de la
Prudence Vniuerſelle, qui ſe forme des euenemens ſinguliers qu'on ne ſçauroit connoiſtre que par l'experience ; D'où vient qu'il eſt
bien plus aiſé de trouuer vn homme iuſte, vaillant,

lant, magnanime, & liberal, qu'vn prudent Politique. Si on en demande la raison, c'est que le naturel du Peuple qu'il gouuerne ne peut souffrir ny la liberté, ny la seruitude ; Il s'échape sous vn Empire doux, il se reuolte sous vn commandement seuere, & iuge des plus sages Conseils par les euenemens. C'est qu'il ne considere pas que la fortune trompe bien souuent la Prudence, qui neantmoins pour estre mal-heureuse, ne laisse pas d'estre plus loüée que l'henreuse temerité.

Cependant les proiets de la Prudence dans l'Art de la guerre, n'auroient pas de si fauorables succés, si la Vaillance venant à son secours, ne luy prestoit ses mains pour acheuer les glorieux exploits dont elle se couronne. L'vne découure les perils, & l'autre les surmonte ; L'vne donne les sages conseils, & l'autre les execute ; Sans l'vne l'homme est aueugle, & sans l'autre il est impuissant. Il est vray que la vaillance n'est pas la plus grande des Vertus de l'homme, mais elle est la plus pompeuse, & ses effets sont si éclatans, qu'en la langue Latine elle se fait nommer du nom absolu de Vertu. Il ne s'en faut pas estonner, car elle est si accoustumée à vaincre, qu'elle ne se peut empescher d'vser du droit de la victoire sur ses Compagnes mesmes qui sont contraintes de suiure son Triomphe, non pas comme captiues, mais comme suiettes volontaires. Ce ne sont pas seulement les Vertus qui recherchent sa protection, mais aussi la Religion, la Liberté, les Richesses, les Empires, les Roys & tous les Peuples, qui pour reconnoissance des biens qu'ils en reçoiuent, la couronnent de Lauriers, luy erigent des Trophées, & luy

La Vaillance.

P p

assignent des grandes recompenses. Certes,
les Couronnes qui furent inuentées pour orner
les Images des Dieux, ont depuis passé sur la
teste des Conquerans, & leur gloire a esté si
grande, qu'elle a contraint la posterité de de-
cerner des honneurs diuins à des hommes.
Quoy qu'il en soit, cette Vertu heroïque dedaigne toutes les choses basses, comme les iugeant indignes d'auoir aucune part en ses trauaux; Les batailles, les sieges, & les prises
des Villes, les victoires, les genereuses actions,
les playes honorables, & vne glorieuse mort,
sont les obiets qu'elle regarde, & le prix qu'elle se propose. Comme cette Vertu a son siege
dans le cœur, & qu'elle consiste en la force du
courage, & en la fermeté de l'Ame; Aussi a-
t-elle ses mouuemens hardis & genereux, &
principalement lors qu'elle se trouue engagée
dans les choses difficiles, & pleines de peril.

Ceux d'entre les Philosophes qui l'ont considerée de plus pres, n'ont pas trouué qu'elle
fust la mesme Vertu que la Force, qui est la
deffense de la foiblesse humaine, & qui consiste plutost à souffrir genereusement les iniures
de la fortune, qu'à s'exposer aux perils de la
guerre. Elle n'est pas aussi la mesme chose que
la Magnanimité, parce qu'encore qu'elle pousse & anime les hommes aux grandes & difficiles entreprises, elle n'embrasse pas neantmoins
de soy-mesme les dangers qui menacent la vie.
C'est donc vne Vertu heroïque plutost que
morale, & qui se tient au milieu de la peur &
de l'audace qu'elle modere en telle sorte que
ny l'vne ne l'empesche d'entreprendre les
grandes choses, ny l'autre ne la precipite aueu-

*Arist.
Eth. 2. c.
6. Sen.
Epist. 113.*

glement dans les perils. Quelques-vns ont cru qu'elle eſtoit diuinement inſpirée aux Heros, & qu'elle les rempliſſoit de force & de courage ; Mais ce n'eſtoit pas la penſée de Socrate, qui eſtoit perſuadé que la Vaillance s'enſeignoit ainſi que toutes les autres Vertus; que l'Art y contribuoit beaucoup, & que la Nature ſeule faiſoit fort peu d'hommes Vaillans. C'eſtoit pour cela, qu'il y auoit en Grece vne Eſchole inſtituée par Hercule, dans laquelle les ieunes Princes & les Nobles Citoyens eſtoient eſleuez auec ſoin aux exercices de la Guerre. On dit auſſi qu'Alcibiade & Alexandre ſortirent plus vaillans, l'vn de l'Academie de Socrate, & l'autre du Lycée d'Ariſtote ; Mais certes, la vaillance reſide plus au cœur qu'en l'eſprit, & tous les preceptes de l'Art ſeroient inutiles à l'homme, ſi la Nature ne faiſoit couler dans ces veines ce noble ſang qu'il verſe ſi liberalement dans les combats.

Plat. in Lachet. & in Protag.

Or pour ſçauoir quel eſt le caractere de la vraye vaillance, il faut obſeruer auec Ariſtote, qu'il y en a de diuerſes eſpeces, dont l'vne ſe fait remarquer par le nom qu'elle porte de Vaillance ciuile, ou Politique. Elle a deux degrez, dont le premier comprend ceux qui s'expoſent aux dangers pour obtenir les honneurs qui ſont deſtinez aux vaillans, ou pour éuiter la honte qui ſuit inſeparablement les laſches. C'eſt par ce degré qu'elle reſſemble fort à la vraye Vaillance, tant parce que l'honneur qui eſt le prix & le témoignage de la Vertu, touche de prés le bien honneſte, que parce que l'opprobre eſt voiſin du mal deshonneſte, dont la Vertu s'eſloigne. Quant au ſecond degré, il comprend ceux qui ne ſe meſlent dans

Eth. lib. 4. c. 9.

les hazards que pour éuiter la peine des Loix, & c'eft pour cela qu'il eft plus imparfait que le premier, n'ayant qu'vne ombre feulement de la vraye vaillance.

On en peut dire autant de celle qu'Ariftote appelle vaillance brutale & furieufe, & qu'il dit eftre vn effet de cette colere qui fe iette dans les perils, & qui ne s'eftonne point aux approches des chofes les plus effroyables. Mais comme elle n'eft pouffée que de la feule douleur, ou du defir de fe vanger de fon Ennemy, Auffi eft elle differente de la vraye vaillance qui ne fe mefle iamais dans les dangers que pour l'amour de la vertu. En effet, la vaillance deftituée de fageffe, n'eft à proprement parler, qu'vne ardeur inconfiderée, ou pluftoft qu'vne fureur femblable à celle des Thraces, & des Celtes, qui décochoient leurs traits contre les flots de la mer, & menaçoient de leurs armes les vents & les tempeftes. Il faut neantmoins auoüer que la colere fert à la vaillance, quand elle fuit l'eflection qui eft defia faite, car alors elle aide par fon mouuement l'impetuofité de l'homme vaillant, mais elle n'augmente pas fa vertu, puis qu'elle diminuë fa raifon.

Outre ces efpeces de vaillance, il y en a vne autre qui fe forme en ceux à qui les victoires paffées ont donné de l'affurance dans les perils; Et comme ils font accouftumez à vaincre, ils ne s'efloignent pas beaucoup de la fermeté & du courage des parfaits vaillans. Les vns & les autres s'appuyent fur leurs propres forces, mais c'eft par des mouuemens differens, car les vrais vaillans fe pottent aux dangers par la feule beauté de la Vertu, & ceux dont nous parlons, ne s'y iettent que par la connoiſſance qu'ils ont de la foibleſſe de leurs Ennemis.

A cela, on adiouſte la vaillance Militaire, que pluſieurs prennent pour la veritable vaillance, parce qu'elle fait plus de bruit, & qu'elle commande aux Loix qui ſe plaiſent à la couronner de lauriers & de palmes. Cependant elle n'eſt qu'vne partie de la vraye & parfaite vaillance, par laquelle le vaillant prefere voĺontiers vne mort honnorable à vne vie honteuſe; Au lieu que la Militaire fait qu'on craint moins la honte que la mort. Outre cela, celuy qui eſt parfaitement vaillant ne prend les armes que pour la Iuſtice, Et ſoit qu'il ſe trouue dans vn Camp parmy les dangers, ou dans vn lict auec les douleurs, il eſt touſiours ſemblable à ſoy-meſme, & acheue glorieuſement ou l'entrepriſe, ou la vie. En quelque lieu qu'il combatte, il ſe perſuade que c'eſt là le Theatre de toute la Terre; Tous les perils luy ſont precieux; L'attente de la gloire l'anime, & le Triomphe meſme luy eſt moins agreable que le combat. Quoy qu'il arriue, il ne void rien au deſſus de luy; Les outrages de la fortune ne luy font rien perdre de ſa conſtance; Il demeure inuincible dans ſa deffaite meſme, & fait connoiſtre à tous qu'il ſçait encore mieux mourir que vaincre. Ce n'eſt pas qu'il ſoit inſenſible à la douleur, car les Stoïques meſmes luy permettent de la craindre, & de pâlir aux rencontres inopinées; Mais dés auſſiroſt que l'image effroyable du peril a fait quelque impreſſion dans ſon Ame, il ſe recueille à l'inſtant, & chaſſe bien loin le mouuement de la crainte qui l'a voulu ſurprendre. Enfin, il

eſt ſi fixement arreſté en la contemplation de
l'honneur, qu'il ne faut pas s'eſtonner ſi Alexandre mépriſa le conſeil qu'on luy donnoit,
d'aiſſaillir ſes Ennemis à la faueur de la nuit,
parce qu'il deſiroit que le Soleil fuſt témoin
d'vne victoire qu'il ne vouloit pas dérober.
Ainſi quand ce vaillant Prince entreprit de
paſſer le Granique, dont la riue eſtoit bordée
d'vne multitude de ſoldats, il n'eut pas fait vn
acte de vraye valeur, s'il n'euſt eu pour obiet
la Vertu, pluſtoſt que la gloire.

En effet, la vaillance ne ſe trouue qu'aux
ſeuls vertueux; Elle veut eſtre touſiours coniointe & vnie auec la Iuſtice, & quant elle
s'en ſepare, ce n'eſt plus vne ſource de biens,
mais de crimes. Quoy qu'il en ſoit, cette fiere Vertu ne conſiſte pas à faire des choſes illicites; Et encore que l'Eloquence Romaine ſe
ſoit déployée pour loüer vn Caton, vn Brutus, & vn Caſſius, qui tremperent leurs
mains dans leur propre ſang, ce fut, ſans doute, en eux vne molleſſe de la Nature, plutoſt
qu'vn effet de la vraye valeur. Mais il n'eſt pas
touſiours aiſé de la reconnoiſtre entre les autres eſpeces, ſi on ne prend garde de pres à
ſes marques eſſentielles. La Vertu eſt ſon obiet, la Raiſon ſa regle; Elle eſt inuincible aux
labeurs, aſſurée dans les perils, ſeuere contre
les voluptez, & eſleuée pardeſſus la fortune
qui void finir en elle ſa puiſſance, & ſon Empire. Enfin, c'eſt vne vertu qui a les mains
pleines de Palmes & de Couronnes, mais elle les veut faire gagner par de longs combats, ſans épargner les plus grands Roys, à
qui elle vend au prix de leur ſang, la gloire &
l'honneur des actions heroïques.

Vaillance ſuccede la Magnanimité, nom meſme nous apprend qu'on ne n'attendre d'elle que de Grand ; En ef-... conſiſte en la grandeur du courage, ... la beauté conſiſte en la grandeur du ... On ne la trouue point qu'en la com-gnie des autres Vertus qui l'enuironnent de toutes parts, & en recompenſe elle les rend plus belles, plus grandes, & plus éclatantes, & meſmes on peut dire qu'elles luy doiuent leurs plus precieux ornemens. Ce n'eſt pas que chaque Vertu ne ſoit parfaite & accom-plie en ſon genre ; Mais l'office de la Magna-nimité eſt de s'eſtendre vniuerſellement ſur toutes, de rehauſſer leurs actions, & d'em-braſſer les obiets qu'elles ſe propoſent. Ce-pendant la grandeur des actions heroïques eſt ſon premier obiet, & enſuite, elle regarde l'honneur comme le prix de la Vertu, & le plus grand de tous les biens exterieurs. C'eſt par ce mouuement qu'on la voit agir, c'eſt de ce centre que ſe tirent toutes les droites li-gnes de ſes actions ; Mais il ne s'enſuit pas de là qu'elle entreprenne les grandes choſes pour le ſeul honneur qui en rejaillit. Quand il n'y en auroit point à eſperer de la part des hommes, elle le trouue en elle-meſme, & ſe perſuade facilement que la plus hau-te recompenſe des belles actions, c'eſt de les auoir faites. Il eſt vray que les vices re-gardent auſſi quelquefois l'honneur, mais c'eſt touſiours ou ſelon l'excés, ou ſelon le defaut ; Et de là vient que la puſillanimité & la preſom-ption ſont oppoſées à la Magnanimité, qui cóme toutes les autres fuit les deux extremitez

& se tient ferme au milieu. Cependant
semble que toutes les grandes choses esta
extremes, cette Vertu est emportée d'vn costé
plutost que de l'autre ; Mais parce qu'en ses
plus hautes entreprises, elle garde tousiours la
bien-seance, on ne peut pas dire qu'elle excede les bornes qui luy sont prescrites. C'est pour
cela que quelques-vns l'ont confonduë auec la
force, mais il y a cette difference que celle-cy
se contente d'esleuer l'Ame au dessus des obstacles & des perils ; Au lieu que la magnanimité
passant plus outre, entreprend tout ce qu'il y a
de difficile & d'eminent en chaque Vertu.

Que si maintenant nous voulons rechercher
quels sont ses effets en la personne de l'homme
magnanime, nous trouuerons que son premier caractere est de ne tenir rien pour grand,
que ce qui l'est sans contredit, parce qu'il void
toutes les choses humaines au dessous de luy,
& plus basses que son courage. C'est ce qui fait
qu'il n'admire que fort peu de choses, soit parce que l'admiration naist des actions extraordinaires ausquelles il est accoustumé, soit parce qu'il ne trouue rien d'admirable que la seule beauté de la Vertu. Il ne cherche point aussi
la gloire où elle ne se trouue pas. Il fuit l'ostentation, & n'aspire qu'à vne solide loüange ; Et
comme il n'a de grandeur que pour surmonter
les plus grands obstacles, aussi void-on que les
difficultez qui estonnent les autres, ne sont
que de foibles exercices de sa vertu. L'honneur de Dieu, le seruice du Prince, le salut de
sa Patrie, & les autres entreprises où la grandeur se trouue coniointe auec les belles occasions, sont les objets qu'il regarde, & qu'il
iuge dignes de ses soins & de ses trauaux. Il
est

est si esleué au dessus des choses humaines, que les traits de la fortune ne sçauroient arriuer iusques à luy. Et comme il mesprise ses iniures, il ne s'abbaisse point aussi pour recueillir ses presens, & pour encenser ses Autels. Les plus grands des aduersitez ne peuuent l'esbranler, & au milieu des orages de cette vie, il se monstre semblable à vn rocher qui void rompre les flots à son pied, sans qu'ils ayent fait autre chose que le lauer en le heurtant. Comme il trauaille plus pour la vertu que pour la gloire, aussi la ioye qu'il reçoit des hôneurs qui luy sont decrenez, est moderée, & s'il arriue qu'il en soit priué, il a la satisfaction de Caton, qui tenoit aussi peu de compte des dignitez qu'il possedoit, que de celles que le Peuple luy auoit refusées. En cela comme en toute autre chose, il va droit à l'honneur, sans se mettre en peine des bruits du vulgaire qui ne peut donner, ny oster la reputation. Il ne peut mesme souffrir les Statues qui apportent plus d'honneur à l'ouurier qui les a faites, qu'à ceux à la memoire desquels elles ont esté erigées. Que s'il se trouue à la teste d'vne Armée, il ne trempe iamais ses mains dans le sang de l'Ennemy qu'en l'ardeur du combat, & il n'y a point de Loy Militaire si dure, qu'il ne flechisse & n'adoucisse en faueur de ceux qu'il void abbatus à ses pieds.

Enfin, c'est le propre du magnanime d'entrer en vn superbe sentiment de son merite, & de sa vertu; Mais quoy qu'Aristote l'ait ainsi prononcé, il n'est pas suiuy de ceux qui mettent la grandeur de l'Ame en l'humilité, qui esleue l'homme autant qu'elle l'abbaisse. Il y en a d'autres qui ont esté persuadez que ce Maistre

Nullum certius magnitudinis argumentum quam nihil posse quo infligeris accidere. Sen.

Q q

de la Philofophie auoit confondu cette Vertu auec la Magnanimité ; entant que l'vne & l'autre font profeffion de méprifer les iniures, & de fe hauffer pardeffus les biens de la fortune. Mais certes, les anciens Philofophes n'ont point connu le prix de l'humilité, qui eft la propre Vertu des Chreftiens, & quand Ariftote en a décrit quelques proprietez, il n'a pretendu autre chofe que de diftinguer la Magnanimité d'auec l'orgueil, qui fouuent trompe les hommes fous vne image de Vertu. Quoy qu'il en foit, celuy qui ne s'eftime digne que des chofes mediocres, il eft modefte, mais il n'eft pas magnanime, puis que c'eft le vray caractere de la Magnanimité, de ne trouuer rien qui foit au deffus d'elle.

In nullis alienigenatum libris eft; non in Epicureis non in Stoïcis, non in Platonicis ; à Chrifto venit.
D. Auguft.

C'eft en cela mefme que la Pufillanimité luy eft oppofée ; Et parce que cette Vertu n'a rien auffi de plus contraire que la diffimulation, on a demandé fi le Prince magnanime pouuoit diffimuler fans rien perdre de fa gloire, ny de cette fincereté inuiolable qu'il doit conferuer dans toutes fes actions. Elles font regardées de tant d'yeux, qu'on void enfin iufques à la fource d'où elles partent, & il ne fçauroit fi bien fe voiler, qu'on ne découure les mouuemens de fon efprit, & fes plus fecrettes penfées. Il n'y a iamais eu de plus fouuerain Artifan de la diffimulation que Tibere ; Au milieu de fa colere il paroiffoit tranquille ; Il plaignoit la fortune des Senateurs qu'il auoit iniuftement condamnez ; Il embraffoit ceux qu'il haïffoit, & fes paroles difputoient auec fes defirs. Cependant il ne pouuoit s'empefcher de leuer le mafque, & quoy qu'à la pompe funebre de Germanicus, il s'eftudiaft à fe

cacher, & à composer son visage. Rome neantmoins vid paroistre sa ioye au trauers de son
deüil. Mais il ne faut pas s'estonner si cét Empereur se plaisoit à couurir ses pensées, puis
qu'il estimoit que la nudité n'estoit pas moins
mal-seante à l'esprit qu'au corps, & que l'Art
de regner consistoit à feindre d'estre ce qu'on
n'estoit pas, & à faire passer l'ombre pour la
verité mesme.

Au contraire, le Prince vrayement magnanime affecte de paroistre ce qu'il est, & de porter la lumiere dans ses actions, parce qu'il
sçait que ce qui est teint de fard, ne peut estre
vn ouurage de la Vertu. Toutefois, comme
la Raison n'est pas tousiours victorieuse, aussi
luy est-il quelque fois permis de se destourner
& de dissimuler aupres de ceux qui ne doiuent
point connoistre ses conseils, ny penetrer dans
ses secrets. Certes, il faut bannir la dissimulation de la vie priuée de l'homme magnanime, mais non pas entierement de sa vie publique, car celuy qui gouuerne vn Estat, doit *Arist.*
sçauoir l'art de mesler quelquefois l'vtile auec *Eth. l. 4.*
l'honneste; Mais cét Art a ses limites prescri- *c. 3.*
tes, puis qu'il est borné par la Vertu, par la
Foy, & par l'honnesteté.

Il ne suffiroit pas que le Prince fust magnanime, si par la liberalité, la plus royale & la
plus diuine des Vertus, il ne s'estudioit à imi- La libe-
ter cette bonté infinie, dont il est la plus viue ralité.
Image sur la Terre. Que s'il se trouue qu'Aristote ait enseigné que cette Vertu ne se rencôtre point entre les perfectiós de Dieu, c'est parce qu'il ne parloit que de la liberalité humaine
& imparfaite, & non pas de la diuine & parfaite, qui, comme il dit, consiste à répandre des

Q q ij

biens fur les hommes fans efperance d'en retirer aucun profit. Il eft vray qu'entre les Vertus Morales & Politiques, il y en a quelques-
vnes qui regardent les paffions, & qui refident
en la partie fenfitiue, comme la Temperance,
la Force, & la hardiffe, & celles-là ne peuuent
eftre attribuées à Dieu que par metaphore.
Mais il y en a d'autres qui ont leur fiege en la
volonté, & qui s'occupent à difpenfer les gra-
ees & les biens, & rien n'empefche qu'elles ne
foient dignes de cét eftre infiny, qui rallie en
fon effence toutes les perfections qui font
éparfes en fes Creatures.

   Le Prince donc ne reprefente iamais mieux
cette fuprême Maiefté que lors qu'il fe monftre liberal enuers les hommes, qu'il foulage
leurs neceffitez, & qu'il fait aux miferables vn
plus heureux deftin. Donner, & rendre à vn
chacun ce qui luy appartient, font les effets de
ces deux Vertus royales, qui font au Corps
Politique le mefme office que les nerfs, & les
veines font au corps naturel. La Iuftice qui
eft toute de nerfs, affemble, lie, & vnit toutes les parties de la focieté ciuile : Mais ce ne
feroit pas affez, fi la liberalité qui tient la place
des veines, ne les arrofoit & entretenoit de
l'abondance de fes biens. Certes, cette Vertu
eft la nourrice des autres Vertus ainfi que leur
lumiere, puis qu'elle les éclaire toutes, & qu'en
les retirant de l'obfcurité qui les cache, elle
leur donne la couleur, le relief, & l'éclat. En
effet, la memoire des belles actions ne depend
pas toufiours de la beauté des Vertus qui les
produifent, puis qu'il arriue fouuent que l'a-
uarice des Princes fait qu'elles demeurent cou-
uertes d'oubli, & enfeuelies dans vn filence

eternel. Mais ne sçait-on pas que l'honneur
coule & procede de la reputation du Prince,
Que la reputation se forme de l'amour de ses
Suiets, & que l'amour naist de la liberalité
comme d'vne source qui est commune à toutes
les trois? Il s'est mesme trouué des Tyrans qui
n'ayant en eux aucune Image de Vertu, ont
neantmoins par leurs bien-faits, forcé la Renommée à leur donner le glorieux titre de Sages, comme vn Cleobulus, vn Periander, &
les autres dont la liberalité sceut rendre les
chaisnes de la seruitude non seulement legeres, mais aussi agreables.

Enfin, cette Vertu la plus aymable de toutes les Vertus, a tant d'éclat & tant de charmes, qu'on a mesme loué ses excés, c'est à
dire les profusions de ceux qui n'ont pas sceu
resserrer leur liberalité dans ses iustes limites.
On disoit d'Alexandre qu'il donnoit souuent
des choses si grandes, que les hommes n'eussent iamais osé les demander à leurs Dieux
mesmes : Et Rome a rendu ce témoignage à
Cesar, que la pensée de donner qui estoit toûjours presente à son esprit, luy coustoit plus
que le don mesme. C'est à faire aux particuliers à prescrire des bornes à leur liberalité, parce que cette Vertu tient le milieu entre l'excés
& le defaut, c'est à dire entre la profusion &
l'auarice. Mais Aristote nous apprend que les
grands Princes ne sont iamais appellez prodi-
gués, parce que leurs bien-faits ne surpassent
point leurs richesses, & qu'il est bien-seant
qu'ils portent en eux la marque & le caractere
de leur grandeur. Cependant encore que la liberalité ne considere pas celuy qui reçoit, mais
celuy qui donne, il y a neantmoins de l'Art &

Sæpè ma-
iora tri-
buens
quam à
diis spe-
rantur.
Plin.

de la prudence à l'exercer, & le Prince n'e-
ſtant que le diſpenſateur des Threſors publics,
il doit ſuiure le conſeil de la Raiſon qui regle
l'vſage de cette Vertu. Il n'appartient pas à
tous de ſçauoir ménager les graces, comme
diſoit Socrate, & ſi on oſte des bien-faits le
iugement & l'eſlection, on peut dire, qu'ils
ſont perdus, & pluſtoſt iettez que donnez. En
effet, l'excez de la liberalité a ſouuent eſté la
premiere cauſe du renuerſement des Eſtats,
parce qu'il a fallu remplacer par des exactions
ſur les Peuples, ce que des largeſſes indiſcre-
tes & immoderées auoient diſſipé à la honte
de leurs Autheurs, & de ceux qui les receuoient. Pour arreſter ce deſordre, qui autrefois affoibliſſoit les forces de l'Empire, le Senat trouua bon de reuoquer, & de caſſer toutes les immenſes donations que Neron auoit
faites; Mais il n'euſt pas le pouuoir d'empeſcher que Caligula ne conſumaſt en moins
d'vn an, ſoixante & ſept millions d'or que
Tibere auoit mis dans l'Eſpargne.

Le ſage Prince n'en vſe pas ainſi; Il connoiſt
bien mieux le vray vſage des richeſſes publiques, & n'ignore pas qu'il n'y a rien que les
Suiets portent auec plus d'impatience, que de
voir verſer inutilement ce qu'ils ont tiré de
leur propre ſubſtance pour la defenſe de l'E-
ſtat. Il a touſiours deuant les yeux l'exemple
de ces grands Empereurs, qui ne donnoient
rien qui ne fuſt à eux, qui ne compoſoient
leurs preſens que des reuenus de leur Domaine, & qui apres auoir enrichi tout le monde,
eux ſeuls en eſtoient deuenus plus pauures.
Outre cela, il eſt perſuadé que comme l'é-
mail ne peut eſtre bien mis en œuure que ſur

Turpiſ-
ſimum
genus
damni
eſt, in
conſulta
donatio.
Sen.

For, qu'auffi la liberalité ne peut eftre bien
employée que fur la Vertu, & fur le merite de
ceux qui la reçoiuent. En effet, quand il donne, ce n'eft iamais que pour auoir la gloire
de donner; Et il croit auoir recueilly le fruict
de fes bien-faits dés le moment qu'il les a fe-
mez, car les actions de la liberalité eftant abfolument belles & honneftes, elles trouuent
leur prix & leur recompenfe en elles-mefmes.
De-là vient que de quelque forte que fa liberalité luy fuccede, il ne ceffe pas de la continuer, parce qu'il fait du bien aux hommes
pour l'amour du bien mefme, & qu'il croit
l'auoir receu quand on luy a donné l'occafion
de le faire. Dans cette penfée, il va au deuant des defirs des hommes vertueux, il pre-
uient leurs demandes, & bien loin de laffer
leurs efperances, il donne promptement, &
fon vifage & fes paroles augmentent la grace
des bien-faits. Il ne fe contente pas comme
l'Empereur Adrian, de brufler les obligations
& les cedules de fes debiteurs, mais encore il
s'imagine qu'il eft luy-mefme debiteur enuers ceux qui l'approchent, & qui s'abftien-
nent de luy rien demander. Enfin, s'il a laiffé écouler vn iour fans l'auoir marqué de quelque bien-fait, il croit l'auoir perdu; Et en
quelque temps que fa liberalité fe déploye,
elle ne luy deplaift iamais que lors qu'elle
vient à ceffer. Ce qu'il adioufte à tout cela, c'eft qu'au milieu de fes victoires & de
fes conqueftes, il ne fe referue que la feule authorité de partager entre fes Capitaines les dépoüilles remportées fur les Ennemis de fa gloire, & de fon Eftat. Auffi en re-

*Quid eft
quod ni-
hil petis?
An me
tibi vis
fieri debi-
torem?
Lampr.*

Q q iiij

çoit-il cét auantage, que fes Trophées impri-
més dans le cœur & dans la memoire des
hommes, font plus durables que ceux qui ne
font graués que fur des colónes. Certes, Pompée s'acquit plus de gloire pour auoir ouuert
dans l'Empire les fources de l'abondance, que
pour auoir triomphé de ces deux parties du
Monde, où le Soleil fe leue & fe couche.

Quoy qu'il en foit, nous fçauons que comme la bonne temperature de l'air excite la fecondité de la Terre, & fait qu'elle fe couure de
fleurs, & fe charge de fruicts ; Qu'ainfi la liberalité du Prince rend les efprits feconds, nourrit les Arts, fait fleurir les fciences, & produit
dans le cœur des Peuples l'amour, le refpect,
& l'admiration. C'eft pour ces grands effets,
qu'il n'appartient qu'au feul Souuerain de faire des largeffes publiques ; Et Rome les a toûjours confiderées comme des marques du deffein ambitieux de ceux qui fe preparoient des
degrés pour monter à la Tyrannie. En effet,
foulager le Peuple, & faire ceffer les neceffités
publiques, c'eft l'office du Prince : Et la raifon
d'Eftat ne le permet pas aux particuliers, qui
d'ailleurs ont vn autre champ ouuert pour y
exercer la Vertu de Liberalité.

C'eft icy le lieu de parler de la Magnificence, qui n'eft autre chofe que la fleur, ou la fplendeur de la Liberalité ; Si ce n'eft qu'on vueille
confiderer ces deux Vertus, comme deux fœurs
iumelles qui ont les mefmes traits & la mefme
grace, quoy qu'elles n'ayent pas ny le mefme
éclat, ny la mefme grandeur. La Liberalité fe
plaift à ouurir fes Threfors, & à les diftribuer
par le confeil de la Prudence felon la dignité
ou le merite des perfonnes ; Mais la Magni-

La Ma-
gnificé-
ce.

ficence n'embraſſe que les grandes choſes, &
les deſpences honorables qui vont au bien
vniuerſel des Peuples, & à la ſplendeur de l'Eſtat. La ſuperbe Structure des Temples, les
Palais ſomptueux, les Villes adjouſtées au
Villes, les Fleuues ioints aux Fleuues, la Mer
renduë tranquille dans les Ports, la Terre
contrainte à deuenir feconde dans ſes plus ari-
des deſerts, les ſpectacles publics, & la pompe de la Cour des Roys, ſont comme les Theatres où cette Vertu Politique reçoit les applaudiſſemens & les loüanges de toutes les Nations. Cette ſorte de Magnificence a merité
d'eſtre nommée la Couronne de l'Empire du *Iamblic.*
Prince, Elle remplit les yeux de belles Images,
& les eſprits d'admiration ; Elle fait parler les
marbres par les inſcriptions; Elle charge les Py-
ramides de ſes Titres d'honneur, & graue ſes
actions ſur le front des ouurages publics.

Mais il y en a vne autre qui pour n'auoir pas
tant d'éclat, ne laiſſe pas d'auoir beaucoup de
fruict, comme celle qui donne des penſions,
qui fauoriſe les Arts & les belles inuentions, &
qui eſtablit des Seminaires de Vertu, pour
apres en remplir les Ordres de la Republique. *Plin. in*
Trajan faiſoit en tout temps eſleuer à ſes deſ- *Paneg.*
pens cinq mille nobles enfans, afin qu'vn iour
ils fuſſent obligés d'aymer & de ſeruir leur Patrie, non ſeulement parce qu'elle leur auoit
donné la naiſſance, mais auſſi parce qu'elle les
auoit nourris, & rendus capables des plus belles & glorieuſes fonctions de la vie ciuile. C'eſt
en cela qu'il ſe monſtra plus magnifique ſans
comparaiſon, qu'en la Structure du Pont
qu'il fit faire ſur le Danube, quoy qu'il ait
eſté mis entre les chef-d'œuures de la Ma-

gnificence , auſſi bien que cette Colomne,
qui parmy les ruines de Rome , eſt encore auiourd'huy vn eternel Monument des victoires
de ce grand Empereur.

Ariſt.
Eth. 4.c.
2.

Or parce que la Magnificence a diuers degrés de grandeur, ce n'eſt pas ſans raiſon qu'on
a donné le premier rang aux dépences Reli-
gieuſes ; Car ſi toutes les choſes doiuent auoir
vn grand objet , y en peut-il auoir qui ſoit plus
digne des largeſſes de cette Vertu, que celuy
qui regarde l'honneur & le culte de Dieu? Telle fuſt iadis la penſée du plus ſage des Roys,
lors qu'il luy conſacra vn Temple ſi ſuperbe, &
ſi Magnifique, qu'il a eſté regardé comme le
Trophée de tous ces grāds Ouurages que l'admiration des hommes à fait paſſer pour des
miracles. Dieu eſt grand, diſoit-il, & quoy que

Domus
quā ædi-
ficare cu-
pis ma-
gna eſt,
magnus
eſt enim
Deus no-
ſter.
Paralipo.
lib. 2. c. 7.

les vaſtes eſpaces du Ciel ſoient trop eſtroits
pour le receuoir , ie luy baſtiray vne maiſon
conuenable, autant qu'il ſe peut faire, à ſon infinie grādeur. C'eſt icy qu'il faut auoüer qu'entre tous ceux qui par vne ſainte emulation, ont
ſuiui l'exemple de ce magnifique Prince , il n'y
en a point eu qui ayent égalé la liberale pieté
de nos Roys Tres-Chreſtiens. Ils ont touſiours
mis leur principale gloire à baſtir des Maiſons
à Dieu , à orner ſes Sanctuaires , & à faire voir
que ce ne fut point ſans deſſein que les Fleurs
de Lys ſeruirent d'ornement à ce ſaint Temple, qui a eſté la figure & le Threſor des Myſteres de l'Egliſe du Fils de Dieu.

Mais quant au ſecond degré de la Magnificence, il conſiſte aux dépences qui vont à l'accroiſſement , & à la decoration des Villes , &
qui ſont autant de marques & de Monumens
de la grandeur du Prince , & de la felicité de

ſon regne. Le Peuple qui les void, les admire, & s'en reſioüit, & parmy cette ioye, il ſe coule vne douce affection enuers le Prince, car on ne ſçauroit voir vn ouurage conduit à ſa derniere perfection, ſans aymer l'Ouurier qui l'a fait. Certes, la Magnificence qui éclatoit dans les deſſeins, & dans les actions de Ceſar, amolliſt ſi bien la dureté des Romains mal affectionnés à la Monarchie, que les plus obſtinés furent contraints de confeſſer qu'ils auoient beaucoup gagné au changement qui s'eſtoit fait de la liberté à la ſeruitude. Si Auguſte n'euſt fait ſucceder le Marbre à la Brique dont Rome auoit eſté baſtie, il n'euſt pas emporté dans le Tombeau l'eſperance d'eſtre mis vn iour au nombre des Dieux; Et le gouuernement de Tibere euſt eſté plus inſupportable, s'il n'euſt reſtabli ce magnifique Theatre de Pompée, où quarante mille perſonnes pouuoient voir de leurs ſieges les ſpectacles publics.

Lateritiam inueni, marmoream reliqui. Flor.

Plin.

Ioindre les Fleuues enſemble, rendre leur cours plus libre, & leur ouurir vn nouueau canal qui ſerue de lien à deux Mers pour le commerce des Nations, ſont, ſans doute, des choſes magnifiques, & vrayement dignes de la grandeur des Roys. Seſoſtris Roy d'Egypte entreprit de faire entrer le Nil dans le deſtroit Arabique, afin qu'il y euſt communication de l'Ocean auec la Mer Mediterranée; Demetrius, & Ceſar de faire vne Iſle de la Morée, en creuſant le deſtroit de Corinthe; Les Empereurs Verus, & Charlemagne, voulurent ioindre la Moſelle à la Saone, & le Rhin au Danube; Et ſi ces grãds deſſeins n'ont pas reüſſi, c'eſt, peut eſtre, que Dieu a mis des bornes à la Mer

& à la Terre, ſans qu'il ſoit permis aux hommes de les remuer ; Toutefois , la Nature a
beſoin du ſecours de l'Art , & il n'y a pas d'apparence qu'elle ait voulu mettre des obſtacles
eternels , pour empeſcher le commerce des
Peuples , puis qu'vn Roy d'Eſpagne a bien peu
s'ouurir le paſſage de la Mer du Nort à celle
du Sud, par le deſtroit de Panama. On ſçait
auſſi que Sultan Amurat eût remporté la gloire d'auoir ioint le Tanais auec le Volge, ſi l'em-
peſchement que les Moſcouites y apporterent,
n'euſt enuié à tant de Nations vn bien ſi
grand , & ſi vniuerſel.

Ce n'eſt pas là toute l'eſtenduë de la Magnificence ; Elle paſſe plus auant , & ſe plaiſt à paroiſtre aux Ieux publics , aux Tournois , aux
Carrouſels , aux Feſtins , & aux autres ſpectacles qui peuuent recréer le Peuple , & repaiſtre
ſes yeux. Mais parce que cette Vertu comme
toutes les autres, ſe regle par la bien-ſeance, il
faut que la Magnificence du Prince éclate aux
choſes dont le plaiſir ſoit ioint à l'vtilité , &
que la deſpenſe ſoit digne des ouurages , & les
ouurages dignes de la deſpenſe. Les Pyrami-
des que les Pharaons firent baſtir de la ſubſtance des Peuples , & cimenter de leurs ſueurs,
n'eſtoient à proprement parler que des monumens de leur Tyrannie , & qu'vne vaine
oſtentation de leur grandeur. On doit mettre
en ce meſme rang le lict de Darius, qui auoit
pour Ciel vne vigne, dont les feüilles eſtoient
d'or , & les raiſins de rubis , & de diamans. A
cela on peut adiouſter les dépenſes voluptueu-
ſes de Tibere , les ſuperbes Nauires de Caligula , & le ſomptueux Theatre que Neron fit
voir au Roy Tyridates.

Philip.
II.

Suet. in
Calig.

Toutes ces excessiues despences sont inutiles *Dio Cass.*
& pernicieuses à l'Estat ; Mais le Phare que
Ptolomée fist construire pour la seureté de la
nauigation , le Port d'Hostie que Claudius fit
acheuer , & les Aqueducs par lesquels Trajan faisoit couler des Fleuues entiers dans la
Ville de Rome , estoient des ouurages non
seulement magnifiques , mais encores vtiles
& commodes à tout le Peuple. Enfin , comme
la Magnificence est vne Vertu qui connoist
le temps & les occasions des belles dépences,
& qui les sçait regler par la dignité des personnes , & par la qualité des choses ; De-là
vient aussi que le Prince vrayment Magnifique , hait également le defaut d'vne espargne
des-honneste , & l'excés d'vn luxe insolent ; Il
garde le temperament entre l'vn & l'autre ; Et
parce qu'il a tousiours la bien-seance deuant
les yeux , il met les belles choses dans leur
lustre , & dans les grandes il paroist tousiours
grand.

Finissons ce discours par la Temperance qui   La Tem-
est la gardienne des autres Vertus , le frein par perance.
lequel l'esprit regit le corps , la puissance de la
Raison sur les passions rebelles , & la Tutrice
de la felicité des hommes. C'est de son sein
comme d'vne matiere premiere que se tirent
toutes les formes morales , & c'est encore par
son moyen que les Vertus peuuent deffendre
leurs conquestes, & conseruer leur Empire, qui
n'a iamais duré plus long-temps que celuy de
la Temperance. En effet , dequoy seruiroit
la Vaillance dans les combats , la Prudence
dans les Conseils , & la Iustice mesme dans
les Iugemens , si cette seuere Vertu qui estouf-
fe les monstres en leur berceau , ne prenoit

point le foin de regler la vie, les mœurs, & les actions des hommes ? Les faits d'armes des Curies & des Fabrices affeurerẽt bien pour vn temps la Republique Romaine contre les efforts de fes Ennemis ; Mais leur Temperance fuft vne Loy fur laquelle ils formerent l'efprit, & les mœurs de ceux qui depuis donnerent eux-mefmes des Loix à toutes les Nations. Certes, fi les hommes ne font moderés & reglés en leurs actions, le zele mefme & l'ardeur qu'ils ont de bien-faire, les pouffe dans de grands dangers ; Et c'eft pour cela que les Philofophes ont dit que la Temperáce eftoit comme l'affaifonnement de toutes les autres Vertus. En effet, quelque pureté qui fe trouue en elles, l'ambition & la ialoufie fe meflent dans leurs actions, & il y a prefque toufiours plus de defir de gloire, que d'amour pour la Vertu. Mais comme les effets de la Temperance font affranchis de tout mouuement déreglé, auffi ne fe font-ils pas tant reconnoiftre pour de fimples actes de Vertu, que pour de vrays facrifices des paffions humaines. Elle ne fe contente pas de regler les reuenus des Sujets par vne forme de cenfure politique, mais de plus elle accroift la puiffance du Prince par les Loix fomptuaires qu'elle prefcript au luxe, qui d'ordinaire fe forme au milieu de l'abondance, & de la felicité d'vn Eftat. On le veid autrefois entrer dans la ville de Rome auec les Triomphes du fecond Scipion, & il n'y euft pas efté plutoft introduit, que le premier Peuple du Monde, qui iufqu'à-lors s'eftoit monftré inuincible à tous les efforts de fes Ennemis, fe laiffa facilement vaincre aux voluptés, & aux delices venuës de l'Afie. Ainfi le vice fut releué par l'Art ; Ce que la Nature auoit donné gratuitement deuint fomptueux par les dépences , & l'Intemperance qui eft la plus baffe des voluptés, fe veid anoblie par le prix, & par l'Inuention.

Cependant , le public a grand intereft que les biens des particuliers foient dépenfés auec ordre & modeftie ; Car quoy que les commencemens du luxe foient prefque innocens , il va neantmoins par degrés à l'auarice ; De l'auarice vient en fuite l'audace, & de l'audace fortent tous les crimes par lefquels les Eftats font bouleuerfés. Les feditions & les reuoltes naiffent le plus fouuent du defefpoir de ceux qui apres la perte des biens qu'ils ont diffipés, perdent en mefme temps la crainte des Loix Diuines & humaines. C'eftoit pour preuenir ces defordres & ces malheurs, qu'en la Republique de Corinthe , il y auoit des Magiftrats eftablis pour regler la dépenfe des Citoyens, & pour retrancher foit aux habits , foit aux feftins , ces exceffiues profufions, qui de tout temps ont efté prifes pour des fymptomes d'vn Eftat malade, & tirant à fa fin. Plufieurs chofes manquent à l'auarice, mais toutes chofes manquent à la profufion, que les anciens Politiques ont comparée à ce vaiffeau percé des Danaïdes , qui ne retenoit iamais rien de ce qu'il receuoit. C'eft de-là que les Poëtes mefmes ont pris le fujet de leurs fables , quand ils ont feint qu'entre les prodigues & les diffipateurs , les vns eftoient deuorés par leurs cheuaux , comme vn Glaucus , & les autres par leurs chiens, comme vn Acteon.

Mais quoy qu'il en foit, on ne peut douter que la fubuerfion des Eftats ne foit fouuent ve-

Quæ peftes omnia magna imperia euerterunt. Liu.

Athen.

Cõuiuiorum luxus & veftium ægrè ciuitatis indicia. Sen.

nuë du déreglement des familles, Et si les Legiflateurs n'euffent pas efté perfuadés de cette
verité, ils n'euffent pas fait tant de Loix pour
reprimer le luxe qui a toufiours confumé les
biens des Citoyens, & les richeffes des Citez.
Entre les Princes mefmes, ceux qui ont voulu
preuenir ces defordres, ont pris garde que leur
dépenfe n'excedaft pas le fonds de leurs finances, afin qu'ils ne fuffent point contraints de
charger le Peuple d'impofitions, qui eft vn
bien-fait de grande eftenduë, car on donne à
tous ceux à qui on n'ofte rien de leurs moyens.
Tibere l'auoit bien ainfi reconnu, mais pour
n'eftre pas obligé de commencer la reforma-
tion par fon Palais, où le luxe eftoit comme
en fon Throfne, il s'excufoit en difant que le
Prince deuoit plutoft diffimuler vn defordre
dés long-temps eftabli, que de mettre au hazard fon authorité, en faifant connoiftre fon
impuiffance. Il fe fouuenoit qu'Augufte n'a-
uoit gueres moins trouué de difficulté à terminer les guerres ciuiles, qu'à refrener le luxe;
Mais il ne confideroit pas que l'excés du defordre ne l'auoit point empefché de faire
des Loix fi falutaires, qu'on auoit honte
de les violer, puis qu'elles ne prefcriuoient
autre chofe que ce que chacun deuoit faire de foy-mefme, fans autre femonce que
celle de la bien-feance, & de fon propre intereft.

   Mais entre tous les Empereurs, Trajan eft,
fans doute, celuy fur la vie, & fur les actions
duquel on peut former vne parfaite idée du
Prince vrayment temperant, ou plutoft de la
Temperance mefme. C'eftoit de fon Palais
qu'on prenoit les preceptes de la modeftie qui
                                        deuoit

*Omittē-
da potius
prævali-
da &
adulta
vitia,
quā hoc
affequi vt
palā fiat
quibus
flagitijs
impares
fimus.
Tacit.*

deuoit estre gardée dans les maisons des particuliers. Sa vie estoit vne censure de la vie de
ses Subiets, & son exemple auoit plus de pouuoir sur leurs mœurs, que tous les Edicts des
autres Empereurs. Il ne dedaignoit point de
compter auec l'Empire, dont il supputoit les
reuenus, afin de connoistre si les despenses ex-
cedoient le fonds de son Espargne, qui se trouuoit tousiours pleine, quoy qu'il donnast beaucoup, & qu'il ne prist rien sur le Peuple. De
toutes les despenses, il ne permettoit que celles qui alloient au bien du public, ou à l'ornement de l'Estat; Et dautant qu'il y pouuoit
fournir par sa seule parsimonie, il arriuoit de
là que les Partisans, & les donneurs d'auis
trouuoient ses oreilles fermées, & ne s'estu-
dioient plus à inuenter des moyens pour enfler
ses Finances. Apres cela, il ne faut pas s'estonner si chacun se trouuoit interessé dans les
vœux solemnels que Rome faisoit pour cét
Empereur, puisque de sa felicité dependoit
celle du public.

Il faut donc auoüer que la vie de ce Prince
est vn parfait modele, sur lequel se peuuent
former ceux qui veulent apprendre à soustenir
vne grande fortune, & à dompter ces rebelles
& farouches passions qui arrachent souuent le
Sceptre des mains de la Raison. Certes, les
Roys n'ont point de plus glorieuse puissance,
que celle qu'ils ont sur eux-mesmes, & qu'ils
ne sçauroient acquerir sans la Temperance, *In*
qui au iugement de Platon, met en l'Ame de *Charm.*
l'homme vne disposition pour bien commander, & à luy-mesme, & aux autres. Enfin,
comme cette Vertu est le fondement sur lequel
toutes les autres Vertus s'vnissent & s'ap-

puient ; Auſſi eſt ce par elle & auec elle, qu'elles trauaillent de concert pour l'ornement, &
pour la perfection du Prince qui les ayme, &
qui les fauoriſe. En effet, la Iuſtice ſans la Clemence fait naiſtre plus de terreur que d'amour
dans le cœur des hommes ; La Clemence ſans
la Prudence eſt aueugle ; La Prudence ſans la
Vaillance eſt trop foible pour les grandes
actions ; La Vaillance ſans la Magnanimité
n'eſt autre choſe qu'vn impetueux mouuement
de colere ; La Magnanimité ſans la Liberalité
n'a pas toute ſon eſtenduë ; La Liberalité ſans
la Magnificence ſe void priuée de cette grandeur qui excite l'admiration des Peuples ; Et la
Magnificence ſans la Temperance ne dure pas
long-temps. Mais la Iuſtice, la Clemence, la
Prudence, la Vaillance, la Magnanimité, la
Liberalité, la Magnificence, & la Temperance r'alliées & vnies enſemble, font la plus precieuſe, & la plus éclatante Couronne dont vn
Roy ſe puiſſe parer.

F I N.

PRIVILEGE DV ROY.

LOⱯVIS par la grace de Dieu Roy de France & de Nauarre : A nos Amez & Feaux Conſeillers , les Gens tenans nos Cours de Parlemens , Maiſtres des Requeſtes ordinaires de noſtre Hoſtel , Baillifs , Seneſchaux , Preuoſts , leurs Lieutenans , & à tous autres nos Iuſticiers & Officiers qu'il appartiendra : Salut. Noſtre Amé & Feal Conſeiller en nos Conſeils, Mᵉ DANIEL DE PRIEZAC, nous a fait remonſtrer qu'il auoit compoſé le *Diſcours ſur la Politique d'Ariſtote* , lequel il deſiroit faire imprimer s'il auoit ſur ce nos Lettres neceſſaires, requerant humblement icelles ; A CES CAVSES, deſirant bien & fauorablement traitter ledit expoſant, Nous luy auons permis & octroyé, permettons & octroyons par ces preſentes, de faire imprimer par tel Imprimeur qu'il voudra choiſir ledit liure, l'expoſer en vente & diſtribuer au public durant le temps & eſpace de vingt années, à commencer du iour qu'il ſera acheué d'imprimer ;

Defendons à tous Libraires, Impri-
meurs & toutes autres personnes de
quelque qualité qu'ils soient, d'imprimer ou faire imprimer, vendre ny distribuer par toutes les Terres & Seigneuries
de nostre obeïssance ledit Liure durant
ledit temps, sans le consentement &
permission dudit exposant, ou de ceux
qui auront droit de luy, sur peine de con-
fiscation des exemplaires, trois mil liures d'amende, appliquable vn tiers à
nous, vn tiers à l'Hostel-Dieu de nostre
bonne Ville de Paris, & l'autre tiers audit exposant, & de tous despens dommages & interests enuers luy: A la charge de mettre deux Exemplaires dudit Liure en nostre Bibliotheque publique, &
vn en celle de nostre tres-cher & Feal le
sieur Seguier, Cheualier Chancelier de
France, auant que de l'exposer en vente,
à peine de nullitté des presentes. Si vovs
MANDONS que de tout le contenu en
icelles vous fassiez & souffriez iouïr &
vser plainement & paisiblement ledit
sieur DE PRIEZAC, & ceux qui auront
droit de luy, sans souffrir qu'il leur soit
fait ou donné aucun trouble ou empeschement. MANDONS au premier nostre

Huiſſier ou Sergent ſur ce requis , dé
faire pour l'execution des preſentes tous
actes & exploicts neceſſaires, ſans demā
der autre permiſſion, nonobſtant oppoſi-
tions ou appellations quelconques, cla-
meur de Haro , Chartre Normande , &
autres Lettres à ce contraires. VOVLONS
qu'en mettant au commencement ou à
la fin vne coppie des preſentes audit Liure, ou Extraict d'icelles, elles ſoient te-
nuës pour deuëment ſignifiées : CAR tel
eſt noſtre plaiſir. Donné à Paris le ſep-
tiéme iour d'Aouſt l'an de grace 1651. Et
de noſtre Regne le neufiéme.

Par le Roy en ſon Conſeil,
BERAVD.

Ledit ſieur de PRIEZAC, *Conſeiller or-*
dinaire de ſa Maieſté en ſes Conſeils, ω
cedé & tranſporté le preſent Priuilege à
P. ROCOLET , *Imprimeur & Libraire*
ordinaire du Roy, pour en ioüir & vſer
conformément audit Priuilege, ainſi qu'ils
ont accordé entre eux.

Acheué d'imprimer pour la premiere fois
le 2. iour de Ianuier 1652.

www.ingramcontent.com/pod-product-compliance
Lightning Source LLC
Chambersburg PA
CBHW050545270326
41926CB00012B/1922